# ERP 原理与应用

郭彦丽　主编

電子工業出版社
Publishing House of Electronics Industry
北京·BEIJING

## 内 容 简 介

企业资源计划（ERP）是一种先进的基于信息技术的企业管理模式，具有较强的实践性。本书是一部"产学合作"教材，将以理论与实践并重的思路，通过大量的企业案例提供实践性指导。全书共 11 章，包含理论和实验实战两部分。理论部分系统地介绍企业信息化基础理论、ERP 概述、ERP 的计划体系、需求管理、物料管理、主生产计划、物料需求计划、能力需求计划、ERP 系统实施等，每章结尾附有章节案例，介绍目前 ERP 领域的最新企业实践；实验实战部分提供金蝶 K/3、SAP 和 ERP 沙盘模拟实验指导方案。沙盘模拟实验以 iBizSim 为实验平台，旨在强化 ERP 的实战训练。iBizSim 平台相关资料由全国高校企业竞争模拟组委会提供。

本书可以作为高等院校信息管理与信息系统、电子商务、大数据管理与应用等专业教材使用；可供从事 ERP 实施、ERP 项目管理、IT 服务、信息化与数字化建设、IT 运营与管理领域研究工作的研究生、学者、教师，以及企业的首席信息官、数据管理官、信息管理人员、IT 运营管理者等作为理论参考与实践指南。



**图书在版编目（CIP）数据**

ERP 原理与应用 / 郭彦丽主编. -- 北京 : 电子工业出版社, 2025. 1. -- ISBN 978-7-121-49551-9

Ⅰ. F272.7

中国国家版本馆 CIP 数据核字第 202524TF54 号

责任编辑：徐蕾薇
印　　刷：三河市良远印务有限公司
装　　订：三河市良远印务有限公司
出版发行：电子工业出版社
　　　　　北京市海淀区万寿路 173 信箱　邮编：100036
开　　本：787×1 092　1/16　印张：20.75　字数：470 千字
版　　次：2025 年 1 月第 1 版
印　　次：2025 年 1 月第 1 次印刷
定　　价：98.00 元

# 编　委

**主　编：**郭彦丽

**成　员：**陈建斌　薛　云　刘　静

# 前　言

企业资源计划（Enterprise Resource Planning，ERP）是建立在信息技术基础上，利用现代化企业的先进管理思想，为企业提供决策、计划、控制与经营管理的平台。随着管理思想、科学技术及市场环境的变化，ERP 已经不仅是一种技术或管理平台，它远远超越了其软件功能层面的概念，成为一门新兴的管理科学。作为一门新兴学科，它将为人们提供切实可用的企业信息化和数字化建设指导理论、方法和工具。

随着 ERP 实践的发展，应市场需求，各类学者及从业者出版了很多 ERP 方面的书籍。就高校教材而言，早些年其大多偏重理论知识的介绍；而近些年其多重视实践与应用。这些书籍为推动 ERP 领域的人才培养和行业实践做出了不可估量的贡献。然而，近十年来 IT 行业翻天覆地的变革迫切要求我们为高校学子提供持续更新的素材和与时俱进的理论成果。因此，笔者在集众家之长的基础上，致力于编著一部理论与实践并重，且紧跟 IT 行业最新发展的 ERP 书籍。这将是一部集理论知识与实践案例于一体的教材，在内容上增加围绕云服务、SaaS、数智化等最新发展的企业实践作为章节案例，供读者学习讨论。在实验实践环节，除 ERP 软件操作实践以外，增加经营模拟实战演练的实验设计，旨在为高校学子提供基于“理论知识—企业案例—模拟演练—实际应用”路径的学习帮助，同时为实业界从业人员提供理论参考和实践指导。

全书共 11 章，包含理论和实验实战两部分。理论部分（第 1 章～第 9 章）系统介绍企业信息化基础理论、ERP 概述、ERP 的计划体系、需求管理、物料管理、主生产计划、物料需求计划、能力需求计划、ERP 系统实施等；实验实战部分（第 10 章～第 11 章）提供金蝶 K/3 和 SAP Business One 软件操作指导，并以 iBizSim 企业竞争模拟竞赛平台为基础，设计高校实验课程实战模拟教学内容，以启发读者思考企业如何基于 ERP 信息技术平台提高经营绩效。

全书由郭彦丽负责提出提纲，完成文字编辑和统稿。其中，理论篇第 4 章 1～4 节、第 5 章 1～5 节、第 8 章 1～4 节分别参考了教学团队成员薛云、陈建斌和刘静三位老师主讲的视频课程教学内容；实验篇的部分内容由企业专家提供素材。

感谢学校及所在学院各级领导和同仁的帮助和支持。感谢我的教学团队成员陈建斌、薛云、刘静、王颜新在课程录课过程中的付出，他们为本教材的编写提供了丰富的素材；感谢我校研究生李畅、印默然在文字整理和图片校对方面的工作参与。在编写本书的过程中，我们得到了学校及合作企业的大力支持。本书得到北京联合大学“十二五”产学合作特色规划教材项目和 2022 年北京高等教育本科教学改革创新项目"'数智化'时代商务实践能力培养的创新与实践"项目的资助，是项目研究成果之一。

全书在编著过程中，得到了 IT 行业领域很多企业的支持，在此对全国高校企业竞争模拟组委会、金蝶、SAP 等相关合作单位人员表示特别的感谢，他们提供的案例素材将使读者受益匪浅。此外，本书在撰写过程中，参考了许多专家和学者的成果和著作，在此深表感谢！最后，感谢电子工业出版社在出版过程中的全力支持。

该领域发展变化较快，尽管笔者已经付出了很大的努力，力图通过本书反映 ERP 领域的最新发展前沿，但局限于个人能力，本书难免有未涵盖或疏忽遗漏之处，敬请各位专家和读者批评指正。

郭彦丽

2023 年于北京

# 目 录

# 第 1 章

# 企业信息化基础理论

**内容导览**：本章主要内容包括企业信息化的基本概念、企业信息化的主要内容、企业信息化的实施步骤、企业信息化成功实施的关键因素、企业数字化转型的基本含义和发展趋势。

## 章节案例导读：数字美的

美的集团在数字化转型过程中，实施了多项举措。

第一，美的集团以“科技领先、用户直达、数智驱动、全球突破”为发展战略，持续加大研发投入，推动 T+3 业务模式变革和全价值链卓越运营，提升全价值链效率。

第二，美的集团构建了“632”系统、人工智能开放创新平台、美的云平台、美的私有云等数字化平台，并利用 AI、区块链、云计算、大数据、IoT 和服务机器人等前沿技术推动数字化转型。数字化转型的推进使美的在生产、设备与产品的质量监控、节能减排等方面获得巨大的效率提升。

第三，美的集团通过投资并购、剥离孵化、整合重组等方式，向高附加值上游行业、高科技领域转型。2012 年，美的集团开启了以数字化推动集团一致性管理的转型之路，通过引入数字化技术优化生产和销售环节，并积极开拓国际市场。2017 年收购机器人公司，进入机器人与自动化行业。美的集团在数字化转型过程中，通过多项举措提高了企业的运营效率、生产效率和产品质量，并积极布局和投资新的前沿技术，致力于成为智能家居的领先者、智能制造的赋能者。

# 1.1 企业信息化

企业信息化的发展经历了漫长的过程，在过去的三四十年间，给企业管理的方方面面带来巨大的改变。随着信息技术的发展变化和商业环境的更替，目前作为数字化基础的信息化，仍然是企业现代化管理不可或缺的部分。

## 1.1.1 企业信息化的概念

企业信息化是指企业在研发、生产、经营、管理中的各环节、各层次、各领域广泛采用计算机、通信和网络等现代信息技术，充分开发、广泛利用企业内外部信息资源，辅助生产制造，优化工作流程，管理客户关系，建设企业信息管理系统，培养信息化人才并建设完善信息化管理制度，逐步实现企业运营的全面自动化，不断提高生产、经营、管理、决策、服务的效率和水平，进而提高企业经济效益和企业竞争力的过程。企业信息化包括企业资源计划（ERP）系统、制造执行系统（MES）、生产设备及工位智能化联网管理（DNC）系统、生产数据及设备状态信息采集分析管理（MDC）系统、制造过程数据文档管理（PDM）系统、客户关系管理（CRM）系统和办公自动化（OA）系统等应用，使企业合理配置资源，适应瞬息万变的市场经济竞争环境，取得最大的经济效益。

企业信息化实质上就是一个企业借助信息技术实现业务过程及管理的全面计算机化和网络化的过程。在这个过程中，企业通过建设各种信息系统，实现企业信息资源、数据资源及业务活动涉及的全部资源的自动化管理。因此，企业信息化是以业务流程优化和重组（BPR）为基础的，即通过计算机技术、网络技术和数据库技术，实现企业内外部信息的共享，从而提高企业的管理水平和经济效益。企业通过企业信息化建设对企业管理理念进行创新、对企业管理流程进行优化、对企业管理团队进行重组，乃至对管理手段进行革新，因此，企业信息化已经成为网络经济时代企业发展的重要战略。

## 1.1.2 企业信息化的发展阶段

企业信息化的发展历程可以追溯到 20 世纪 80 年代。从初期的手工作业到计算机化，再到现如今的智能化，可以总结为 4 个阶段。

### 1. 计算机化

信息化发展的初期阶段，企业主要使用计算机技术来处理和管理数据，实现手工作业到计算机处理的转换，如财务、库存等信息的手工登记转变为计算机录入和管理等，即“计算机化”。这一阶段以自动化办公系统（OA）和财务系统应用为代表，各部门开始应用信息化系统，实现手工财务统计和报表制作的计算机化，办公审批流程计算机化及无纸化办公等。随着计算机技术的进步和互联网的普及，这一阶段发展的后期，企业开始将信息化的范畴扩展到了生产、制造、销售等更多领域。

### 2. 信息化

随着信息化向更多领域渗透，企业有了更广泛的数据收集、处理和传递的需求。得益于互联网技术的发展，企业开始使用电子邮件、办公及通信软件和内部数据库等工具来协调和管理各部门之间的沟通和协作。这一阶段企业的信息化系统建设以企业资源计划（ERP）系统应用与 SOA 面向服务的架构为代表。ERP 将物料资源管理、人力资源管理、财务资源管理、信息资源管理集成统一管理；各系统以面向服务的架构（SOA）为风格，通过企业服务总线（Enterprise Service Bus，ESB）进行各系统之间的数据联通与集成；在这一阶段企业开始建设统一的信息门户、建立统一的信息入口。

### 3. 移动化

随着移动设备和智能手机的快速普及，信息化快速进入移动化阶段。企业开始利用移动应用程序和云计算等技术，使员工能够不受时间和地理空间的限制，随时随地访问和共享信息，从而提高工作效率和灵活性。这一阶段企业信息化系统建设以数据仓库及商业智能系统为代表。企业开始建设以数据仓库、商业智能系统为核心的决策支持系统，整合各分散系统的数据进行集中管理，更加关注挖掘数据价值。

### 4. 数智化

随着大数据、人工智能、物联网和云计算等新兴技术的快速发展和迭代应用，企业具备了更好地利用数据和智能系统来分析和预测市场趋势、优化生产过程、提供大规模个性化定制服务的更多可能性。企业信息化逐渐发展为企业数字化、智能化和数智化的发展需求。这一阶段正在不断融合发展中，中台架构与云服务、微服务、容器化等已经成为企业信息化建设的热点。传统企业开始借鉴互联网企业的中台战略，构建数据中台和业务中台，同时开始采用 IaaS、PaaS、SaaS 等公有云服务。未来，企业信息化将迎来更为深入的数字化、智能化及数智化融合的发展趋势，将涉及更多智能技术的应用，如机器学习、自然语言处理和虚拟现实等。企业将更加注重数字化转型，通过数字化平台和人工智能技术来推动数智化创新和业务发展。同时，数据安全和隐私保护也将成为企业信息化发展过程中需要被高度重视的课题。随着技术的不断进步和应用的不断深化，企业信息化将继续演变和发展，为企业带来更多的机遇和挑战。总之，企业信息化是一个不断演进和发展的过程，随着技术的不断进步和企业管理需求的不断提升，未来还可能出现更多的创新和变革。

### 1.1.3 企业信息化的内容

企业信息化建设的内容主要包括以下 5 个部分。

（1）基础设施建设：企业信息化建设的第一步是搭建必要的基础设施，包括物理网络设备、服务器、储存系统、操作系统等，以保证其稳定性、安全性和可扩展性。

（2）业务流程改进：企业信息化建设的另一个重点是改进企业的业务流程，通过使用信息技术，优化业务流程，加快信息传递和处理速度，降低企业成本，提高效率和质量。实现通过自动化和标准化来简化和规范公司内部的业务流程。

（3）数据库开发与应用：数据库是企业信息化建设中不可或缺的一部分，通过建立数据库，企业可以储存和应用大量数据，使其更易于访问和处理。同时，也可以对数据进行分类、索引和查询，从而得到有价值的信息。

（4）系统集成和应用开发：企业信息化建设需要将不同的系统和应用程序集成起来，以实现数据和信息的共享。在实施系统集成和应用开发时需要考虑到企业的需求并制订相应的计划。例如，搭建企业管理信息化系统，包括管理信息系统（MIS）、制造资源计划（MRP Ⅱ）、企业资源计划（ERP）、客户关系管理（CRM）、供应链管理（SCM）等系统。

（5）安全策略和措施：企业信息化建设还需要注意安全方面，因为企业的核心数据和机密信息需要得到充分的保护。安全策略和措施包括物理、网络和应用程序三个层面，如加密、备份和恢复等，以保障企业的信息不被外部攻击或泄露。

通过基础设施、数据库、系统应用的开发和集成，实现企业数据信息收集、处理和传输的计算机化、网络化；实现企业经营、管理、生产的信息化；实现企业办公自动化（Office Automation，OA）；企业的主要产品实现 CAD、CAE、CAPP、CAM 等数字化设计制造软件应用；建立企业 Intranet 或网站，开展电子商务（Electronic Commerce，EC）；发展决策支持系统（Decision Support System，DSS）、主管支持系统（Executive Support System，ESS）、专家系统（Expert System，ES）等。

## 1.1.4　企业信息化的一般模式

### 1. 前台：建立电子商务应用平台

建立基础电子商务平台，内容包括企业的主页、企业产品的广告宣传、企业形象的宣传、企业服务内容的介绍，以及电子邮件等其他功能。

建立电子商务应用模式，不同企业具有不同的电子商务应用模式，包括卖方解决方案、买方解决方案和第三方交易平台，即以中介形式在网上将供应商和采购商联系在一起，通过向客户提供会员服务收取月租费或按交易记录收取交易费。

### 2. 后台：建立以 ERP 为核心的集成系统

一个真正信息化的企业，企业内外所有的工作都应在统一的信息化平台上完成。这些内容包括企业资源计划系统、计算机集成制造系统、供应链管理系统、客户关系管理系统、电子商务、办公自动化系统等。

## 1.1.5　企业实施信息化的步骤和方法

### 1. 企业实施信息化的步骤

第一步，企业战略分析：明确企业的发展目标、发展战略和发展需求；明确为实现企业级的总目标，企业各关键部门要做的各种工作。同时要理解企业发展战略在产业结构、核心竞争力、产品结构、组织结构、市场、企业文化等方面的定位，明确上述各个要素与信息技术特点之间的潜在关系，从而确定信息技术应用的驱动因素，确保信息化规划与企业战略保持一致。

第二步，信息化战略规划制订：在企业战略分析和现状评估的基础上，分析企业的业务能力现状和企业的 IT 能力现状，制订企业适应未来发展的信息化战略。制订信息化战略的前提是必须进行深入的内部需求调研与分析，指出信息化的切实需求。需求分析对象包括系统基础网络平台、应用系统、信息安全、数据库等，然后是制订信息化目标。

第三步，企业信息系统总体规划与建设方案制订：基于企业信息化战略规划，制订信息系统总体规划。总体规划需要明确“系统是什么”，由哪些子系统组成，进而拟定系统开发与建设的实施方案，并进行可行性论证。

第四步，企业关键业务流程分析与优化：发现能够使企业获得竞争力的关键业务驱动力及关键流程，对关键流程进行分析诊断、流程优化与改造，使其能够更好地适应新的信息系统。

第五步，信息化系统建设、实施与运行维护：从系统规划、系统分析、系统设计到系统实现、上线运维完成信息系统开发与建设的全过程。在系统实施阶段，开展新系统上线试运行、员工培训、运营维护等。

企业信息化是一个不断迭代和优化的过程，需要企业在实施过程中根据实际情况灵活调整策略和步骤。

### 2. 企业信息系统规划方法

企业信息系统规划的方法有很多，常见的有关键成功因素法（Critical Success Factors，CSF）、战略目标集转化法（Strategy Set Transformation，SST）和企业系统规划法（Business System Planning，BSP）等。

关键成功因素法由哈佛大学的威廉·扎尼和麻省理工学院的约翰·罗卡特提出。主要步骤包括了解企业的战略目标、识别所有的成功因素、确定关键成功因素、明确各关键成功因素的性能指标和评估标准。

战略目标集转化法由威廉·金于 1978 年提出，指把整个组织的战略目标看成是一个"信息集合"，将组织的战略集合转化为管理信息系统的战略目标。主要步骤包括识别和阐明组织的战略集合；把组织的战略集合转化为管理信息系统战略集合。

企业系统规划法，由 IBM 公司于 20 世纪 70 年代提出，是一种用于大型信息系统开发的自上而下识别企业目标、企业过程、企业数据，自下而上设计系统，支持系统目标实现的结构化规划方法。简单来说，就是自上而下的系统规划与设计，自下向上的系统实现。这一方法为 ERP 系统规划与实现提供了框架。BSP 方法本质上是把企业战略转化成信息系统战略的过程，首先自上而下识别企业目标，识别企业过程，识别企业数据，然后再自下而上设计信息结构，设计企业过程，设计企业目标。主要步骤如图 1-1 所示。

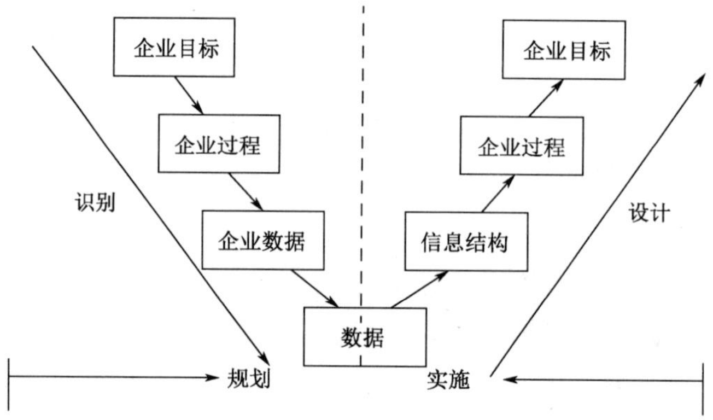


图 1-1　企业系统规划法主要步骤

第一，定义企业目标。通过定义企业目标来识别系统目标，包括定义信息系统管理目标和管理功能等，将企业战略转化成信息系统战略，从系统目标上确保信息系统战略与企业战略保持一致，并能够支撑企业战略的实现。

第二，定义企业过程。在管理理论中，企业过程是指组织结构和人员，遵循管理原则，运用管理信息、技术和方法来实现企业目标的活动过程。这里强调企业资源在管理和转化过程中有逻辑关系的系列活动。这一阶段的重点在于通过企业过程定义、识别企业业务流程。这是整个 BSP 方法中最关键和重要的活动之一。

通过对企业过程的研究，可以了解企业的功能、任务、信息需求和关联，并通过关系矩阵描述形成系统的信息模型。因此，企业过程是企业环境与信息系统之间的界面。在定义企业过程阶段，需要完成准备工作、定义业务过程、建立描述企业过程和数据之间关系的矩阵（U/C 矩阵，每一行为一个企业过程，每一列为一种数据类，若某过程产生某数据类，则矩阵中标记为“C”；若某过程使用某数据类，则矩阵中标记为“U”）。

第三，定义企业数据。定义数据类，也称数据类的识别，是对企业数据需求的了解。企业数据是指支持企业所必需的，在逻辑上相互联系的，并能组成相对独立的完整数据单位的数据部分。定义企业数据的目的在于了解企业目前数据状况和数据需求、查明数据共享关系、建立过程/数据类矩阵、为设计出信息系统体系结构提供基本依据。企业数据被定义后，要与企业过程关联起来，便于进一步定义信息结构。

第四，定义信息结构。信息结构是企业长期数据资源规划的一种图形表达方式，它是企业现在和未来信息系统开发和系统最终运行遵循的蓝图。这个阶段的工作由对目前情况的研究转向对未来计划的综合，通过对企业过程和支持这些过程的企业数据进行进一步的分析，确定如何更合理、更有效地管理这些数据，以确保数据对业务过程的支持。首先，已经识别出来的数据类可以按逻辑关系组成数据库，并通过明确数据在不同业务模块之间的流转，建立子系统之间的数据关联。其次，确定各子系统开发的优先顺序，对信息系统总体结构中各子系统中的项目进行排列，确定优先排序准则，按照准则来评定这些项目的重要性。最后，形成系统规划报告。

BSP 方法的主要原则如下。

（1）支持企业战略目标。信息系统必须能够支持企业的战略目标，确保信息系统的目标和结构能够满足企业的长期发展需求。

（2）表达管理层次需求。信息系统的战略应当能够表达出企业各个管理层次的需求，以便更好地实现企业目标。

（3）提供一致信息。信息系统应该向整个企业提供一致的信息，确保信息的准确性和及时性，以支持企业的决策和业务操作。

（4）适应组织结构和管理体制改变。信息系统战略规划应当能够适应企业组织结构和管理体制的改变，以便更好地支持企业的变革和发展。

（5）子系统实现。信息系统战略规划应当由总体信息系统中的子系统开始实现，逐步推进，确保整个企业信息系统的协调性和稳定性。

## 1.1.6 企业成功实施信息化的关键因素

企业成功实施信息化的关键因素如下。

### 1. 清晰的项目目标和范围

在实施信息化项目之前，企业应结合自身内外部的实际情况和企业发展战略制订出清晰准确的项目目标，并明确项目范围，包括预期的效益、技术需求、时间安排等，以便为项目实施提供清晰的方向。计算机应用基础薄弱的中小企业必须坚持效益优先，不能盲目追求“高大全”。企业实施信息化不能简单地把 ERP 理解为现有业务流程的电子化。信息化首先是一场管理变革，企业需要借助“外脑”，如专业咨询机构，参与项目目标的评估与制订。

### 2. 高层领导的支持和强有力的项目团队

企业信息化是一把手工程，绝不能单纯依靠 IT 部门，企业应成立项目领导小组、项目实施小组和项目关键用户三级项目组织。企业高层领导需要积极支持和参与信息化项目，提供战略指导和资源支持，以确保项目顺利实施。信息化项目还需要业务部门的支持和参与，以确保系统能够满足业务需求，提高业务效率和质量。实施信息化项目需要建立专业的项目团队，团队成员需要具备丰富的信息化技术知识和实践经验，以确保项目顺利实施。项目实施小组成员应业务经验丰富、IT 素质高、富有创新思维，并有改造部门业务与流程的权利。要注意三级项目组织之间的工作联结。项目实施应实行规范的项目管理与业绩考核制度。

### 3. 业务流程优化与组织变革

企业需要将业务流程优化与信息化系统实施相结合，确保系统能够满足业务流程的需求，提高工作效率和质量。要按照整体流程最优的原则，结合企业的实际情况，对企业的组织结构、业务流程、管理模式进行改造。在实施信息化项目引起企业内部变革时，企业需要采取适当的变革管理策略，以实现平稳过渡。同时，企业还需要将知识和技能从外部合作伙伴转移到内部员工，以确保项目的可持续性。

#### 4. 规范和准确的基础数据

信息化系统需要基于规范和准确的基础数据，因此企业需要确保基础数据的规范性和准确性，以提高系统的可靠性和稳定性。企业需要提升数据采集过程的规范性和数据质量；确保数据的完整性；避免因数据不一致导致冲突。通过数据规范化，可以保证不同来源的数据在结构、格式和语义上保持一致；确保不同系统、部门或组织之间可以无缝地进行数据交换和共享，避免因数据不一致导致冲突。总体上，数据规范性和准确性对于信息系统建设来说非常重要，它直接影响系统输入数据的完整性和准确性，进而影响系统输出对业务决策的支持。

#### 5. 严格的项目管理与项目监理制度

实施信息化项目需要采用严格的项目管理方法，包括计划管理、项目组织、资源管理、考核制度等，以确保项目能够按照预期的目标和范围顺利实施。在实施信息化项目时，企业需要合理安排时间和资源，避免日常工作和项目实施产生冲突，确保项目能够按时完成。必要时实施项目监理制度。项目监理作为建设方授权的代表，对项目实施发挥监督、控制、协调和建议作用，确保项目实施质量、进度和成本 3 个方面达到控制目标。建设方通过引入项目监理，监督和指导承建方与建设方密切配合并确保项目业务需求的完整性，整体解决方案的先进性、合理性和实用性。项目监理在项目实施过程中，同时扮演参谋和顾问的角色。

### 1.1.7　企业信息化的风险

实施企业信息化项目存在较大风险，需要进行必要的风险管理。

#### 1. 财务风险

企业信息化项目投资少则上百万元，多则数千万元，包括 ERP 软件费、网络硬件费、实施服务费等。如果企业信息化实施失败，会给企业带来较大财务风险。项目实施过程包括 ERP 软件选型、实施服务商选择、实施进度控制、实施成本控制等方面。任一环节实施工作不当，轻则增加成本、延长进程；重则导致企业信息化实施失败，带来财务风险。

#### 2. 业务风险

业务风险包括业务量增加、业务流程混乱、业务数据混乱、业务处理错误等方面。

业务风险常发生在新系统上线初期，不仅影响企业业务工作的开展，导致企业业务损失，而且会增加企业信息化实施工作的成本。

#### 3. 管理风险

管理风险包括组织结构不合理、管理思想混乱、管理职能虚化、员工凝聚力下降等方面。管理风险存在于企业信息化实施工作的全过程，轻则增加成本、延长进程，重则导致企业信息化实施失败。

#### 4. 环境风险

环境风险包括关联方业务合作风险，以及其他社会风险等。企业信息化不仅是对企业内部的一场革命，而且会影响到外部与企业业务相关的各个方面。从某种意义上讲，一个企业的信息化与社会信息化相辅相成。

#### 5. 网络安全风险

由于不同安全域之间的网络连接没有有效的访问控制措施，来自互联网的访问存在潜在的扫描攻击、DoS 攻击，进而带来非法侵入风险、系统安全风险、信息泄露风险，以及企业信息资产管理风险等。

### 1.1.8 微案例：罗技公司的信息化实践

#### 1. 背景介绍

罗技（Logitech）公司是一家起源于瑞士的全球知名的电子产品制造商，成立于 1981 年。该公司主要生产计算机配件，如键盘、鼠标、手柄、摄像头等，以及游戏和娱乐设备。在过去的几年中，罗技公司开始实施一系列的信息化项目，旨在提高运营效率和产品质量。

#### 2. 信息化目标

罗技公司的信息化目标主要是改善其全球范围内的供应链管理、生产和销售等环节。具体目标如下。

（1）整合各个业务部门的数据和流程，实现业务数据的统一管理和共享。

（2）实现供应链的优化管理，提高库存周转率和订单履约率。

（3）提高产品质量和生产效率，降低生产成本。

（4）加强客户关系管理，提升客户满意度和忠诚度。

### 3. 信息化方案

为了实现上述目标，罗技公司实施了以下信息化方案。

（1）实施企业资源计划（ERP）系统，将各个业务部门的数据和流程整合到统一的系统中，实现了数据的统一管理和共享。

（2）采用供应链管理（SCM）系统，实现了供应链的优化管理，提高了库存周转率和订单履约率。

（3）引入生产管理系统（PMS），提高了生产计划和控制的效率，进而提高了产品质量和生产效率。

（4）采用客户关系管理（CRM）系统，加强了客户关系管理，提升了客户满意度和忠诚度。

### 4. 实施过程与结果

从 2014 年开始，罗技公司同时推进了多个信息化项目。在实施过程中，罗技公司遇到了很多挑战，包括业务流程的改变、人员培训和技术支持等。尽管遇到了困难，但罗技公司坚持推进这些项目，并且取得了显著的成果。到 2018 年，所有的信息化项目都成功上线并稳定运行。这些项目的成功实施使罗技公司的运营效率得到了显著提高，同时也提升了客户满意度。

### 5. 经验总结

罗技公司的信息化实施经验可归纳为以下 5 点。

（1）高层领导的支持是信息化实施成功的关键。在罗技公司，CEO 亲自参与并推动信息化项目的决策和实施。

（2）要充分了解企业的业务需求和目标，以便选择合适的信息化方案。

（3）在实施过程中要克服困难和挑战，同时要对员工进行必要的培训和支持。

（4）要选择可靠的合作伙伴来提供技术支持和咨询服务。

（5）要持续优化和改进信息化系统，以满足企业不断变化的业务需求。

通过企业信息化建设，罗技公司不仅提高了运营效率，也为其业务的持续发展提供了有力支持。

# 1.2 企业数字化

随着数字经济的蓬勃发展，企业数字化转型已经成为当今企业应对 VUCA（Volatility 易变性、Uncertainty 不确定性、Complexity 复杂性、Ambiguity 模糊性）时代的重要战略之一。

## 1.2.1 数字经济的发展

1996 年，美国学者泰普斯科特在《数字经济时代》中正式提出数字经济的概念；1998—2000 年，美国商务部先后发布了名为《浮现中的数字经济》和《数字经济》的研究报告；2016 年，在 G20 杭州峰会上发布的《G20 数字经济发展与合作倡议》给出了数字经济的定义：数字经济是指以使用数字化的知识和信息为关键生产要素、以现代信息网络为重要载体、以信息通信技术的有效使用为效率提升和经济结构优化的重要推动力的一系列经济活动。

中国信息化百人会在 2014—2016 年连续三年发布中国信息经济年度发展报告，认为信息经济和数字经济的内涵和外延大体一致；在 2017 年发布《数字经济：迈向从量变到质变的新阶段》，认为数字经济是全社会基于数据资源开发利用形成的经济总和。

2017 年，“数字经济”一词首次出现在政府工作报告中，2019—2022 年更是连续四年写入政府工作报告，相继提出“壮大数字经济”“打造数字经济新优势”“加快数字化发展，建设数字中国”“促进数字经济发展，加强数字中国建设整体布局”。

2019 年，《数字经济：影响未来的新技术、新模式、新产业》一书提到，“数字经济”中的“数字”包含两个含义：数字技术和数字即数据。数字技术推动了智能经济的发展；数字即数据则主要指大数据、新经济等。数字经济作为一个整体，包含了新的数字技术、新的经济活动处理过程和新的经济活动组织方式，也将带来新的经济效果。

## 1.2.2 数字经济的界定和基本范围

根据国家统计局《数字经济及其核心产业统计分类（2021）》对数字经济的界定：数字经济是以数据资源为关键生产要素、以现代信息网络为重要载体、以信息通信技术的有效使用为效率提升和经济结构优化的重要推动力的一系列经济活动。这一界定与 G20 峰会对数字经济的定义表述基本一致，因此，本书将沿用这一定义。

数字经济主要包括三大要素：数字资源、现代信息网络和信息通信技术。其基本范围包括数字产品制造业、数字产品服务业、数字技术应用业、数字要素驱动业、数字化效率提升业五大类。

前四类是数字经济核心产业，是指为产业数字化发展提供数字技术、产品、服务、基础设施和解决方案，以及完全依赖数字技术、数据要素的各类经济活动，主要包括计算机通信和其他电子设备制造业、电信广播电视和卫星传输服务、互联网和相关服务、软件和信息技术服务业等，是数字经济发展的基础。而第五类数字化效率提升业是产业数字化部分，指应用数字技术和数据资源为传统产业带来的产出增加和效率提升，是数字技术与实体经济的融合。

## 1.2.3　数字经济的构成

数字经济以数字化信息为关键资源、以信息网络为依托、通过信息通信技术（ICT）与其他领域紧密融合，形成了 5 个层次和类型[①]，如图 1-2 所示。

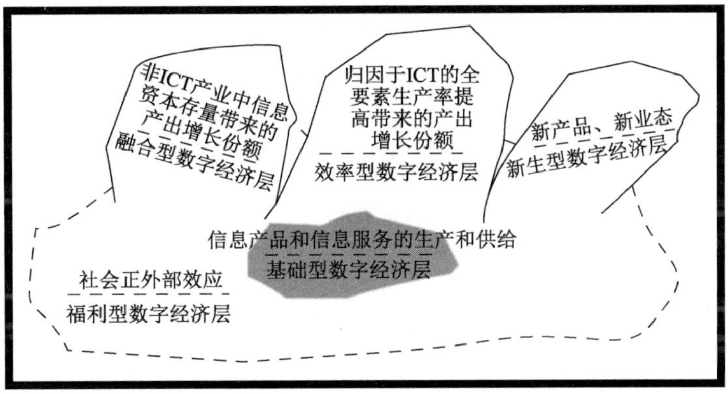


图 1-2　数字经济的构成

（1）以信息产业为主的基础型数字经济层。基础型数字经济主要体现为信息产品和信息服务的生产和供给，主要包括电子信息制造业、信息通信业和软件服务业等。

（2）非 ICT 产业中信息资本存量带来的产出增长份额形成的融合型数字经济层。信息通信技术的持续创新发展，推动了信息采集、传输、储存、处理等信息设备不断融入非 ICT 产业的生产、销售、流通、服务等各个环节，形成了新的生产组织方式，带来了

① 中国信息化百人会课题组. 数字经济：迈向从量变到质变的新阶段.

更多的产出。

（3）体现信息通信技术带来全要素生产率提高的效率型数字经济层。效率型数字经济是指数字经济中归因于 ICT 的全要素生产率提高带来的产出增长份额。

（4）以新产品、新业态形式出现的新生型数字经济层。信息通信技术与传统产业融合不断催生出新技术、新产品、新模式，并形成了富有创新活力和发展潜力的新产业，即新生型数字经济。

（5）产生社会正外部效应的福利型数字经济层。信息通信技术在经济社会领域的普及推广，带来更多的社会信任、更高水平的公共安全和更广的社会参与等潜在的社会福利，即福利型数字经济。

## 1.2.4 数字经济的发展趋势

### 1. 数字经济与实体经济深度融合

数字经济的发展正在与实体经济深度融合，推动传统产业向数字化、智能化、绿色化方向转型升级。如物联网、大数据、人工智能等新一代信息技术正在与传统基础设施及实体经济深度融合，推动智能电网、智能交通、智能制造、无人零售等新型基础设施和业态的发展。

### 2. 数据要素成为数字经济新引擎

数据作为数字经济的关键要素，正成为推动数字经济发展的新引擎。数据资产化、数据流通已经成为近年来工业界和学术界研究的热点。各地政府也相继出台了相关的数据分级分类管理条例，成立了大数据交易中心等。数字经济的发展使数据的获取、传输、储存、加工和应用等环节更加便捷和高效，推动了数据要素的高效流动和优化配置，为经济社会发展提供了新的动力。

### 3. 数字经济发展环境持续优化

随着数字经济的加速发展，政策、法律、制度等各方面的环境也在持续优化。各国政府正在加强数字经济领域的政策引导和监管，完善相关法律法规，保护知识产权和数据安全，推动数字经济健康有序发展。如北京市在 2021 年发布了《北京市关于加快建设全球数字经济标杆城市的实施方案》，并提出到 2030 年北京将建设成为全球数字经济标杆城市。

### 4. 数字经济发展空间不断拓展

随着信息技术的不断创新和应用场景的不断拓展，数字经济的发展空间也在不断拓展。例如，物联网、云计算、区块链等新兴领域正在成为数字经济发展的新增长点，推动数字经济的产业链、价值链、创新链不断延伸和完善。

### 5. 数字经济新业态新模式不断涌现

数字经济的发展正在催生出许多新业态、新模式和新服务。例如，共享经济、平台经济、无人经济、社交电商、工业互联网等新业态新模式正在快速发展，为经济增长和创新创业提供了新的机会和平台。

## 1.2.5　企业数字化转型

数字经济的基础设施建设核心是"数字化企业"，全力发展数字化企业是构建中国数字经济底层的关键步骤。传统企业的数字化转型形成中国经济发展的内核力。如果企业仍旧采用传统的低效运营、管理、市场、销售方式，即使拥有先进的数字化技术，也仍旧不具备可持续发展的能力。快速、高效地进行中国企业的数字化转型，从而形成中国数字化企业的产业集群，是未来中国用数字经济构建核心竞争力的重要保障。

狭义的数字化概念，是将许多复杂多变的信息转变为可以度量的数字、数据，基于这些数字、数据建立起适当的数字化模型，把它们转变为一系列二进制代码，引入计算机内部进行统一处理。现实中的数字化是将物理世界转化为数字世界，并将数字世界融入物理世界的交互过程。

数字化转型是开发数字化技术及支持能力以新建一个富有活力的数字化商业模式的过程。数字化转型的发展阶段可以归纳为建立数字标准，实现数字连接、数字共享、数字协同、数字生态、数字智能（从数字化到数智化）。数字化转型的核心要义是，将基于工业技术专业分工取得规模化效率的发展模式，逐步转变为基于信息技术赋能作用获取多样化效率的发展模式。数字化转型根本任务是价值体系的优化、创新和重构，核心路径是新型能力建设，关键驱动要素是数据。数字化转型是信息技术引发的系统性变革，生产力和生产关系都将发生变化，从物质经济、规模经济的生产力和生产关系转变为适应数字经济、范围经济的生产力和生产关系，要适应这种变革，就要推动企业各领域的全面转型，实现技术、业务、组织的互动创新和协同优化。

数字化转型是在信息化的基础上对企业管理全域和业务全链路实施数字化赋能的过程。其发展经历包括从手工化到计算机自动化，再到信息化、数字化、智能化。各个企业发展阶段不同，信息化的基础不同，数字化的发展起点也有所不同。数字化转型是从手段到内容不断演进的过程，不同企业需要根据自身发展现状和业务需求，完成以下不同阶段的转型：从业务操作、数据采集、数据推送的手工化到自动化；软件应用平台化，业务操作与企业管理信息化、数字化；从经验到数据的沉淀与可视化呈现；“数据+智能”的数智化业务驱动等。

数字化转型的具体内容，根据数字化转型行业标准《数字化转型参考架构》，物质经济时代是规模经济，而数字经济时代是范围经济。在数字经济时代，信息技术引发了企业系统性变革，这些变革主要包括生产方式的变革、组织模式的变革。其中，在生产方式变革方面，数字经济时代的工作方式以人机智能融合为主要特征，生产工具以数字化、网络化和智能化工具为主，生产对象以数据、信息和知识为主。业务模式以“业务数字化+数字业务化”为主要特征。而在组织模式变革方面，数字经济时代的组织边界延伸到全社会范围、组织关系以赋能与协作为主，利益分配以按价值分配为主。概括来讲，数字化转型的主要对象可以包括生产要素的变革和组织机制体制的变革。数字化转型的重点在于企业价值体系的重构，建立全新的数据驱动的价值创造体系，从价值主张、价值创造、价值传递、价值支持到价值获取实现全链路的数据驱动，构建能力共享的、全要素数字化的服务生态。在价值体系重构过程中，数字经济时代应该更多地关注如何提升客户参与的价值共创，通过数字化转型重塑商业模式，实现价值增值或裂变。

## 1.3 章节案例：数字美的

### 1.3.1 案例背景

美的集团成立于 1968 年，倡导“科技尽善，生活尽美”，是一家覆盖智能家居、楼宇科技、工业技术、机器人与自动化和创新型业务五大业务板块的全球化科技集团，形成了美的、小天鹅、华凌、COLMO、库卡、威灵、合康、科陆、高创、万东和菱王等多个品牌组合。2023 年 10 月官网信息显示，美的在全球拥有约 200 家子公司、31 个研发中心和 40 个主要生产基地，业务覆盖 200 多个国家和地区。2022 年，集团营业总收入 3457 亿元，全球员工数量达 16 万余人，在《财富》世界 500 强排名第 245 位。

美的集团发展的时间线：

1968 年，何享健先生带领 23 位顺德北滘居民，筹集 5000 元开始创业；

1980 年，美的开始制造风扇，进入家电行业；

1981 年，美的注册“美的”商标；

1985 年，美的进入空调行业；

1988 年，美的被授予“中华人民共和国机电产品出口基地”称号，销售额突破 1 亿元；

1990 年，美的投资超过 1 亿元建设首个高端工业园；

1992 年，美的进行股份制改革；

1993 年，美的在深交所上市；

1997 年，美的实行事业部制；

1998 年，美的全球营收超过 50 亿元，在芜湖设立生产基地；

2000 年，美的销售额超过 100 亿元；

2004 年，美的开展一系列并购行动，优化企业在白色家电行业的布局；

2007 年，美的在越南建设海外基地，并投产；

2010 年，美的销售额超过 1000 亿元；

2011 年，美的开展新一轮改革转型，次年创始人退出董事会，方洪波先生接任董事长；

2012 年，美的开始推动集团管控的变革；

2013 年，美的实现整体上市；

2016 年，美的收购东芝家电与意大利中央空调企业 Clivet 80%的股权；

2017 年，美的收购德国库卡机器人公司 94.55%的股份，以色列高创公司 79.37%的股份，正式进入机器人与自动化行业；

2020 年，美的业务架构及战略主轴升级，连续 5 年位列《财富》世界 500 强。

## 1.3.2　美的集团的数字化转型

### 1. 数字化为美的集团带来的改变

美的家电业务板块，主要面向个人消费者；而楼宇科技、工业技术、机器人与自动化 3 个业务板块，主要面向企业组织。美的集团在这 4 个业务板块领域同步实施了数字化转型。此外，美的集团的另一个创新型业务板块，是在数字化转型实践过程中孵化和创新出来的新生业务，主要包括为企业数字化转型提供软件服务、无人零售解决方案等。如美擎工业互联网平台和美云智数软件企业。美云智数依托美擎工业互联网平台，将管理实践软件产品化，为智能制造及产业互联提供工业软件及数字化咨询服务，业务涵盖数字化咨询、智能制造、数字化研发等领域，为汽车、半导体、日化、农牧、医疗等多个垂直行业提供领先的数字化解决方案。

随着数字化转型进程的推进，美的集团发展形成了科技领先、数智驱动、用户直达和全球突破的四大战略主轴。科技领先指构建研发规模优势，加大对核心、前沿技术的布局和投入；数智驱动指通过全面数字化全面智能化，内部提升效率外部紧抓用户；用户直达指与用户直接联系互动，重塑产品服务及业务模式；全球突破指重点区域寻求市场、渠道和商业模式等维度突破，服务全球用户。其中， 科技领先是核心；而与数字化转型关联度最大的是数智驱动，即“数据驱动，智能运营”。用户直达是数字化转型的最大挑战。离用户太远，不了解用户需求，不知道用户在想什么，是美的面临的最大痛点。因此，应用创新的根本在于了解用户。在过去的十年里，美的集团从信息化的一致性开始做起，逐步推动了数字化转型。总体上，在以下 3 个方面发生了改变。

（1）生意模式的改变：做生意的方法发生了改变，即业务方法改变。

（2）商业模式的改变：从销售单个产品或硬件转变为销售集成式解决方案。随着数字化的驱动，集团通过掌握的数字化技术、工具和方法，把不同产品整合起来，提供一个局部的、某一个环节的解决方案。

（3）工作模式的改变：所有员工及上下游合作伙伴的工作方法、交互方式、沟通模式都发生了转变。

早在 2012 年，美的集团就开始推动数字化转型，加大对集团的统一管控。随着集团业务发展多元化，业务差异性越来越大，市场区域从中国走向全球也迫切需要实施集团管控。业务驱动美的从管控的角度上开始实施数字化转型，逐步实现了集团的一致性管理，并形成了数字美的 2025 标准：①业务数字化。通过数字平台实现全价值链数字化运营，全域端到端无缝衔接。②数据业务化。从用户视角，数据驱动匹配高科技行业标准。③数字技术。建立核心技术能力，保持行业领先优势。④智能家居。做到全球智能家居行业首选。⑤数字创新。数字技术融入产品和服务，以数字化支撑商业模式创新。

### 2. 美的“632”系统

在前期数字建设的基础上，2021 年 9 月，美的集团启动了信息化系统重构战略，即“632”系统战略，通过打造六大核心业务系统、三大管理平台和两大技术平台，实现一体化的发展目标①。其中，“6”指六大核心业务系统，包括客户关系管理系统（CRM）、自动排程系统（APS）、供应链管理系统（SRM）、制造执行系统（MES）、企业资源计划系统（ERP）、产品生命周期管理系统（PLM）；“3”指三大管理平台，包括人力资源管理平台（HRMS）、柔性制造平台（FMS）、大数据与商业智能平台（BI）；“2”指两大技术平台，即信息门户（MIP）和开发平台（MDP）。

---

① 周婷，于萍萍，孔岚. 企业数字化转型的路径研究.

“632”系统作为事业部制分权运营的底座，也是美的集团数字化转型的基础和方法论，是集团数据体系化的关键步骤，其核心目标是“一个美的集团、一个体系、一个标准”。即通过“632”系统集成集团所有的业务、管理及运营，实现统一流程、统一标准、统一系统，从管控的角度上实现一致性管理。系统实施后效益显著，因此在“632”系统的基础上，美的集团推动了整个企业的数字化转型，包括商业模式变革。

### 3. 美的“T+3”商业模式①

在数字化转型的过程中，美的集团充分发挥数智赋能的作用，基于“632”系统，对供应链各个环节进行变革，实施短链变革，独创了“T+3”商业模式，即把供应链分成四个环节：集单、备料、生产和物流，从客户（零售商）下单（T0 环节）开始算起，每个环节尽可能压缩天数，以最快的速度直接响应零售需求，实现柔性生产，缩短链条。从客户下单的第一阶段（T0），到备料（T1）、制作产品（T2）、发货（T3），实现 12 天全流程交付。通过聚焦终端用户的实际需求，集团创新变革美的业务模式，快速满足市场差异化、定制化需求，依托数字化深化，沉淀统一的方法论、固化成熟的业务流程，实现全链路动态可视，构建全价值链协同推广的商业模式。

2015 年，美的集团首先在其子公司——小天鹅实行“T+3”商业模式。从之前的大规模、批量化的备产、层层压货分销的模式转变为小批量、多批次的柔性产销模式。在该模式下，集团所有订单都来自一线，工厂收到订单后，组织备料、生产、发货，利用全产业链优势优化了制造流程，并根据供产销流程中各环节的需求升级了制造设备和工艺。2017 年，美云销商业平台上线，美的集团开启了面向旗下代理商和经销商的一体化经营变革。“T+3”商业模式本质上是以客户为导向的 C2M 模式，即以销定产，实施“T+3”商业模式后，订单及时交付率得到了很大的提升。

## 案例思考题

1. 数字化为美的带来了哪些改变？
2. 在集团管控方面，美的是如何进行数字化转型的？
3. 美的是如何进行短链变革的？

① 陈晓珊，周裕淳，余雨亭，等. 制造企业如何实现数字化转型？——以美的集团为例.

## 1.4 本章小结

企业信息化实质上就是一个企业借助信息技术实现业务过程及管理的全面计算机化和网络化的过程。

企业信息化以业务流程优化和重组（BPR）为基础。

企业信息化的发展经历了从手工化到计算化、信息化、移动化、数智化的不同阶段。

企业信息化建设的内容主要包括基础设施建设、业务流程改进、数据库开发与应用、系统集成和应用开发、安全策略和措施等。

企业信息化是一个不断迭代和优化的过程，主要步骤包括企业战略分析、信息化战略规划制订、企业信息系统总体规划与建设方案制订、企业关键业务流程分析与优化、信息化系统建设、实施与运行维护。

企业信息系统规划的方法有很多，常见的有关键成功因素法（Critical Success Factors，CSF）、战略目标集转化法（Strategy Set Transformation，SST）和企业系统规划法（Business System Planning，BSP）等。

数字经济是以数据资源为关键生产要素、以现代信息网络为重要载体、以信息通信技术的有效使用为效率提升和经济结构优化的重要推动力的一系列经济活动。

数字经济基本范围包括数字产品制造业、数字产品服务业、数字技术应用业、数字要素驱动业、数字化效率提升业五大类。

数字经济的 5 个层次：以信息产业为主的基础型数字经济层，非 ICT 产业中信息资本存量带来的产出增长份额形成的融合型数字经济层，体现信息通信技术带来全要素生产率提高的效率型数字经济层，以新产品、新业态形式出现的新生型数字经济层，产生社会正外部效应的福利型数字经济层。

企业数字化转型的重点在于企业价值体系的重构，建立全新的数据驱动的价值创造体系。

# 第2章
# ERP概述

**内容导览：** 本章主要内容包括ERP产生的背景、ERP的发展历程与未来趋势，系统介绍ERP发展的五大阶段，并结合目前智能制造的发展趋势，探讨未来ERP的发展、ERP的基本概念（包含ERP与MES和APS的区别与联系）、ERP的功能（结合制造业悖论的解决来探讨ERP系统能够帮助企业做什么），以及ERP的应用模块。

## 章节案例导读：海尔的数字化进程

第一阶段：1995—2006年，海尔服务运营线上化；
第二阶段：2007—2017年，海尔全面信息化；
　　　　　2008年，海尔完成ERP系统搭建；
　　　　　2012年，海尔搭建互联工厂；
第三阶段：2017年，海尔开始推进数字化；
　　　　　2017年，海尔卡奥斯平台上线；
　　　　　2019年，海尔建成智能+5G互联工厂。

# 2.1 ERP 的发展历程

## 2.1.1 ERP 的产生背景

**微案例 1：**某家具制造工厂的困惑。15 年前的某品牌 VIP 家具生产制造工厂的管理困境主要包括：库存里有什么物料，财务账面上有什么物料？这两个信息往往不一致。已经有出入库操作的物料可能因为没有及时登记，导致库存数据与账面不符；但有时填写了出入库单据的物料，又可能因为种种原因并未进行实际的出入库操作。所以库存数据总是不准确，不能及时反映物料状态。为了解决这一问题，这家工厂不得不在每个月的月底，安排全员参与库存盘点。除了库管员、财务工作人员，甚至行政管理岗位上的人，业绩不太好的销售都要参与。应该说当时，库存盘点是这家企业员工加班的主要工作。这个局面给管理者带来了很大的困惑。管理者无法实时掌控工厂运营数据。无法清楚地了解库存物料的使用状态。

**微案例 2：**学生创业咖啡馆的困惑。为落实教育部、北京市教育委员会和北京联合大学下发的《关于大力推进高等学校创新创业教育和大学生自主创业工作的意见》文件精神，响应国务院提出的“大众创业、万众创新”的号召，北京联合大学商务学院加快了在大学生中开展创新创业教育的推进工作，成立了创业孵化基地，开设了创业教育选修课，培育并资助学生自主创业，经过层层选拔，最终形成了学院在校大学生创业团队。InCoffee 创业团队是在校大学生创业团队之一，2016 年由该团队创业的咖啡馆 InCoffee 正式开始营业。截至 2023 年，该咖啡馆不断更新学生团队，已经连续经营 7 年。该咖啡馆主要提供各种咖啡、奶茶、简单的点心、水果和其他便利性饮品服务。咖啡馆的主要客户是校内师生，除接待散客店内服务和外带服务以外，还为学院提供研讨活动、学术交流和合作洽谈等的场地和饮品服务。在经营模式上，作为创新创业的平台，该咖啡馆完全由在校学生团队按市场方式进行经营管理。

作为咖啡馆的经营者，学生团队面临的困惑是：客流的到达不稳定，每日客流量无法预估，当备料充足而客户到达较少时，部分保质期较短的原料或糕点等面临临期处理的损失，影响整体效益；但是，有时到店客户又很集中，饮品无法及时供应，然而会触发到店客户猛增的校内活动或其他事件信息，管理咖啡馆的学生团队又不能及时获得。

**微案例 3：**学生自主经营的无人超市的困惑。北京联合大学商务学院联合中国信息经济学会、CNAIS 学会及多家校企合作共同创立“新零售联合开放示范实验室”，通过“前台无人化+后台数据化”的新零售运营模式，打造基于大数据平台的校园新零售实践平台——校园无人超市。

实验室位于校园开放区域，由自助手机扫描结算终端、电子价签、无人自助柜、自助咖啡机等构成智能无人购物服务区，学生团队在后台 24 小时独立运营。该实验室突破了传统商科实验的软件平台、封闭空间、模拟数据等局限，解决了商科教育缺乏真实业务场景，学生综合实践能力提升受限的问题。

学生们在自主经营该无人超市的过程中发现，产品销售的“爆款”和滞销品往往同时存在，销量好的单品大量进货后也有可能又卖不动了；临期产品是很难处理的，尤其是食品，总是会带来一些损失；隔壁超市带来的同业竞争压力也很大；数据结算常常不及时，导致成本和收益的核算常常滞后；与供货商的沟通成本过高；偶尔还会出现产品丢失的问题等。

以上这些都是管理者面临的困惑。除了案例情境中的问题，一般企业管理者会面临的困惑还有：生产总是赶不上市场的变化，导致产品销售不出去，库存积压；投入多，产出少，利润空间薄弱，转化效率低；生产过程成本居高不下，创新不足，缺乏竞争优势；企业内部存在各种各样的信息孤岛，采购部门不了解库存数据的变化，生产部门不了解销售数据的变化等。信息孤岛导致需求与供应无法做到及时沟通、产供销脱节、财务与业务脱节等，正如微案例 1 中家具制造厂的例子。

我们将这些困惑总结为制造业悖论，即制造业存在的一些难以解决而又必须解决的问题：

- 如何满足多变的市场需求？
- 如何准确及时地做出客户承诺？
- 如何处理紧急的客户订单？
- 如何保持均衡的生产计划和活动？
- 如何准确及时地了解生产情况？
- 如何管理供应商？
- 如何避免物料短缺？
- 如何避免库存积压？
- 如何提高产品质量？
- 如何降低产品成本？
- 如何及时做好财务分析？如何准确及时地做好资金流计划？如何真正地发挥财务管理的计划、控制和分析的作用？
- 如何使企业的各个职能部门能够以统一的观点和共同的语言来处理问题？

这些问题蕴含着企业运营管理的一些基本矛盾，即市场需求是多变的，但人们总是希望生产计划是稳定的，能否做到既没有库存积压，又没有物料短缺？能否在实现高质量的同时实现低成本？能否使企业的各个职能部门以统一的观点和共同的语言来处理问题？

为了解决这些悖论，人们想到使用计算机工具来实现计划与控制，企业资源计划（Enterprise Resources Planning，ERP）就应运而生了。它旨在打通产供销业务流程，通过整合物流、资金流、信息流，强化对企业资源的计划、执行和控制。ERP 代表了一种系统化地解决企业运营管理复杂问题的先进管理理念和方法，并且其通过计算机软件来实现这种系统化的管理理念和方法，也可以说 ERP 代表一类企业管理软件系统或一类商业软件包。

ERP 的应用起源于制造业。海尔作为一家国内制造型企业，在 2008 年就完成了 ERP 系统的搭建。ERP 是制造型企业信息化的必备环节，为数字化建设奠定了基础。实施 ERP 的本质在于通过信息技术来帮助企业解决运营管理实际问题，例如海尔通过 ERP 实现了流程简化和信息化运营等。

ERP 解决制造业悖论的核心逻辑是制造业基本方程。例如，微案例 1 中的企业生产沙发，需要布料，木材、钉子、拉链等原材料或零部件。库存数据可以告诉我们手里有什么，我们需要知道还缺什么，还需要再准备什么。我们用 A、B、C、D 来表示这一逻辑：A 代表要生产的产品；B 代表生产所需的原材料和零部件；C 代表当前拥有的资源；D 代表根据计算还需准备的资源。用公式可以表示为：$A \times B - C = D$。

这个公式就是制造业基本方程。它回答了以下 4 个问题。

（1）要生产什么产品？

（2）生产需要什么原材料和零部件？

（3）当前拥有什么资源？

（4）还需要准备什么资源？

ERP 的核心是 MRP，即物料需求计划（Material Requirement Planning）。MRP 的实质是依据制造业基本方程的逻辑，根据主生产计划、物料清单（或产品结构文件）和库存记录，对每种物料进行计算，指出何时将会发生物料短缺，并给出建议，以最小库存量满足需求并避免物料短缺，从而得到合理的物料采购或加工计划。其中，主生产计划、物料清单、库存记录和采购或加工计划分别对应制造业基本方程中的 A、B、C 和 D。这一逻辑充分体现了供需平衡的思想。ERP 的发展是一个资源计划与控制集成范围不断扩大的过程，计划与控制的范围从物料到企业内外部所有的资源。制造业基本方程在制造业中是普遍存在的。ERP 可以应用计算机技术帮助企业解决制造业基本方程涉及的问题。

## 2.1.2　ERP 的发展阶段

企业资源计划（Enterprise Resource Planning，ERP）由美国 Gartner 公司首先提出。ERP 的宗旨是以市场为导向，对企业所拥有的资源（人、财、物、信息等）进行综合平衡和优化管理，使企业在激烈的市场竞争中全方位地发挥自身潜能，取得最大的经济效益。ERP 理论的形成大致经历了以下几个阶段。

20 世纪 40 年代，早期库存管理形成订货点法；

20 世纪 60 年代，复杂物料需求带来的基本 MRP（Manufacturing Resource Planning）；

20 世纪 70 年代，物料与生产管理集成的闭环 MRP；

20 世纪 80 年代，生产与财务管理一体化的 MRPⅡ；

20 世纪 90 年代，集成企业内外部资源和信息的 ERP（Enterprise Resource Planning）；

进入 21 世纪，在 ERP 的基础上产生新一代 ERPⅡ。

### 1. 订货点法

20 世纪 40 年代初期，西方经济学家通过研究库存物料随时间推移的使用和消耗规律，提出了订货点的方法和理论，并将其运用于企业的库存计划管理。

早在 20 世纪 30 年代初期，企业控制物料的需求通常采用控制库存物品数量的方法，为需求的每种物料设置最大库存量和安全库存量。最大库存量是为库存容量、库存占用资金的限制而设置的，安全库存量，也称最小库存量，指物料的消耗不能小于这一数值。

为了避免物料短缺影响生产，应在安全库存量的基础上增加一定数量的库存，而不能等到物料的库存量消耗到安全库存量时才补充库存，因为物料的供应需要一定的时间（供应周期，如物料的采购周期、加工周期等），所以必须有一定的时间提前期。

在安全库存量的基础上增加的库存量作为物料订货期间的供应量，应满足这样的条件：当物料的供应到货时，物料的消耗刚好到了安全库存量。该控制模型必须确定两个参数：订货点和订货批量，如图 2-1 所示。

订货点法补充库存的原则：为了应对需求波动，设置一定数量的存货储备，即在安全库存量的基础上增加一定数量的库存，这是一个预先规定的，高于安全库存的量。当库存量低于储备量，则立即开始订货，以补充库存达到存货储备量的状态，满足随时取用。而不是等到物料的库存量消耗到安全库存量时才补充库存，因为物料的供应需要一定的时间，要考虑这一时间周期内物料的消耗，这个时间周期称为订货提前期。当物料的供应到货时，物料的消耗刚好到了安全库存量。利用这个模型就可以计算确定合理的订货点。该库存计划管理方法被称为订货点法。

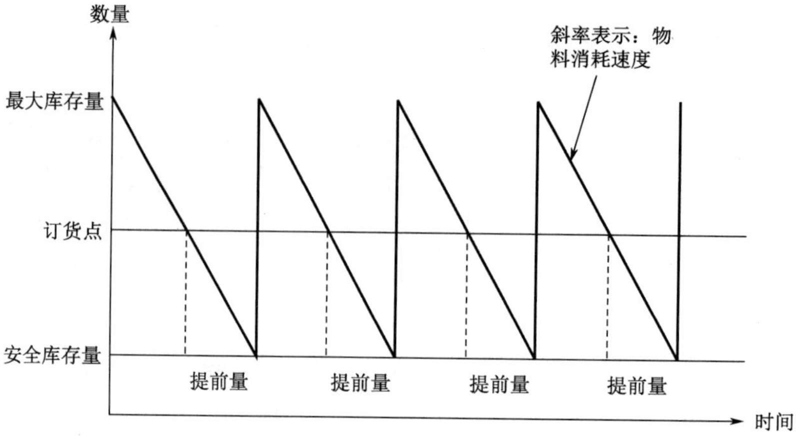


图 2-1 订货点法控制模型

确定订货点的计算公式为

订货点=单位时区需求量×订货提前期+安全库存

通过这个公式可以确定当库存消耗达到某个量时，就应该开始订货，这个量即储备量，是高于安全库存量的库存量。

订货点法成立的基本假设包括：

（1）生产过程对各种物料的需求是相互独立的，即物料 A 的消耗不会因为 B 物料的消耗而改变；

（2）物料需求是连续发生的，但事实上很多物料的消耗并非匀速变化；

（3）库存消耗后应该被重新填满；且重点在于“何时订货”。

这些假设一方面保证了订货点法的适用性，另一方面说明其存在局限性。如图 2-2 所示，物料的需求往往不是连续发生的，而原材料和零部件的需求往往与最终产品的需求相关。

订货点法模型在早期的生产环境中发挥了一定的作用。然而，随着市场环境的变化和产品复杂性的增加，其应用受到了一定限制。订货点法主要适用于物料消耗相对稳定、供应稳定、需求独立且价格不高的场景。订货点法受到许多条件的制约，无法准确反映物料的实际需求，为了满足生产需求，企业往往会提高订货点的数量，造成库存数量和资金占用增加，进而增加产品成本，削弱企业市场竞争力。为了解决这些问题，20 世纪 60 年代中期，美国的管理专家约瑟夫·奥里奇（Joseph A.Orlicky）博士提出了“物料独立需求和相关需求”学说，在此基础上，形成了“在需要的时候提供需要的数量”的认识，并发展出物料需求计划（MRP）的理论，即基本 MRP。

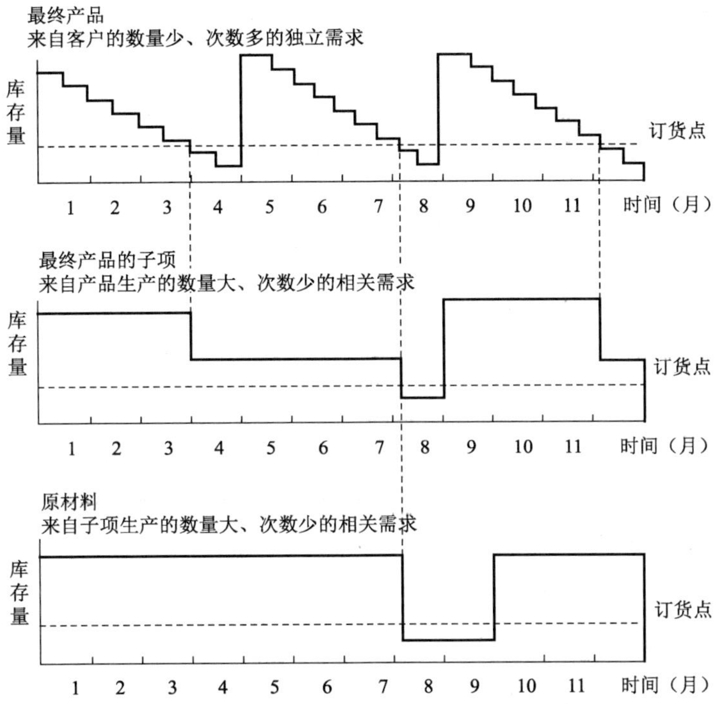


图 2-2 订货点和非独立需求①

## 2. 基本 MRP

基本 MRP 是在库存订货点法的基础上形成的，强调根据需求确定物料的订货量，并考虑产品的结构中物料需求量的相关性，以实现“降低库存的同时避免物料短缺”的目标。

基本 MRP 主要解决间歇（离散型）生产的生产计划和控制问题。在间歇生产的情况下，确保生产计划的高效运行和物料的及时供应是生产管理的关键，如果处理不当，则可能导致库存积压和物料短缺同时出现。

基本 MRP 相较于订货点法有三大改进。

（1）将需求划分为了独立需求和非独立需求，其中非独立需求指原材料、零部件等可由其他物料需求确定的需求；

（2）为库存状态增加时间坐标，按照具体日期或计划时区记录库存数据，提升物料控制与管理的准确性；

（3）通过产品结构把所有物料的需求联系起来，考虑不同物料需求之间的相互匹配关系。

① 周玉清，刘伯莹，周强. ERP 原理与应用（第 4 版）.

基本 MRP 根据需求确定物料的订货量，考虑了产品结构中物料需求量的相关性，实现了“降低库存的同时避免物料短缺”的目标。

在物料消耗、计算依据、相关需求、库存、供给、优先级等方面，订货点法与基本 MRP 存在差异，具体对比如表 2-1 所示。基本 MRP 在订货点法的基础上考虑了不均衡的物料消耗，并基于产品结构展开相关物料需求计算。基本 MRP 的发展解决了订货点法的一些局限性，能够满足更多样化的管理业务需求。

表 2-1　订货点法与基本 MRP 的区别[①]

| 项目 | 物料消耗 | 计算依据 | 相关需求 | 库存 | 供给 | 优先级 |
|---|---|---|---|---|---|---|
| 订货点法 | 均衡 | 历史资料 | 不考虑 | 有余 | 定时 | 不考虑 |
| 基本 MRP | 不均衡 | 产品结构展示 BOM | 考虑 | 减少 | 需要时 | 考虑 |

基本 MRP 的运行依赖 4 个前提条件。

（1）物料代码（Item Code）：为每项物料分配一个独立的物料代码；

（2）主生产计划（Master Production Schedule，MPS）：要生产什么，什么时候生产；

（3）物料清单（Bill of Material，BOM）：产品结构文件；

（4）库存记录（Inventory Record）。

这四项信息构成了基本 MRP 的重要输入。

如图 2-3 所示，基本 MRP 经过计算后得到的输出包括采购计划和加工计划，体现了制造业基本方程的逻辑，即生产什么？需要什么？已有什么？还需要什么？

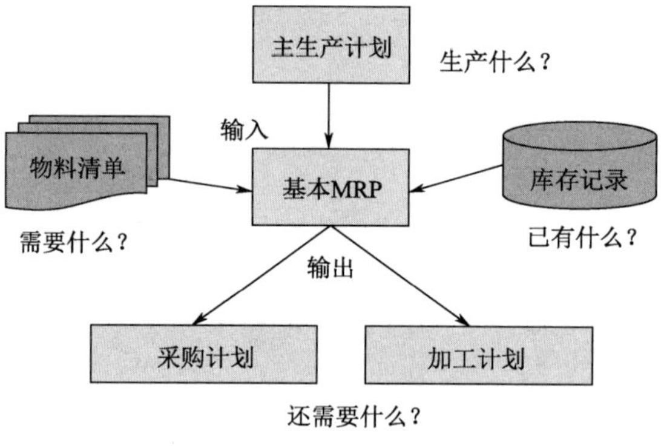


图 2-3　基本 MRP 的输入与输出

基本 MRP 主要应用于制造业，它涉及从供应方采购原材料，经过加工或装配制造出产品，并最终销售给需求方。这一流程体现了制造业与金融业、商业、采掘业（石油、矿产）、服务业的主要区别。制造业中的经营生产活动都是围绕其产品开展的，其信息系

① 程国卿，吉国力. 企业资源计划（ERP）教程（第 2 版）.

统也体现了这一特点。基本MRP基于产品物料清单（在食品、医药、化工行业称为“配方”），实现了物料信息的集成。制造业的经营生产活动可以形象地描述为一个上窄下宽的锥状产品结构，其顶层是出厂产品，是属于企业市场销售部门的业务；底层是采购的原材料或配套件，是企业物资供应部门的业务；中间是制造部件，是生产部门的业务。

基本MRP的基本功能是实现物料信息的集成，保证物料的及时供应，降低库存，提高生产效率。物料需求信息由以下4个要素组成。

（1）需要什么；

（2）何时需要；

（3）需要多少；

（4）何时订货。

物料的需求信息、产品结构、采购提前期、库存信息是基本MRP运行的4项主要数据。这些数据的准确性直接影响基本MRP的有效性。

美国生产与库存控制协会（APICS）在1960年前后开发了第一套MRP软件系统，代表着现代企业资源管理系统的初步形成。

MRP系统一般包含以下模块。

主生产计划（Master Production Schedule，MPS）模块；

物料需求计划（MRP）模块；

物料清单（Bill of Material，BoM）模块；

库存控制（Inventory Control）模块；

采购订单（Purchasing Order）模块；

加工订单（Manufacturing Order）模块。

### 3. 闭环MRP

基本MRP建立在两个核心假设上：第一，假设生产计划是可行的，即有充足的设备、人力和资金；第二，假设采购计划是可行的，即有足够的供货能力和运输能力。因此，基本MRP的实施前提是存在一个可行的主生产计划。这意味着，在已经考虑了生产能力可实现性的情况下，企业应有足够的生产设备、人力和资金来保障生产计划的实现。此外，它还假定物料采购计划是可行的，即认为有足够的供货能力和运输能力来保证完成物料采购计划。然而，实际情况中，能力资源和物料资源总是有限的，用基本MRP方法所计算出来的物料需求的日期有可能因设备和工时的不足而没有能力生产，或因原料的不足而无法生产。

闭式MRP理论认为，不仅主生产计划与物料需求计划应该是可行的，还应考虑能力的约束或提出能力需求计划。只有在满足能力需求的前提下，才能保证物料需求计划的执行和实现。在这种思想要求下，企业必须对投入与产出进行控制，即对企业的能力进行核算、调整和执行控制，这正是闭环 MRP 的思想。

20 世纪 70 年代，闭环 MRP 在基本 MRP 的基础上，结合需求与可能性，通过能力与负荷的反复平衡，实现了一个完整的计划与控制系统。闭环主要体现在将能力需求计划（Capacity Requirements Planning，CRP）、车间作业计划、采购作业计划与 MRP 集成，并建立计划执行的反馈机制，跟进车间、供应商和计划人员的反馈，进而调整计划。从流程功能上看，闭环 MRP 在基本 MRP 的基础上增加了能力需求计划，形成了“计划—执行—反馈—计划”的闭环系统，使系统具备平衡生产计划与生产能力的功能。

通俗地讲，MRP 是一种旨在避免短缺和库存积压的计划方法，解决了制造业关心的库存积压与短缺之间的矛盾。所有 ERP 软件都将 MRP 作为其生产计划与控制的功能模块，因此 MRP 是 ERP 的核心功能。MRP 以年度生产计划为系统流程的基础，主生产计划及作业执行计划在产生过程中接受能力需求计划的平衡检验，确保 MRP 成为一个可行的计划。闭环 MRP 遵循由长期生产规划指导短期主生产计划的原则。主生产计划的内容满足年度生产规划的基本规范，并通过多次模拟进行粗能力计划的平衡，确保经过产能负荷分析后的主生产计划是可行的；然后执行 MRP 和 CRP、车间作业计划及控制。闭环在这里有两个含义：一是包括能力需求计划；二是反馈关系，在实施系统时，通过反馈真实执行情况帮助计划的贯彻执行。具体过程包括以下几个方面。

（1）企业根据销售与运营规划制订生产规划，根据生产规划制订 MPS，同时进行生产能力与负荷的分析，该过程主要针对关键资源的能力与负荷进行分析，也称粗能力计划。

（2）根据主生产计划、企业的物料库存信息、产品结构或物料清单等信息来制订物料需求计划。

（3）由物料需求计划、产品生产工艺路线和车间各加工工序能力数据生成能力需求计划（细能力需求计划），通过对各加工工序的能力平衡，调整物料需求计划。如果这一阶段无法平衡能力，则返回修改主生产计划。

（4）采购与车间作业按照平衡能力后的物料需求计划执行，并进行能力的控制，即输入输出控制，同时根据作业执行结果反馈到计划层，闭环 MRP 执行过程如图 2-4 所示。因此，闭环 MRP 能较好地解决计划与控制问题。

闭环 MRP 有以下 4 个显著特点。

（1）主生产计划来源于企业的生产经营规划与市场需求（如合同、订单等）；

（2）主生产计划与物料需求计划的运行（或执行）伴随着能力与负荷的平衡，从而保证计划是可靠的；

（3）采购与生产加工的作业计划与执行是物流的加工变化过程，同时又是控制能力的投入与产出过程；

（4）能力的执行情况最终反馈到计划制订层，整个过程是能力的不断执行与调整的过程。

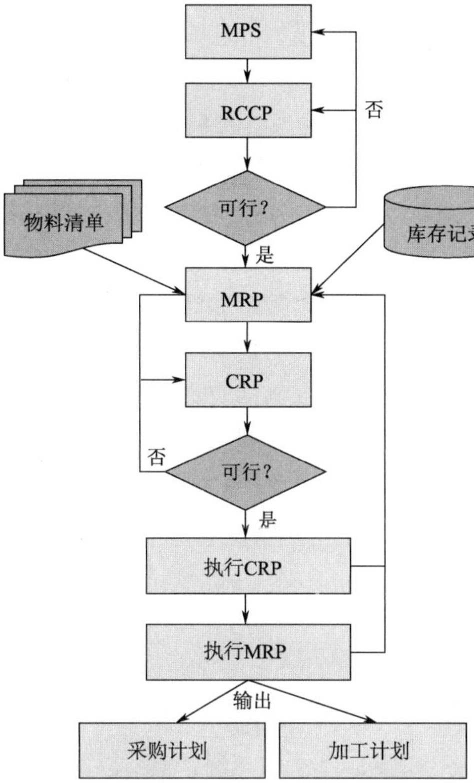


图 2-4　闭环 MRP 执行过程

图中，MPS：Master Production Schedule，主生产计划；RCCP：Rough Cut Capacity Planning，粗能力计划；MRP：Material Resource Planning，物料需求计划；CRP：Capacity Requirement Planning，能力需求计划。

### 4. MRP Ⅱ（Manufacture Resource Planning，制造资源计划）

MRP Ⅱ是在 MRP 的基础上发展起来的，反映企业生产计划和企业经济效益的信息集成系统。这一概念最初由美国著名管理专家奥利弗·怀特（Oliver Wight）提出，由于它的英文缩写与物料需求计划相同，为了避免混淆，通常称之为 MRP Ⅱ。

20 世纪 60 年代后期，随着世界上主要发达国家相继进入买方市场，制造业企业之间的竞争日趋激烈，越来越多的企业认识到，先进的企业管理方法是在竞争中生存的关键因素。他们不断地尝试和采纳各种管理方法、管理技术和管理手段，这些方法、技术和手段逐渐成为企业管理的基本规范。经过 30 多年的发展和实践，MRP Ⅱ被证明是成功的管理体系核心，它代表了现代制造企业公认的管理标准。MRP Ⅱ适用于小批量或单件生产结构复杂的企业。随着现代社会的个性化趋势，产品的开发和生产逐步倾向个性化、小批量、多品种的模式，这使 MRP Ⅱ的应用更加广泛。

闭环 MRP 的运作过程主要包括物流和信息流。MRPⅡ与 MRP 的主要区别在于：MRPⅡ在闭环 MRP 的基础上加入了财务系统（资金流）的管理，实现了物料信息同资金信息的集成，用货币形式说明了执行企业“物料计划”带来的经济效益。 为了衡量企业经营效益，首先要计算产品成本。要描述产品成本的实际发生过程，以 MRP 的产品结构为基础，从底层采购件的材料费开始，逐层向上将每一件物料的材料费、人工费和制造费（间接成本）进行累计，得出每层零部件直至最终产品的成本。MRPⅡ系统的逻辑流程如图 2-5 所示，MRPⅡ的核心是计划控制系统，它包括企业的决策层、计划层和执行层，构成了经营、计划、管理的流程。右侧是基础数据，基础数据的集成把企业各个部门的业务联系起来。左侧是财务系统，包括应收账、应付账和总账等。MRPⅡ通过不同子系统之间信息的流转实现连接和集成管理。

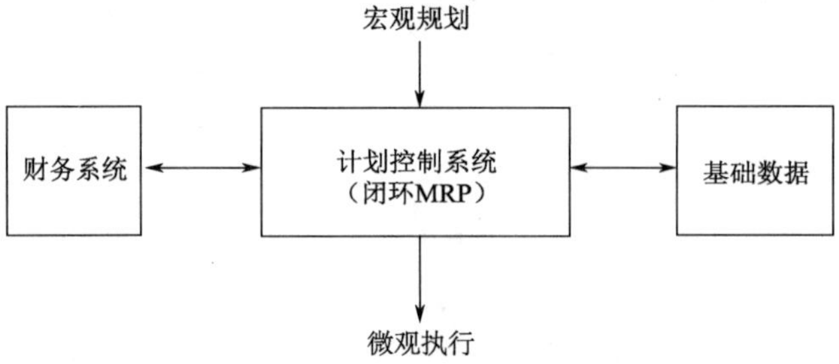


图 2-5　MRPⅡ系统逻辑流程

MRPⅡ通过计算机网络整合了生产计划、库存控制、物料需求、车间控制、能力需求、工艺路线、成本核算、采购、销售、财务等多种功能，实现了企业生产计算机信息的集成管理，全方位地提高了企业管理效率。

MRPⅡ管理模式有以下 6 个特点。

（1）计划的一贯性与可行性。MRPⅡ是一种计划主导型管理模式，计划层次从宏观到微观、从战略到技术、由粗到细逐层优化，始终保持计划与企业经营战略目标一致。MRPⅡ把传统的三级计划管理统一起来，计划编制工作集中在厂级职能部门，车间班组负责执行计划、调度和反馈信息。在计划下达前反复验证和平衡生产能力，并根据反馈信息及时调整，处理好供需矛盾，确保计划的一贯性、有效性和可执行性。

（2）管理的系统性。MRPⅡ是一项系统工程，将企业所有与生产经营直接相关部门的工作联结成一个整体，各部门都从系统整体出发做好本职工作，每个员工都了解自己的工作质量与其他职能的关系。企业生产经营活动只有在“一个计划”下才能整合为系统，条块分割、各行其是的局面应被团队精神取代。

（3）数据共享性。MRPⅡ作为一种制造业企业信息管理系统，确保企业各部门都依据同一数据信息进行管理，任何一种数据变动都能及时地反馈给所有部门，实现数据共享。在统一的数据库支持下，企业各部门按照规范化的处理程序进行管理和决策。改善了过去信息不通、情况不明、盲目决策、相互矛盾的现象。

（4）动态应变性。MRP Ⅱ是一个闭环系统，要求跟踪、控制和反馈瞬息万变的实际情况。管理人员可根据企业内外环境条件的变化迅速做出响应，及时调整决策，保证生产正常进行。企业可以及时掌握各种动态信息，保持较短的生产周期和较强的应变能力。

（5）模拟预见性。MRP Ⅱ具有模拟功能，可以预见在相当长的计划期内可能发生的问题，并事先采取措施消除隐患，而不是在问题发生后再花数倍的精力去处理。将管理人员从忙碌的事务堆里解脱出来，使其致力于实质性的分析研究。

（6）物流、资金流的统一。MRP Ⅱ集成了成本会计和财务功能，可以由生产活动直接产生财务数据，把实物形态的物料流动直接转换为价值形态的资金流动，保证生产和财务数据一致。财务部门能够及时得到资金信息用于控制成本，通过资金流动状况反映物料和经营情况，随时分析企业的经济效益，参与决策，指导、控制经营和生产活动。

以上几个方面的特点表明，MRP Ⅱ是一个比较完整的生产经营管理计划体系，是实现制造业企业整体效益的有效管理模式。

MRP Ⅱ的商业软件由各种功能模块组成，不同软件的模块的数量可能不同，各个模块的功能强弱不一，但是它们的逻辑结构基本一致。一般包括以下模块。

（1）产品数据管理模块；

（2）主生产计划模块；

（3）物料需求计划模块；

（4）库存管理模块；

（5）能力需求模块；

（6）销售管理模块；

（7）采购模块；

（8）车间作业管理模块；

（9）财务管理模块；

（10）质量管理模块。

这些模块在结构上相互独立，但在功能上相互依存。例如，产品数据管理（Product Data Management，PDM）模块将零件号、工艺规程、产品结构等数据储存在数据库中，以零件号为特征字段，建立物料清单、加工工艺过程及装配工艺过程，为其他模块提供了原始数据的管理。

综上所述，MRP Ⅱ的基本思想就是把企业作为有机的整体，从整体最优的角度出发，通过运用科学的方法对企业各类制造资源和产、供、销、财各个环节进行有效的计划、组织和控制，确保各环节协调发展，充分发挥企业各类资源作用。

### 5. ERP

随着全球经济一体化的加速，企业外部环境发生了巨大的变化，企业与外部环境的关系越来越密切，并越来越具有挑战性，MRP Ⅱ 已经不能满足企业的业务发展需求。为应对多变的外部环境挑战，企业需要一个能够同时处理内部资源信息流和外部环境相关信息流的系统。因此，能体现市场需求制造和供应链管理思想的 ERP 软件系统应运而生。

ERP 概念最早由美国 Gartner 公司于 20 世纪 90 年代初提出。他们通过一系列的功能标准来定义 ERP。

（1）超越 MRP Ⅱ 的集成功能：包括质量管理、设备维护管理等。

（2）支持混合方式的制造环境：包括生产方式的混合——离散和流程，经营方式的混合——国内和国际，生产、分销和服务业务一体化——集团企业环境。

（3）支持能动的监控能力：包括控制和模拟能力、决策支持能力、绩效分析能力。

（4）支持开放的客户机/服务器计算环境：包括客户机/服务器体系结构、图形用户界面、使用 SQL 查询数据库、数据采集和外部集成（EDI）等。

ERP 打破了 MRP Ⅱ 只局限于传统制造业的旧的观念和格局，把触角伸向各个行业，特别是金融业、通信业、高科技产业、零售业等，大大扩展了应用范围。然而，ERP 的本质仍是以 MRP 为核心，旨在实现以客户为中心（Customer Focused）的经营战略。它建立在信息技术基础上，利用现代企业的先进管理思想，全面集成了企业的所有资源信息，并为企业提供了一个全方位和系统化的管理平台，用于决策、计划、控制和经营业绩评估。在思想体系上，ERP 实现了更大范围的集成，支持供应链管理、协同商务等资源优化配置，帮助企业实现降本增效，提高企业竞争力；在软件产品功能上，ERP 进一步扩充，满足企业集团化管理、系统集成、价值链管理、产品协同研发、敏捷制造、流程重组、客户关系管理、企业效绩评价、电子商务、物流配送等发展需要；在流程功能上，ERP 在 MRP Ⅱ 的基础上增加了电子商务和人力资源模块，可以面向多行业应用，并支持互联网业务。

与 MRP Ⅱ 相比，ERP 进行了以下几个方面的扩展。

1）应用功能的扩展

ERP 在应用功能上超越 MRP Ⅱ，实现了管理功能的扩展，并对这些功能进行有机的整合。扩展的功能一般包含质量管理、实验室管理、产品数据管理、流程作业管理、配方管理、仓库管理、运输管理、资产维护管理、人力资源管理、规章报告管理、EDI 等。并且，这些功能由批处理走向实时化，时间的重要性更加突出，要快速地完成整个经营过程，时间成为一种关键性资源。

广义的功能扩展是 ERP 功能与企业外部通过供应链等功能相集成，ERP 将面向整个供应链。一方面，使集成的企业外部资源得到充分利用，另一方面，使企业内部资源得到充分共享。

所有功能均以客户为中心展开，包括对客户的需求要迅速做出响应，对客户要求的交货期要按时做到，对客户提出的高质量要保证达到，对客户希望的低价格要尽量给予满足。总之，一切围绕着客户进行运作，这就形成了 ERP 功能与 CRM 功能相集成。

为实现这些目标，企业需要打破职能层级体制的界限，将经营流程看作一条链，通过流程的重新设计或改造，提升流程价值，使企业的组织结构更灵活，企业的流程可重组。动态企业建模是实现企业流程重组的有效手段，通过企业建模器实现。企业建模器是 ERP 公司推出的一种支持企业流程重组，推进企业应用软件实施的工具，用于创建和维护企业模型。企业模型描绘了与管理企业的 ERP 软件相关的业务，以实现企业流程的可视化。每个企业模型均包括企业结构模型、业务模型和数据模型，这些模型供用户在选择软件、实施系统、设计流程时使用。

2）应用环境的扩展

ERP 在应用环境上支持多种生产类型、经营方式、业务。按照制造业的生产类型的划分标准，生产类型可以分为离散式和流程式两种。早期的 MRPⅡ通常应用于离散式生产类型，如机器制造业、飞机制造业和汽车制造业等。后来，随着 ERP 的流程作业管理、配方管理及批号跟踪等功能的扩充，ERP 也能用于流程式生产类型，如化工业，食品业，医药业等。

在实践中，除离散式和流程式生产类型外，还有离散式与流程式相结合的混合型生产类型，例如，既有离散式机械加工车间，又有流程式电镀车间的混合型企业，ERP 也能适用于这种生产方式。

此外，随着集团公司的不断发展，特别是跨国集团公司的出现，产生了多国经营的多元化经营方式；产生了制造公司、贸易公司、服务业等多元化业务的混合经营方式。由于 ERP 应用功能的扩展，ERP 也能适应多元化经营，多元化业务的应用环境。

3）应用方法的扩展

ERP 在应用方法上采用了图形、模拟、决策等各种方法。ERP 不仅在功能和环境上有所发展，在应用方法上也比 MRPⅡ更进一步。它具备模拟功能和图形处理能力，并且决策支持功能从结构化的决策扩展到半结构化和非结构化决策。

4）应用技术的发展

ERP 在应用技术上支持采用开放的客户机/服务器架构。随着计算机技术的飞速发展，ERP 在应用技术上不断进步。开放的计算机服务器技术用于 ERP；使用图形用户界面（GUI）技术的 ERP 软件替代了字符界面的 MRPⅡ软件；关系型数据库的结构、第四代语言（4GL）和面向对象技术也用于 ERP 软件开发；新一代的 Internet Web 服务器的技术及电子商务技术也被引入 ERP。

随着管理环境的不断变化与信息技术发展，ERP 的功能不断扩展。如今，ERP 与客户关系管理（CRN）已经成为供应链管理（SCM）的重要内容。简单来说，ERP 在 MRPⅡ基础上进行的改进可概括为以下几点：融合其他现代管理思想和技术来完善自身系统，以提高系统的适应性和优化生产过程；建立在Internet/Intranet基础上的网络系统，将人、财、物及信息结合为一体，充分发挥整体系统的效率；通过把客户需求、企业内部制造活动和供应商资源整合在一起，形成完整供应链；通过对供应链所有环节进行有效控制和管理，强调事前控制和系统集成，为企业提供质量、效益、客户满意、环境变化等战略问题的分析。

ERP的特点可总结为以下几点。

（1）支持物料流通体系的仓库管理及运输配送管理；

（2）支持在线分析处理、售后服务及质量反馈，实时准确地掌握市场需求的脉搏；

（3）支持生产保障体系的质量管理、实验室管理、设备维修和备品备件管理；

（4）支持跨国经营的多国家地区、多工厂、多语种、多币制的需求；

（5）支持多种生产类型或混合型制造企业，汇合了离散型生产、流水作业生产和流程型生产的特点；

（6）支持远程通信、互联网、电子商务、电子数据交换（EDI）；

（7）支持工作流（业务流程）动态模型变化与信息处理程序命令的集成；

（8）支持企业资本运行和投资管理、各种法规及标准管理；

（9）支持企业人力资源管理等。

### 6. ERP与MRP、MRP II的区别

ERP是一个高度集成的信息系统。从MRP到MRP II再到ERP，制造业管理信息集成不断扩展和深化。MRP是一种同时避免库存短缺和积压的计划方法，解决了制造业所关心的生产过程中物料的缺件与超储的矛盾；MRP只解决了企业物料供需信息的集成，而MRP II融入了财务会计信息，实现了物料信息与资金信息集成；ERP是包括MRP和MRP II所有信息集成功能的面向供应链管理的信息集成系统。简单地说，MRP是ERP的核心功能，MRP II是ERP的重要组成部分。三者在管理功能、资源管理、生产方式管理、事务处理和信息处理技术方面的主要区别有以下几点。

（1）在管理功能方面：ERP除MRP II系统的制造、分销、财务管理功能外，还充分利用企业业务流程重组的思想，增加了支持整个供应链上物料流通体系中供、产、需各个环节之间的运输管理和仓库管理；支持生产保障体系的质量管理、实验室管理、设备维修和备品备件管理；支持对工作流（业务处理流程）的管理。

（2）资源管理范畴方面：MRP是对物料需求的管理，MRP II实现了物料信息与资金信息的集成，ERP在MRP II的基础上扩展了管理范围，它把客户需求和企业内部的制造活动及供应商的制造资源整合在一起，形成一个完整的供应链并对供应链上的所有环节进行有效管理。

（3）生产方式管理方面：MRP Ⅱ系统把企业归类为几种典型的生产方式来进行管理，如重复制造、批量生产、按订单生产、按订单装配、按库存生产等，对每种生产方式都有一套管理标准。到了 20 世纪 90 年代初期，企业需要紧跟市场变化，ERP 能很好地支持和管理混合型制造环境，满足企业的多角化经营需求。

（4）事务处理控制方面：MRP Ⅱ通过计划的及时滚动来控制整个生产过程，它的实时性较差，一般只能实现事中控制。而 ERP 支持在线分析处理（Online Analytical Processing，OLAP）、售后服务及质量反馈，强调企业的事前控制能力，为企业提供了对质量、适应变化、客户满意、绩效等关键问题的实时分析能力。

（5）在计算机信息处理技术方面：ERP 采用客户机/服务器（C/S）体系结构和分布式数据处理技术，支持 Internet/Intranet/Extranet、电子商务（E-commerce）、EDI，能充分利用互联网及相关技术。此外，还能实现在不同平台上的相互操作。

随着企业信息化需求的不断发展，2000 年，Gartner 公司又提出了 ERP Ⅱ系统。与 ERP 系统相比，ERP Ⅱ系统的最大优点是集成了协同电子商务，允许多个地理位置不同的合作伙伴公司以基于电子商务的形式交换信息，并能够支持 B2B、B2C、B2E 等不同的商业模式，ERP Ⅱ概念框架如图 2-6 所示。

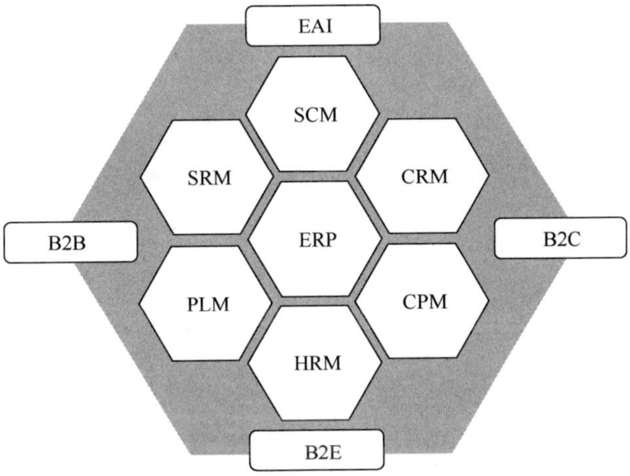


图 2-6　ERP Ⅱ概念框架

综上所述，ERP 的发展经历了 5 个阶段：订货点法、基本 MRP、闭环 MRP、MRP Ⅱ、ERP（ERP Ⅱ），目前第 5 阶段并没有把 ERP Ⅱ作为一个单独阶段提出，因此仍然是 5 个阶段。这 5 个阶段的发展实现了单一物料独立需求的管理、复杂物料相关需求的管理、物料信息集成、资金信息集成、多时空供需链集成到协同商务、电子商务的发展，ERP 的发展阶段如图 2-7 所示。

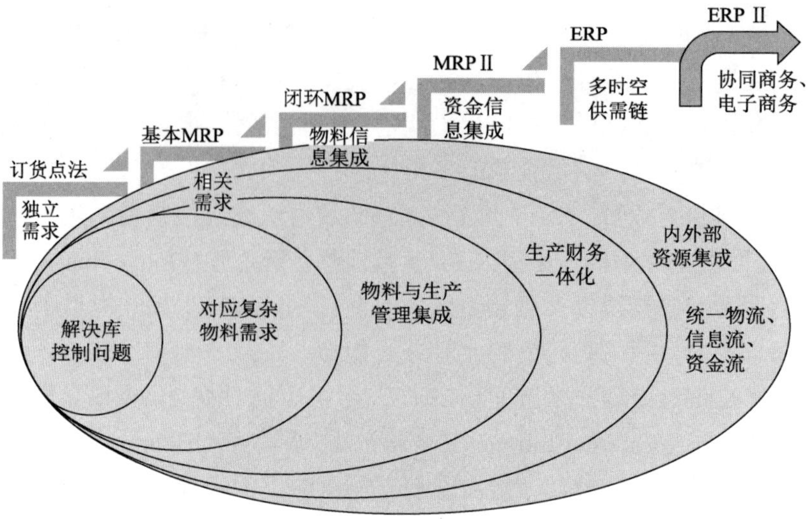


图 2-7　ERP 的发展阶段

## 2.1.3　ERP 的发展趋势

2023 年科技界最火的产品是 ChatGPT，这引发了更大范围内关于人工智能带来商业变革可能性的讨论，我们把现在的时代称为 VUCA 时代，它具有易变性、不确定性、复杂性和模糊性，那么面对这样的时代，ERP 会有什么样的新趋势呢？我们先来看近几年 ERP 行业的变化。

### 1. SaaS

第一个变化是软件产品在线交付对 ERP 实施带来的影响。随着软件即服务（SaaS）的出现，ERP 从产品走向服务。21 世纪初，ERP 实施是本地部署的，需要实施团队入驻客户企业进行软件环境准备、安装、调试、上线测试、试运行等现场服务。SaaS 模式出现后，软件产品变为轻资产，除本地部署外，客户多了获取线上服务的选择。SaaS 模式的软件产品交付一般以租赁的形式进行收费，大大降低了实施周期和客户成本。

提供 SaaS 服务的平台可以分为产品型 SaaS 和平台型 SaaS，产品型 SaaS 以销售软件产品的线上服务为主，而平台型 SaaS 为独立软件服务开发商（ISV）和软件使用客户提供双边服务，ISV 可以通过平台进行开发，平台为客户提供产品服务。八百客是国内较早开始做客户关系管理系统 SaaS 服务的平台，官网显示，其开始与金蝶、用友对接，将 ERP 财务融入八百客平台，相关功能正在开发中。SaaS 出现以后，很多传统的 ERP 软件服务商开始转型提供线上软件服务。

### 2. 云服务

第二个变化是云服务。随着云计算技术的发展和广泛应用，云 ERP 成为新的趋势，如金蝶的友商网、用友的友空间、SAP 的企业云等。集成化的 ERP 系统以“云+财务”“云+供应链”“云+电商”等轻量级的模块化拆分进行云服务，为中小企业，尤其是电商店铺提供了便利性服务。

### 3. 移动化

第三个变化是随着智能手机的普及，移动应用成为必备的商业应用。ERP 产品的移动化版本也成为企业家追求的趋势。把 ERP 中包罗万象的数据报表以适合手机应用的形式进行分层可视化；把 ERP 中的审核等流程进行手机版本的转换，方便管理者通过手机查看数据、进行业务审核与下推操作；建立手机端与电脑端及后台数据库的实时连接，大大提升了 ERP 系统的多场景应用能力。

### 4. 软件价值硬件化

第四个变化是软件价值的硬件化。智能设备的使用进一步促进了软件价值的硬件化。从智能手机、智能可穿戴设备、智能运输工具到智能机器人、智能操作臂等，智能设备在生产运营领域的应用越来越多，可以实时查看 ERP 数据的看板设备终端和可以进行业务操作并实时传回数据的设备终端越来越多样化。万物互联、万物可计算、万物数智化将为商业智能化的应用带来无限空间。

### 5. 从 ERP 走向 EBC

随着大数据、人工智能、物联网和云计算等新型数字技术开始成熟并广泛应用到各行各业，商业环境的技术变革也随之推进，社会快速进入数字经济时代，数字化转型成为企业关注的焦点。用于企业信息化的 ERP 是否能够满足企业数字化转型的业务需求，是否能够承载数字经济时代发展的使命，业界和学术界产生了越来越多的讨论。为应对数字经济时代的需求，2019 年，Gartner 公司提出了企业业务能力（Enterprise Business Capability，EBC）的概念，并认为 EBC 不仅是一种新的技术方案，也是一种新的经营管理思想和理念。EBC 平台以业务为中心、以云原生技术为基础，通过开发和组装应用组件来构建企业的数字化业务能力，帮助企业进行数字化商业创新及数字化运营优化。

从 ERP 到 EBC 的趋势体现在可组装的数字化业务平台。

随着数字化进程的推进，“低代码”“组装式”“容器化”“微服务”等成为数字平台建设的热词，元宇宙、数字孪生、数字原生等新理念和技术的应用成为帮助企业实现数字化转型蓝图的新范式。《EBC 白皮书（2022）》将“组装式”(Composable)的企业管理理念融入 EBC 定义和 CIO（首席信息官）构建 EBC 的 5 个关键步骤中，帮助企业进一步升级数字化转型的理念与落地方法论。EBC 由五大能力平台构成，它们分别是链接客户、链接生态、链接万物、链接员工和数据驱动。

在数字经济背景下，企业需要不断升级数字化运营优化和数字化商业创新，才能保持韧性成长。CIO 已经从技术领导者逐渐转变为业务执行官，负责最大化发挥技术优势以实现商业价值。VUCA 时代，面对内外环境的多变性和不确定性，具有快速环境适应性的积木组装式管理理念、方法和工具可以有效提升组织重组应变能力，提升企业注重业务设计的敏捷性、适应性，进而通过设计组装式应用组件提高企业业务韧性及数字化业务能力。

那么，未来 ERP 行业还会有哪些变化呢？

（1）ERP+大数据。ERP 既是大数据来源的业务系统，也是支持基于大数据及算法优化的生产计划与实施的管理平台。例如，一家企业使用 ERP 系统长达十年以上，在 ERP 系统中沉淀着企业运营的全部业务数据，这些大数据是企业的数据资产，通过对过去十年的业务数据进行深度分析和挖掘，能够发现很多有价值的业务改进机会；同时可以将改进应用到 ERP 系统中，形成良性循环。

（2）ERP+BI。为实现对大数据的深度挖掘，ERP 系统可以集成商务智能或智能决策模块，通过数据清洗、转换、深度挖掘提供决策支持。如 SAP 的 HANA 大数据云服务和商业智能云服务。

（3）ERP+元宇宙、ERP+AI。随着虚拟现实技术和人工智能的发展，ERP+元宇宙、ERP+AI 也将成为一个新的趋势。如央视网《智造中国》节目报道的海尔元宇宙工厂。AI 智能操作设备、各种传感器实时采集数据、全要素数据可视化，虚实结合的模拟操作训练等使工厂变得智能化，现在，“灯塔工厂”“黑灯工厂”“无人车间”借助 AI 技术为工业发展带来了更多的可能。同时，元宇宙虚拟现实技术的应用也为虚实结合的产品研发与生产带来了更大的发展空间。

未来，随着大语言模型的发展，智能制造将迎来更广阔的创新空间。智能制造的发展将从云服务、移动化、智能化走向数智化，其中，数据驱动的 AI 将大大推进智能制造的发展。请大家思考与讨论未来人工智能对 ERP 行业可能带来的改变。

# 2.2　ERP 的基本概念

## 2.2.1　ERP 的定义

ERP 的定义有多种表述，以下列举几种常见的定义。

ERP 是用于改善企业业务流程性能的一系列活动的集合，由基于模块的应用程序支持，它集成了从产品计划、零件采购、库存控制、产品分销和订单跟踪等多个职能部门的活动。

ERP 是一种对企业所有资源进行计划和控制的方法，这种方法以完成客户订单为目标，涉及订单签约、制造、运输及成本核算等多个业务环节，广泛应用于制造、分销、服务等多个领域。

ERP 系统是一种集成了所有制造应用程序和与制造应用程序相关的其他应用程序的企业信息管理系统。

ERP 系统是一种集成的应用软件包，可以用于平衡制造、分销和财务功能，允许企业自动化和集成主要的业务流程，共享企业范围内的通用数据，执行各项必要的管理分析及提供快速有效的决策支持。

ERP 是一个工业术语，它是由多个模块的应用程序支持的一系列活动组成的。ERP 可以帮助制造企业或者其他类型的企业管理主要的业务，包括产品计划、零件采购、库存维护、与供应商交流沟通、提供客户服务和跟踪客户订单等。

ERP 是一个信息技术工业术语，它是集成的、基于多模块的应用软件包，为企业的各种相关业务职能提供服务。它是一个战略工具，通过集成业务流程帮助企业提高经营和管理水平，有助于企业优化可以利用的资源。ERP 系统有助于企业更好地理解业务、利用资源和制订未来的计划。ERP 系统允许企业根据当前行业的最佳管理实践标准化其业务流程。

ERP 系统是一种商业战略，它集成了制造、财务和分销职能，以便实现动态地平衡和优化企业的资源。ERP 系统使用了关系型数据库管理系统（Relational Database Management System，RDBMS）、计算机辅助软件工程（Computer Aided Software Engineering，CASE）、第四代语言开发工具和客户机/服务器体系架构等技术，从 MRP Ⅱ演变而来。在成功实施完整的 ERP 系统后，ERP 系统帮助企业优化业务流程、执行各项必要的管理分析及快速有效地提供决策支持。随着技术的不断进步，ERP 系统将不断增强企业应对市场变化的能力。

在以上抽象的定义之外，为了帮助读者具象化地理解什么是 ERP，我们提供了一个有关家庭备餐的有趣案例。

### 2.2.2 微案例：家庭备餐①

#### 1. 案例情景

一天中午，丈夫在外给妻子打电话："亲爱的老婆，晚上想带几个同事回家吃饭可以吗？"

- 妻子："可以，几个人呢，几点来，想吃什么菜？"
- 丈夫："6 个人，我们 7 点左右回来，准备些酒、烤鸭、番茄炒蛋、凉菜、蛋花汤，你看可以吗？"
- 妻子："没问题，我会准备好的。"
- 妻子记录下需要做的菜单，具体要准备的菜。
- 妻子打开冰箱看一看，发现只剩下 2 个鸡蛋，于是到菜市场去买鸡蛋。
- 妻子："请问鸡蛋怎么卖？"
- 小贩："1 元 1 个，半打 5 元，1 打 9.5 元。"
- 妻子："我只需要 8 个，但这次买 1 打。"
- 妻子："这有 1 个坏的，换 1 个。"

回到家中，妻子开始准备洗菜、切菜、炒菜，发现拔鸭毛耗时最长，于是决定在楼下的餐厅里买现成的烤鸭。

#### 2. 案例解构

下面我们把这个情景放到定制生产服务的商业场景中进行解构。

**第一个环节：客户下单。**

案例中丈夫给妻子打电话问："晚上想带几个同事回家吃饭可以吗？"这一步骤可以称为订货意向。

妻子问："几个人，几点？"丈夫回答："6 个人，7 点左右。"这一步骤是商务沟通。

妻子回答："没问题"，相当于订单确认。

**第二个环节：企业的生产准备。**

案例中妻子记录下需要做的菜单，相当于确定主生产计划；具体要准备的菜有鸭、

① 微信公众号——ERP 之家.

酒、番茄、鸡蛋、食用油等，这相当于物料清单（BOM）。

发现需要：1 只鸭、5 瓶酒、4 个番茄、10 个鸡蛋等，这是 BOM 物料展开，其中，炒蛋需要 6 个鸡蛋，蛋花汤需要 4 个鸡蛋，这是共用物料。

妻子打开冰箱看一看，这一步骤相当于查看仓库库存；发现只剩下 2 个鸡蛋，说明库存缺料。缺料就需要进行物料采购。

**第三个环节：物料采购。**

妻子来到菜市场，问小贩："鸡蛋怎么卖？"这一步骤是采购询价。

小贩回答："1 个 1 元，半打 5 元，1 打 9.5 元。"这一步骤是产品报价，而且有批量折扣。

妻子说："我只需要 8 个，但这次买 1 打。"这说明打算采用批量采购的方式享受折扣优惠。

妻子检查后说："这有 1 个坏的，换 1 个。"这一步骤是验收、退料、换料。

采购完毕，从菜市场包好鸡蛋拿回家，放入冰箱，完成物料入库。

至此，采购入库结束。下一步是生产实施。

**第四个环节：生产实施。**

家里的厨房就是生产现场。妻子准备洗菜、切菜、炒菜的过程是工艺路线；厨房中的燃气灶、微波炉、电饭煲相当于工作中心；妻子发现拔鸭毛最费时间，"拔鸭毛"是瓶颈工序、关键工艺路线；用微波炉自己做烤鸭可能无法按时完成，这说明存在产能不足的问题；妻子决定在楼下的餐厅里买现成的烤鸭，这一步骤是产品委外加工。

在一切准备就绪后，晚上 7 点摆盘上菜，迎接客人，即产品交付。

这个案例解构涉及的订单管理、查看库存、生产准备、物料采购、生产实施是 ERP 系统进行资源计划和控制的过程。

从概念内涵上看，ERP 的字面意思包含三个要素：企业、资源、计划。

**第一个要素：企业。**

企业是从事生产、流通、服务等经济活动，以生产或服务满足社会需要而依法设立的一种营利性经济组织。在案例中，家庭就是一个餐饮企业，提供餐饮服务；餐饮企业是包含生产环节的企业，它区别于一般意义上的超市和专卖店等零售企业。ERP 首先被应用于工业制造企业，其业务包含生产制造环节，后来才逐渐扩展应用到其他类型的企业，如零售企业等。

**第二个要素：资源。**

资源是指人们生产和生活所需物质的来源，包括人力、资金、原材料、设备等物质资源、时间、信息等，可以分为物质资源和非物质资源。案例中，妻子是人力资源；厨房的燃气灶等是设备资源；鸡蛋等是原材料资源；妻子采购鸡蛋支付了资金资源；妻子洗菜、切菜等都需要时间资源；在整个订单沟通、生产准备、采购、生产实施过程中信息资源无处不在。

**第三个要素：计划。**

计划是管理的四大职能之一，它是组织、协调、实施的前提，也是管理控制活动的依据。ERP 理论体系的构建，就是从“计划”这个管理职能开始的。案例中妻子记录菜单，我们解构为主生产计划、发现缺料实际上也对应 ERP 中的物料需求计划。

综上所述，ERP 反映了物料、资金、人员、时间等全面的企业资源要素，支持计划、组织和控制的企业管理全过程，可以实现销售管理、采购管理、生产管理、库存管理、资金管理和人事管理等企业运营的全部过程。它可以是指一种企业运营的现代化管理思想或管理理念，也可以是指具体的生产计划与控制的管理方法，还可以是指一套 ERP 软件，或以 ERP 软件为核心的人机集成系统，甚至可以是反映业务流程的软件操作。一般认为，ERP 软件产品包含着 ERP 管理思想，而由 ERP 软件产品的实际应用与人机集成，构成了 ERP 管理系统。

因此，顾名思义，ERP 系统就是实现对企业生产所需各类物料资源的计划、组织和控制的管理系统，但它又不仅仅是一个管理系统。它是以 ERP 管理思想为核心、以 ERP 软件为平台的现代化企业管理系统和管理方法，ERP 软件是企业管理先进思想的载体。

## 2.2.3 ERP、MES 与 APS 的联系与区别

在家庭备餐案例中，解构其各项环节并对应到 ERP 的各项业务，包括查看库存、外出采购、生产准备、生产实施、交付客户等产供销、人财物管理的业务过程，但没有涉及生产实施环节。在制造企业的生产实施环节，除了 ERP 系统，还会用到制造执行系统（MES）和高级排程系统（APS），也称自动排产系统。本节将探讨三者之间的联系与区别。

以下对微案例中家庭备餐的生产实施环节做进一步的细化解构。

妻子回到家中，检查燃气灶、微波炉、电饭煲、菜刀的过程，是设备动态监测，查看设备使用情况。

考虑做菜顺序，预计第一道菜做完的时间，估计将菜全部做完的时间的过程，是 APS。

妻子安排做菜顺序，开始洗菜、切菜、炒菜的过程是按工艺路线编排生产任务；妻子一边做菜一边用手机看菜谱，这一过程是使用智能终端查看工艺指标；妻子比较细致，知道客人喜欢清淡饮食，不喜爱吃辣的，根据每个客人的饮食习惯调整味道，这一过程是工艺指标更改。

厨房中有燃气灶、微波炉、电饭煲等设备，设置这些设备指标参数的过程，对应于生产车间的数据自动采集系统、LED 电子看板系统等。

在加工过程中，妻子发现拔鸭毛的夹子损坏，只能手工拔毛，这是生产作业更改；这一过程造成时间延误，用微波炉自己做烤鸭无法按预定时间完成制作，说明生产过程存在产能不足的问题。

妻子决定在楼下的餐厅里买现成的烤鸭，这一过程是产品委外加工。

一切准备就绪，可烤鸭还没送来，妻子打电话询问餐厅，这一过程是采购委外单跟催；送货人员到达后，妻子检查、验收，并支付应付账款。

如果场景转换到餐厅，还会有厨师长分配工作，下达调度指令。每盘菜品上都标明菜名、厨师、加工时间等，实现产品追溯跟踪。一些餐厅会在菜品盘子上放置一个“厨师编号”标签，这是实现产品可追溯的简单方法。厨师在烹饪过程中会不断品尝菜品味道、观察菜品颜色和状态，这一过程相当于中控检验，厨师长会对每道菜进行质量监控。

以上过程体现了 MES 的业务流程。为进一步了解 MES，我们引入以下场景。

下午 4 点，儿子打来电话：“妈妈，晚上几个同学想来家里吃饭，你帮忙准备一下。”这代表出现了紧急插单。

妈妈问：“好的，儿子，你们想吃什么。爸爸晚上也有客人，你愿意和他们一起吃吗？”这是尝试与客户协商，实施合并订单处理。

儿子说：“放学先去踢球，会晚一些，不和大人一起吃了。”这表明无法合并订单处理。

确认新订单后，妈妈开始准备工作，这类似于 MES 精益系统重新利用 APS 进行排产。

妈妈继续准备饭菜，对增加的菜进行洗菜、切菜、炒菜，这个过程相当于 APS 根据现场物料和设备使用情况调整生产任务；

妈妈发现鸡蛋不够了，选择线上购买，并等待快递送货。这一系列操作相当于 MES 现场数据采集后通知仓库；仓库检查库存后通知采购部门；采购部门执行紧急采购。

在上述场景中，出现了 APS。APS 主要解决资源受限的情况下的生产排程和调度问题。重点关注生产作业排序和资源分配，使用甘特图等工具，注重流程时间的把控。例如，案例中的炒菜顺序、炒菜开始时间、工作提前时间、瓶颈资源、可同时进行的工序等。

许多企业在现实中面临困惑：应该建设 ERP、MES 或 APS？在已有 ERP 的基础上，是否还需要 MES 或 APS。这三种系统的特点可以用三个不同的关键词来概括：ERP 对应“集成”，MES 对应“实时”，APS 对应“精细”。

ERP 是集成系统，覆盖企业管理的采购、生产、销售、库存、财务、人力等全业务全流程，核心是 MRP，关注“计划层面”，可实现跨部门的信息自动流转和统一平台沟通，是可以实现决策支持的业务管理级平台。

针对不同制造类型、不同行业，MES 应用系统的类型也不同。MES 专注生产执行过程，核心在于与设备对接，实现数据自动采集的看板管理，提供可视化报表，包含车间里的工位计划，是现场作业级平台。MES 也可以被集成为 ERP 的一个模块。当前，各种“灯塔工厂”“黑灯工厂”“无人车间”，都大量应用了传感器设备进行数据采集，并通过智能终端实现可视化管理。因此，MES 可以实现生产环节的实时数据采集和管理，这要求与生产线的设备对接。

APS 更为细化，专注于“作业排序”，核心在于资源受限情况下的生产排序、调度优化和产能释放，可以集成到 ERP 或 MES 中。APS 分为两类：一类是从 ERP 中衍生出来的功能，许多服务商将其集成到 ERP 中，例如，SAP 公司的高级计划优化器（ERP-APO）；另一类是从 MES 系统发展而来，把 MES 作为 APS 的输入源，因此也可以集成到 MES 中。

近年来，ERP 逐渐集成了 MES 和 APS 的功能，其全面和全流程的集成特征更加显著。MES 的核心功能转变为与设备对接的实时看板管理系统，APS 的优势则在于精细化的生产排程和产能释放。在算法方面，APS 在车间管理和排产的精细度上超过了 MES 和 ERP。这种趋势是由生产制造行业越来越精细化的业务需求推动的。

ERP 作为集大成者，专注计划；MES 专注生产执行，可实现与设备对接的实时管理；APS 专注精细化的生产排程。这三者既有区别也有联系，在互补与集成中，共同推进智能制造业务的实现和管理。

## 2.3 ERP 的主要功能

ERP 起源于企业解决制造业悖论的业务需求。市场总是多变的，而企业期待通过稳定的生产来适应多变的市场需求。在生产过程中，企业经常面临库存短缺和库存积压同时存在的困境。企业期待产品质量不断提高，同时生产成本也能不断降低。基于这些业务需求，人们开始探索通过信息化手段解决制造业悖论的新思路，从而催生了 ERP。那么，ERP 究竟是如何解决制造业悖论的，它能够帮助企业做什么？

ERP 主要在 5 个方面发挥作用：ERP 能解决物料短缺与库存积压并存的库存管理难题；ERP 能改善对客户的供货承诺，提高服务水平；ERP 能缓解多变的市场与均衡生产之间的矛盾；ERP 能在提高生产质量的同时降低成本；ERP 能改变企业中的部门本位观念。

### 1. ERP 能解决物料短缺与库存积压并存的库存管理难题

以生产沙发为例，生产沙发通常需要多种物料，如木材/板材、棉花、面料，以及钉子、拉链等辅料。不同物料的采购和库存管理策略不同。例如，制造红木沙发所需要的木材，由于价格波动较大，采购和库存就需要按照重要物质来进行管理，可以在低价时购入并长时间储存。而钉子、拉链等普通物料通常采用日常定期采购补货方式。在生产过程中常出现这样的情况：木材物料充足但布料短缺；或者布料充足，但填充物，如棉花等受季节性供给的影响，无法及时补充。此外，对于定制化生产，有定制花纹的特殊面料一般需要单独进行采购，如果未来没有相似的定制需求，余料可能成为积压物料。这导致物料短缺和积压现象同时存在。

ERP 如何改善或解决这一问题呢？通过实施 ERP，将销售管理、采购管理、生产管理与库存数据进行对接。通过实时存货查询和物料收发明细报表进行物料管理，实现库存数据可见，数据在销售、采购、生产、仓储等部门进行自动流通和共享，提高了物料数据的准确性和物料采购管理的效率，ERP 帮助企业改善物料库存管理示意如图 2-8 所示。

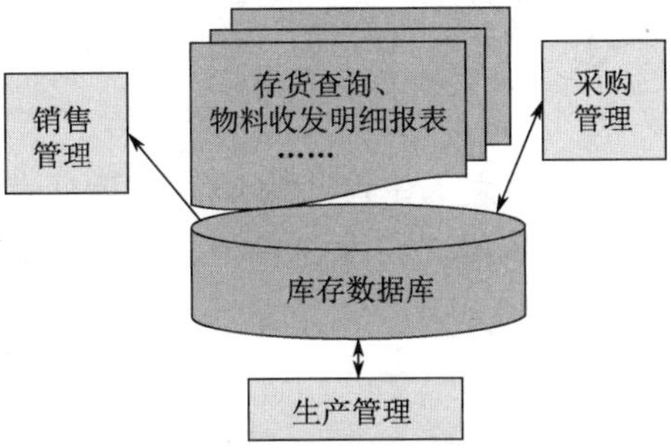


图 2-8　ERP 帮助企业改善物料库存管理示意

ERP 的核心是 MRP，即根据主生产计划、BOM 和库存记录，对每种物料进行计算，指出何时将会发生物料短缺，并给出建议，以最小库存量满足需求并避免物料短缺。

MRP 回答了制造业基本方程中的 4 个问题（图 2-9）。其中，主生产计划回答了“生产什么”；BOM 回答了“需要什么”；库存记录回答了“已有什么”；最后通过制造业基本方程计算得到“还需要什么”。MRP 的输出项是采购和加工计划。ERP 通过 MRP 的计算逻辑，借助信息技术自动计算，及时给出物料短缺和采购建议，进而提升库存物料管理和控制的效率，解决物料短缺和库存积压的问题。

### 2. ERP 能改善对客户的供货承诺

ERP 可以提供库存可承诺量数据（Available to Promise，ATP），帮助企业判断客户需求能否按时满足，包括紧急加单等。如果无法按期满足客户需求，ERP 通过计算 ATP

来确定，客户要求的日期前可以承诺供应的数量，补全不足数量的日期。这有助于企业提升对客户的供货承诺。目前，很多电商平台采取可视化的库存数据与销售对接的管理方式。例如，在购物页面明确显示限量件数、已售出件数、剩余件数，或者显示“已抢完”，如果缺货，消费者则可以直接进行缺货登记。

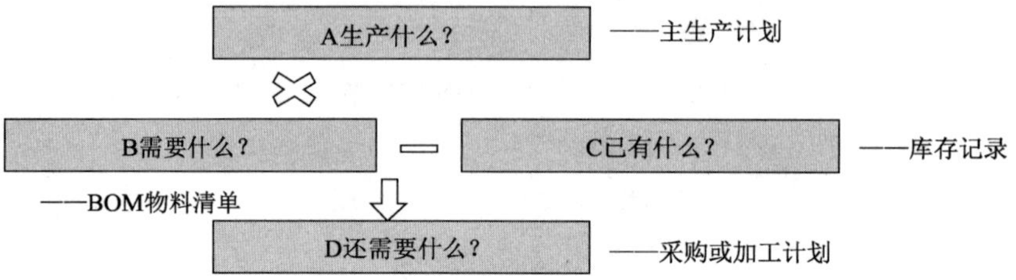


图 2-9　MRP 与制造业基本方程

### 3. ERP 能够缓解多变的市场与均衡生产之间的矛盾

ERP 主生产计划帮助企业均衡地安排生产，确保在一定时期内，主生产计划量和市场需求在总量上相匹配，这种策略强调在总的计划期里保持匹配，而不是在每个具体时刻。确保在一定的计划展望期内，主生产计划是稳定和均衡的，那么物料需求计划也是稳定和均衡的。这有助于实现“以不变应万变”的均衡生产策略。

此外，企业可以采取不同定制点的生产策略应用，如接单备料、接单生产、接单组装等。近几年流行的“双 11”预售模式，在市场中，需求的发生具有随机性，生产企业为了更好地掌握需求信息，采取预付定金的方式使不确定的需求变得确定。企业收到定金开始安排生产、备货、发货等，实现了面向订单的生产。在服务领域内，服务需求的随机性也通过服务预约得到了有效的管理，如医院的预约系统、银行的排队叫号系统等。

### 4. ERP 能在提高生产质量的同时降低成本

信息化管理使工作更有秩序、业务流程更简化，达到降本增效的效果，使提高产品质量与降低成本不再是矛盾。ERP 采用大规模量产生产模式，分摊研发成本和生产管理成本分摊的减低，降低 BOM 成本；通过车间实时看板管理实现物料精准控制，避免浪费和短缺；通过二维码追溯实现闭环质量监控等。以沙发生产为例，采用手工裁剪方式不可避免地产生废料，而使用信息系统、算法、软件等支持的计算机自动裁剪方式，可以显著降低废料率、提高面料使用率。

### 5. ERP 能改变企业中的部门本位观

ERP 把生产、采购、财务、销售、工程技术、车间管理等各个子系统集成为一个统一的系统，各子系统在统一的数据环境下协同工作。ERP 建立起面向整个企业的跨部门沟通系统，通过准确和及时的信息传递，促使企业以流程的观点和方式进行运营和管理，而非将企业视为独立部门的简单组合。这有助于每个部门更好地理解企业的整体运作机制，更好地了解本部门及其他部门在企业整体运作中的作用和相互关系。

综上所述，ERP 能够通过整合销售、采购、库存、生产和财务等模块，解决物料短缺与积压的管理难题；提高供货承诺的准确性；解决稳定生产与多变市场需求的匹配问题；解决企业跨部门沟通的问题；实现提升生产质量的同时降低成本等。

## 2.4　ERP 的应用模块

由于不同的 ERP 系统的设计思路和方法存在差异，所以各个 ERP 系统的功能模块也不完全相同，但其基本原理是相通的。一般说来，ERP 系统的功能模块包括预测、订单管理、销售分析、采购管理、仓库管理、库存控制、资产维护、运输管理、MPS、PDM、MRP、CRP、分销需求计划（DRP）、车间控制（SFC）、质量管理、产品配置管理、流程作业管理、重复制造、总账（GL）、应收账（AR）、应付账（AP）、工资固定资产、现金、管理成本、多币制、人力资源管理等。

随着新的管理思想的不断出现和信息技术水平的不断提升，ERP 系统管理内容更加广泛，功能模块日益增多。从基本原理出发，ERP 系统应至少包括基础数据管理、生产计划、生产管理、供销管理、财务和成本管理 5 个方面的内容。

### 1. 基础数据管理子系统

基础数据管理一般包括以下 4 个方面的内容。

（1）项目主文件、记录项目的相关信息，是最为基础的数据。

（2）用户产品定义、BOM，包括制造与工程设计的物料清单，为用户提供完整而准确的物料信息。

（3）工艺路线维护、描述工件的加工过程等信息。

（4）库存管理计划（IM），库存的主要职能是在供需之间建立缓冲区，调节用户需求与制造商生产能力、物料供应与生产制造之间的矛盾，确保从原材料供应到生产加工，再到交付用户过程中的物流畅通，保障企业生产经营活动的正常进行，并在保证一定服务水平的前提下最小化投资。

ERP 通过各层计划控制库存水平，实现企业的库存目标。这包括制订综合库存计划，确定库存活动水平；根据项目的不同库存水平制订相应的决策，以维持综合库存水平；确保库存记录的准确性；监督库存计划的实施和库存活动。

总之，基础数据管理子系统是 ERP 软件系统的基础，提供完整、准确的数据是该子系统的基本功能。它负责储存所有零件号、工艺规程和产品结构关系等数据。确定各项数据后，零件号可用于构建物料清单及装配工艺过程；标准成本可用于重新计算各类成本；工艺规程可用于计算人力成本；产品结构可用于计算物料成本。

### 2. 生产计划子系统

生产计划子系统包括两大功能模块：MPS 和 MRP。

（1）MPS 是 ERP 系统的逻辑起点，因此 ERP 系统在企业的应用必须从 MPS 开始，也就是说，企业必须具有完整的 MPS。

（2）MRP 是 ERP 系统的核心模块，负责对零部件和物料进行控制。

MPS 确定企业要生产什么产品；物料清单展示产品结构；工艺路线说明产品生产过程；库存管理显示生产此类产品已有和缺少的物料；至于还必须制造什么？采购什么？以及制造与采购的数量与时间，则是 MRP 要解决的问题。

MRP 为生产和采购提供详细的活动内容，反映日常处理状况，并根据生产计划需求，划分时间阶段进行编辑和报告生成。MRP 将整体的主生产计划与详细的物料级计划联系在一起。

### 3. 生产管理子系统

生产管理子系统包括三大功能模块：CRP、工单管理和 SFC。

（1）CRP 负责评估主生产计划的可行性，包括生产设备、生产能力安排是否合理等。如果计划失调，则应调整生产设备或人力资源，以保证主生产计划的顺利实施，必要时甚至可以改变主生产计划。可见，CRP 在整个 ERP 系统中，保证了设备与人力的最佳利用和资源的有效供给，实现了生产能力与资源的最佳配置。

能力需求计划以 MRP 的输出为输入，结合 MRP 计算出的物料需求、生产设备与工作中心的数据、生产设备与能力需求量、负荷量，以判断生产能力是否足够，然后进行能力平衡。能力需求计划一般分为粗能力计划（RCCP）和能力需求计划（CRP）。RCCP 主要用于编制生产计划大纲或主生产计划，它将主生产计划转换成相关的工作中心能力的需求。RCCP 忽略了一些基本的信息，以简化和加快能力需求计划的处理过程。此外，RCCP 仅对主生产计划所需的关键生产能力做简单估算，给出能力需求的概貌。尽管主生产计划以周为周期，RCCP 只考虑 MPS 每月的变化，所以 MPS 的周数据要汇总成月数据，以计算 RCCP。CRP 则依据 MRP 的输出，并结合生产制造信息对工作中心的能力进行详尽的需求分析，计算出人员负荷和设备负荷，进行瓶颈预测，调整生产负荷，做好生产能力与设备负荷的平衡工作，制订出 CRP。CRP 一方面能充分利用人力与设备资源；另一方面，可以减少产品的加工等待时间，缩短生产周期。

（2）工单管理，工单是特定产品或零件的生产许可凭证。工单管理负责建立与维护与内部工单相关的所有数据和成本。

工单的生命周期可以划分为 5 个阶段：批准/输入工单、下达/打印工单、发放工单零件、工单入库、工单会计核算。

（3）SFC 是企业短期计划的核心部分。它是在企业生产目标的指导下，经主生产计划编制产品生产计划、物料需求计划的分解和能力需求计划的调解，产生的零部件生产计划。SFC 根据零部件的工艺路线来编制工序排产计划，并为管理者提供加工、在制品和生产活动等信息，以帮助管理人员控制物料、进度、能力和生产率等。

### 4. 供销管理子系统

MPS 经 MRP 分解后形成两部分：一部分为制造件，进入 SFC；另一部分为采购件，进入采购管理部分。采购管理包括从输入申请到收到货物的全过程。

采购管理的另一方面是客户订单处理，主要负责解决销售订单登记、汇总、查询等问题。

销售管理作为整体供应链中系统与市场之间的接口。其主要功能包括市场销售预测、销售订单管理、组织发货、催收销售货款、对客户提供相关服务、市场分析等。

### 5. 财务和成本管理子系统

财务模块主要由 GL、AR、AP 组成。财务模块支持成本核算，实现全面会计电算化。例如，企业通过统一的管理平台进行数字化集成管理，实现可视化数据共享。通过 ERP 对销售、采购、生产、库存、财务等产供销供应链中的人、财、物进行统一管理，实现信息流、资金流和物流的统一。

综上所述，ERP 的功能模块主要包括以下几个方面。

（1）基础数据管理，包括物料、产品、工艺路线、客户等基础数据。

（2）销售管理，进行销售预测、订单管理等。

（3）采购管理，完成物料采购到入库的业务处理。

（4）库存管理，库存管理计划、出入库操作、库存报表等。

（5）生产计划，制订主生产计划、物料需求计划、能力需求计划。

（6）生产管理模块，完成生产任务管理等。

（7）财务管理，实现总账、应收、应付、成本核算等功能。

未来随着数智化企业管理需求的发展，ERP 系统还有可能扩展其他功能。

## 2.5 章节案例：海尔的数字化进程

### 2.5.1 案例背景

海尔集团创立于 1984 年，是全球领先的美好生活和数字化转型解决方案服务商。截至 2023 年 8 月，海尔在全球设立了 10 个研发中心、71 个研究院、35 个工业园、138 个制造中心和 23 万个销售网络，连续 5 年作为全球唯一物联网生态品牌被评为“BrandZ 最具价值全球品牌 100 强”，连续 14 年稳居“欧睿国际全球大型家电品牌零售量”第一位。集团旗下有 4 家上市公司，子公司海尔智家位列《财富》世界 500 强和《财富》全球最受赞赏公司。集团拥有海尔、卡萨帝、Leader、GE Appliances、Fisher & Paykel、AQUA、Candy 等全球化高端品牌和全球首个智慧家庭场景品牌——三翼鸟，构建了工业互联网平台卡奥斯 COSMOPlat 和物联网大健康产业生态盈康一生，旗下创业加速平台海创汇已孵化加速 7 家独角兽企业、107 家瞪羚企业和 124 家专精特新“小巨人”。

海尔作为实体经济的代表，持续聚焦实业，布局智慧住居和产业互联网两大主赛道，建设高端品牌、场景品牌与生态品牌，以科技创新为全球用户定制智慧生活，助推企业实现数字化转型，助力经济社会高质量发展、可持续发展。“人的价值最大化”贯穿海尔发展的 6 个战略阶段。

（1）第一阶段（1984—1991 年）：名牌战略阶段，主张高质量的产品是高素质的人干出来。

（2）第二阶段（1991—1998 年）：多元化战略阶段，主张要盘活资产应先盘活人。

（3）第三阶段（1998—2005 年）：国际化战略阶段，提出口号“出口创牌倒逼人才国际化”。

（4）第四阶段（2005—2012 年）：全球化品牌战略阶段，提出口号“世界是我的人力资源部”。

（5）第五阶段（2012—2019 年）：网络化战略阶段，主张从出产品的企业到出创客的平台。

（6）第六阶段（2019 年至今）：生态品牌战略阶段，主张创客生增值，增值生创客。

### 2.5.2　海尔的数字化进程

海尔的数字化进程发展经历了 3 个阶段。

（1）第一阶段（1995—2006 年）：实现服务运营线上化。1995 年，海尔开始探索线上化运营，建成了售后服务信息化系统，1998 年，加速完善了企业供应链系统。

（2）第二阶段（2007—2017 年）：全面开展信息化建设。2008 年，海尔推出信息化系统 HGVS（Hair Global Value-added System），完成 ERP 系统搭建，梳理关键业务流程，改革重要信息系统，高度整合企业资源，将烦琐的业务流程简单化。2012 年，开始搭建互联工厂。

（3）第三阶段（2017 年至今）：实施数字化建设。2017 年，海尔推出卡奥斯 COSMOPlat 工业互联网平台，将人工智能与 5G 技术紧密结合；2019 年，实现“智能+5G”互联工厂，在数字化生产方面，搭建智能化制造系统，智能工厂运行生产信息化管理系统，搭配大量智能化传感设备，实现了智慧生产模式。

卡奥斯 COSMOPlat 的关键特征是采用模块化的架构设计，包含 SaaS 应用层、PaaS 平台层、IaaS 基础层。该平台也成为推动智能制造的重要工具，实现从用户需求、创意交互到用户定制订单、配送、交付安装、使用体验等全流程互联互通，以及用户、产品全流程管理和可视化，有力推动海尔集团互联工厂建设。一方面，基于卡奥斯 COSMOPlat 平台塑造的网络效应，海尔集团集结全球优势伙伴构建开放式创新生态系统；另一方面，海尔集团依托卡奥斯 COSMOPlat 由点到面推广复制其智能制造成果，对内将成果复制到全球工厂，对外开展跨行业、跨区域服务与推广，构建智能制造生态服务新产业①。海尔卡奥斯 COSMOPlat 数字平台连接的智能制造示意如图 2-10 所示。

海尔卡奥斯 COSMOPlat 通过数字化实现研发赋能、生产赋能和经营赋能 3 个阶段的赋能。3 个阶段实现了“智能定制—设计研发—模块采购—智能生产—经营管理—智慧物流—智能服务”的数字化业务流程②。海尔卡奥斯 COSMOPlat 数字平台的数字化赋能过程如图 2-11 所示。

① 王海军，赵惠妍，金姝彤. 模块化如何赋能企业智能制造升级？一个探索性案例研究.

② 吕梓薇，张宁，程馨. 工业互联网平台数字化赋能过程研究——以海尔卡奥斯为例.

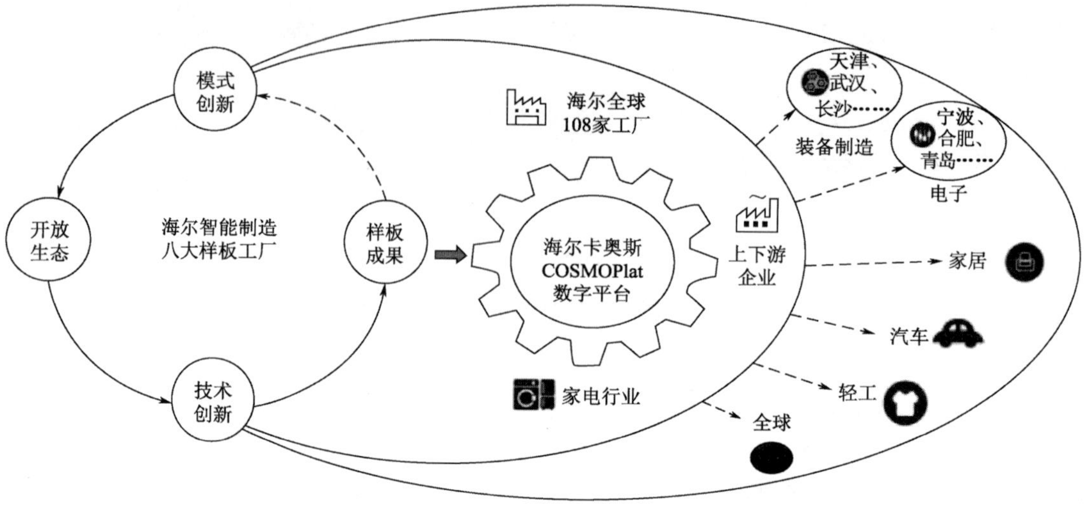


图 2-10　海尔卡奥斯 COSMOPlat 数字平台连接的智能制造示意

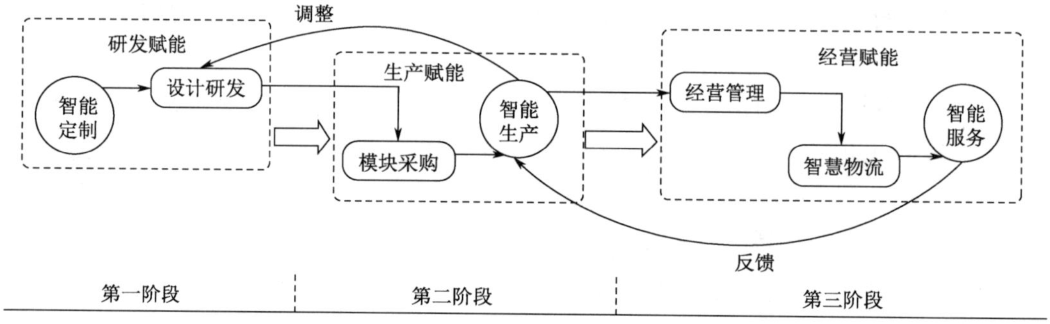


图 2-11　海尔卡奥斯 COSMOPlat 数字平台的数字化赋能过程

### 2.5.3　模式创新：以“人单合一”模式打造物联网生态品牌

“人单合一”是多方共赢的理念，体现了人的价值最大化，给所有人都创造机会，最终实现整个生态系统的共赢。通过“人单合一”，在战略上，海尔从封闭的企业变成了开放的生态平台，颠覆了传统规模与范围的理论，基于用户不断迭代的需求，构建生生不息的生态服务系统，导向生态品牌共创共赢。

“人单合一”的发展阶段①：海尔的“人单合一”管理模式自提出以来，经由多年的发展和实践，其内涵意义也在不断地进行着变化和迭代，而“人”“单”内涵及二者之间关系的变化，为揭示“人单合一”的运行演化规律提供了一个具体而深入的视角。基于“人”

① 马晓苗，彭剑锋. 海尔“人单合一”管理模式的演化路径及其价值实现机理——基于波粒二象性的理论视域.

“单”之间交互作用关系的变化，“人单合一”的演化历程可以被简单地划分为初级、发展和成熟 3 个阶段。

（1）“人单合一”的初级阶段：员工与订单一一对应。在“人单合一”发展的初级阶段“人”是指员工，“单”是指订单。“人单合一”是指每位员工都有自己的订单并对订单负责，员工与订单之间具有一一对应的关系。

（2）“人单合一”的发展阶段：员工价值与用户价值的“双价值循环”。伴随“人单合一”的推广发展，“人”的概念逐渐由员工演变为员工价值，“单”的概念也由狭义的订单演变为用户价值。“人单合一”是指基于员工和用户的需求匹配与价值连接，通过促进两种价值之间的相互催化和互动循环，实现共同提升。

（3）“人单合一”的成熟阶段：利益相关方的共创共赢。“人单合一”推行 7 年后，海尔推出了“人单合一 2.0”即共创共赢的生态圈模式。这一模式进一步打破了员工与用户之间的边界，将员工、用户、供应商、合作者等利益相关者都纳入海尔的生态体系中，强调通过促进各利益相关者之间的关联合作与协同共生，将员工与用户间的双价值循环升级为整个生态圈的共创共赢和价值最大化。

“人单合一”的重点是基于数据驱动的大规模定制。首先，模块化让大规模定制成为可能，数据驱动加强了模块化能力。模块化使原来以零部件为最小生产单位的生产模式变为以模块为最小单位的生产模式，缩短了生产流程和新产品开发周期，能更迅速地响应用户需求。其次，互联网为大规模定制提升效率。物联网和数据自动分析处理等技术不仅能帮助企业准确把握市场需求，更能提升工厂智能化程度。如今，海尔工厂已经实现了研发、制造、物流全流程的数字化紧密连接。同时，通过分析工厂中传感器收集的制造数据，实时监控智能工厂的运行状态，并对异常情况及时处理。最后，基于工业互联网平台的供应链上下游协同让大规模制造顺畅运行。海尔通过平台向全世界供应商发布模块需求，并与一流供应商合作，实现原材料的顺畅采购；海尔智慧物流“日日顺”与生产环节顺畅对接，使产品从生产线到用户家中成为可能，“日日顺”送装一体、让用户很快就能享受产品，提升了用户的满意度[①]。

## 案例思考题

1. 海尔的数字化进程经历了几个阶段？

① 王能民，王梦丹，任贺松，等. 海尔人单合一模式：基于数据驱动的大规模定制.

2. 海尔的数字化进程具有什么特征？
3. 未来企业数字化转型的关键是什么？
4. 如何理解海尔“人单合一”的物联网生态品牌模式创新，有何启示？

## 2.6 本章小结

ERP 既是一种先进的管理理念和方法，又代表了一类企业管理软件系统。

ERP 系统旨在支持企业“产供销”“人财物”全流程的业务活动，通过集成物流、资金流和信息流，实现对企业人、财、物全要素资源的计划、组织和控制。

ERP 能够帮助企业解决多变市场与均衡生产之间的矛盾、解决库存短缺和积压同时存在的管理难题、改善对客户的供货承诺、提高质量并降低成本、改变企业中的部门本位观等。

随着管理需求的不断发展，ERP 的发展经历了从简单库存管理的订货点法、到基本 MRP、闭环 MRP、MRPⅡ（制造资源计划），再到 ERP/ERPⅡ的 5 个发展阶段。

未来，随着数智化、智能制造发展需求的不断变化，ERP 将迎来新的发展机遇。

# 第3章 ERP的计划体系

**内容导览：**本章主要内容包括ERP的五大计划层次：经营规划、销售与运营规划、主生产计划、物料需求计划和能力需求计划；现代生产方式包括准时制生产与看板管理、精益生产与敏捷制造、大规模定制与智能制造等。

## 章节案例导读：红领集团智能制造

在服装定制领域，红领集团研发构建了直接面向客户的个性化定制平台，以C2M为核心，“一人一版，一衣一款，在线AI量体，7个工作日成衣”，实现了大规模的个性化定制，更好满足消费者的个性化需求。

从大批量生产到个性化定制：红领集团搭建了一套大数据处理系统，包括设计数据库、面料数据库、工艺数据库、BOM四大数据库，包含了款式、版型、体型等丰富的数据，实现以工业化的效率及成本制造个性化产品。

全品类C2M商业生态系统：通过标准化的量体方法，红领集团收集客户分散的个性化数据，将订单任务分解成生产数据传递到各个工序和环节，实现数据驱动的全程实时监控。系统根据数据模型实现智能打版、剪裁衣服，大数据系统替代了手工系统，制作一套西服只需要7个工作日，且都是一次制作完成，以规模化生产方式满足市场个性化需求。

# 3.1 ERP 管理思想

ERP 是现代管理思想的产物，它融入了很多先进的管理理念和生产方式，如业务流程重组（Business Process Reengineering，BPR）、供应链管理、敏捷制造、精益生产、准时制生产（Just in Time，JIT）等。这些管理理念和生产方式极大地扩展了企业管理信息系统的范围。

## 3.1.1 ERP 的核心管理思想

### 1. 以 BPR 为先导

在传统的组织架构中，企业按专业职能划分部门，不同部门负责不同的业务运作，各部门按专业职能分别执行任务，各自处理信息。这种组织架构阻隔了各部门间的信息交流与共享，降低了跨部门业务在企业内部的运行效率。ERP 支持企业将采购、生产、销售、财务、决策等不同部门的工作进行有效整合，依据物流、资金流设计具体业务流程，及时汇总整理日常营运资料，实时跟踪生产过程，处理生产中的动态信息，实现 JIT 管理和全面质量控制，从“结果管理”转变为“过程管理”。

实施 ERP 首先要进行业务流程重组。这在很大程度上会带来企业业务流程、信息流程和组织机构的变革。由于 ERP 的应用不只在企业内部，还可能包括供应链上的供需双方、合作伙伴等，因此 ERP 倡导整体流程观，从系统视角考虑整个企业，乃至供应链的业务流程。ERP 应用程序使用的技术和操作必须能够随着企业业务流程的变化而相应地调整。BPR 的应用已经从企业内部扩展到企业与需求市场和供应市场整个供应链的业务流程和组织机构重组的方向。

### 2. 实现对供应链资源管理的全面支持

现代企业的竞争已从单一企业之间的竞争演变为供应链乃至整个生态圈的竞争。ERP 在 MRP Ⅱ 的基础上扩展了管理范围，将客户需求、企业内部的制造活动及供应商的制造资源整合在一起，突破企业边界，实现了对供应链上的所有环节资源的有效管理。ERP 支持跨部门、跨企业的供应链上下游信息流转，通过计算机网络与 ERP 的有效结合，实现企业内部的信息与供应链物流和信息流水平或垂直整合。ERP 还可以与 SCM 系统整合，利用信息科学的最新成果，根据市场的需求对企业内部及其供应链上各环节的资源进行全面规划、统筹安排和严格控制，以保证人、财、物、信息等各类资源得到充分、合理的应用，从而达到提高生产效率、降低成本、满足顾客需求、增强企业竞争力的目的。即 ERP 可以帮助企业实现内外部资源的全面整合，帮助企业调整管理模式，以及为企业提供电子商务解决方案。它支持企业的动态联盟、以团队为核心的扁平化组织结构方式和协同工作方式，通过计算机网络将企业、用户、供应商及其他商贸活动涉及的职能机构集成起来，实现信息流、物流和资金流的有效流转和优化。

### 3. 体现精益生产和敏捷制造

ERP 支持对混合型生产方式进行管理，其管理思想表现在两个方面：一是精益生产（Lean Production），在企业按大批量生产方式组织生产时，把客户、销售代理商、供应商、协作单位纳入生产体系，企业与销售代理、客户和供应商的关系，已不再是简单的业务关系，而是利益共享的合作伙伴关系；二是敏捷制造（Agile Manufacturing），当企业遇到特定的市场和产品需求时，企业的基本合作伙伴不一定能满足新产品开发生产的要求，这时，企业会组织一个由特定的供应商和销售渠道组成的短期或一次性供应链，形成“虚拟工厂”，把供应和协作单位看作企业的组成部分，运用“并行工程”组织生产，用最短的时间将新产品打入市场，时刻保持产品的高质量、多样化和灵活性。

### 4. 基于信息技术

ERP 除了采用图形用户界面（GUI）、结构化查询语言（SQL）、关系型数据库管理系统（RDBMS）、面向对象测试（OOT）、第四代语言、计算机辅助软件工程、客户机/服务器和分布式数据处理系统等技术，还要实现更为开放的不同平台互操作，采用适用于网络技术的编程软件，增强了用户自定义的灵活性和可配置性，以满足不同行业用户的需求。网络通信技术的应用，使 ERP 易于扩展为供应链管理的信息集成平台。

### 5. “三流合一”的集成管理

ERP 实现了物流、信息流和资金流“三流合一”的集成管理，将企业本身、客户、供货商等上下游串联在一起。物流由供货商经企业流向客户，由供货商提供的材料，经企业本身生产产品交付给客户；信息流则以客户的订单和厂内的生产预测为起点，经企业本身产生采购单给供货商；工作流决定了各种流的流速和流量，是 BPR 研究的对象。ERP 为各行业提供行之有效的业务流程，并通过应用程序支持业务流程实现变革，以达到降本增效的目的。

ERP 不仅是信息系统，更是一种管理理论和思想，它充分利用企业的所有资源，包括内部资源和外部市场资源，为企业制造产品和提供服务，创造最优的解决方案，最终达到企业的经营目标。由于这种管理思想只有依赖计算机软件系统才能实现，所以实现该管理思想的 ERP 常常被当成一种计算机软件系统或软件包，这实际上是一种表面的认识。实际上，ERP 既是一个信息系统，更是一种管理理论和思想。只有深刻地了解 ERP 的管理思想和理念，才能真正地理解、掌握、应用和开发 ERP 软件系统。

### 3.1.2 ERP 应用评级

被称为“MRP 之父”的 Oliver Wilt 开设了一家国际权威的企业资源计划评审机构，他把 ERP 实施效果按照应用水平定为 4 个级别，分别为 A、B、C、D，每一级都有明确的标准。

#### 1. A 级标准

全公司必须都在有效地应用 ERP，包括销售管理、客户服务、生产制造、库存管理、车间作业、物资采购和计划预算等。经过一定的数据积累，企业的高层管理者可以通过 ERP 中的决策支持系统，全面地了解和掌握企业的经营状况，准确地分析和决定企业的发展方向，有效地控制和降低企业的运作成本。同时，企业的中层管理者可以通过 ERP 安排好相应的采购计划、生产计划、销售计划和资金计划。并且，企业的基层管理队伍可以通过 ERP 操作下达日常的工作指令。

#### 2. B 级标准

ERP 的选型、实施和应用过程能得到企业的高层管理人员的支持。但是，在决策支持方面，ERP 系统没有提供足够的帮助，且使用人员仅限于中层管理者和基层管理者。

#### 3. C 级标准

ERP 一般以多部门局部应用为主，主要作为客户/销售订单录入、制造/作业单管理、采购计划编制、财务凭证录入和财务报表产生的工具。以库存管理为主，企业的每个或多个部门都在独立地应用 ERP，业务部门和财务部门没有完全集成。如果企业在定位上是一个集成的系统，只是在实施中没有达到集成的效果，则企业可以通过一定的 BPR 来帮助进行有效的 ERP 实施。如果企业选择的并不是一个集成的系统，无论如何调整和实施都不能达到更高标准。

### 4. D 级标准

ERP 的应用往往是单一部门的，例如，只有财务部门在应用 ERP，其他部门由于数据不准确，或者对 ERP 缺乏全面深入的了解而搁置不用。

## 3.2　ERP 的计划层次

ERP 包括 5 个计划层次：经营规划、销售和运营规划、主生产计划、物料需求计划和能力需求计划，如图 3-1 所示。其中，经营规划是战略级规划，表达企业的愿景。要实现经营规划，就必须逐步分解，得到战术级的操作计划。通过上述 5 个层次的计划，企业可以实现由宏观到微观、由战略级到战术级、由粗到细的计划深化和执行。

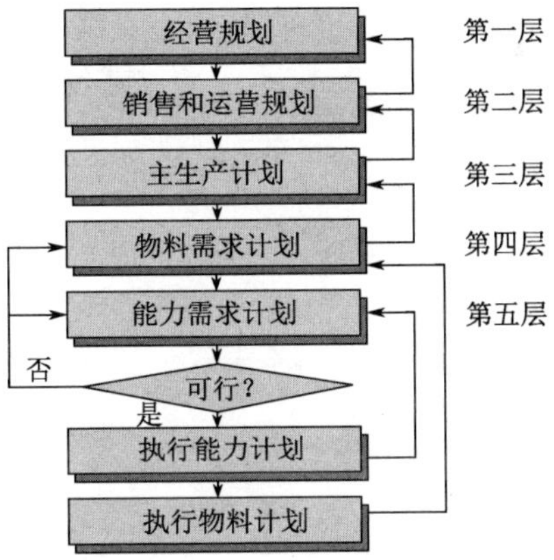


图 3-1　ERP 的计划层次

根据经营规划制订销售和运营规划，再根据销售和运营规划制订主生产计划，进而细化为物料需求计划，并进行能力需求计划，判定计划是否可行，如果产能充足，计划可行，则执行；否则，需要调整计划，通过能力需求计划的反馈，形成闭环。

在 5 个层次中，越接近顶层的计划，对需求的预测成分越大，计划内容越具有概括性，计划展望期也越长。越接近底层的计划，需求由预测变为实际的客户订单，计划的内容就越具体、详细，计划展望期也就越短。

## 3.2.1 综合案例：供需失衡与平衡

前序章节中提到了制造业悖论和制造业基本方程，谈到在制造业中常会出现供需不匹配的问题，这些问题称为供需失衡。我们期望通过制造业基本方程的理论方法解决供需失衡问题，实现供需平衡，如图 3-2 所示。但事实上，迄今为止，制造业领域供需失衡的情况仍然普遍存在。例如，库房管理人员手中的数据可能还是上星期六的，而今天已经是星期四了，并且他们对这几天的变化一无所知。采购人员按月制订采购计划，但他们不知道本月实际收到的物料数量或供应商已经发出但尚未接收及供应商将要发出的物料数量。采购部门需要生产部门提供准确的需求信息，以便向供应商下达采购订单。这些问题归根结底是由数据滞后、数据不准确所致。

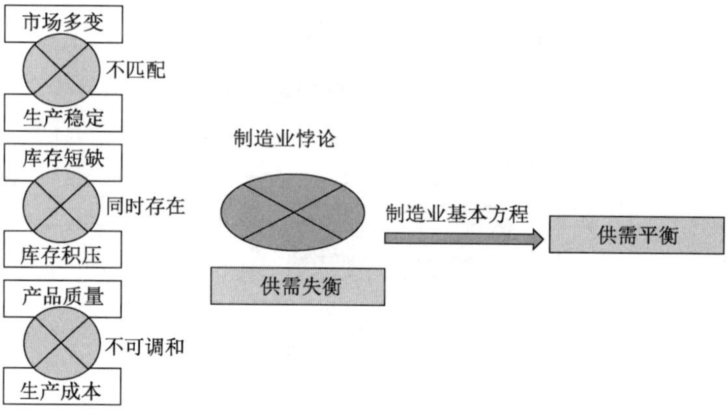


图 3-2 供需失衡与供需平衡

销售预测按季度进行，但与实际的销售量存在较大差别。生产部门按周安排生产计划，但部分产品的生产计划已过期，尚未及时调整，接到的客户订单总要在几天之后才能录入系统。许多产品存放在仓库中，但仍存在不能为客户按时发货的情况，而且常把同一批产品承诺给多个客户。这是物料信息更新不及时导致的交付延误、承诺冲突等问题。

客户要求在一周内向他们发运某种产品 500 件，企业已经对客户做出了承诺，答应按时发货，但是没有人保证一定能做到。财务部门要求销售、库存和生产部门提供关于未来半年的详细计划，以便确定企业能否完成今年的财务计划。每个部门都有自己的一套数据来为自己的工作辩护，而把责任推向别人或别的部门，甚至抱怨客户或供应商。这里存在跨部门数据割裂，部门本位观的问题，导致跨部门协作困难，数据对接困难等。

下面讨论一个完整的供需失衡的案例。

A 公司是一家制造业公司。张先生是 A 公司的销售经理，他负责为公司做销售预测。现在是第一季度末，他要对产品族 W 的销售预测做季度检查。他发现，3 个月来实际的销售量平均低于预测 10%，并呈持续下滑趋势，如表 3-1 所示。

表 3-1　产品族 W 的销售预测 1（单位：千台）

| 项目 | 1 月 | 2 月 | 3 月 | 4 月 | 5 月 | 6 月 | 7 月 | 8 月 |
|---|---|---|---|---|---|---|---|---|
| 销售预测量 | 100 | 100 | 100 | 100 | 120 | 120 | 120 | 120 |
| 实际销售量 | 90 | 95 | 85 | | | | | |
| 偏差 | −10 | −5 | −15 | | | | | |
| 累计偏差 | −10 | −15 | −30 | | | | | |

销售经理张先生将 4 月份的销售预测降低了 1 万台，后面 4 个月分别降低了 3 万台，完全推翻了以前的增长的销售预测。A 公司财务总监李女士强调，库存量一定不能增长，否则现金流就要出问题。于是，销售经理张先生赶紧给生产经理王先生发邮件，通知王先生，未来几个月的销售预测量已调低，如表 3-2 所示。

表 3-2　产品族 W 的销售预测 2（单位：千台）

| 项目 | 1 月 | 2 月 | 3 月 | 4 月 | 5 月 | 6 月 | 7 月 | 8 月 |
|---|---|---|---|---|---|---|---|---|
| 销售预测量 | 100 | 100 | 100 | 100 | 120 | 120 | 120 | 120 |
| 新销售预测量 | | | | 90 | 90 | 90 | 90 | 90 |
| 实际销售量 | 90 | 95 | 85 | | | | | |
| 偏差 | −10 | −5 | −15 | | | | | |
| 累计偏差 | −10 | −15 | −30 | | | | | |

王先生收到邮件后，立即检查正在执行的生产规划。他查看了原生产规划与新的销售预测项目，发现计划生产量远高于销售预测量，5 个月累计相差 14 万台，如表 3-3 所示。

表 3-3　产品族 W 的生产规划（单位：千台）

| 项目 | 1 月 | 2 月 | 3 月 | 4 月 | 5 月 | 6 月 | 7 月 | 8 月 |
|---|---|---|---|---|---|---|---|---|
| 计划生产量 | 100 | 100 | 100 | 110 | 120 | 120 | 120 | 120 |
| 实际生产量 | 98 | 100 | 101 | | | | | |
| 偏差 | −2 | 0 | 1 | | | | | |
| 累计偏差 | −2 | −2 | −1 | | | | | |
| 新销售预测量 | | | | 90 | 90 | 90 | 90 | 90 |

生产经理王先生重新修改了生产规划，按照新的计划生产量，累计超过销售预测量 4 万台，如表 3-4 所示。他认为这已经是最好的结果了。

表 3-4　产品族 W 的生产规划 2（单位：千台）

| 项目 | 1 月 | 2 月 | 3 月 | 4 月 | 5 月 | 6 月 | 7 月 | 8 月 |
|---|---|---|---|---|---|---|---|---|
| 计划生产量 | 100 | 100 | 100 | 110 | 120 | 120 | 120 | 120 |
| 新计划生产量 | | | | 110 | 100 | 100 | 90 | 90 |
| 实际生产量 | 98 | 100 | 101 | | | | | |
| 偏差 | −2 | 0 | 1 | | | | | |
| 累计偏差 | −2 | −2 | −1 | | | | | |

与此同时，公司的财务总监李女士刚刚结束了和银行之间的通话。由于库存量高，现金流不畅，公司需要提高贷款额度。谈话是艰难的。如果库存量能够降低，现金流就会改善。但是，如何才能降低库存量？

李女士在检查产品库存报告时发现，产品族 W 的存货量呈上升趋势，现在已经有 13.2 万台存在库房里，远超计划的 3.2 万台。按照每台 300 元的标准成本计算，就是 960 万元。

李女士与生产经理王先生沟通无果，生产部门前期已经按照销售量上涨的趋势做了生产准备，库存量持续上涨，如表 3-5 所示，王先生也无法彻底解决问题。

表 3-5　产品族 W 的存货报告（单位：千台）

| 项目 | 1 月 | 2 月 | 3 月 | 4 月 | 5 月 | 6 月 | 7 月 | 8 月 |
|---|---|---|---|---|---|---|---|---|
| 计划生产量 | 100 | 100 | 100 | 110 | 120 | 120 | 120 | 120 |
| 实际生产量 | 111 | 116 | 132 | | | | | |
| 偏差 | 11 | 16 | 32 | | | | | |

财务总监李女士根据新销售预测和新生产计划计算得出未来几个月的预计库存量，发现从 3 月底的库存量 13.2 万台开始，未来几个月库存量将持续上涨，月库存量将超过 17 万台，而且保持不降。按每台 300 元的标准成本计算，超过 5000 万元压在产品族 W 的库存上，如表 3-6 所示。问题很严重，必须申请高层会议讨论。

表 3-6　预计库存量（单位：千台）

| 项目 | 3 月 | 4 月 | 5 月 | 6 月 | 7 月 | 8 月 |
|---|---|---|---|---|---|---|
| 新销售预测量 | | 90 | 90 | 90 | 90 | 90 |
| 新计划生产量 | | 110 | 100 | 100 | 90 | 90 |
| 库存量 | 132 | 152 | 162 | 172 | 172 | 172 |

以上这个供需失衡的案例很典型。那么，问题出在哪里？

（1）每个季度审查一次销售预测的频率显然是不够的。对于大多数企业来说，3 个月会经历太多的活动、太多的变化。许多动态因素若不能及时捕捉，可能会产生严重的后果。例如，产品销售量下降，库存增加，导致供需失衡。要降低产量就会解雇一些员工，影响员工士气；不降低产量，现金流就会出现严重问题。企业处于两难之中。

（2）企业的运营管理团队成员之间缺乏沟通，没有全局观。销售经理在调整预测量时，往往没有考虑这些变化对生产和库存环节的影响；财务总监介入这件事情，也只是因为银行贷款的问题困扰了她；而生产一线的管理人员常常处于被动的局面中。只有当问题严重到无法忽视时，才会被提交到高层会议讨论。

综上所述，这家企业缺乏一个面向整个管理团队，及时审查供需状态，及时做出决策从而保持供需平衡的常规过程。这个常规过程就是基于经营规划的销售与运营规划。

### 3.2.2　供需平衡

供需矛盾是企业运营最基本的矛盾，供需平衡是企业运营的基本定律。

如果供需失衡，无论是需求大于供给，还是供给大于需求，都将为企业带来灾难性的后果。但供需平衡并不意味着要机械地、亦步亦趋地追求在每个时间点上的供需平衡。如果企业当前供应能力超过需求，但是在可以预见的未来几个月里，需求将远远超过企业的供应能力，那么企业可以提前采取措施提高未来的供应能力，如增加生产、增加库存量或适度扩大生产能力等，以备未来需求高峰的到来。在这种情况下，短期有意识地造成的供需不平衡是为了在更长的时间跨度上实现供需平衡。因此，供需平衡需要灵活地驾驭，ERP 的 5 个计划层次正是为了确保在一定计划周期内，企业能够合理配置资源，使生产计划量和市场需求量在一段时间内的总量保持匹配，实现一定周期内的供需平衡。同时，供需平衡也不是一个静止的状态，它是动态变化的。企业运营管理追求供需平衡是一项长期的任务。

企业运营过程中出现的问题都是体现在构成级别上的，它是具体的、紧迫的。因此，构成级别上的问题很容易引起人们的注意。常见的情况是，企业在具体的产品、具体的客户订单、具体物料的库存上投入巨大的精力，但问题仍层出不穷；部门之间缺乏沟通，遇事互相推诿、指责，更谈不上协同。企业的运营处于一种无序状态。但是，如果先在总量级别上做好供需平衡，则使构成级别上的问题减少且更容易解决。而基于经营规划的销售与运营规划就是这样一个工具，以产品族为处理对象，在总量级别上平衡供需关系，从而使构成级别上的问题减少且更容易解决，明显地提高企业的运营能力。

# 3.3 经营规划

ERP 计划层次的第一层是经营规划。经营规划是对企业愿景的表达。愿景是企业的目标；竞争力把无形的愿景转化为有形的计划和活动；愿景和竞争力体现在计划中，企业通过把资源、供应商、客户等整合起来，创造市场所需要的产品，从而获得竞争力。独特的企业使命、愿景的显性表达，传达企业在同行业中的竞争优势所在，也是企业触达客户的价值导向。

## 3.3.1 企业竞争力的来源

那么企业竞争力一般有哪些来源呢？有的企业竞争力来自成本优势，有的企业竞争力来自科技优势，有的企业竞争力来自速度优势，还有的企业竞争力来自能够为市场提供独一无二产品的资源和能力优势等。因此，源于不同竞争力优势的企业会通过独特的愿景和使命表达自己的优势。下面是一些真实企业的使命和愿景表述举例。

使命：打造老百姓买得起的产品；愿景：实现美好生活。

使命：用技术创新，满足人们对美好生活的向往；愿景：全球新能源整体解决方案开创者，致力于全面打造零排放的新能源生态系统，构筑一个可持续发展的电动化未来，让城市与自然重归于好，自由呼吸。

使命：让每个人都能享受科技带来的美好生活；愿景：成为全球领先的智能互联网公司，为人们创造更加美好的生活。

使命：为社会坚守责任，为员工创造平台；愿景：与世界一起享受健康的卫生护理。

使命：技术为本，致力于更高效和可持续的世界；愿景：成为全球最值得信赖的企业。

使命：领动时尚，编织美好生活；愿景：打造国内领先、具有卓越竞争力的时尚产业集团。

使命：践行社会责任，推动应用创新，培养商界骨干，服务区域发展；愿景：努力成为深受业界好评的国际化商学院。

这些愿景中的很多关键词精准指出了企业竞争力的来源。例如，“买得起”可以理解为企业竞争力来自成本优势，“技术创新”“科技”可以理解为企业竞争力来自科技优势，“健康”可以理解为企业竞争力来自质量优势，“高效”可以理解为企业竞争力来自速度优势，“时尚”可以理解为企业竞争力来自个性化服务等。这些愿景和使命的表述虽然是宏观的，但是愿景和使命通过具有特定特征的产品传递给客户，其表述与产品特性实现了宏观与具体的对应。例如，“买得起的”是某车企的宣传语；“住得起的”是某房企的表述。其他产品类别包括新能源汽车、智能手机、智能家居、母婴护理、电商购物平台和服装企业等。

ERP 的第一个计划层次——经营规划，旨在通过确定企业经营的战略、目标和行动方案，确保企业的愿景和使命落实到具体产品。包括产品开发战略、市场战略、质量标准与技术改造规划、财务战略规划等。经营规划使用货币单位按产品族进行表述，是各个计划层次的依据。产品族可以通俗地理解为由一组相关或相似产品组成的集合。比如企业使命中提到“买得起的”，那么新开发产品的定位就必须体现成本优势，至少与同类竞品相比，要具有价格竞争力，相关产品开发策略和市场策略都必须围绕实现这一目标来制订；如果愿景使命中提到了“科技”“智能”，那么产品开发必须体现科技元素。

经营规划是宏观层面针对市场和产品匹配的需求及其定位，对人、财、物资源的总体规划，属于总体性计划。企业制订经营规划需要从多个方面综合考虑；制订过程中需要组织企业高层领导，会同市场、销售、工程技术、计划、生产、物料和财务各职能部门负责人共同研讨。在后续各个计划层次中，围绕企业战略，对经营规划进行进一步的细化，但不能变更经营规划。如果在执行过程中发现有新的情况，下层计划则要及时反馈信息，但不能变更经营规划。

## 3.3.2　制订经营规划的注意事项

明确规划目标。以创造价值和经济利益为目标、以全面提升效率和效益为出发点，运用科学的管理工具和方法，把“精、细、实、严”落实到管理工作的每个环节，不断提高企业的管理水平和核心竞争力，有效促进企业的可持续发展。

统一规划思想。企业应明确认识到制订年度经营计划是一个统一上下意志和决心，明确战略方向、盘点资源和家底的过程，其本质是明确应对未来不确定性的一致行动目标。计划的制订应由企业高层统筹，并由全体中层以上管理人员参与，通过计划的制订来统一上下认识。

聚焦战略定位。经营计划的制订，绝不仅仅是目标数字的设定，经营计划的制订首先应该从公司战略规划开始，将公司中长期战略目标合理分解为本年度经营目标，并细化到关键指标、关键举措、行动方案、责任人。可充分运用战略地图、平衡积分卡等工具，尽可能科学、合理地制订年度经营计划。

合理配置资源。根据企业的战略目标和经营计划，合理配置资源，包括人力、物力、财力等，做好责权利分配是计划执行的关键。同时需要合理安排预算和考核标准，做好过程监控。

精细化管理。实施精细化管理是针对企业当前管理现状，解决经营管理中存在的问题，提高管理水平的重要举措。精细化管理的核心理念："精、准、细、严"。精是做精、做好，精益求精；准是准确、准时；细是操作细化、管理细化；严是严格执行制度标准和程序规定。

加强过程监控。在计划执行过程中，需要进行严格的过程监控，以确保计划执行的顺利实施。这需要建立一个有效的信息反馈机制，及时发现和解决计划执行过程中出现的问题。同时需要对计划执行的效果进行定期评估，以便及时调整和优化经营计划。

总之，企业制订经营规划是一个系统的过程，需要从多方面进行综合考虑。在制订过程中需要明确指导思想和目标，统一思想认识，聚焦战略目标和计划，合理配置资源，实施精细化管理及加强过程监控等。这样才能确保经营规划的科学性和可行性，为企业的发展奠定良好的基础。

## 3.4 销售与运营规划

ERP 计划层次的第二层是销售与运营规划。经营规划可转化为企业组织战术层面的功能计划，包括销售规划和生产规划，即要生成与企业资源相适应的销售规划及支持销售规划的综合生产规划。销售与运营规划实现了战略级计划与执行层作业计划的连接，因此 ERP 计划层次的第三、四、五层就进入了生产计划层，即企业根据销售规划和生产规划，制订逐层细化的主生产计划、物料需求计划和能力需求计划。

销售与运营规划有两个基本的目的。一是在企业的经营规划与详细计划和执行过程之间起到关键的连接作用，把战略级的经营规划与主生产计划连接起来，并协调市场、销售、工程技术、计划、生产、物料和财务等职能部门，形成企业共同的计划目标。二是管理和控制所有的下层计划，包括主生产计划、物料需求计划和能力需求计划。

### 3.4.1 销售与运营规划策略

如果你是一家月饼生产企业的老板，你会面临哪些困惑？月饼是典型的季节性产品，每年的中秋节是销售旺季，中秋节过后就进入月饼的销售淡季。在销售旺季订单高峰期，工厂可能需要安排三班倒，以及每周周末加班来满足订单需求，但在销售淡季，工厂就需要转为生产其他产品，或者安排设备维修和工人放假。当然企业也可以采取很多应对办法。例如，在销售旺季之前提前生产，通过储备库存来为高峰期备货，但是这样做需要考虑食品材料的保质期限制。而且，如果预测出现失误，会导致产品生产过剩，进而引发库存积压。那么中秋节过后还没有卖出去的月饼都去哪儿了呢？相关报道称，滞销回收的月饼会作为动物饲料进行转售。月饼企业面临的综合生产计划问题也是其他企业面临的典型问题，很多产品的市场需求呈周期性或季节性变动，而企业的生产能力是相对固定的，要在供需之间进行有效匹配，就需要进行销售与运营规划。

销售与运营规划是高层管理对 ERP 系统的主要输入，以便 ERP 系统进行主生产计划。销售与运营规划是面向产品族的计划，需要结合营销计划、资源计划、财务计划和需求管理进行销售规划和生产规划，为后续的主生产计划提供基础。销售与运营规划可以分为两个方面，一方面是对每个产品族制订销售规划；另一方面是对每个产品族制订生产规划，如图 3-3 所示。

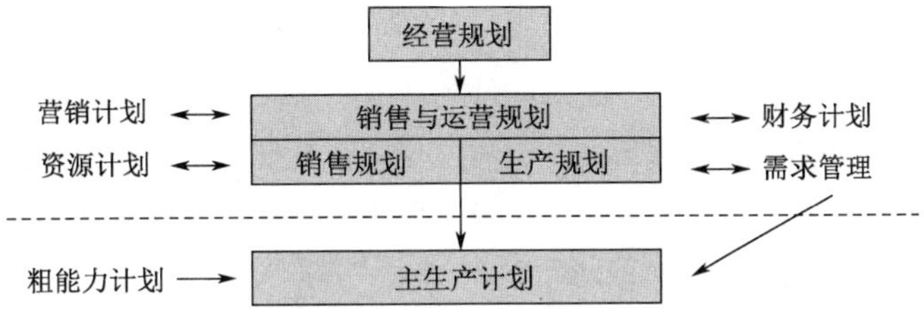


图 3-3 销售与运营规划

### 1. 销售规划与生产计划方式

销售规划，是指对产品族总需求的预测。一个产品族中可能包含了很多项产品，因此，关于产品族的销售规划必须与单项预测之和保持一致。例如，一个产品族包含三类产品，每类产品的需求预测是 4 万个，总和则为 12 万个。

制订销售规划要考虑企业的生产计划方式。企业最基本的生产计划方式有两种，即面向库存生产（Make to Stock，MTS）和面向订单生产（Make to Order，MTO）。面向库存生产是一种在接到客户订单之前完成产品生产已经完成的生产环境，客户订单由库存直接满足，而生产订单是为了补充库存，即“先产后销”；面向订单生产是一种在接到客户订单之后才完成产品生产的生产环境，其最终产品通常要由客户的特定需求来确定，即“先销后产”。除此之外，根据装配点不同，还会衍生出更多不同的生产方式。我们这里关注的是，针对不同生产计划方式，销售与运营规划将有所不同。

例如，我们通常看到的餐馆，一般会提前一天或当天早晨备料以满足顾客用餐需求，会尽量避免因缺料导致顾客流失。然而，也有一些店铺采取不同的经营策略，例如，有一家小面馆，老板和员工是一对夫妻，他们每天只制作固定量的手工面条，售完为止。

另一家牛肉饼店则采取现做现卖的模式，顾客到达以后需要在窗口排队等待几分钟到十几分钟不等，但是生意非常好。还有一家馒头店，是销售主食的连锁店，经营模式是早上集中备货，由公司统一配送到门店，当天的量售完为止，生意也很好。这三家店采取完全不同的经营策略，那么它们的备料、生产和销售规划就是完全不同的。

随着网络购物的普及，网上预售的模式实现了对企业销售和生产规划的重塑。以“双 11”为例，近年来，“双 11”创造出了很多不同的销售模式，其中之一就是预售模式，即定金+尾款的销售模式。在预售模式下，销售规划预测不准的问题得到了解决，预测订单随着消费者订金的支付变为了实际订单。商家接到订单再安排生产，生产完成后，消费者支付尾款，产品交付。这一模式成功地将面向库存生产转变为了面向订单的生产，使均衡生产和可变需求之间的矛盾得到缓解。

### 2. 生产规划

销售与运营规划的另一部分是生产规划。生产规划是为每个产品族建立适当的生产率。根据产品的不同，生产率的表述也不同，可以是每周 2000 辆小轿车，每月 15 台机器，或每 3 个月 1 台机器等。但是，生产率不为单项产品指明具体的生产批量和时间。由于产品划分成产品族，必须由高层领导检查和批准的产品分组不会太多。

一般来说，生产规划有以下典型特征：计划展望期至少为 12 个月，定期更新，如每月或每季度进行更新；计划对象为产品族；需求是浮动的或季节性的；在计划展望期内，工厂的设备和能力保持不变；要满足多项管理目标，如低库存、生产的高效率、高水平的客户服务和良好的员工关系等。

制订生产规划的依据包括销售规划、供应商和企业的生产能力限制及企业的生产计划方式。

1）生产规划公式

销售规划量和生产规划量均指计划展望期内的总量。当生产方式为面向库存生产（MTS）时

生产规划量=销售规划量+期末库存量−期初库存量

当生产方式为面向订单生产（MTO）时

生产规划量=销售规划量+期初未交付客户订单量−期末未交付客户订单量

混合生产方式可以表述为

生产规划量=销售规划量+对库存量或未交付的客户订单量的调整

进而可以确定计划展望期内生产规划总量。但是，生产规划经常会和销售规划有所不同。例如，生产规划可以在一个销售波峰期之前积累库存。为了使提前期更具竞争力，生产规划可以减少未交付的客户订单。或者，生产规划可以通过提高一种产品的未交付客户订单量来增加用于其他产品的资源，以利于捕捉意义重大的市场机会。因此，生产规划

可以有不同的策略。

2）生产规划策略

基本的生产规划策略有 3 种，即追逐策略、均衡策略和混合策略。

追逐策略是指在任何时候都按照市场需要的产品数量来生产。生产量随需求的变化而变化，而库存水平保持不变，如图 3-4 所示。

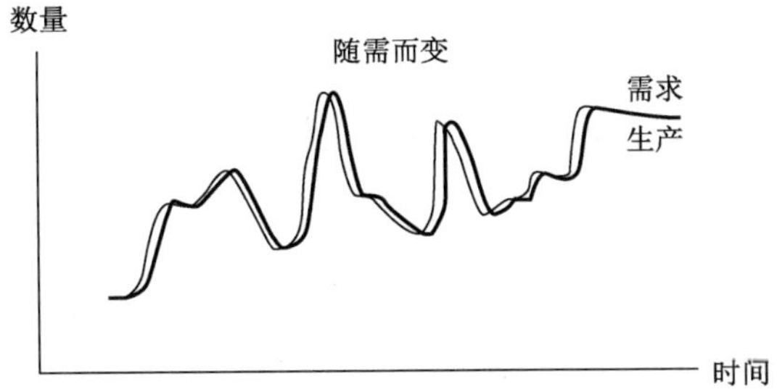


图 3-4　追逐策略

在采用追逐策略的情况下，企业必须拥有足够的能力来满足高峰期的需求，虽然这些能力在低谷期可能会闲置。闲置会导致企业的运营成本增加。但追逐策略的优点是，库存量能够维持在一个最低水平上。没有产品积压，可以减少库存管理的成本。牛肉饼店的现做现卖模式，就是追逐策略。

均衡策略是依据市场的平均需求，持续地生产同样数量的产品。“以不变的生产来应对变化的市场需求”，如图 3-5 所示。因此，当市场需求低于所生产的数量时，库存量就会增加；当市场需求高于所生产的数量时，库存量就会减少。目前，仍然有很多制造企业采用这种模式。

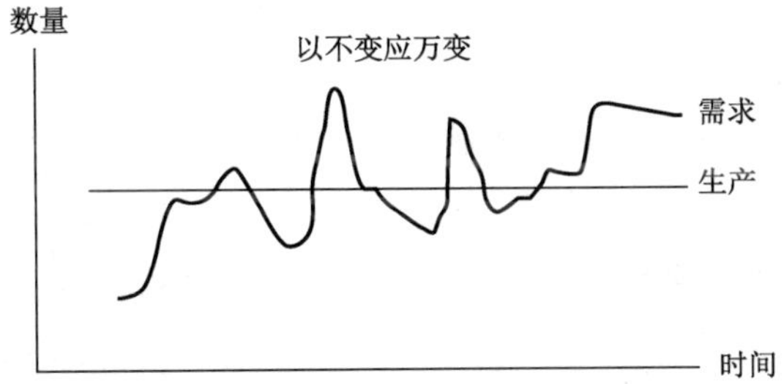


图 3-5　均衡策略

均衡策略的优点是，避免了改变生产规模所涉及的成本。不再需要储备额外的生产能力来满足高峰期的市场需求，也不需要在高峰期雇用新员工，而高峰期过后又解雇他们，能够建立一支稳定的员工队伍。

均衡生产策略的缺点是，在需求低谷期库存量会增加，导致库存管理的成本和销售压力增加。另外，还有一种特殊形式的均衡生产策略：产品外包策略。企业始终按市场的最低需求来组织生产，但通过产品外包来平衡波动的市场需求。

现实中有很多企业将以上两种策略进行混合，短期内均衡生产，而长期追逐需求变化，实现生产总成本最小的混合策略，使企业既能提供客户期望的服务水平，生产上也表现出相对的均衡，如图 3-6 所示。

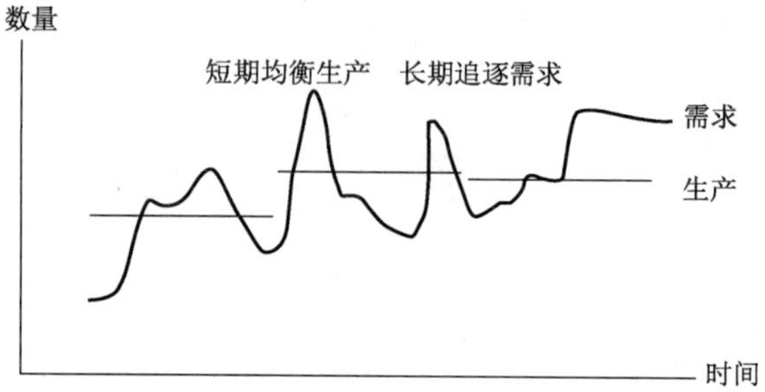


图 3-6　混合策略

## 3.4.2　销售与运营规划流程

第一步：数据采集阶段。根据上一周期的销售预测报告，更新关于实际销售、生产、库存等方面的数据，根据最新数据来制订销售分析报告，并调整销售预测。

第二步：需求计划阶段。销售和市场部门根据产品的新数据进行评估，制订未来 12 个月或更长时间内新的预测，并填写销售数据表格。如果该计划得到销售和市场部门批准，则会被用来修改原有的生产计划或制订新的生产计划。

第三步：供应计划阶段。新制订的各类产品大类的生产计划必须与销售预测的变动相匹配，也要考虑库存或顾客订单的积压程度，如果需求大大超出生产能力，而目前企业或供应商的能力无法满足要求，那就需要召开会议讨论，判断是否对生产计划做出相应调整。

第四步：预备会议阶段。组织召开销售与运营规划预备会议，进行供需平衡的决策。解决各单位建议中的不一致问题；识别另外一些不能解决而需要提交主管会议讨论的问题；制订备选方案；为主管会议列议事日程。会议的内容包括各产品大类计划的评估、经营财务计划的更新、各产品大类的建议计划、资源需求变更的建议、销售与运营规划的备选方案建议等。

第五步：高层会议阶段。这是每月一次的总结性决策会议，一些经营部门的高层主管参与讨论，其目的是：为每个产品族的销售与运营规划作决策；审核生产与采购变更的费用支出；确保销售与运营规划与总体经营计划相协调；解决在预备会议中不能达成一致意见的问题；评估服务水平和经营业绩等。

经过数据采集、需求计划、供应计划、预备会议和高层会议，最后确定销售与运营规划方案，形成正式的规划报告。各个阶段的负责人和结果报告如表所示，其中在供应阶段，除了规划报告还需要提出资源约束文档。

正式的销售与运营规划报告，主要包括 3 部分内容：销售规划、生产规划和库存计划或未交付订单计划。

销售规划部分一般包括两类信息：计划需求和实际订货的需求信息，按承诺的发货日期列出的客户订单信息。这两类信息对销售规划过程十分重要，企业通过监控这两类信息来实现对销售规划的有效控制。

计划需求和实际订货信息提供早期的报警机制，企业能尽早地发现某种趋势，以便有时间采取有效措施。如果订货比预期的少，则可以建立促销程序，调整价格，加快新产品开发，培训销售人员增强销售力度等。如果订货比预期的多，则可以降低库存量，增加未交付的客户订单，或调整价格等。在这两种情况下，如果确认销售规划不符合实际情况，则应予以修改。

按承诺的发货日期列出的客户订单信息可以对未来的发货目标和预期收入目标提供参考。例如，如果大部分的客户订单发货安排在比较远的未来，那么企业实现近期的发货目标和预期收入目标可能存在困难。由于预先看到了问题，企业可以修订计划，按所希望的水平维护发货计划。

生产规划部分包括计划生产量和实际生产量，以及实际生产量与计划生产量之间的偏差等信息。生产规划是生产能力分配的基础，是计算库存水平和未交付客户订单量的依据。

库存计划或未交付订单计划，主要用于评估和管理产品族的库存信息，评估和管理产品族未交付的客户订单的信息。其中库存计划包括计划库存量、实际库存量和偏差等信息。

库存计划表明过去的库存情况及未来预期的库存变化。对过去的每个时区，可以把计划库存量与实际库存量进行比较。对于未来的时区，可以根据生产规划和预期发货量来计算计划库存量。计划库存量计算公式为

计划库存量=现有库存量−销售规划量+生产规划量

未交付客户订单计划表明过去的未交付客户订单情况以及未来的计划。对过去的每个时区，可以把计划的未交付客户订单和实际的未交付客户订单进行比较。对未来的时区，可以根据订货计划和预期发货量来计算计划的未交付的客户订单。计划未交付客户订单计算公式为

计划未交付客户订单=当前未交付客户订单+销售规划量−生产规划量

销售与运营规划的评估，需要考虑资源需求计划，如人工、物料、机器设备、加工或储存空间等。首先需要有面向产品族的资源清单，有了资源清单就可以得到与销售与

运营规划相对应的资源需求计划。资源清单是面对产品族的，指出了每单位产品族对关键资源的需求。根据资源清单，把生产规划转变成资源需求计划，用来评估生产规划的可行性。假定销售与运营规划表明在某个季度要生产 1 万辆自行车、5000 辆三轮车和 1 万辆四轮车，那么，通过资源清单可以得到关于钢材和工时的资源需求计划。

在 ERP 的整体计划体系中，经营规划和销售与运营规划都是较为上层的宏观规划。通过销售与运营规划完成销售规划和总体生产规划，这里的生产规划面向产品族，可以理解为综合生产计划，为主生产计划做准备。后续章节将对综合生产计划编制方法、主生产计划及物料需求计划等进行讲解。

## 3.5 现代生产方式

随着科学技术和经济全球化的发展，市场竞争加剧，个性化需求越来越被消费者青睐。为了提高生产制造效率，解决制造业的困境，出现了多种多样的现代生产管理方式。典型的有准时制生产、看板管理、精益生产、敏捷制造、大规模定制等。

### 3.5.1 准时制生产与看板管理

#### 1. 准时制生产

准时制生产（Just in Time，JIT），又称 JIT 生产，是日本丰田公司在 20 世纪 50 年代初开始实施的一种生产管理方式。JIT 的基本思想：物料在需要时准时到达，在不需要时准时离开，即只在需要的时候生产需要的量，避免浪费。这种生产方式的核心是追求零库存，或使库存达到最小。为此，丰田公司开发了包括看板在内的一系列具体方法和工具，并逐渐形成了一套独具特色的生产管理体系。

20 世纪 70 年代，丰田汽车公司在实施 JIT 后，将交货期和产品质量提高到了全球领先的地位。目前，JIT 已被广泛应用于汽车、机械、电子、计算机和飞机等制造业行业。

“降低成本”是 JIT 的基本目标。JIT 力图通过“彻底消除浪费”来达到这一目标，尤其是由库存（包含在制品）引起的浪费。因此，为了排除这些浪费，JIT 形成了适时适量生产、弹性配置作业人数、质量保证 3 个子目标。

（1）适时适量生产。企业只在市场需要的时候生产市场需要的产品。

（2）弹性配置作业人数。企业根据生产量的变动，弹性地增减各生产线的作业人数，尽量用较少的人力完成较多的生产，实现生产线“少人化”。在数字化设备快速发展的今天，“少人化”“无人化”生产已成为现实。

（3）质量保证。通常的质量管理方法，是在最后一道工序对产品进行检验，如有不合格就进行返工或做其他处理，而尽量不让生产线或加工作业中途停止。但在 JIT 中，企业通过将质量管理贯穿每一道工序之中来实现提高质量与降低成本的一致性。依靠这样的机制，企业一旦发现不良产品，能够立即进行处理，防止了不良产品的重复出现或累计出现，避免了由此可能造成的大量浪费。

### 2. 看板管理

看板管理，是指为了达到 JIT 准时生产方式而控制现场生产流程的工具。看板的作用在于传递现场生产信息，杜绝现场管理中的漏洞，实现绩效考核的公平化、透明化，以及确保生产现场作业秩序，提高效率。

1）看板的功能

第一，传递工作指令。看板中记录着生产量、时间、方法、顺序，以及运送量、运送时间、运送目的地、放置场所、搬运工具等信息。从装配工序逐次向前工序追溯，在装配线将使用的零部件上所带的看板取下，以此再去前一道工序领取，从而实现拉动式生产。

第二，防止过量生产和过量运输。看板的使用必须按照既定的运用规则。其中一条规则是“没有看板不能生产，也不能运送”。根据这一规则，看板数量减少，则生产量也相应减少。由于看板所表示的只是必要的量，因此，通过看板的运用能够做到自动防止过量生产和过量运输。

第三，“目视管理”的工具。看板的另外两条运用规则是“看板必须在实物上存放”和“前工序按照看板取下的顺序进行生产”。根据这两条规则，作业现场的管理人员对生产的优先顺序一目了然，易于管理生产流程。通过看板信息，管理人员能够知道后道工序的作业进展情况、库存情况等。

第四，改善工具。在 JIT 中，减少看板数量能够减少在制品的中间库存。根据看板“不能把不良品送往后工序”的运用规则，后工序所需得不到满足，就会造成全线停工，由此可立即暴露问题，现场管理人员可立即采取改善措施来解决问题。

JIT 的最终目标是要实现无库存生产系统，而看板提供了一个朝着这个方向迈进的工具。JIT 和看板管理仍是目前较为流行的现代生产管理方式。

2）电子看板

随着数字化进程的推进，电子看板成为目视化管理的主要工具，与传统看板相比，电子看板更加便捷，可以通过计算机、液晶电视、平板电脑、手机等终端设备，展现图表、图像等形象化、可视化的数据信息。

目前，电子看板已广泛应用于大型工厂车间。生产电子看板，用于及时反馈生产活动的信息；物料电子看板，用于及时反馈物料状态的信息；机器状态电子看板，用于及时反馈现场机器生产状态的信息；人员状况电子看板，用于及时反馈现场人员生产状态的信息；流程及品质控制电子看板，用于及时反馈现场所有工位状态及工位品质状况的信息。

## 3.5.2 精益生产与敏捷制造

### 1. 精益生产

精益生产（Lean Production，LP）概念由美国麻省理工学院在一项名为“国际汽车计划”项目研究报告中提出。该研究小组对日本丰田汽车工厂生产方式进行大量调查并和美国工厂生产方式对比后，于 1990 年提出精益生产的概念。其核心是追求消灭包括库存在内的一切“浪费”，并围绕此目标发展了一系列具体方法，逐渐形成了一套独具特色的生产经营管理体系。

精益生产是对准时制生产方式的进一步提炼，追求消灭过量生产浪费、库存浪费等 7 种浪费，实现零库存、零切换浪费、零停滞等 7 个“零”目标。

1）精益生产的目标

在生产组织上，与泰勒方式不同，精益生产不是强调细致的分工，而是强调企业各部门相互合作的综合集成。精益生产综合了大量生产方式与单件生产方式的优点，力求在大量生产中实现多品种和高质量产品的低成本生产。

精益生产的目标被描述为“在适当的时间使适当的东西到达适当的地点，使浪费最小化和适应变化”。精益生产的原则是“公司按需求交货，使库存最小化，尽可能使用掌握多门技能的员工，使管理结构扁平化，并把资源集中于需要它们的地方”。精益生产不但可以减少浪费，还能够增进产品流动和提高质量。

精益生产不仅要求在技术上实现制造过程和信息流的自动化，更重要的是从系统工程的角度对企业的活动及其社会影响进行全面、整体的优化。精益生产在企业的经营观念、管理原则、生产组织、生产计划与控制、作业管理和对人的管理等各方面，都与传统的大量生产方式有明显的不同。

2）精益生产的特征

在产品质量上保证用户在产品整个生命周期内都感到满意。

在企业内的生产组织上，充分考虑人员因素，采用灵活的小组工作方式和强调相互合作的并行工作方式。

在物料管理方面，准时的物料供应和零库存目标使在制品大大减少，节约了流动资金。

在生产技术上，采用适度的自动化技术，明显提高了生产效率。

### 2. 敏捷制造

敏捷制造（Agile Manufacturing，AM）是由美国通用汽车公司（General Motors Company，GM）和里海大学（Lehigh University）的雅柯卡（Iacocca）研究所联合研究，于 1988 年首次提出来的，指制造系统在满足低成本和高质量的同时，对变幻莫测的市场需求的快速反应。

进入 20 世纪 90 年代，当丰田生产方式在美国取得了明显的经济效益之后，美国人认识到单纯的降低成本，提高质量不能保证赢得竞争，还必须缩短产品开发周期，加速产品的更新换代。当时，美国汽车更新换代的速度已经比日本慢了一倍以上，因此，速度问题成为美国制造商们关注的重点。于是，敏捷制造成为 21 世纪美国制造企业推崇的战略。

实施敏捷制造的企业，其敏捷能力表现在以下 4 个方面。

（1）反应能力，判断和预见市场变化并对其快速做出反应的能力。

（2）竞争力，企业获得一定生产力、效率和有效参与竞争所需的技术。

（3）柔性，以同样的设备与人员生产不同产品或实现不同目标的能力。

（4）快速，以最短的时间执行任务（如产品开发、制造、供货等）的能力。

敏捷制造强调企业能够快速响应市场的变化，根据市场需求，在最短时间内开发、制造出满足市场需求的高质量产品。

## 3.5.3　大规模定制与智能制造

定制是指应特定客户的要求而生产的产品，谈到定制，我们首先想到的词是“个性化”，起初企业们期望通过多样化的产品生产来满足客户个性化的需求，即为客户提供更多的选择。但多样化并不等于定制。

1970 年，美国未来学家阿尔文·托夫勒（Alvin Toffler）在《未来的冲击》一书中提出了一种全新的生产方式的设想：以近似于标准化和大规模生产的成本和时间，提供客户特定需求的产品和服务。1987 年，斯坦 • 达维斯（Start Davis）在《未来的完美生产方式》一书中首次将这种生产方式称为大规模定制（Mass Customization，MC）。

1993 年，约瑟夫 • 派恩（Joseph Pine）在《大规模定制：企业竞争的新前沿》一书中写道："大规模定制的核心是产品品种的多样化和定制化急剧增加，而不相应增加成本。"

MC 模式是指对定制的产品和服务进行个别的大规模生产。大规模定制在不牺牲企业经济效益的前提下，了解并满足单个客户的需求，其实质是以大规模的生产方式和速度，为单个客户或小批量、多品种的市场定制生产任意数量的产品。

传统的定制生产模式只能生产有限品种的产品，而且往往是单件小批生产，只能满足有限数量的，极个别的顾客需求，分摊成本较高。而大规模生产模式虽然能为顾客低成本、高效率地提供大量的商品，但无法满足多样化、个性化需求。大规模定制模式则综合解决以上两种模式的问题，通过定制产品的大规模生产，低成本、高效率地为顾客提供充分的商品空间和高质量的定制产品。

随着人工智能和工业互联网的发展，大规模定制的智能生产系统成为可能。智能制造是一种贯穿全流程的新生产方式，由安德鲁 • 库夏克（Andrew Kusiak）于 1989 年首次提出，其定义为"将知识工程、制造软件系统等进行集成，以对高级技工和专家知识进行建模的一种智能系统"。智能制造具备数字化、网络化和智能化特征，贯穿设计、生产、管理、服务等制造环节，其本质是以物理元件信息反馈与系统集成控制的智能生态为手段，实现企业生产效率和运营效率大幅提升。[①]第 2 章章节案例中，海尔通过搭建工业互联网平台（卡奥斯 COSMOPlat），实现了大规模定制的智能生产。该平台能够满足来自全球不同国家和地区客户的特殊需求，实现从用户需求、创意交互到用户定制订单、配送、交付安装、使用体验等全流程互联互通，以及用户、产品全流程可视化管理，有力推动海尔集团互联工厂建设。一方面，海尔集团基于工业互联网平台集结全球优势伙伴构建开放式创新生态系统；另一方面，海尔集团依托工业互联网平台由点到面推广复制其智能制造成果，对内将成果复制到全球 108 个工厂，对外开展跨行业、跨区域服务与推广，构建智能制造生态服务新产业，模块化推动战略转型，有力支撑大规模定制和智能制造。以 Mini 干衣机产品定制为例，由母婴人群提出需求，在定制社群进行深度交互，迭代出八大场景功能，如衣物杀菌、线屑收集、定期抖散、防止衣物缠绕和皱褶等。同时，产品搭载六种专业烘干程序，实现自动感知衣物湿度，满足不同干衣需求。由卖产品到卖服务，提供从单一硬件产品到全套智慧生活场景解决方案。

---

① 王海军，赵惠妍，金姝彤. 模块化如何赋能企业智能制造升级？一个探索性案例研究.

# 3.6　章节案例：红领智能制造①

## 3.6.1　背景介绍

青岛酷特智能股份有限公司，是国内 A 股上市的 C2M 产业互联网生态科技企业。酷特智能旗下个性化服装定制品牌红领（REDCOLLAR），是酷特 C2M 产业互联网生态平台价值的具体体现。

红领创立于 1995 年，品牌初心是让每个人都能“穿上像样的衣服”。在 2004 年雅典奥运会上，中国体育代表团着红领金装入场，尽显东方魅力，“最美奥运金装”成为时代的华丽印记。2007 年，酷特智能成立，企业全面转型大规模个性化智能定制，从传统成衣销售向着“酷特个性化定制”道路探索。历经 28 年发展，在酷特 C2M 产业互联网平台赋能下，红领品牌已发展为全球 C2M 时尚定制品牌，客户需求直达智能工厂，以需求驱动生产，把互联网、物联网等信息技术融入柔性化制造中，实现了以工业化的手段、效率和成本制造个性化的产品。红领以 C2M 为核心，实现了“一人一版，一衣一款，大牌面料，全球直采，AI 量体，7 个工作日成衣”，更好地满足消费者主权时代的个性化需求。

## 3.6.2　从大批量生产到个性化定制

酷特智能在服装领域，主要生产经营高档西服、大衣、风衣、衬衣、童装、卫衣等全品类服饰个性化定制，其创新模式经过了十余年的探索之路。传统的定制弊端太多，对人工的过于依赖，以及时间、效率、成本都是问题，因此，酷特智能开始考虑如何用工业化的手段、效率和成本来做大批量的个性化定制服装。

服装生产的流水线的特点之一就是流水线上的每个工作者只固定完成一道或少数几道工序，以高度的专业化实现较高的生产效率，而每个工作者在某一批服装订单中要完成的工序，是统一且不断重复的。把工业流水线生产和个性化生产这两个相互矛盾的模式融为一体，在服装领域从业者看来简直是天方夜谭。

① 红领集团官方网站.

以工业化的智能系统、大数据系统完成自动制版，是完成大批量个性化定制服装需要攻克的一大难关。为了把服装的版型标准化，酷特智能建立了版型、款式、工艺、BOM四大数据库，以满足个性化定制需求。

从大批量生产到个性化定制的转型，酷特智能历时十余年，投入了数亿资金，以信息化与工业化深度融合为基础形成了完整的 C2M 产业互联网生态体系，打造了独特的核心价值，创造了全新的思想与方法。现在，走进酷特智能的智能服装生产车间，可以看到流水线上有很多处于不同生产环节的服装，奇妙的是，这些服装的面料、版型、颜色、细节各不相同。车间的生产状态与传统的服装加工厂一样，负责不同工种的工人忙碌而迅捷地完成自己的加工工序，不过，每个工人的面前多了一个小屏幕。这一个个屏幕的背后隐藏着规模巨大的信息与数据链条。传统的服装企业用流水线生产同质化的产品。酷特智能的核心技术是大数据，用数据来驱动流水线，制造个性化产品。从数据的建立、使用，到数据的驱动，数据是最核心的资产。智能服装生产车间从表面看跟传统的服装加工厂没有区别，还是原来的工人和设备，但最大的区别是隐藏在各个环节过程中的数据流。数据流支撑了整个智能服装生产车间的个性化定制。

### 3.6.3 C2M 模式

C2M 是 Customer-to-Manufacturer（用户直连制造）的缩写，是一种新型的工业互联网电子商务的商业模式，又被称为“短路经济”。该电商模式最早由必要商城创始人及CEO 毕胜提出并率先在国内进行实践，如今该模式已被应用于诸多行业和领域。 红领集团的目标是打造全品类 C2M 商业生态系统，以消费者为中心，采用订单导向型生产模式，按照市场与消费者的实际需求进行生产。自创 3D 量体仪，仅需几秒钟就能自动完成量体，获取顾客 19 个身体部位的 22 项数据，为消费者量身定制专属西装。

酷特智能将传统服装制造企业“变”为可大规模定制的产业互联网平台生态企业，更创造了没有中间商、没有库存，从用户直通制造商的 C2M 商业模式，用数字化、智能化的办法转型定制服务。

酷特智能开发的小酷 App 定制交互系统，多语言、移动化实现数据采集，可在 7 秒内完成对人体 19 个部位的 22 项尺寸数据的自动采集，解锁人体密码。

一人一版：用户体型数据的输入，会驱动系统内近 10000 个数据的同步变化，能够实现驼背、凸肚、坠臀等 113 种特殊体型的定制，覆盖用户个性化设计需求，实现一人一版。

一人一款：酷特智能建立起版型、款式、工艺、BOM 四大数据库，规模达到 $1\times10^{18}$ 量级，可以满足绝大部分的人体个性化定制需求。

用户可以直接通过客户端预约量体，系统获取用户的量体信息后将所有信息导入信息平台中，用户可以根据自己的喜好和需求选择西装面料的花型、色系及胸口袋等，系统会根据用户填写的信息对 CAD 规格表等数据进行自动对比，输出用户的尺码、规格号以及生产工艺等标准化信息，从而实现用户体型匹配与设计自动化。从用户下单到产品发货仅需 7 个工作日，工厂直接发货至用户家中。另外，用户可以通过客户端页面 3D 模型对产品信息进行细致观察，这样能够有效提升顾客的满意度。在男士西装制作中，传统的微笑曲线被 C2M 模式颠覆，构建了一体化制造技术，有效地解决了传统服装企业的高库存问题，从而降低库存成本，增加企业利润。①

酷特智能以“大规模个性化定制”的行业新思路，成功打破了工业化和个性化的生产悖论，从一家传统的成衣工厂转型为一家数据驱动生产全流程，以工业化手段、效率及成本制造个性化产品的智能工厂，依托“亿量级”的数据满足世界各地的个性化定制需求。

酷特智能的订单主要来自酷特服装 C2M 产业互联网平台，该平台为全球的服装品牌商、服装创业者、时尚设计师和服装经营者等产业客户提供服装定制和柔性化解决方案，包括研发设计、原辅材料、量体、下单、生产、物流等服装个性化定制的全部产业链服务。同时，酷特智能还研发了一款直接面向终端消费者的小酷 App，让制造端直接从 App 上获取订单。酷特服装 C2M 产业互联网平台的核心经营模式是“由需求驱动的大规模个性化定制”。酷特智能将其定义为需求和满足需求，酷特服装 C2M 产业互联网平台如图 3-7 所示。即以客户需求为原点、以智能制造为支撑，借助互联网、大数据等技术手段，通过酷特 C2M 产业互联网平台高质、高效、低成本地满足客户的个性化需求。

图 3-7　酷特服装 C2M 产业互联网平台

酷特服装的 C2M 产业互联网平台，利用科技创新，颠覆了传统的供需关系和资源配

① 黄益品. 服装智能制造红领大规模定制模式解析.

置方式，改变了传统以产定销的工业批量生产模式，实现从“供需”到“需供”的转变。真正按需生产助力社会实现可持续发展。凭借工业效率的个性化定制，酷特智能的定制服装提高了市场竞争力。

酷特智能立足实体经济，经过十余年的 C2M 产业互联网实践，形成了“智能制造、个性化定制解决方案和数字化治理体系”的核心能力，通过“大规模个性化智能定制”，颠覆了传统的“微笑曲线”走向了价值链的顶端，实现了生产的零库存和精准供给、有效供给，为传统产业数字化转型提供了一条最佳实践路径的参考样本。酷特智能现已实现“运营平台化、过程数据化、结果数字化、后台智能化”，成功具备了智能制造、个性化定制解决方案、数字化企业治理体系的产业互联网三大核心能力，创建了 C2M 产业互联网平台并以服装个性化智能定制为切入点及应用场景，全面建成了链接需求和满足需求的服装 C2M 产业互联网平台，创造了全新的数字化驱动的服务定制智能生产模式，如图 3-8 所示。

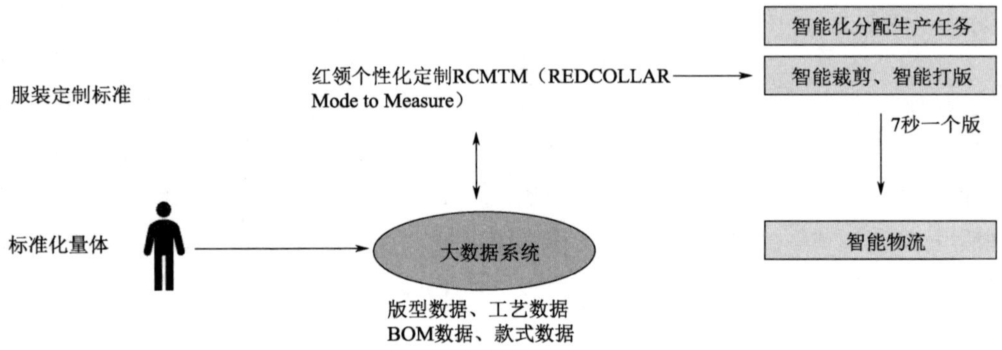


图 3-8　服装定制智能生产模式

# 案例思考题

1. 如何理解大规模生产与个性化服务之间的关系？
2. 酷特是如何解决大规模工业化生产与小批量定制化服务之间矛盾的？
3. 什么是 C2M 模式？核心解决了什么问题？
4. 从该案例中，你得到了哪些启示？

## 3.7　本章小结

ERP 的核心管理思想：以 BPR 为先导；实现对供应链资源管理的全面支持；体现精益生产和敏捷制造；基于信息技术；以物流、资金流和信息流“三流合一”的集成管理为重点。

ERP 计划包括 5 个层次：经营规划、销售与运营规划、主生产计划、物料需求计划和能力需求计划。

供需矛盾是企业运营最基本的矛盾，供需平衡是企业运营的基本定律。

企业愿景和竞争力体现在经营规划中，企业通过把资源、供应商、客户等整合起来，生产市场所需要的产品，从而获得竞争力。

销售与运营规划将经营规划转化为企业组织战术层面的功能计划，包括销售规划和生产规划，即生成与企业资源相适应的销售规划及支持销售规划的综合生产规划。

典型的现代生产管理方式包括准时制生产、看板管理、精益生产、敏捷制造、大规模定制和智能制造等。

# 第 4 章 需求管理

**内容导览**：需求管理的概念、需求管理的重要性、需求的分类；为什么进行需求预测，需求预测的概念、特征、原则、预测冲销、预测分类、预测数据来源、预测的步骤、客户分析与订单，以及 4 种需求响应策略；定性和定量需求预测方法；预测监控。

## 章节案例导读：京东智能零售

京东全面开展了人、货、场和基础设施的数智化实践，实现了售前、售中、售后全链路的 AI 应用。主要业务创新包括基于智能预测的预售前置、智能供应链管理、智能推荐系统、智能客户服务、智能履约网络、智能营销策略、智能风险管理。

# 4.1　需求管理与需求分类

需求管理是企业运营的源头，生产计划和活动是由需求驱动的，需求是企业所有业务运作的前提，是驱动企业生产、采购、财务、人事等一系列业务运作的动力源泉。一个公司的最主要目标是在提供满足客户需求的产品过程中获取利润。市场和销售部门关注于满足客户的需求，而生产部门关注的是提供相应的产品来实现市场和销售的目标。这两个领域的计划协调就是需求管理（Demand Management），也就是识别和管理对产品的所有需求的功能。

## 4.1.1　需求管理的主要工作

需求管理是企业生产计划与控制系统和市场之间的一个关键桥梁，是企业生产运作系统与市场接触的最前端。需求管理是供需链的“龙头”，承担着与顾客沟通并收集顾客需求信息的责任，处于连接企业外部和内部的关键地位；从企业生产制造角度出发，需求管理可以帮助企业的生产计划员从根本上认识需求，可以建议关于未来的最合理的生产计划。并且当需求发生变化时，可以及时更新生产计划。需求管理将外部市场与企业内部经营规划模块、企业的销售与运营规划（Sale Operations Planning，SOP）模块及主生产计划（Master Production Schedule，MPS）模块紧密联系起来。企业的销售与运营规划根据需求管理提供的市场需求信息，编制跨度一年或一年以上的销售和运作计划，进而为制订生产计划提供依据。主生产计划模块则生成短期的、指定产品的出产进度计划，在实际生产过程中根据需求变化对整个计划进行调整和控制，并将交货期和订单状态信息转告客户。

需求管理的重要性如图 4-1 所示，需求管理的主要工作如下。

（1）预测客户需求、输入订单、进行产品决策；

（2）与客户协商交货期、确认订单状态、订单变更的沟通；

（3）确定需求的各种来源：包括服务性零部件需求、内部需求、为促销而准备的库存需求、渠道库存需求、O2O 产生的订单需求等。

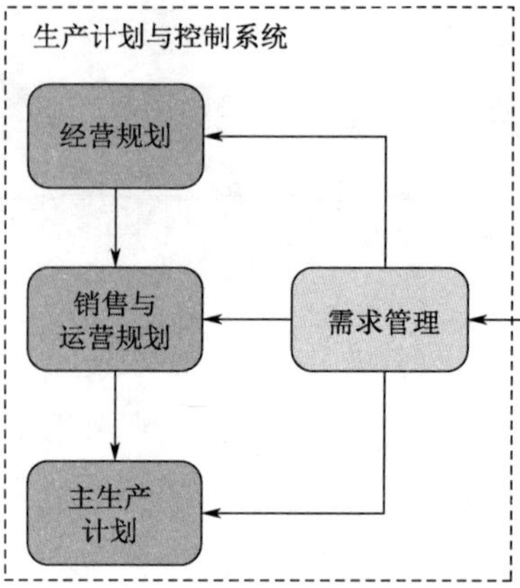


图 4-1　需求管理的重要性

## 4.1.2　需求分类

对于需求管理而言，目的不同或视角不同，需求的分类也不同。

### 1. 从时间角度划分需求

从时间角度出发，需求分为短期需求、中期需求和长期需求，针对不同时间跨度的需求，企业一般会采用不同的响应和管理策略。从长期来说，企业经营规划需要对工厂设施等进行需求预测；从中期来说，需求管理的目的是为生产规划预测总需求；从短期来说，需求管理适用于所制造的产品，它与主生产计划息息相关。

### 2. 从物料角度划分需求

从物料的角度出发，需求管理可以分为独立需求和相关需求。

20 世纪 60 年代，IBM 公司约瑟夫・奥里奇（Joseph A. Orlicky）把企业各项物料的需求区分为独立需求和相关需求，并按需求使用时间的先后和提前期的长短，确定各项物料在不同时段的需求量和订单下达时间，从而产生了计算机辅助编制的物料需求计划（MRP）。

独立需求（Independent Demand）是指某项物料的需求数量和需求时间与其他物料无关。例如，企业的销售产品的需求数量和需求时间是由市场和客户的需求决定的，这就是独立需求，它并不依赖其他物料的需求。

相关需求（Dependent Demand），也称非独立需求，是指对某项物料的需求与对其他物料的需求有关。例如，构成销售产品的各种零部件、配套件、毛坯、原材料等在产品结构中顶层以下的各项物料，它们的需求是由销售产品的需求决定的，这就是相关需求，由销售产品的需求而引发的物料需求。

独立需求与相关需求的对比如表 4-1 所示。

**表 4-1　独立需求与相关需求的对比**

| 比较项目 | 独立需求 | 相关需求 |
|---|---|---|
| 需求来源 | 需求预测、客户订单、库存补充 | 由独立需求引起 |
| 服务对象 | 客户、市场 | 生产 |
| 需求量和时间 | 由客户、市场需求决定 | 由独立需求的数量和时间决定 |
| 物料 | 产品、样品、备品、维修件 | 原材料、零部件、半成品 |

需求来源：独立需求是由需求预测、客户订单、库存补充产生的，并通过主生产计划下达安排生产。相关需求是通过物料需求计划运算后得到的，由独立需求派生出来，并与其他项目或最终产品有直接关系的需求。

服务对象：独立需求的服务对象是客户和市场。相关需求的服务对象是生产部门。

需求量和时间：独立需求由客户、市场需求决定。相关需求由独立需求的数量和时间决定。

物料：独立需求的物料包括产品、样品、备品和维修件等。相关需求的物料包括原材料、零部件、半成品等。

### 3. 从需求计算的角度划分需求

为了计算方便，需求还可以分为毛需求和净需求。

毛需求（Gross Requirement）是指物料的需求数据，根据独立需求和相关需求的数量直接合计得出，尚未考虑库存已有数量和未来的预计到货量等信息。

净需求（Net Requirement）是根据毛需求数量，考虑库存已有数量和未来的预计到货量等数据后计算出来的物料需求。该数据是企业实际需要生产或者外购的物料的数量。

毛需求和净需求的划分，对需求计算有非常重要的意义。

**微案例 1：**签字笔工厂。

（1）假设某工厂主要生产的产品是签字笔，即签字笔是该工厂的最终产品。请分析其独立需求和相关需求的物料包括哪些？

**解析：**签字笔作为最终产品，其需求是独立需求，需求数量可以通过需求预测得到；而构成签字笔的笔芯、弹簧等原材料和零部件物料便是相关需求，其需求数量依赖签字笔的市场需求预测值，由物料需求计划计算得到。

**知识点总结：** 独立需求的需求数量由外部市场需求预测或实际订单来确定。相关需求的需求数量是可以通过独立需求的数值精确计算得到。

（2）假设某工厂主要生产的产品是笔芯，即笔芯是该工厂的最终产品。请分析其独立需求和相关需求的物料包括哪些？

**解析：** 在（1）中笔芯是签字笔的相关需求；但在（2）中笔芯是独立需求，笔芯杆，笔芯头，笔芯球才是由笔芯决定的相关需求。

**知识点总结：** 对于特定的一项物料，它是独立需求还是相关需求，不是一成不变的，而是与业务有关的。同一家企业的同一项物料，在某项生产业务中是独立需求，而在其他生产环节或业务中是相关需求。即独立需求与相关需求的概念是相对的。在编制 ERP 计划时，必须认真分析和收集独立需求与相关需求。

**微案例 2：** 汽车生产商。

某汽车生产商，客户 A 需要 100 辆汽车，交货期为 9 月 1 日。现有库存量 90 辆，其中 60 辆已经分配给客户 B 的销售订单。车间目前正在生产中的汽车为 150 辆，其中，预计 8 月 27 日完工 80 辆，9 月 3 日完工 70 辆。企业还为该汽车设置了 50 辆的安全库存，以满足市场临时的紧急要货计划。

请分析毛需求和净需求各为多少？

**解析：** 客户 A 需要 100 辆汽车，即毛需求为 100 辆，但企业不可能完全按照 100 辆进行生产，必须考虑现有库存量、已分配库存量、计划收到量、安全库存量等信息。综合考虑这些信息后，得出的需求量才是真正需要生产或采购的数量。

案例中，现有库存量为 90 辆，其中已分配量为 60 辆，在需求期（9 月 1 日）内计划收到量为 80 辆（由于预计 9 月 3 日完工的 70 辆已经超出了客户的需求交付期，不能计算在计划收到量内），安全库存为 50 辆，由此列出净需求计算式。

$$净需求=100-90+60-80+50=40（辆）$$

即企业还需要下达 40 辆汽车的生产计划才可满足客户 9 月 1 日的 100 辆汽车需求，如果直接按照 100 辆汽车进行生产，就会出现库存积压的情况，占用库存资金。

**知识点总结：** 净需求的计算公式为

$$净需求=毛需求-（现有库存量-已分配量）-需求日期内的计划收到量+安全库存量$$

其中，现有库存量与已分配量的差值也称可用库存量。已分配量是指物料还存在于仓库中，但已经分配给其他订单的物料数量。已分配量，既包含系统自动分配的物料数量，也包含手工分配的物料数量。此外，ERP 系统在计算净需求时，还会考虑到损耗率等因素。

# 4.2　需求预测

需求预测是企业对市场、客户的需求进行预测。只有独立需求需要预测。独立需求通常是最终产品，但是也可以包括备用部件，以及供应给同一公司其他工厂的部件（公司内部使用）。非独立需求不需要进行预测，而是从对独立需求产品的计算中得到具体的需求量。

## 4.2.1　需求预测的概念

需求预测是根据历史的销售情况和目前市场表现来预测市场和客户的未来需求。预测时往往会采用一定的预测技术进行预测，如指数平滑、回归分析、移动平均等方法。

### 1. 需求预测的特征

（1）预测的不准确性，“凡预测必有误差”。无论采用何种方式进行预测，预测的结果与实际情况相比，总会存在一定的偏差，不可能完全准确，误差是不可避免的。通常情况下，在预测时，都需要给出一个误差预估，说明每个预测项目的最好和最差结果。

（2）预测的误差率和时间跨度相关。预测的时间跨度越大，预测的准确性就越低，出现误差概率就越大。相反，预测的时间跨度越小，预测的准确性就越高，出现误差概率就越小。

（3）对产品族的预测更加准确。即使产品族有很稳定的特征，其中单个产品的行为也可能是随机变化的。例如，在一个班级中，预测每个学生的考试分数总是比预测一个班级的平均分数更困难。类似地，对产品族的预测要比对产品族中单个产品的预测相对更准确。

### 2. 需求预测的原则

在进行需求预测时，应该采用一定的方式和原则以保持需求预测的相对的准确率。

第一，采用多种方式分别进行预测，然后就其结果相互比较。

第二，可以采用滚动预测的方式进行预测，及时根据实际情况，对预测数据进行修正。

第三，对企业内部各个部门之间的联合作业进行需求预测。
第四，积极进行市场研究和竞争情报的有效分析。

## 4.2.2 需求预测的分类

需求预测可以根据预测范围、预测时间周期、预测方法进行分类，如图 4-2 所示。

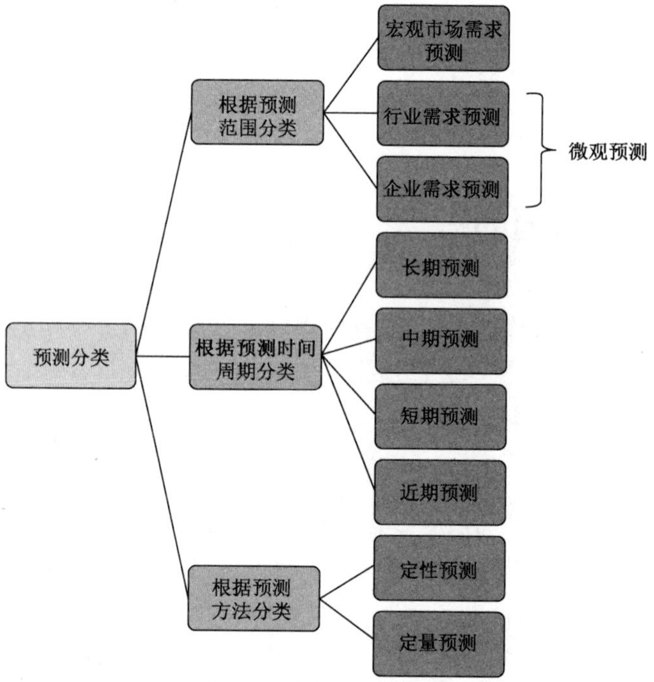


图 4-2 需求预测的分类

### 1. 根据预测范围分类

需求预测可以分为宏观市场需求预测、行业需求预测及企业需求预测。

（1）宏观市场需求预测是从全社会商品销售或社会消费品零售的角度，对未来一定时期的市场需求总量的预测。从宏观上看，市场需求总量是国民经济发展的结果，也是国民经济发展的标志。宏观市场需求总量表现为全社会总的购买力，因而是全社会商品价值可能达到的最高实现水平。

（2）行业需求预测是指对一定市场上某类产品总需求水平的预测。例如，有关今后 5 年国内笔记本电脑市场的需求总量的预测，对于整个笔记本电脑制造行业而言，行业需求预测可以说明产品需求总量及产品生命周期变化。

（3）企业需求预测是企业从合理组织商品生产和经营的角度出发，对未来一定时期具体市场对某类或某种产品的购买量的推测和估计。行业需求预测和企业需求预测都属于微观预测。

### 2. 根据预测时间周期分类

按照需求预测涉及的时间周期长短，大致可将其分为长期、中期、短期及近期预测。

（1）长期预测。用于工厂扩展与添置新的机器设备，以便提前 5 年或更早地计划资本投资。

（2）中期预测。用于设备、资金等资源的准备，或制订较长提前期的物料购买或生产的计划，主要关注提前一两年考虑季节性或周期性的产品。

（3）短期预测。用于为采购件、自制件或委外件确定恰当的订货量与订货时机，并计划恰当的制造能力，考虑提前 3～6 个月调整工作负荷的可行性。

（4）近期预测。用于每周或每日的采购，生产进度与成品库存的分配。

### 3. 根据预测方法分类

需求预测通常分为定性预测和定量预测，顾名思义，定性预测就是采用定性分析方法进行需求预测，而定量预测指的是数量化的预测。

## 4.2.3　需求预测的步骤

需求预测一般可按照以下步骤进行，如图 4-3 所示。

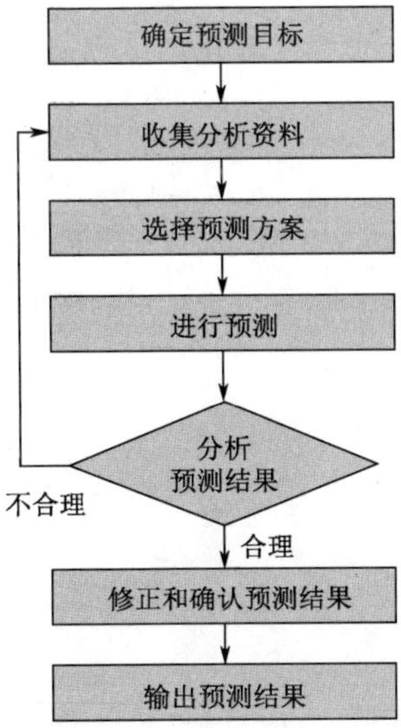


图 4-3　需求预测的步骤

（1）确定预测目标。应明确预测对象，界定问题范围，核实要达到的目标，包括预测量、预测时间期限及数量单位等。

（2）收集分析资料。根据预测目标，尽可能全面地收集与预测目标有关的各种资料和数据，并进行分析、整理和选择，去伪存真，尽可能保证数据的完整性和可靠性。

（3）选择预测方案。根据预测目标的要求及数据资料的分析，选择合适的预测方案，建立相应的预测模型，并对预测模型在可行性、效率、精度、费用方面进行评价选择。

（4）进行预测。根据所选择的方案及所建立的预测模型，输入数据进行预测。

（5）分析预测结果。根据上述预测所得到的结果，进行分析与评价，看其是否合理，如果不合理则应另选预测方案，重新进行预测。

（6）修正和确认预测结果。如果认为预测结果分析评价合理，则仍需要根据过去和现在的有关资料、数据及各种因素条件，对预测结果做必要的修正和调整，使预测结果更能反映实际情况。这是定量预测与定性预测相结合的方法。

（7）输出预测结果。

需求预测并不是一次性的，而是一个反复修正、滚动进行的过程。

当外界环境发生变化时，需要根据这些新的变化来对预测模型进行修正或对预测模型中的相关参数进行修正，从而使预测的结果与实际情况的偏离程度在可接受范围之内。

## 4.3 需求预测方法

需求预测方法可以分为定性预测方法和定量预测方法，如图 4-4 所示。

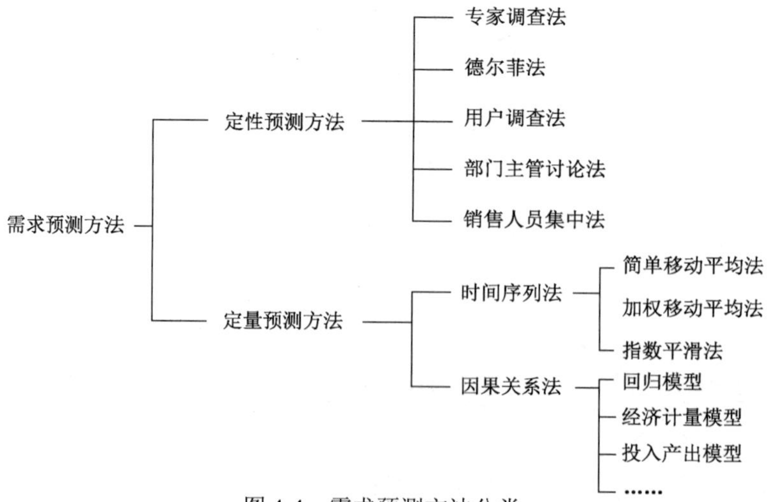


图 4-4 需求预测方法分类

## 4.3.1　定性预测方法

定性预测方法指依靠熟悉业务知识、具有丰富经验和综合分析能力的人员或专家，根据已经掌握的历史资料和直观材料，如文本数据等，运用人的知识、经验和分析判断能力，对事物的未来发展趋势做出性质和程度上的判断；然后通过一定形式综合各方面的判断，得出统一的预测结论。定性预测方法包括专家调查法、德尔菲法、用户调查法、部门主管讨论法、销售人员集中法等。

### 1. 专家调查法

以书刊经销商的专著销售量预测为例。

某书刊经销商需要对拟代理销售的专著预计销售量进行预测，决定采用定性预测方法中的专家调查法来进行预测分析，其步骤如下。

第一步，经销商选择若干书店经理、书评家、读者、编审、销售代表和海外公司经理组成专家小组。

第二步，将该专著和一些相应的背景材料发给各位专家，要求专家给出专著最低销售量、最高销售量和最可能销售量三个预测数字，同时说明预测的主要理由。

第三步，将专家的意见收集起来，归纳整理后返回给各位专家，然后要求专家参考他人的意见重新考虑自己的预测结果。

很多专家在第二次预测中都做了不同程度的修正。重复进行第三步，在第三次预测中，大多数专家又一次修改了自己的预测结果。第四次预测时，所有专家都不再修改自己的预测结果。

第四步，汇总专家最终预测数据，最终结果为最低销售量 26 万册，最高销售量 60 万册，而最可能销售量 46 万册。

所谓专家调查法，就是采取匿名的方式广泛征求专家的意见，经过反复的信息交流和反馈修正，使专家的意见逐步趋向一致，最后根据专家的综合意见，对评价对象做出评价的一种定性与定量相结合的预测、评价方法。

专家调查法的特点主要有：

（1）匿名性。参与预测的专家信息保密，避免专家之间彼此交流，使他们不受权威、资历等方面的影响，更能反映专家的真实想法。

（2）反馈性。一般的征询调查要进行三轮至四轮，要给专家提供充分的反馈意见的机会，在数轮征询调查后，专家的意见相对集中，从而形成综合意见。

（3）收敛性。经过数轮征询调查后，专家的意见相对收敛，趋向一致，若个别专家有明显的不同观点，则应要求给出详细说明理由。

综上所述，专家调查法的预测程序包括成立小组、专家选择、建立专家咨询表、执行调查过程、统计分析调查结果。

### 2. 德尔菲法

德尔菲法作为一种重要的专家调查法，有时也被直接称为专家调查法，其实质是一种更为规范的、特殊的专家调查法。20 世纪 40 年代末期，德尔菲法由美国兰德公司首先提出，随后很快就在世界上盛行起来。其有一套独特的预测程序，主要包括 3 个阶段：准备阶段、轮番征询阶段、预测结果处理阶段，基本过程如下。

1）准备阶段

（1）明确主题和目的。在预测正式开始之前，预测组织者应首先统一明确预测所要达到的目的，据此确定预测的主题，这是预测最基础的一步。同时，应把预测的目的和主题在寄给专家的调查咨询表中简单明了地加以说明。

（2）挑选专家，准备背景资料。专家的选择是决定预测质量的关键因素之一，也是预测组织者的主要工作。所谓专家，是指在某个领域内从事工作多年的、见多识广、经验丰富、有真才实学、分析判断能力强的，同预测内容有关的业务内行及信息灵通的人。选择专家应充分考虑到专家的代表性，选取的专家人数要根据预测对象的范围、规模和复杂程度确定，一般以 10～50 人为宜。

（3）设计调查表。调查表是德尔菲法的主要预测工具，调查表的设计质量将会影响到调查的效果。调查表没有统一的格式，可根据预测研究的问题及需要调查的内容灵活设计。但应注意四点：问题要清楚、调查表要简明扼要、不要提出令人为难的问题、表中应注明专家交回表格的最晚期限。

2）轮番征询阶段

（1）第一轮：预测组织者将预测主题、预测目的、征询表和背景资料，提交给每一位选定的专家。专家根据自己的依据，回答有关问题，并在规定的时间内把预测结果寄给预测组织者，预测组织者就专家的各种回答进行综合整理，把相同的结论统一起来，剔除次要的、分散的回答，用准确的术语进行统一的描述，然后反馈给各位专家，进行下一轮征询。

（2）第二轮：专家通过互相参考意见和新的背景资料，就与预测目标有关的各种事件提出具体的预测，补充和修改自己的意见，形成新的判断、新的看法及其扼要理由。预测者在规定的时间收回专家新的意见，并进行汇总整理。

（3）第三轮：将第二轮汇总整理的意见、补充材料和预测要求再反馈给各位征询专家。专家根据所得到的资料，进一步深入思考，对预测组织者提出的综合意见进一步评价，重新修正各自原有的预测值。

每次征询意见的时间间隔一般为 7～10 天，根据实际情况确定具体时间。考虑的因素主要有课题大小、问题复杂程度、专家人数、组织者人数及其业务水平、数据处理手段等。

3）预测结果处理阶段

在回收最后一轮的专家意见调查表后，预测的主持者要求各位专家根据提供的全部预测资料，提出最后的预测意见，若这些意见收敛或基本一致，即可以此为根据做出判断。

德尔菲法的优点在于各专家能够在不受干扰的情况下，独立、充分地表明自己的意见；预测值是根据各位专家的意见综合而成的，能够发挥集体的智慧；方法应用面比较广，比较节省费用。不足之处在于预测流程时间较长；难以避免主观因素；组织领导需要一定的技巧。常用于采集数据成本太高或不便于进行技术分析等情况，适用于对产品进行长期趋势分析和对新产品的预测。

### 3. 用户调查法

销售人员通过互联网、信函、电话或面对面访问的方式，对现实的或潜在的顾客进行调查，了解他们对与本企业产品相关的产品及其特性的期望，结合考虑本企业的可能市场占有率，然后对各种信息进行综合处理，即可得到所需的预测结果。仍以书刊经销商专著销售量预测为例，如果采用用户调查法，则可以直接发放调查问卷给读者。

这种方法的优点：

（1）预测来源于顾客期望，较好地反映了市场需求情况；

（2）可以了解顾客对产品优缺点的看法，也可以了解一些顾客放弃产品的原因，有利于改进、完善产品，开发新产品和有针对性地开展促销活动。

这种方法的不足：

（1）很难获得顾客的通力合作；

（2）顾客期望不等于实际购买，而且其期望容易发生变化；

（3）由于对顾客背景不了解，调查时会耗费较多的人力和时间。

这种方法适合对新产品需求或缺乏销售记录的产品需求进行预测。

### 4. 部门主管讨论法

通常由高级决策人员召集销售、生产、采购、财务、研究与开发等各部门主管开会讨论。与会人员充分发表意见，提出预测值，然后由召集人按照一定的方法得到预测结果。例如，召集营销部门等各部门领导人员集体讨论，对书刊经销商专著销售量进行预测。

这种方法的优点：

（1）预测简单、经济易行；

（2）不需要准备和统计历史资料；

（3）汇集了各主管的丰富经验与聪明才智；

（4）如果市场情况发生变化，可以立即进行修正。

这种方法的不足：

（1）由于是各主管的主观意见，故预测结果缺乏严格的科学性；

（2）与会人员间容易相互影响；

（3）耽误了各主管的宝贵时间；

（4）因预测是集体讨论的结果，故无人对其正确性负责；

（5）预测结果可能较难用于实际目的。

这种方法适合用于制订长期规划和预测新产品。

### 5. 销售人员集中法

销售人员集中法也称基层意见法，通常由各地区的销售人员根据其个人的判断，或与地区有关部门（人士）交换意见并判断后做出预测。企业对各地区的预测进行综合处理后得到企业范围内的预测结果。有时企业也将各地区的销售历史资料发给各销售人员作为预测的参考；有时企业的销售部门还根据自己的经验、历史资料、对经济形势的估计等做出预测，并与各销售人员的综合预测值进行比较，以得到更加正确的预测结果。以书刊经销商专著销售量预测为例，首先让各区域负责该专著的销售人员进行预测，然后把各区域的预测数据汇总。

这种方法的优点：

（1）预测值很容易按地区、分支机构、销售人员、产品等区分开；

（2）销售人员直接接触客户，对商品实际销售情况比较了解，对产品品种、规格、样式的需求等都比较了解，预测结果较具稳定性。

这种方法的不足：

（1）带有销售人员的主观偏见；

（2）受地区局部性的影响，预测结果不容易正确；

（3）当预测结果作为销售人员未来的销售目标时，预测值容易被低估；

（4）当预测涉及紧俏商品时，预测值容易被高估。

销售人员集中法较为适合用于可以及时反馈实际需求的产品，以及制订短期规划。

## 4.3.2　定量预测方法

定量预测方法是一种运用数学工具对事物规律进行定量描述，预测其发展趋势的方法。如因果关系法、回归分析法、时间序列法、趋势外推法、经济计量模型法、概率数学法、模糊数学法、系统分析预测法等。随着数学理论与方法的发展、计算机的应用，各种各样的科学技术发展模型、经济发展模型和社会发展模型被提出，大大丰富和发展了定量预测方法。实现定量预测需要具备 3 个主要条件。

（1）具备历史数据和统计资料；

（2）在定性分析认识的基础上进行；

（3）要建立反映事物客观变化的数学公式或数学模型。

定量预测也常常与定性预测相结合，尤其对复杂事物的长期预测。定量预测方法最重要的一项任务是收集数据，并使用相应的预测模型或算法对这些数据进行处理。

时间序列法和因果关系法是两种主要的定量预测方法。

时间序列法以时间为独立变量，利用过去需求随时间变化的关系来估计未来的需求，如移动平均、指数平滑等方法。

因果关系法利用变量之间的相关关系，如时间变量，通过一种变量的变化来预测另一种变量的未来变化，如回归分析方法。

需要指出的是，在使用时间序列法和因果关系法时，存在着一个隐含的假设：过去存在的变量间关系和相互作用机制，今后仍将存在并继续发挥作用。这个假设是使用这两种定量预测方法的基本前提。

### 1. 时间序列法

时间序列是由按一定的时间间隔和事件发生的先后顺序排列起来的数据构成的序列。每天、每周或每月的销售量按时间的先后所构成的序列，是时间序列数据的典型例子。通常，一个时间序列可以分解成趋势、季节、周期、随机 4 种成分。

（1）趋势成分。数据随着时间的变化表现出一种趋势。它按某种规则稳步地上升、下降或停留在某一水平。

（2）季节成分。在一年里按通常的频率围绕趋势作有规则的上下波动。例如，每天有两次交通高峰；每周周末，影院的客流量较大；某些产品的季节性需求变化等。

（3）周期成分。在较长的时间里，如一年以上，围绕趋势作有规则的上下波动。这种波动常被称作经济周期。它可以没有固定的周期。一般需要数十年的数据才能描绘出这种周期。

（4）随机成分。由很多不可控因素引起的、没有规则的上下波动。

需求受以上不同成分的影响而随机变化，人们通常通过对历史数据进行平均来预测未来，即利用平均水平减少随机变化的影响。当随机成分的影响导致需求偏离平均水平时，应用时间序列法平滑模型。下面将讨论简单移动平均法、加权移动平均法、指数平滑法等几种时间序列法。

1）简单移动平均法

预测值等于某一特定数量时区内实际需求值的平均数。即使用邻近时区的平均需求量作为下一个时区的预测需求量。在下一个时区末，去除邻近时区的第一个时区的需求值，增加最近一个时区的需求值，继续计算新的平均需求量，用作再下一个时区的预测需求量，依次向每个时区平滑滚动。计算公式为

$$X_t = \frac{1}{n}\sum_{i=1}^{t-1}\chi_i = \frac{\chi_1 + \chi_2 + \cdots + \chi_{t-1}}{n} \tag{4-1}$$

式中，$X_t$ 为第 $t$ 周期的预测值；$\chi_i$ 为第 $i$ 周期的实际需求；$n$ 为移动平均采用的周期数。

例如，现有某产品 10 个周期的销售量历史数据，需要预测第 11 个周期的销售量。假设我们分别以 $n$=3 和 $n$=4 为简单移动平均的周期来进行预测，则当 $n$=3 时，第 4 周期的预测值为

$$\chi_4 = (\chi_1 + \chi_2 + \chi_3)/3 = (5800 + 5899 + 5900)/3 = 5866$$

当 $n$=4 时，第 5 周期的预测值为

$$\chi_5 = (\chi_1 + \chi_2 + \chi_3 + \chi_4)/4 = (5800 + 5899 + 5900 + 5900)/4 = 5875$$

依次完成后面 6～11 期的预测值计算，最后得到当移动平均周期 $n$=3 时和 $n$=4 时，第 11 期的预测销售量均为 5900，简单移动平均预测结果如表 4-2 所示。

**表 4-2　简单移动平均预测**

| 周期 | 销售量 | 移动平均（$n$=3） | 移动平均（$n$=4） |
|---|---|---|---|
| 1 | 5800 | | |
| 2 | 5899 | | |
| 3 | 5900 | | |
| 4 | 5900 | 5866 | |
| 5 | 6999 | 5900 | 5875 |
| 6 | 5900 | 6266 | 6175 |
| 7 | 5900 | 6266 | 6175 |
| 8 | 6000 | 6266 | 6175 |
| 9 | 5800 | 5933 | 6200 |
| 10 | 5900 | 5900 | 5900 |
| 11 | | 5900 | 5900 |

2）加权移动平均法

在简单移动平均法的计算逻辑下，过去的历史数据对未来预测值的影响和贡献程度是一样的。当我们认为过去的历史数据对未来的影响存在差异时，可以为不同周期的历史数据设置权重，以区分历史数据对未来预测值的贡献程度差异，这就形成了加权移动平均法。公式可以表示为

$$X_t = \frac{1}{n}\sum_{i=1}^{t-1} k_i \chi_i = \frac{k_1\chi_1 + k_2\chi_2 + \cdots + k_{t-1}\chi_{t-1}}{n} \tag{4-2}$$

式中，$k$ 为实际需求的权重系数；$k_i$ 为第 $i$ 期实际值的权重系数，满足

$$k_1 + k_2 + \cdots + k_n = n \tag{4-3}$$

如果对每个周期的实际值权重都取相同的值，则相当于同等地对待历史数据序列中的每个值，加权移动平均预测值就变成了简单移动平均预测值。因而，简单移动平均是加权移动平均的一种特例。

仍然以表 4-2 中的数据为例，假设 $n$=3，设定 $k_1 = 0.5$，$k_2 = 1$，$k_3 = 1.5$，加权移动平均预测结果如表 4-3 所示。

**表 4-3 加权移动平均预测**

| 周期 | 销售量 | 加权平均（$n$=3） |
|---|---|---|
| 1 | 5800 | |
| 2 | 5899 | |
| 3 | 5900 | |
| 4 | 5900 | （5800×0.5+5899×1+5900×1.5）/ 3 =5883 |
| 5 | 6999 | 5900 |
| 6 | 5900 | 6450 |
| 7 | 5900 | 6266 |
| 8 | 6000 | 6083 |
| 9 | 5800 | 5950 |
| 10 | 5900 | 5883 |
| 11 | | 5883 |

3）指数平滑法

指数平滑法是另一种形式的加权移动平均法。加权移动平均法只考虑最近的 $n$ 个历史数据，而指数平滑法考虑所有的历史数据，而且近期数据的权重大，远期数据的权重小。

一次指数平滑法的计算公式为

第 $n$+1 期的销售量预测数 $Q_{n+1}$

=平滑指数×前期实际销售量+（1−平滑指数）×前期预测销售量

$= a \times Q'_n + (1-a)Q_n$

式中，$a$ 为平滑系数；$Q'$ 为实际销售量；$Q$ 为预测销售量。

对于市场预测来说，还应根据中长期趋势变动和季节性变动情况的不同而取不同的平滑指数 $a$ 值，一般来说，应按以下情况处理。

如果观察值的长期变动趋势接近稳定的常数，应取居中 $a$ 值（一般取 0.4～0.6）使观察值在指数平滑中具有大小接近的权数；如果观察值呈现明显的季节性变动，则宜取较大的 $a$ 值（一般取 0.6～0.9），使近期观察在指数平滑值中具有较大作用，从而使近期观察值的特征能迅速反映在未来的预测值中；如果观察值的长期趋势变动较缓慢，则宜取较小的 $a$ 值（一般取 0.1～0.4），使远期观察值的特征也能反映在指数平滑值中。

【例题】已知：某公司 2023 年 1～9 月产品的销售量如表 4-4 所示。9 月实际销售量为 63000 台，原来预测 9 月的销售量为 60800 台，平滑指数 $a$=0.4。请用指数平滑法预测 10 月的销售量。

**表 4-4　某公司 2023 年 1—9 月产品的销售量（单位：百台）**

| 月份 | 1 | 2 | 3 | 4 | 5 | 6 | 7 | 8 | 9 |
|---|---|---|---|---|---|---|---|---|---|
| 销售量 | 550 | 560 | 540 | 570 | 600 | 580 | 620 | 610 | 630 |

解：10 月的销售量预测值=$a$×9 月实际销售量+（1−$a$）×9 月预测销售量

=0.4×630+（1−0.4）×608

=616（百台）

这种方法的优点：

（1）指数平滑法通过权重的指数衰减，对各期数据按时期的远近赋予不同的权重，克服了移动平均法对各期数据都给予相同权重的缺陷，使预测值更接近实际值，能更好地反映需求的波动情况。

（2）指数平滑法数据需求量小，只需要少量数据（如 8 期）即可对未来需求进行预测，对数据储存的需求也非常小，易于实现系统化和自动化。

（3）指数平滑法简单易行，进行预测建模的操作相对简单，容易理解且运行成本低，被大多数预测人员采用，是最受欢迎和使用最多的时间序列预测方法。

（4）指数平滑法具有自适应性，预测模型能够自动识别数据变化进而加以调整。

这种方法的不足：

（1）指数平滑法是一种时间序列预测方法，其预测依据来源于历史数据，对促销和营销活动引起需求变化无法感知。也就是说，指数平滑法无法识别诸如价格、广告、促销、市场或经济波动等因素带来的需求变化，不能利用解释性变量进行需求塑造。

（2）不管是否自适应，指数平滑法都较难找到最优的指数平滑系数（$a$），对需求变化的调整存在滞后性，无法对一定时间内需求突变进行预测。

指数平滑法适用于对成熟品牌产品进行短期预测。

## 2. 因果关系法——一元线性回归

因果关系模型关注引起需求变化的因素。例如，学龄儿童书包的需求量与学龄儿童数量有关。由于反映需求及其影响因素之间因果关系的数学模型不同，因果模型又分为回归模型、经济计量模型、投入产出模型等。

回归模型分析法是较为常用的预测分析方法。它通过分析市场现象，提取自变量和因变量，通过参数估计，建立变量之间的回归方程；并将回归方程作为预测模型，根据自变量在预测期的数量变化来预测因变量的变化的一种方法。变量之间的关系大多表现为相关关系。

回归模型分析法有很多种类型。依据自变量和因变量之间的相关关系不同，可分为线性回归预测和非线性回归预测。依据相关关系中自变量的个数不同可以分为一元回归、二元回归和多元回归分析预测法。在一元回归中，自变量只有一个，而在多元回归中，自变量有两个以上。而只有一个自变量的线性回归被称为一元线性回归。

一元线性回归是最简单的因果关系模型。一元指 $Y$ 变量存在单一的 $X$ 变量影响因素，变量之间通常存在着因果关系。而线性回归指 $X$ 变量和 $Y$ 变量之间存在线性关系。一元线性回归模型仅适用于自变量与因变量两个变量之间存在线性关系的短期和中期需求预测。那么如何判断变量与变量之间是否存在线性关系呢？一般通过绘制散点图来描述和判断，如图 4-5 所示。

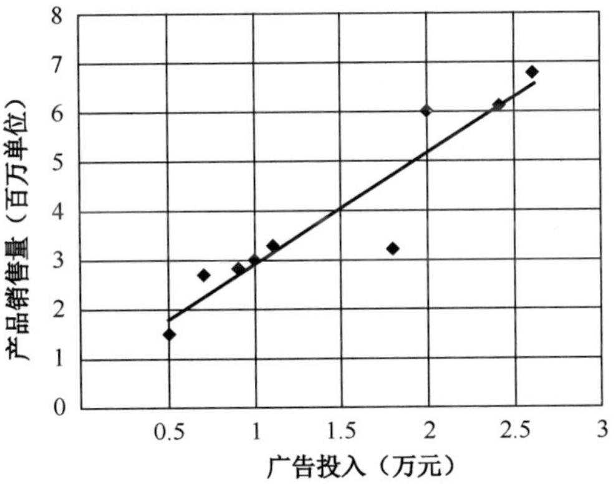


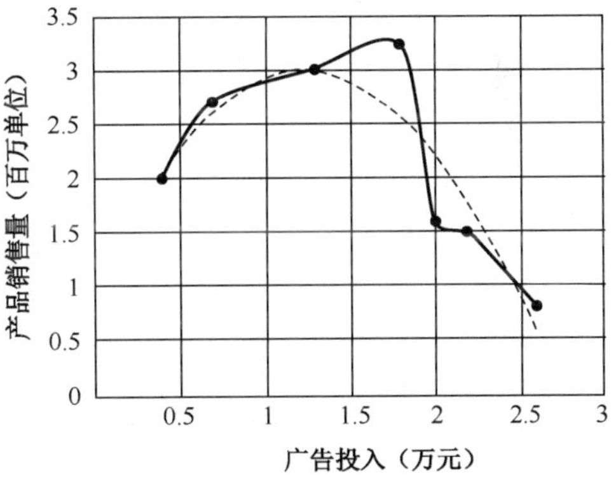


图 4-5　散点示意图（左：线性关系；右：非线性关系）

假设，$x$ 和 $y$ 呈线性关系，一元线性回归方程可以表示为

$$y = a + bx \tag{4-4}$$

式中，$a$ 和 $b$ 表示回归系数，其中 $a$ 为截距，$b$ 为斜率。

参数 $a$ 和 $b$ 的估计值为

$$\hat{a} = \overline{y} - \hat{b}\overline{x} \tag{4-5}$$

$$\hat{b} = \frac{\sum_{i-1}^{n} x_i y_i - n\left(\sum_{i-1}^{n}\frac{x_i}{n}\sum_{i-1}^{n}\frac{y_i}{n}\right)}{\sum_{i-1}^{n} x_i^2 - n\left(\frac{1}{n}\sum_{i-1}^{n} x_i\right)} = \frac{\sum_{i-1}^{n}\left(x_i - \frac{1}{n}\sum_{i-1}^{n} x_i\right)\left(y_i - \frac{1}{n}\sum_{i-1}^{n} y_i\right)}{\sum_{i-1}^{n}\left(x_i - \frac{1}{n}\sum_{i-1}^{n} x_i\right)^2} \tag{4-6}$$

【例题】某快餐店在北京有 10 个不同销售渠道，分别的广告投入与产品销售量如表 4-5 所示。试用一元线性回归方法预测当广告投入增长为 120 万元时的销售量。

**表 4-5　不同渠道广告投入与销售量**

| | | | | | | | | | | |
|---|---|---|---|---|---|---|---|---|---|---|
| 广告投入（万元） | 89 | 110 | 92 | 98 | 96 | 100 | 105 | 110 | 75 | 60 |
| 产品销售量（百万单位） | 8 | 10 | 9 | 9 | 8 | 10 | 11 | 11 | 8 | 5 |

用变量 $Y$ 表示产品销售量，$X$ 表示广告投入。

第一步，将数据描点形成散点图，判断变量之间是否存在线性关系，是否可应用线性回归模型进行预测，如图 4-6 所示。

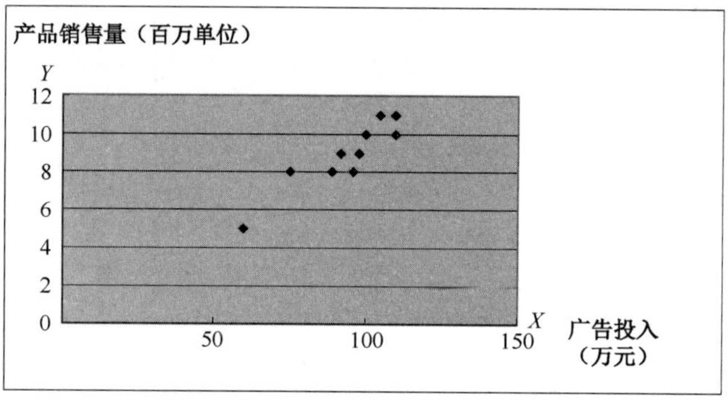


图 4-6　散点图

从散点图可以看出其趋势符合线性关系，可以使用一元线性回归预测模型进行预测。

第二步，使用式（4-5）、式（4-6）计算 $a$、$b$ 值。

$$a=-0.824，b=0.104$$

第三步，构建预测模型为 $Y=-0.824+0.104X$。

第四步，使用预测模型 $Y=-0.824+0.104X$ 进行预测，代入 $X=120$ 得到 $Y\approx11.7$，得到预测结果：当广告投入增长为 120 万元时，产品的销售量可以达到 1170 万单位。

一元线性回归方法适用于销售量稳定，没有季节性波动的产品需求预测。一元线性回归方法的优点在于：善于获取数据集中的线性关系；适用于在已有了一些预先定义好的变量，并且需要一个简单的预测模型的情况下使用；训练速度和预测速度较快；在小数据集上表现很好；结果可解释，并且易于说明；当新增数据时，易于更新模型。其不足在于：不适用于非线性数据；预测精确度较低；可能会出现过度拟合；分离信号和噪声的效果不理想，在使用前需要去掉不相关的特征。

### 4.3.3　预测误差的控制

由于需求受许多不确定因素的影响，它不可避免地存在预测误差。所谓预测误差，是指预测值与实际值之间的差异。误差有正负之分。当预测值大于实际值时，误差为正；反之，误差为负。预测模型最好是无偏模型，即应用该模型时，正、负误差出现的概率大致相等。

测量预测精度的指标包括平均绝对偏差、平均平方误差、平均预测误差、平均绝对百分误差等。

#### 1. 平均绝对偏差

平均绝对偏差（MAD）指整个预测期内每一次预测值与实际值的绝对偏差（不区分正负，只考虑偏差量）的平均值。

$$\mathrm{MAD}=\frac{\sum_{t=1}^{n}|A_t-F_t|}{n} \tag{4-7}$$

式中，$A_t$ 为时段 $t$ 的实际值；$F_t$ 为时段 $t$ 的预测值；$n$ 为整个预测期内的时段个数（或预测次数）。

平均绝对偏差能较好地反映预测的精度，但它不容易衡量无偏性。

#### 2. 平均平方误差

平均平方误差（MSE）是对误差的平方和取平均值。沿用平均绝对偏差公式中的符号，$A_t$ 为时段 $t$ 的实际值；$F_t$ 为时段 $t$ 的预测值。

$$\mathrm{MSE}=\frac{\sum_{t=1}^{n}(A_t-F_t)^2}{n} \tag{4-8}$$

平均平方误差与平均绝对偏差相类似，虽可以较好地反映预测精度，但无法衡量无偏性。

#### 3. 平均预测误差

平均预测误差（MFE）是指预测误差的和的平均值。

$$\text{MFE}=\frac{\sum_{t=1}^{n}(A_t-F_t)}{n} \tag{4-9}$$

预测滚动误差（RSFE）为

$$\text{RSFE}=\sum_{t=1}^{n}(A_t-F_t) \tag{4-10}$$

如果预测模型是无偏的，RSFE 应该接近于 0，即 MFE 应接近于 0。MFE 能很好地衡量预测模型的无偏性，但它不能够反映预测值偏离实际值的程度。它常被用来检验预测与历史数据的吻合情况，也是判断预测模型能否继续使用的重要标准之一。在比较多个模型优劣时，也经常用到平均预测误差。

### 4. 平均绝对百分误差

平均绝对百分误差（MAPE）指预测值与真实值之间的误差百分比平均值。其含义是模型的预测结果与真实值之间的偏差程度。

$$\text{MAPE}=\left(\frac{100}{n}\right)\sum_{t=1}^{n}\left|\frac{A_t-F_t}{A_t}\right| \tag{4-11}$$

MAPE 的取值范围在[0, +∞)之间，0 表示完全准确的预测，MAPE 越大，预测越不准确。当真实值有数据等于 0 时，存在分母 0 除问题，该公式不可用。

以上平均绝对偏差（MAD）、平均预测误差（MFE）、平均平方误差（MSE）、平均绝对百分比误差（MAPE）是 4 种常用的衡量预测精度的指标，但任何一种指标都很难全面地评价一个预测模型，在实际应用中常常将它们结合起来使用。

除了预测精度指标的评价，实际中还需要对预测进行监控。检验预测模型是否仍然有效的一个方法是将最近的实际值与预测值进行比较，检验偏差是否在可以接受的范围以内；另一个方法是应用跟踪信号（TS）。

TS 是 RSFE 与 MAD 的比值，即

$$\text{TS}=\text{RSFE/MAD}=\frac{\sum_{t=1}^{n}(A_t-F_t)}{\text{MAD}} \tag{4-12}$$

每当实际需求发生时，应当计算 TS。如果预测模型仍然有效，TS 应该比较接近于零。反过来，只有当 TS 在一定范围内时，才认为预测模型可以继续使用，跟踪信号模型如图 4-7 所示。否则，应该重新选择预测模型。

预测误差往往是不可避免的，在选择预测方法时，要在成本和精度之间进行权衡。需要注意的是：第一，不存在百分之百准确的预测方法，因而不要过分追求预测的绝对准确；第二，就任何一个预测问题而言，存在精度比较合理的最低费用区间。经验表明，如果人们不理解为什么预测系统会产生某些数据和建议，人们就不能有效地应用该系统。

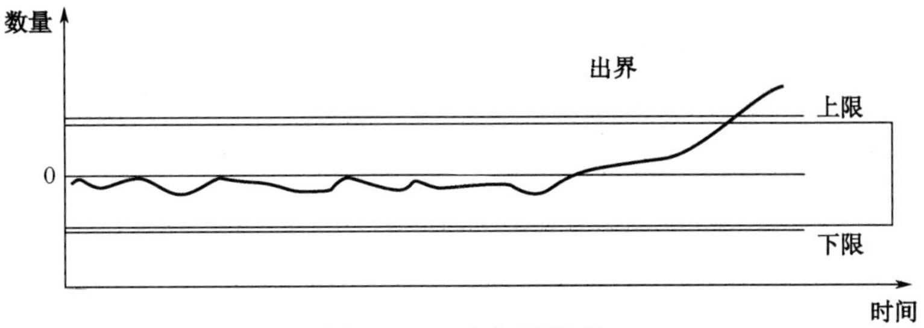


图 4-7　跟踪信号模型

# 4.4　订单管理与预测冲销

## 4.4.1　订单管理

在 ERP 系统中，需求管理的一个重要方面是客户销售订单的管理。ERP 系统的销售订单管理模块的主要功能是协助管理客户销售订单资料的输入和销售订单履行，包括销售订单的录入与审核、信用额度的核查、出货状况的跟踪等，并提供整个过程相关的信息管理和流程控制。在销售订单录入系统时，系统会根据一份客户订单自动生成多个物料行。多个物料行可以对应不同的物料和相同的日期，不同的物料和不同的日期，或相同的物料不同的日期。每个物料行表示对生产计划系统的一项需求。一份客户订单可以包括一次或多次发货，客户订单的每个物料行包含的信息包括物料代码（物料的唯一标识）、承诺交货日期、数量、客户订单号、客户要求的交货日期等。客户要求的交货日期和承诺的交货日期有可能不一致，这主要取决于企业的生产能力和交付能力。通过系统化的订单管理，ERP 系统为基于后续订单开展客户画像分析，为更高的识别需求提供数据依据，并通过订单流程控制和状态查看，提高订单履约率。

### 1. 基于订单的客户分析

随着大数据技术的发展和应用，企业越来越重视利用数据进行客户分析，建立客户画像，帮助企业更好地识别需求、匹配需求。

一方面，基于订单的客户分析可以帮助企业挑选更优质的客户、发现新的销售市场和潜在客户。

（1）通过分析客户的购买类型，企业可以发现不同类型客户购买数量的变化、老客户重复购买情况、新出现的客户类型；根据分析结果，设计有针对性的客户促销策略，进行老客户的长期经营，发现新的销售机会等。

（2）通过分析客户购买周期、购买行为、满意度、保持率、流失率等情况，企业根据分析结果改变销售人员的销售方法、优化公司的销售流程、完善公司的销售管理，提高客户的满意度，留住客户。

（3）通过分析客户的贡献率，企业找出符合“二八定律”（20%的优质客户创造 80%的利润）的优质客户，做好主动服务，保住优质大客户，同时找出优质客户的类型特征，以便发掘出更多的优质客户。

另一方面，基于大数据的客户画像预测技术可以帮助企业预测客户收入、购买倾向、购买频率、产品需求等，以便协助企业制订更好的产品和服务决策。以数据挖掘和机器学习为基础，该技术主要依赖大量的客户数据，并利用算法进行信息处理、建模和分析以预测客户特征，目前已经得到了广泛的应用。

### 2. 订单管理流程

完整的销售订单管理流程包括售前管理、订单处理和售后服务等。

在售前管理环节，企业主要处理客户档案建立、客户信用评价、销售报价等工作。这些工作是销售订单管理、销售发货、销售结算的前提和基础。

在订单处理阶段，销售部门需要在 ERP 系统中填写销售订单，并传递给其他相关部门进行审核确认，并执行；审核通过后，销售部门与客户签订正式的销售合同。销售订单中至少应该包括销售合同号、客户、交货地点、运输方式、付款条件等信息，同时在销售订单的明细信息中应该包含物料代码、承诺的交货日期、客户需求数量、单价、总价、运输提前期等信息。ERP 系统支持在销售订单的明细中生成多个物料行。每个物料行都代表了对主生产计划或物料需求计划的一项需求。这些信息将作为后续主生产计划、物料需求计划、客户提货、收款、开具发票和发运等作业的依据。此外，在与客户签订销售订单时，ERP 系统可以提供额外可签约数量的查询功能，以便销售部门根据当前的库存可用量、待分配库存量和主生产计划确定是否能够满足客户订单的需求。这就涉及了预测冲销。

## 4.4.2 预测冲销

预测冲销是指销售订单冲销预测订单，即对预测数量实现部分的冲销。如果企业接到的客户订单是预测订单的实现，则应从预测订单量中减掉客户订单量。预测冲销的目的是根据当前预测订单和实际的订单准确地表示市场需求。通过正确地消耗预测，可以计算每个时区的总需求，并处理实际的客户订单和预测订单在时间上和数量上的差异，预测冲销示意如图 4-8 所示。

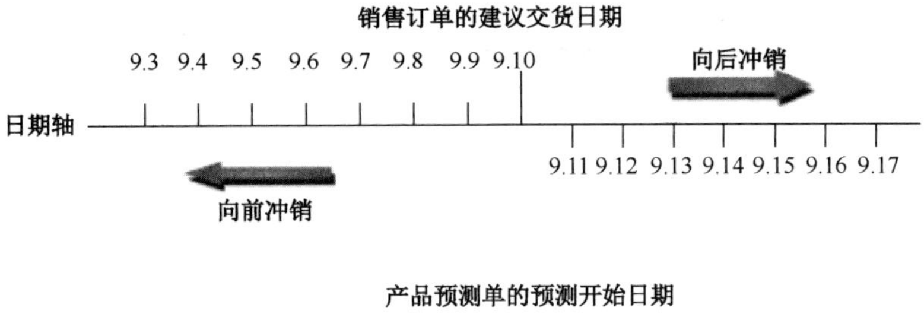


图 4-8　预测冲销示意

预测冲销可以选择在不同的时间节点进行，例如，在订单录入完成后或者在进行主生产计划计算前。销售预测冲销一般由主生产计划员完成。

预测冲销的需求单据包括销售订单与产品预测单。

销售订单，是指企业同客户签订的在未来指定时间交付产品的契约。对于企业而言，必须在指定时间交货，否则要承担违约责任。销售订单作为主生产计划的需求单据，需求时间取销售订单上的建议交货日期。

产品预测单，是指企业为了满足市场和销售需要，根据企业的历史生产数据和市场、销售预测等资料，制订在未来一段时间内需要安排生产什么、生产多少、什么时候生产等的一种生产计划。预测开始日期在参与物料需求计划或主生产计划计算时作为需求日期；预测截止日期在参与物料需求计划或主生产计划计算时没有作用，只能与预测开始日期相对应参与产品预测单的均化操作。

以 KingDee 系统中预测冲销的应用为例。销售订单和产品预测单的需求日期必须在执行冲销日期范围之内，不能小于系统当前日期；KingDee 系统提供 4 种冲销策略：向前冲销、向后冲销、先向前冲销再向后冲销、先向后再向前冲销。KingDee 预测冲销界面如图 4-9 所示，企业主生产计划员可以根据实际情况选择冲销策略，并设定相应的冲销范围。

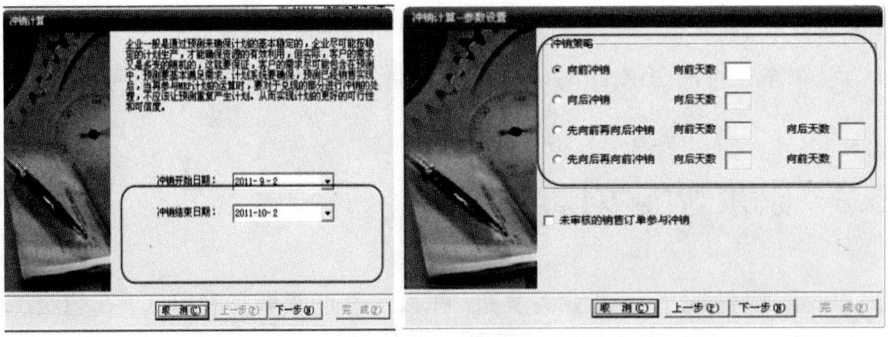


图 4-9　KingDee 预测冲销界面

# 4.5 章节案例：京东预售前置

## 4.5.1 背景介绍

京东最初是一家电子商务企业，在 2017 年以前，其拥有三大核心业务：京东商城、京东物流和京东金融。2019 年，京东集团的定位从“技术驱动的电商公司”转变为“以供应链为基础的技术与服务企业”，业务板块扩充到零售、数字科技、物流、技术服务、健康、保险、物流地产、云计算、AI 和海外等领域，其核心业务转变为零售、数字科技、物流、技术服务四大板块。京东集团的发展历程如下。

1998 年，刘强东在北京创立了京东实体店，销售电子光盘。

2004 年，京东正式进军电子商务领域，建立了自营网站，成为一家电子商务企业。

2005 年，京东开始尝试销售 IT 数码全品类产品。

2007 年，京东开始自建物流体系。

2008 年，京东完成 3C 产品的品类扩充。

2009 年，京东开始实现单独售卖上门服务。

2010 年，京东正式运营开放平台，推出“211 限时达”极速配送和上门取件服务。

2012 年，京东提供在线客服服务，推出火车票订购、酒店预订等业务；开放物流服务系统平台，正式布局开放物流服务和支付体系。

2013 年，京东金融集团成立。

2014 年，京东与腾讯形成战略合作伙伴关系，赴美上市。

2016 年，京东物流首次面向公众服务，提供第三方物流服务。

2017 年，京东物流集团成立，京东金融正式从京东集团中剥离，而后更名为京东数字科技集团。

2019 年，京东零售集团成立，业务涉及零售、数字科技、物流、技术服务、健康、智联云和海外等领域。

2020 年，京东在香港二次上市，开始从“零售”全面转型到“零售+基础设施服务商”。

## 4.5.2 京东智能零售

京东非常重视科技创新赋能业务发展，在人工智能领域持续投入，在超级深度学习、可信人工智能、量子机器学习等前沿领域都有所研究，并且将人工智能技术广泛应用于智能零售、物流仓储、智能城市等产业应用领域。京东在供应链管理上也进行了大量的技术创新。基于深度学习等技术，京东研发了端到端自动化补货技术，成为业内首个前沿的深度学习方法加持端到端决策的补货技术。这种技术能够实时监控销售数据，预测库存需求，并自动完成补货，大大提高了供应链对需求把控的效率和准确性。在物流智能化方面引入自动化仓库管理系统、智能配送机器人等智能化技术，提高了物流效率，缩短了配送时间，大大提高了对需求的履约率，提升了用户体验。此外，京东积极探索新的业务模式和技术应用，通过引入虚拟现实（VR）和增强现实（AR）等技术，开发了虚拟试妆、虚拟试衣间等应用，为用户提供了更加便捷和个性化的购物体验。

在智能零售方面，京东全面开展了人、货、场和基础设施的数智化实践，通过智能分拣缩短了拣货、包装、发货、装车的时间。2020 年“618 购物节”，京东科技首次全线出征，实现了售前、售中、售后全链路的人工智能技术应用。京东的智能零售是通过一系列的技术创新和战略布局来实现的，主要实践包括以下几个方面。

（1）智能预售前置：在售前环节，实现了预售前置的流程创新。即通过智能分析发现每 100 个浏览商品的人中有 10 个会购买，每一个购买的人从点击到下单，中间平均有 2.7 天的决策期。京东敏锐地利用这 2.7 天的时间，把客户意向的商品提前调拨到客户所在城市的本地仓，实现了基于预测的提前备货，只要客户一下单，商品立马从本地仓拣货、包装、运输，大大缩短了备货时间，京东预售前置流程如图 4-10 所示。这样的智能调拨准确率高达 92%，创造性地将备货时间前置到了客户下单之前，提升了流程效率，缩短了送货时间。

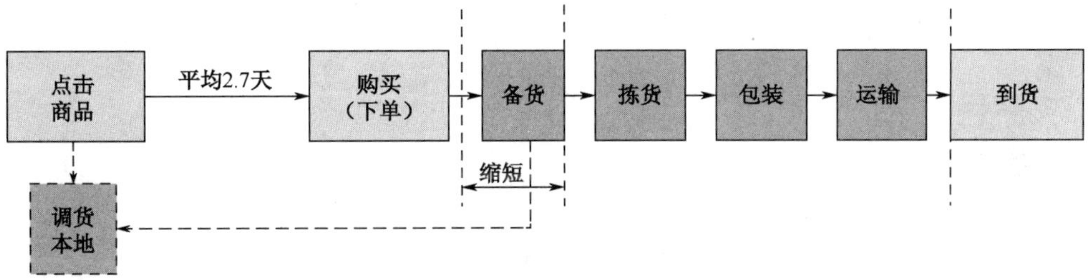


图 4-10　京东预售前置流程

（2）智能供应链管理：京东通过引入人工智能、大数据、物联网等先进技术，对供应链进行智能化改造。利用人工智能技术进行需求预测和库存管理，利用大数据技术进行销售分析和趋势预测，利用物联网技术进行实时监控和追踪。这些智能化的供应链管理技术提高了京东的运营效率和服务质量。

（3）智能推荐系统：京东的智能推荐系统基于大数据和人工智能技术，能够根据用户的购物历史、浏览记录、购买行为等数据，为用户推荐最合适的商品。这种个性化推荐服务提高了用户的购物体验和购买转化率。

（4）智能客户服务：京东的智能客户服务基于大数据和人工智能技术，能够自动回答用户的问题、提供商品信息和促销信息，还能进行情感分析和用户反馈。这种智能客户服务提高了用户满意度和忠诚度。

（5）智能履约网络：京东的智能履约网络通过大数据、人工智能等技术，对订单生成路径、配送方案等进行智能优化。这种智能履约网络能够实现最快 15 分钟送货上门，提高了配送效率和用户满意度。

（6）智能营销策略：京东的智能营销策略基于大数据和人工智能技术，能够根据用户的购买历史、兴趣爱好等信息，进行精准的营销推广。这种智能营销策略提高了营销效果和用户转化率。

（7）智能风险管理：京东的智能风险管理基于大数据和人工智能技术，能够对交易风险进行实时监控和预警，保障交易安全和用户资金安全。这种智能风险管理提高了企业的抗风险能力。

京东的智能零售是通过智能化改造和科技创新来实现的，将人工智能、大数据、物联网等先进技术广泛应用于预售前置、供应链管理、推荐系统、客户服务、履约网络、营销策略和风险管理等领域，提高了企业的运营效率和服务质量，也为消费者提供了更加便捷和个性化的购物体验。

## 案例思考题

1. 京东在需求管理方面开展了哪些科技创新应用？
2. 京东的预售前置是如何实现的？
3. 京东的智能零售包含哪些业务创新？
4. 通过案例阅读思考科技如何赋能企业更好地管理需求。

## 4.6 本章小结

企业的一切生产活动都是由市场需求引发的。在 ERP 系统中，需求管理又有更深层次的含义，需求驱动生产，它是供需链业务活动的触发点；企业必须在整个供需链中遵循共赢的原则，做到信息实时共享，做好需求管理。

需求预测的方法有定性预测方法和定量预测方法。常用的几种定性预测方法，包括专家调查法、德尔菲法、用户调查法、部门主管讨论法和销售人员集中法。

定量预测方法，包括时间序列法和因果关系法。其中，时间序列法包括简单移动平均法、加权移动平均法、指数平滑法等；因果关系法主要包括回归模型，如一元线性回归、多元线性回归、非线性回归等。

误差控制是需求预测必须考虑的问题。测量预测精度的指标有平均绝对偏差、平均平方误差、平均预测误差和平均绝对百分误差等；且可以根据预测跟踪信号来进行预测监控。

# 第 5 章 物料管理

**内容导览：**本章内容主要包括物料与库存的基本概念、库存目的与费用、库存控制模型、安全库存与库存管理策略、库存 ABC 管理法、智能仓储等。

## 章节案例导读：京东“亚洲一号”仓

“亚洲一号”是亚洲地区电商仓储领域建设面积最大、智能化程度最高的现代化物流中心之一，其中上海市的“亚洲一号”无人仓是世界第一个全流程无人仓库。

截至 2021 年底，全国已经建立了 43 座“亚洲一号”智能仓库，实现了超 200 个城市最快分钟级到达的惊人效率。

2020 年“618 购物节”，京东实现了售前、售中、售后全链路 AI 应用。

京东通过智能运营、仓网优化、全渠道履约、C2M 反向定制提供智能决策，创造出了“库存周转天数降至 31.2 天”的世界级纪录。

一个制造企业的全部生产过程会涉及原材料、半成品、成品等各种物料。物料管理是指对企业生产经营活动所需各种物料的采购、验收、保管、供应等一系列计划、组织、控制管理活动的总称。物料管理希望从企业整体角度控制物料“流”，做到供应好、周转快、消耗低、费用省，以保证企业生产顺利进行。物料管理的基本活动包括：预测物料用量，编制物料供应计划；组织货源，采购或调剂物料；物料的验收、储备、领用和配送；物料的统计、核算和盘点。

# 5.1　物料与库存

## 5.1.1　基本概念

### 1. 物料的定义

物料是生产领域中的一个专业术语。狭义的物料指最终产品之外的，在生产领域流转的一切材料（不论其来自生产资料还是生活资料），包括燃料、零部件、半成品、外协件，及生产过程中必然产生的边角余料、废料和各种废物。广义的物料包括最终产品，指与产品生产有关的所有物品。

### 2. 库存的定义

物料在生产过程中的流动形成库存。库存也有广义、狭义两种理解。狭义的库存指仓库中实际储存的物料；广义的库存则是指为了保证生产和客户服务正常进行的一切存货和物料，包括原材料、在制品、最终产品、在途产品、用于维护修理和日常运作的物料。所以，纳入物料管理的所有物品，在订购、运输、储存、制造、销售等全过程，都属于库存状态。库存是对生产的支持，又是生产的结果。

### 3. 物料管理的定义

物料管理是对企业生产经营活动所需各种物料的采购、验收、保管、供应等一系列计划、组织、控制管理活动的总称。物料管理概念起源于第二次世界大战中航空工业出现的难题。生产飞机需要大量单个部件，很多部件都非常复杂，而且必须符合严格的质量标准；这些部件又从地域分布广泛的成千上万家供应商那里采购，很多部件对最终产品的整体功能至关重要。物料管理就是从企业层面来解决物料问题，包括协调不同供应商，使不同物料之间的配合性和性能表现符合设计要求；提供不同供应商之间及供应商与公司各部门之间交流的平台；控制物料流动率。任何一个制造企业的生产活动的各个环节中的所有物料相互之间具有联系，都属于 ERP 系统物料管理的范畴。物料管理的主要目标就是提升企业的客户服务水平。

### 5.1.2 库存周转率及其计算方法

衡量物料流转效率的指标，称为库存周转率。

库存周转率是指在某一时间段内库存货物周转的次数。它是衡量物料流转效率，反映库存周转快慢程度的指标。周转率越大表明销售情况越好。

以年库存周转率为例，它的计算公式为

$$年库存周转天数=\frac{1}{2}\times全年天数\times（期初库存数量+期末库存数量）/年销售量$$

$$库存周转率=全年天数/年库存周转天数$$

库存周转率等于某个时间段（月、季或年）内全部物料成本除以平均库存。在这里，全部物料成本是指公司完成的最终产品销售所包含的物料的总成本，而平均库存是指所有原材料，在制品、成品及所有在手的呆滞物料的平均库存。平均库存通常是指各个该时间段期末各个点的库存的平均值。部分公司取每个财务季度底的库存平均值，有的是取每个月底的库存平均值。

**微案例 1：**某制造公司在 2023 年一季度的销售物料成本为 200 万元，其季度初的库存价值为 30 万元，该季度末的库存价值为 50 万元，那么其库存周转率为 200/[（30+50）/2]=5（次）。相当于该企业平均用 40 万元的现金在一个季度里面周转了 5 次，赚了 5 次利润。依此计算，如果每季度平均销售物料成本不变，每季度底的库存平均值也不变，那么该企业的年库存周转率就变为 200×4/40=20（次）。相当于该企业一年用 40 万的现金赚了 20 次利润。

库存周转率对于企业的库存管理具有非常重要的意义。例如，制造商的利益是在资金—原材料—产品—销售—资金的循环活动中产生的，如果这种循环越快，则资金周转越快，在同额资金下的利润率也就越高。对于库存周转率，没有绝对的评价标准，通常是同行业相互比较，或与企业内部的其他时间段对比分析。

物料管理的核心就是库存控制，库存控制水平高低可以通过计算库存周转率来衡量。库存周转越快，说明资金的使用率越高，产生的增值就更多。可以说，库存周转率是衡量企业生产经营水平和经济效益最重要的指标之一。

### 5.1.3 库存目的和费用

任何物料的库存总是有某种特定的目的。通常将库存目的归纳为 5 种类型。

### 1. 安全库存

理想情况下，需要多少物料时库存准备多少物料即可。但是，需求和供应两端都可能出现偏离计划或预测的情况。例如，下游客户临时增加了订单，对最终产品的需求量增大了，由此会引起所有物料需求的增加；上游供应商出现问题，供应的物料无法按规定的时间和订购的数量到达，而这边已经安排好了生产计划“等米下锅”。在这两种情况下，物料短缺会影响生产计划的顺利执行，产品无法按时交付给客户，形成收益损失。因此，库存一般会在计划或正常需求数量的基础上，增加一个安全储备量，以备不时之需。这个安全库存，在正常生产情况下是不能使用的，是一个常态化的储备。

安全库存不是固定的，可以根据环境变化和生产运营水平变化而变化；也并不是所有物料都需要安全库存。预测的准确性、市场和供应的稳定性、生产率的高低、提前期的长短都会影响安全库存量的设置。

### 2. 预期库存

受季节供应影响的外购物料、受季节市场变化影响的产品，以及为工厂节假日和设备检修事先做好的储备，统称预期库存。

### 3. 批量库存

受供应、加工、运输、包装或批量购买可以享受折扣优惠等因素影响，企业应在实际需求的基础上调整订货批量，形成库存。例如，家庭日常对鸡蛋的需求可能只有数个，但一般按整盒购买，形成批量库存。这既考虑到包装的便利性，也考虑到价格优惠因素。

### 4. 在途库存

对于企业内部而言，在途库存指在生产过程中，由于工序之间传送、等待、缓冲而形成的在制品库存；对于企业外部而言，为保持连续向用户供货而保有的在运输途中的物料，也是在途库存。

### 5. 储备库存

也称囤积库存。指针对通货膨胀或市场物料短缺的趋势而储备的生产必需物料。例如，在过去的几年里，由于特殊原因和全球需求的增加，半导体市场经历了严重的短缺。这使芯片价格飙升，并引发了一轮芯片抢购潮。很多公司为了备货而囤积了大量的芯片，尤其是在用于笔记本电脑和数据中心服务器的储存芯片领域，这种现象特别突出。

库存是存货和物料的流动过程，同时意味着资金和费用。一般来说，库存费用包括物料本身的费用、订货费用、保管费用和短缺损失。物料本身的费用由物料价格和数量决定。订货费用指为了获取物料所要支付的费用，包括准备订单、洽商、运输、搬运、验收、办公管理等费用，与订货批量和频次直接相关。保管费用包括利息、折旧、损耗、财产税、保险、仓储等，有时也计算占用资金的机会成本。短缺损失指非正常补充订货比正常订货多出来的额外费用、加班费用、未按期交付的赔偿等。

上述几项费用是相互影响的。例如，库存量较大时，短缺损失可能较小，但订货和保管费用较高；如果订货次数增加且每次订货批量较小，则保管费用较低，但订货费用较高。控制库存就是要权衡这些费用，在保证正常生产和客户服务水平下追求总费用最低。

### 5.1.4 库存控制

企业库存的形成受安全量、预期、批量、在途和短缺囤积等多种因素的影响，库存的费用不仅包括物料本身价值，还涉及订购、保管等附加费用，以及可能发生的短缺费用等，这表明库存水平是企业在计划、预测、质量、库存管理等多方面管理的综合结果。有观点认为库存量过大是“众弊之源”，因此控制库存量是物料管理的重要内容。

过去的库存控制缺少有效的工具，库存控制人员的主要工作是发出订单，而生产控制人员的主要工作是催货，物料经理不但负责库存控制，还要负责采购、运输等事项。关于谁应当对完成用户发货计划负责的问题经常争论不休。如今，ERP 系统提供了强有力的工具，使市场、生产、计划和库存控制人员能够协同工作，将所有物料按最终产品的构成形成物料清单，将各种物料的数量、质量和需要的时间统一管理起来，保障了库存控制的有效性。

以上的内容主要包括库存的 5 种目的和 4 种费用，综上所述，库存水平受到多种目的和多方面费用的影响，是生产运营水平和经济效益的综合体现。物料管理和库存控制是整个企业组织的重要组成部分，是一个企业组织健康、顺利运营的关键。

## 5.2 库存控制模型

在讨论库存目的时，会遇到一个名为“批量库存”的概念。这种库存的形成受供应、加工、运输、包装或折扣优惠等因素影响，需要成批量地订购物料，从而形成批量库存。那么，如何确定批量订货的数量和时间呢？在实践中，常用的确定批量订货的方法有固定批量、经济批量、按需批量、折扣批量等。

## 5.2.1　经济订货批量模型

经济订货批量（Economic Order Quantity，EOQ）模型，自 1915 年起得到应用。EOQ 模型基于以下假设条件。

（1）需求均匀发生，即对库存系统的需求率为常量。

（2）一次订货量无最大最小限制。

（3）采购、运输均无价格折扣。

（4）订货提前期已知，且为常量。

（5）订货费用与订货批量无关。

（6）维持库存费用是库存量的线性函数。

（7）不允许缺货。

（8）补充率可无限大，所有订货一次性交付。

（9）核心目标是使订货费用和保管费用之和最小。

在 EOQ 模型下，库存量变化如图 5-1 所示，期初库存量最高，随后按固定的需求率减少，当库存量减少到一定量时发出订货订单；由于到货需要一定的时间周期，即订货提前期，因此库存会继续稳定下降，直到达到最低点，订货到达后，补充库存到初始水平，进入下一个消耗和订购周期。图中的 $Q$ 代表订货批量，即一次订购物料的数量；订货点 ROP 是一个特定的库存数值，表示库存降至此数值时，需要发出新的订货订单。ROP 的确定受订货批量 $Q$ 和订货提前期 LT 的共同影响。

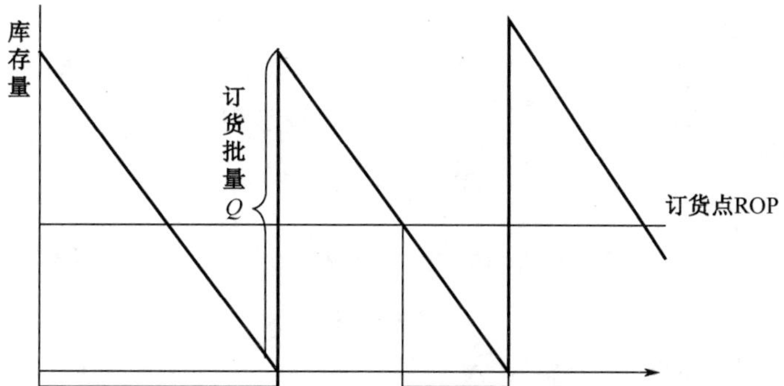


图 5-1　库存量变化

那么，如何确定合适的订货批量 $Q$。因为每次订购都会产生费用，包括洽商、运输、验收和管理等；物料在库期间还需要支付保管费用，包括利息、折扣、损耗和仓库管理费用等。理论上来说，如果订购批量小，订购次数将会增多，导致订货费用增加，但保管费用相应减少；反之，如果订购批量大，订货费用会降低但保管费用会相应增加。所以，当订货费用和保管费用两者之和最小的时候，$Q$ 值最经济。EOQ 费用变化如图 5-2 所示。

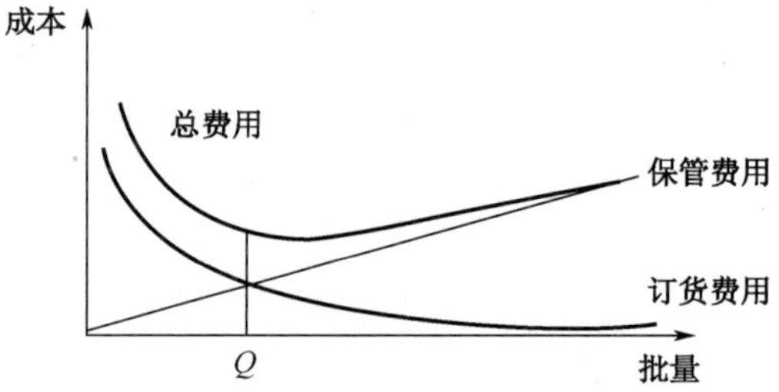


图 5-2　EOQ 费用变化

EOQ 模型公式为

$$Q^* = \sqrt{\frac{2DS}{H}} \tag{5-1}$$

式中，$D$ 为年需求量；$S$ 为单次订货费用；$H$ 为单位物料年保管费用；$Q^*$为经济订货批量。该模型旨在解决以下问题：以一年为周期，确定每次订货的最经济数量，确定需要订货的次数，确定订货点 ROP 值。其追求的目标就是实现库存总费用最低。

EOQ 模型计算步骤如下。

第一步计算库存总费用 $C_{\mathrm{T}}$，包括三个部分：库存保管费用 $C_{\mathrm{H}}$、订货费用 $C_{\mathrm{R}}$、物料费用 $C_{\mathrm{P}}$。

$$C_{\mathrm{T}} = C_{\mathrm{H}} + C_{\mathrm{R}} + C_{\mathrm{P}} = H\left(\frac{Q}{2}\right) + S\left(\frac{D}{Q}\right) + D \times c \tag{5-2}$$

式中，物料费用 $C_{\mathrm{P}}$ 为物料总需求量和单价的乘积，并不受经济批量和订货次数等的影响，是总费用中稳定的组成部分。

第二步，式（5-2）对 $Q$ 求导，令其等于零，得到求解最佳批量的计算公式。

第三步，如果已知订货提前期 LT，可以进一步求得订货点 ROP；

$$\mathrm{ROP} = \left(\frac{D}{52}\right) \times \mathrm{LT} \tag{5-3}$$

最后，可以由经济订货批量 $Q^*$ 和总需求量 $D$，求得一年的订货次数 $n$。

$$n = D / Q^* \tag{5-4}$$

**微案例 2：** 某生产企业每年需要 A 零件 8000 个。已知 A 零件每次订货的费用为 50 元，每个零件每年的保管费用为 5 元，单价为 20 元。试计算其经济订货批量应为多少？每年应订货多少次？

根据题意，年使用量 $D$ 为 8000 个；一次订货费用 $S$ 为 50 元，单位物料年保管费用 $H$ 为 5 元，单位物料价值 $c$ 为 20 元。代入式（5-1）：

$$Q^* = \sqrt{\frac{2\times8000\times50}{5}} = 400$$

计算得经济订货批量 $Q^* = 400$ 。将 $Q^*$ 代入公式（5-2），计算库存总费用

$$C_{\mathrm{T}} = 5\times(400/2)+50\times(8000/400)+20\times8000=162000$$

订购次数为

$$n=D/Q^*=8000/400=20$$

以上是 EOQ 模型的计算过程。EOQ 模型是一种在假定需求均匀发生的情况下，以库存总费用最小为目标的批量订货模型。这个模型要想实际使用，需要满足较多的前提条件，是一种较为理想的经济模型。

## 5.2.2　固定订货批量模型

固定订货批量（Fixed Order Quantity，FOQ）模型，与 EOQ 模型类似，其每次以固定的批量订货，不同的是，FOQ 的订货周期是不确定的，根据需求变化来确定具体的订购时间。FOQ 模型订货周期，如表 5-1 所示。

表 5-1　FOQ 模型订货周期

| 时区 | 1 | 2 | 3 | 4 | 5 | 6 | 7 | 8 | 9 | 总计 |
|---|---|---|---|---|---|---|---|---|---|---|
| 净需求量（单位） | 35 | 10 |  | 40 |  | 20 | 5 | 10 | 30 | 150 |
| 计划订货量（单位） | 60 |  |  | 60 |  |  |  |  | 60 |  |

从表格数据可以观察到，在总共 9 个时区内，以 60 为计划订货量订货 3 次，订货时间分别在第 1、4、9 时区。只要库存数足够后续时区的需求使用，就可以不订货。所以，这是一种固定批量、不确定周期的订货批量模型，适用于需求率不稳定且每个时区的需求不一样的场景。当然，这种方法也带来了一定的挑战，即难以确定或预测未来时区的需求量。或者说，在需求频繁变化且难以预测的情况下，FOQ 模型可能会失效。

## 5.2.3　按需求订货批量模型

按需求订货批量（Lot for Lot，LFL）模型，根据各时区的净需求量来决定订货量，需要多少订多少，也称直接批量法。当净需求量改变时，订货量也相应地进行动态调整，

按需求订货批量模型如表 5-2 所示。采用这种方法也可以降低物料储存费用，因而常用于价值较高和需求极不连续的外购件及制造件。

**表 5-2 按需求订货批量模型**

| 时区 | 1 | 2 | 3 | 4 | 5 | 6 | 7 | 8 | 9 | 总计 |
|---|---|---|---|---|---|---|---|---|---|---|
| 净需求量（单位） | 35 | 10 | | 40 | | 20 | 5 | 10 | 30 | 150 |
| 计划订货量（单位） | 35 | 10 | | 40 | | 20 | 5 | 10 | 30 | 150 |

可以看出，这是一种高度动态且经济高效的订货模型，它能够随着需求变化而灵活调整订货量。然而，LFL 模型有两个问题，一是如何准确把握需求变化；二是订货频次太高，订货费用可能很高。为解决这些问题，对该模型进行修正，得到固定时区的按需求订货批量（Fixed Period Requirements）模型。这种模型，首先确定每批订货所要覆盖的时区数，然后由所覆盖时区内的需求量来确定订货批量，固定时区的按需求订货批量模型如表 5-3 所示。在这里，时间间隔是常数，而批量是变数。这与固定批量方法正好相反。

**表 5-3 固定时区的按需求订货批量模型**

| 时区 | 1 | 2 | 3 | 4 | 5 | 6 | 7 | 8 | 9 | 总计 |
|---|---|---|---|---|---|---|---|---|---|---|
| 净需求量（单位） | 35 | 10 | | 40 | | 20 | 5 | 10 | 30 | 150 |
| 计划订货量（单位） | 45 | | | 40 | | 25 | | 40 | | 150 |

每次订购的数量覆盖了两个时区的需求数字。第 1 时区计划订货量覆盖了第 1、2 时区的净需求量，以此类推。当然，该模型还可以进一步调优，例如，可以将第 4 时区的计划订货量确定为 60 单位，覆盖第 4、5、6 三个时区的净需求，因为第 5 时区的净需求量为 0 单位。

固定订货批量模型和按需求订货批量模型都基于一个关键的前提条件：每个时区的需求量可能不均匀，但是是确定的。这实际也形成了这类模型的局限性。因而，只有在物料价值特别高、需求极不连续的场景下才适用这类模型。另外，批量订购的需求往往受供应物料的特定约束，例如，物料应以成箱、成包或者固定生产周期等形式供应，因而在按实际需求确定订货批量时，不仅需要计算实际的需求量，还需要考虑物料供应状态。

## 5.2.4 价格折扣模型

价格折扣模型是在 EOQ 模型的基础上，进一步考虑价格折扣因素得到的修正模型。

在需求连续稳定的情况下，可以计算出一个确定的经济订货批量，每次以固定的数量和周期订货，实现保管费用和订货费用之和最小的管理目标。但是，现实世界中并非所有情况都能完全满足 EOQ 模型的前提条件，同时规模经济也是商业中不可缺少的一部分，因此企业会通过达到一定采购数量来获得价格优惠，利用规模采购获取规模效益。在这种情况下，如何将 EOQ 模型与价格折扣相结合，以实现更优的库存管理，是一个值得探讨的问题。

### 1. 确定具有价格折扣条件的最佳订货批量的具体步骤

第一步：从最低的单位价格 $P_1$ 开始计算经济订货批量 $Q$，如果计算出来的 $Q$ 在该单位价格对应的订单数量范围内，则为最佳经济订货批量；否则，进行第二步计算。

第二步：计算次低单位价格 $P_2$ 的 $Q$，如果计算出来的 $Q$ 在该价格所对应的订单数量范围内，则需要比较此可行 $Q$ 下总成本与最低价格下最小订货数量的总成本，选择最低成本的订货量为最佳订货批量。如果计算出来的 $Q$ 不在所给的优惠价格订单数量范围内，则需要进行第三步计算。

第三步：计算其他单位价格，如 $P_3$ 的 EOQ，如果计算出来的 $Q$ 在所给价格对应的订单数量范围内，则需要比较此可行 $Q$ 下总成本与各较低价格范围的最小订货数量的总成本，选择最低成本的订货量为最佳订货批量。即按照以上方法计算求得所有单位价格下的 EOQ，选择总成本最低的订货方案。

根据不同的价格折扣区间，可以画出 EOQ 的曲线，价格折扣模型如图 5-3 所示。假设每次订货的量为 $Q$，当订货量超过 $Q_{d1}$ 时，即 $Q>Q_{d1}$，价格降低为次低单位价格；当订货量超过 $Q_{d2}$ 时，即 $Q>Q_{d2}$，价格降低为第三优惠价格。构成总成本 TC 的 3 部分费用：①物料费用，即年需求量 $D$ 乘以单位价格 P（这里是三个不同价格：$P_1$、$P_2$、$P_3$）；②与订货次数相关的订货费用，即年需求量 $D$ 除以每次订货的量 $Q$ 乘以单位订货费用 $R$；③库存保管费用，即单周期平均库存量 $Q/2$ 乘以单位库存保管费用 $H=Ph$，其中 $h$ 指单位库存保管费用比率。可以看出，总成本曲线不连续，无法通过求导得到最小总成本点。

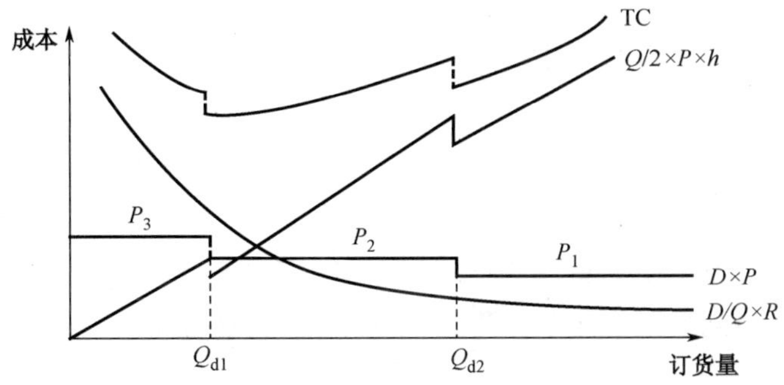


图 5-3　价格折扣模型

### 2. 计算案例

某公司通过成本分析得知，年度持有库存成本率为 10%，而每份订单的订货成本为 50 元，年度需求量为 5000 件，该公司计划每次采购 800 件。供应商根据订货量的不同给予不同等级的折扣优惠，分别是：1000 件以下无折扣、1000～2000 件享受 5%的折扣、2000～3000 件享受 10%的折扣，折扣优惠信息如表 5-4 所示。面对折扣优惠，该公司开始思考是否需要通过增加订货量来降低成本。

表 5-4 折扣优惠信息

| 折扣类型 | 订单数量（件） | 折扣（%） | 单价（元） |
|---|---|---|---|
| 1 | 0～1000 | 0 | 2 |
| 2 | 1001～2000 | 5 | 1.9 |
| 3 | 2001～3000 | 10 | 1.8 |

根据不同类型的折扣优惠信息，按照 EOQ 模型计算经济订货批量，不同折扣类型下的经济订货批量如表 5-5 所示。由于折扣导致的单价不同，计算出来的 EOQ 结果则有所不同。

表 5-5 不同折扣类型下的经济订货批量

| 折扣类型 | 经济订货批量（件） |
|---|---|
| 1 | 1581 |
| 2 | 1622 |
| 3 | 1667 |

根据这个计算结果，我们确定三种方案进行总费用的比较。在折扣类型 1 下，经济订货批量是 1581 件，这已经超过了该折扣订单数量范围的上限，因此按原需求数量 800 件进行采购；在折扣类型 2 下，经济订货批量是 1622 件，正好落在折扣订单数量范围内；在折扣类型 3 下，经济订货批量是 1667 件，但供应商要求最低订货量 2001 件。根据不同的订货量，分别计算出持有成本、订货成本，以及购买成本，从而得出总成本，那么可以分析比较得到最低总成本的订货量。

通过计算，可以看出，在折扣类型 1 下，每次订货量 800 件依然是最优选择。虽然对于不同的订货量供应商提供了折扣优惠，不过结合各种成本来看，优惠虽然可以一定程度降低订购成本，但由于大量购买导致持有成本的增加，综合来看总成本并没有因为折扣而得到降低，不同折扣类型下订货的成本如表 5-6 所示。

表 5-6 不同折扣类型下订货的成本

| 折扣类型 | 单位成本（元） | 订货量（件） | 持有成本（元） | 订货成本（元） | 购买成本（元） | 总计（元） |
|---|---|---|---|---|---|---|
| 1 | 2 | 800 | 1600 | 313 | 10000 | 11913 |
| 2 | 1.9 | 1662 | 3082 | 154 | 9500 | 12736 |
| 3 | 1.8 | 2001 | 3602 | 125 | 9000 | 12727 |

事实上，EOQ 模型在现今商业实践中应用并不普遍，主要原因在于其要求的假设条件较多，容易脱离实际。准确计算年度库存持有成本，每份订单的单位成本，也不是一件容易的事情。另外，EOQ 模型的计算基础是预估的年度需求量，但在需求日益不确定的今天，需求量的变动对这一模型的应用构成了阻碍。

然而，EOQ 模型却可以带来很多的思考。其核心思想在于衡量总体成本，从总体出发去寻找一个优秀的平衡点。例如，临界比率的使用实际上是 EOQ 模型思想的延伸。此外，诸如在跨境电商领域是否设立海外仓等问题，都可以从 EOQ 模型思想出发，探索设立海外仓的平衡点。

## 5.2.5 订货批量调整

### 1. 常用的批量调整因子

实际上，无论是采用哪种方法确定订货批量，在实际执行时，都有可能由于某些因素而必须加以调整。这些可能的因素主要有订货的上下限、报废率、批量倍数等。

第一个重要因素是订货的上下限。任何一种批量确定方法，都可能受到订货数量的上限与下限约束。其中一种下限就是，计算出的订货批量至少应该等于这批订货覆盖时区内的净需求总和。上限与下限可用绝对数字来表示，也可以用所覆盖的时区数来表示，一般由管理部门加以设定。

第二个重要因素是报废率，又称损耗系数。在决定订货批量时，要按这个系数增加一定的余量，以便弥补在运输或加工过程中可能会发生的报废或损失，从而保证有足够数量的完好成品满足需求。报废率可以用数量来表示，也可以用订货量的百分比来表示。

第三个重要因素是批量倍数。在某些情况下，由于加工工艺、产品包装等方面的要求，必须将按批量算法求得的批量向上调整到某个特定倍数。例如，批量算法通常不会考虑原材料的下料方式，因此按算法确定的批量可能会在下料时产生问题。假设在某种制造项目下料时，一定尺寸的钢板恰好切成 9 块料，而由算法计算的订货批量是 30 块，那么在下料时第 4 块钢板就会出现余料。为了避免这种情况，则应把订货批量调整为 36 块，此时的最小订货量是 9 块。同样的，对于需要采购的某种物料，供应商以箱为单位销售，每箱 25 件物料，且规定最少买 2 箱。那么批量倍数为 25 件，最小订货量相应为 50 件。

### 2. 订货批量的调整

对一项物料的订货进行多种调整，需要按一定的逻辑顺序。例如，如果某订货批量按算法确定为 173 件，这个批量可以满足 5 个时区的需求，但是管理部门提出每批订货最多覆盖 3 个时区。此外，还要考虑报废率、批量倍数（如每单位原材料可下料 20 件）。最初确定的订货批量 173 件需要进行调整，订货批量调整步骤如表 5-7 所示。

**表 5-7　订货批量调整步骤（单位：件）**

| | |
|---|---|
| 原始订货量 | 173 |
| 减少到只覆盖 3 个时区的需求 | 121 |
| 考虑报废率，增加 11 件 | 132 |
| 向上调整到 20 的倍数 | 140 |

采用批量调整因子会增加问题的复杂度。可以使用最小订货量来说明这个问题。假定生产产品 A 要用到物料 B、C、D，其中，物料 B 是产品 A 的子项，每个 A 用到 1 个 B；物料 C 是物料 B 的子项，每个 B 用到 1 个 C；物料 D 是 C 的子项，每个 C 用到 1 个 D。A、B、C、D 四种物料的最小订货量分别为 100 个、400 个、600 个、1000 个。如果接到客户订单为生产 200 个产品 A，且 A、B、C、D 的库存量均为 0。那么，对四种物料的生产订单量分别为 200 个、400 个、600 个、1000 个。满足客户需求后，四种物料库存量分别为 0、200 个、400 个、800 个，生产 200 个产品 A 订货批量的调整如表 5-8 所示。

如果下一个订单为 100 个 A 产品，那么，只对产品 A 下达生产订单 100 个即可，满足客户需求后，4 种物料的库存量分别为 0、100 个、300 个、700 个。

**表 5-8　生产 200 个产品 A 订货批量的调整（单位：个）**

| 物料 | A | B | C | D | 备注 |
|---|---|---|---|---|---|
| 产品结构 | 1 | 1 | 1 | 1 | |
| 最小订货量 | 100 | 400 | 600 | 1000 | |
| 初始库存 | 0 | 0 | 0 | 0 | |
| 订单 1 | 200 | | | | |
| 物料需求 | 200 | 200 | 200 | 200 | |
| 批量调整 1 | 200 | 400 | 600 | 1000 | |
| 剩余库存 | 0 | 200 | 400 | 800 | |
| 订单 2 | 100 | | | | |
| 物料需求 | 100 | 100 | 100 | 100 | B、C、D 有库存，不需要订购 |
| 剩余库存 | 0 | 100 | 300 | 700 | |

如果这份订单的数量不是 100 个而是 300 个，则情形就大不相同了。这时必须对 A、B 分别下达生产订单，数量分别为 300 个、400 个；由于 C、D 两种物料可以满足 300 个 A 的生产，所以不需要另行订货。满足客户需求后，剩余库存分别为 0、300 个、100 个、500 个，生产 300 个产品 A 订货批量的调整如表 5-9 所示。

表 5-9 生产 300 个产品 A 订货批量的调整（单位：个）

| 物料 | A | B | C | D | 备注 |
|---|---|---|---|---|---|
| 产品结构 | 1 | 1 | 1 | 1 | |
| 最小订货量 | 100 | 400 | 600 | 1000 | |
| 初始库存 | 0 | 0 | 0 | 0 | |
| 订单 1 | 200 | | | | |
| 物料需求 | 200 | 200 | 200 | 200 | |
| 批量订货 | | 400 | 600 | 1000 | |
| 剩余库存 | 0 | 200 | 400 | 800 | |
| 订单 3 | 300 | | | | |
| 物料需求 | 300 | 300 | 300 | 300 | B 库存不足，需求订购 |
| 批量订货 | 300 | 400 | | | B 最小订货量 400 |
| 剩余库存 | 0 | 100 | 300 | 700 | |

由此可以看出，当考虑批量调整因子时，不但会导致库存剩余，而且使库存的管理更复杂。因此，以手工作业的方式管理库存会很困难。在这种情况下，ERP 系统成为不可或缺的管理工具。

在确定批量规则和调整因子时，还应当注意物料是处于物料清单的上层还是下层，对处于上层的物料要特别慎重，以免形成连锁反应，造成过多的库存剩余。

## 5.3 安全库存设置方法

由于众多不确定因素的存在，需求和供应难免会出现不平衡的情况。有时，客户订单会突然增加，物料可能出现短缺，既影响客户服务水平，又无法抓住市场机会获得经济效益；有时，物料供应可能出现问题，导致已经订购的物料无法按时按量到达库存，造成生产停滞，影响最终产品的交付，既影响客户服务水平，也会产生经济损失。因此，为了避免可能出现的不平衡，企业需要在工序之间增加缓冲措施。缓冲措施主要有两种，一种是安全库存，依靠增加一定的库存量来起到缓冲的作用；另一种是安全提前期，依靠供应时间上的余量来起到缓冲的作用。两种缓冲措施都是为了提高客户服务水平。

## 5.3.1 安全库存

安全库存是用来作为应对意外的供需差异的缓冲措施。这些供需差异可能有：供应商的交货数量小于需求量、生产车间生产的零件有缺陷、需求预测与客户订单要求不符。当发生预测低于实际需求的情况时，可以使用安全库存来调节，以尽可能地满足需求。增加安全库存后的经济订货批量模型示意如图 5-4 所示。

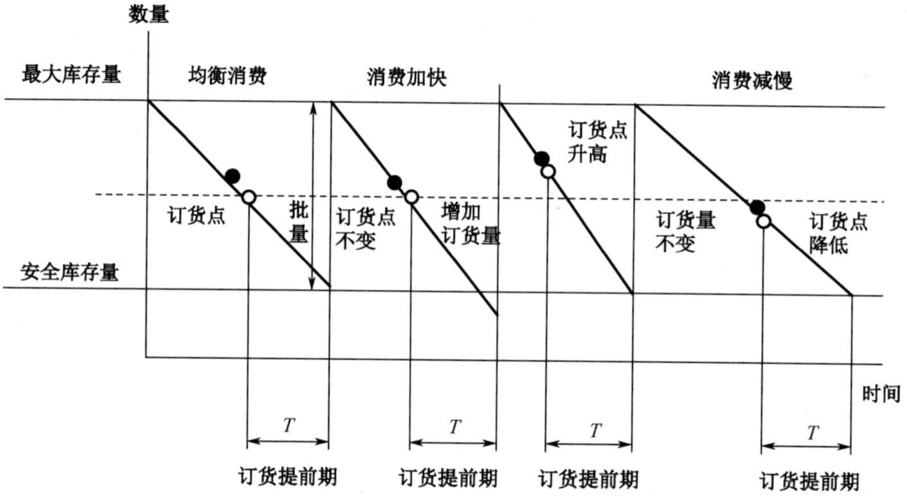


图 5-4 增加安全库存后的经济订货批量模型示意

对比传统的经济订货批量模型可以发现，此时的物料消耗最低不再是横轴的零点，而是一条称为“安全库存量”的横线。也就是说，库存中保有一定数量的物料，在正常情况下是不能使用的，只有出现物料消耗加快的现象时，如图 5-4 第二段库存消耗所示，由于之前的订货没有包含这些突然增加的需求，才会出现物料消耗突破安全库存量向下探底的情况。此时，必须增大订货量、提高订货点，补充安全库存到正常水平。

### 1. 降低安全库存的方法

安全库存是不得已的缓冲手段，通常来说，安全库存越低越好。那么，在实践中，如何减少安全库存呢？由于安全库存是为了应对可能的意外需求而设置的，所以减少安全库存需要从提供更准确的需求入手。一是改善需求预测。预测越准，意外需求发生的可能性就越小。还可以采取一些方法鼓励用户提前订货，如电子商务平台的双十一等预售活动，就是鼓励用户提前订货的典型应用。二是缩短订货周期与生产周期。周期越短，在该期间内发生意外的可能性也越小。三是减少供应的不稳定性。途径之一是让供应商了解自己的生产计划，以便他们能够及早做出安排。四是运用统计的手法进行更为精准的安全库存计算。

### 2. 安全库存计算

安全库存的量化计算可根据顾客需求量固定、需求量变化、提前期固定、提前期变化等情况，利用正态分布图、标准差、期望服务水平等进行。为物料设置适当的安全库存涉及实际需求相对于需求预测的偏差的度量。

假定实际需求的发生服从以预测值为均值的正态分布，通过正态分布的标准差 $\sigma$ 表示适当的安全库存。标准差 $\sigma$ 为

$$\sigma = \sqrt{\frac{\sum_{1}^{n}(\text{实际需求值} - \text{预测值})^2}{n}} \tag{5-5}$$

式中，$n$ 为用来观测实际需求值的时区数。根据数理统计小样本推断的理论，当 $n$<30 时

$$\sigma = \sqrt{\frac{\sum_{1}^{n}(\text{实际需求值} - \text{预测值})^2}{n-1}} \tag{5-6}$$

根据标准差确定安全库存量

$$\mathrm{SS} = Z \times \sigma \tag{5-7}$$

式中，系数 $Z$ 为库存安全系数。安全系数可以通过查询标准正态分布表而得到。在标准正态分布表中，以所希望的库存服务水平作为函数值，反查对应的自变量值即是库存安全系数，如图 5-5 所示。

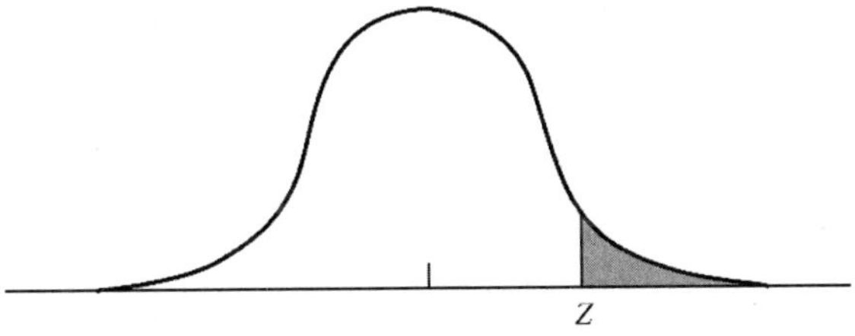


图 5-5　库存安全系数

根据所希望的库存服务水平能够确定安全库存量。首先，根据需求的预测值和 $n$ 个时区的需求实际发生值，利用式（5-5）或式（5-6）求得正态分布的标准差 $\sigma$；其次，根据所希望的库存安全水平，反查标准正态分布表，得到库存安全系数 $Z$；最后，将库存安全系数乘以标准差 $\sigma$，得到安全库存量 SS。

### 3. 设置安全库存的策略

安全库存量越大，出现缺货的可能性越小；但库存的增长会导致出现剩余库存。因此，应根据不同物品的用途及客户的要求，将缺货保持在适当的水平上，允许一定程度的缺货现象存在。设置安全库存无疑要增加库存费用，这包括物料直接占用的费用，也

包括库存管理费用。所以，在物料清单的哪个层次上设置安全库存应当慎重考虑。

以下是一些可供选择的策略。

（1）对提前期很长的物料设置安全库存，缩短产品的累计提前期。

（2）对选项设置安全库存。在一个产品族中有很多产品，这些产品由基本配置和众多的不同选项构成。在这种情况下，对产品族做预测往往要比对具体的产品配置做预测更准确。而对产品族进行预测本质上是对产品的基本配置做预测，因此意外情况多出现在选项上。所以，对选项设置安全库存是适当的。

（3）对用户希望随时都有的产品设置安全库存。很多情况下，客户希望生产商的某些产品随时都有，如果没有，客户会感到失望和不可接受。但是，对另外一些产品，如果客户买不到则不会产生强烈的不满。例如，在一个汽车维修站，客户希望汽油及某些汽车配件（如风扇、皮带、滤油器等）随时都有，而不愿意等待；如果要更换电池或者火花塞，客户或许愿意等一天或两天；但是，如果客户要求为一辆 1975 年生产的汽车更换零件，而维修站没有相应零件，客户则不会有强烈的不满。所以，对于用户希望随时都有的产品，应当设置安全库存。

## 5.3.2 安全提前期

工序之间增加缓冲的第二种措施是安全提前期，它与安全库存的作用类似，都是为了缓冲供需的不平衡。为了确保某项订货在实际需求日期之前完成，在通常提前期的基础上再增加一段提前时间作为安全提前期。一般来说，安全库存是针对供需数量不确定性比较大的物料，如备品、备件及面向订单装配产品的公用件和可选件。对供需时间的不确定性，如受运输或其他因素影响不能如期抵达的采购件或完工产品，则会采用安全提前期。

与安全库存相比，安全提前期占用资金比较少，但是如果提前期的日期设置不当，有时会因提前期的误差影响优先级的计算。在库存资金占用相近的情况下，安全库存对满足客户服务水平更有保证，系统的处理也更简单。

安全提前期可分为订货提前期和生产提前期。

### 1. 订货提前期

从发出订货单到收到货物这一段时间称为订货提前期。订货提前期的长短取决于派员前往时间、办理订货手续的时间、供应商备货时间、办理运输计划与托运时间，以及承运单位装车、运输、卸货、转运、验收入库等时间的总和。在生产不均衡的条件下，物料消耗速度时快时慢，库存量下降到订货点的时间也就有早有晚。因此，按照物料实际库存量下降到订货点的时间派员订购物料，可以防止在等批量订购条件下由消耗速度变化造成的物资缺货和超储问题。

### 2. 生产提前期

生产提前期是指毛坯、零件或部件在各个工艺阶段出产的日期比产品出产的日期应提前的时间长度。生产提前期又可分为投入提前期和出产提前期。

为了应对供应不及时或需求突然增加等不确定性所造成的物料短缺，需要采用安全库存或安全提前期的方法保障客户服务水平。安全库存是一种有效的缓冲手段，但会造成资金积压，因此安全库存量越小越好。由此，可以通过改善预测、缩短周期、供应链合作、科学统计等手段，根据需求预测与服务水平设定等方法，计算出较为合理的安全库存量。安全库存方法主要是为了解决供需数量不确定性问题，而安全提前期是为了解决供需时间上的不确定性，提前一段时间订货以保障到货及时性。根据应用领域不同，安全提前期也可以划分为生产提前期和订货提前期。

# 5.4　库存管理策略

## 5.4.1　库存准确度的概念

库存准确度是指计算机中记录的物料数据与库存真实数据的比值。在 ERP 系统中，关于现有库存的记录数据准确度须达到 95%以上。达不到这个准确度，是不能实现主生产计划和运行 MRP 的。由于库存记录数据是编制物料需求计划的基础数据，所以非常重要。如果对某项物料的库存记录数据不准确，那么，该项物料的计划也将是不正确的，由此产生的订单也是错误的，根据订单展开所得到的所有下层物料项目的毛需求也是错误的。计划的编制也因此失去了意义。

人们往往认为，计算机中储存的现有库存数据和库房中实际存于货架上的物料项目相匹配的程度达到 95%以上是不可能的，例如，螺栓、螺母之类的零件在仓库中成千上万，难以使计算机记录和实际库存安全相匹配。这里存在一个计数容限的概念，即一种允许的误差。实际上，螺母、螺栓之类的物料项目通常不采用清点计数的方法，而是采用测量计数的方法，如称重计数，该方法是对库存物料称重，然后通过一个转换因子转换成件数。如果测量是准确的，而且零件重量也是准确的，这些物料项目的实际库存和计算机记录就可以在计数容限内实现匹配。

## 5.4.2 计数容限

关于计数容限，还有一些问题需要考虑。物料的计数方法不是使用计数容限的唯一准则，还有其他一些因素。

（1）物料项目的价值。一般来说，低价值的物料项目可以比高价值的物料项目有更高的计数容限。

（2）提前期。物料的提前期越长，计数容限越低。

（3）项目在产品中的关键程度。越是关键的物料，其计数容限越低，甚至为零。例如，一项物料处于物料清单的高层，则应有较低的计数容限。

计数容限的使用应保证物料计划的有效性，其范围应反映它们对企业按时生产和发运产品的影响。经验表明，成功的 ERP 用户所采用计数容限的范围为 0～5%而没有超过 5%的。

## 5.4.3 达到必要的库存准确度的管理规则

### 1. 充分认知维护库存记录准确性的重要性

库房管理人员理解库存记录的准确性是非常重要的。

（1）ERP 对企业的未来十分重要，它将使我们的工作更可靠。

（2）物料需求计划是 ERP 正常工作的关键。

（3）库存记录准确性是物料需求计划正常工作的关键。

（4）负责库存记录准确性的人员是非常重要的，他们的工作质量有着重大影响。

### 2. 受限访问的库房

受限访问的库房是确保库存记录准确性的“硬件”部分。在大多数情况下，受限访问的库房是指一个物理上的可靠区域，这主要涉及责任问题。库房工长要具备控制进出库房的能力，除了工作需要应限制其他人员访问。

### 3. 事务处理系统

事务处理系统是确保库存记录准确性的软件。记录库存事务和更新库存余额数据的系统应当简明、实时、有效。简明指容易理解和容易使用，事务处理类型不应太多。有些软件包含不必要的事务处理功能，造成系统不必要的复杂。对于使用这些系统的库房人员来说，越简明越好。事务处理系统还应有效地反映库房的真实情况。例如，每当有物料项目进出库时，库存余额记录应当随之更新。库存记录的更新虽然不需要实时处理，但也相当频繁，而且应在实际事务发生后及时更新。

### 4. 库存周期盘点

库存周期盘点是保证库存记录准确性的有效途径。

## 5.4.4　库存的周期盘点

库存周期盘点是指每天对库存中的部分物料项目进行盘点，从而使一年中对所有物料项目的盘点次数达到预定的值。对一项物料进行盘点的时间间隔，称为该项物料的盘点周期。一年中对某项物料进行盘点的次数，称为该项物料的盘点频率。

### 1. 周期盘点的原因

为什么需要进行周期盘点？一般来说有以下 5 个方面的原因。

（1）发现出错的原因，并予以纠正。每当发现库存错误，就要校正库存记录，同时找出原因。这些原因可能是库存安全没有得到切实保证、软件故障、不合理的规程等。一旦发现错误，应立即纠正，避免错误再次出现。

（2）检查系统运行结果。周期盘点可以对工作现状做出评价。定期地给出库存准确率，使工作人员知道库存记录是否足够准确。

（3）校正不准确的记录。当周期盘点的结果和计算机中的记录不匹配时，应当重新清点有关项目。如果两次清点的结果相同，则应校正计算机中的库存余额记录。

（4）取消年度库存盘点。年度库存盘点一般是出于财务审查的目的。由于库存记录的准确度已达到了 95%以上，所以，年度盘点已无必要，从而可以避免由于年度盘点而造成的停产。

（5）提高周期盘点人员的素质。通过周期盘点，盘点人员能熟练地识别零件，获得精确的记录，调整偏差，找到解决系统错误的方法，使库存记录更精确。

### 2. 常见的周期盘点方法

第一种盘点方法，也是最常见的周期盘点方法，是 ABC 分类法，即将库存物料分为 A、B、C 3 类，不同种类物料的管理采用不同的策略，例如，3 类物料库存记录准确性的计数容限不应相同，可分别设为 1%、2%、5%；盘点周期也不应相同，例如，A 类物料每月盘点一次，B 类物料每季度盘点一次，C 类物料每半年盘点一次。

第二种盘点方法是分区分块法。该方法将库存项目按所在的区域分组，以提高盘点效率。这种方法常用于分区存放系统，针对在制品或中间库存的盘点。

第三种是存放地点审查法。通常每个库房内都有很多库位，如果物料放错了地方，正常的周期盘点就不能进行，存放地点审查法用于准确确定物料的有效存放地点。使用这种方法时，所有的库位都应编号，每个盘点周期对特定的物料进行检查，通过对每个库位上的物料代码与库存记录中的进行比较，核实每项物料所在的库位。

盘点方法的选择取决于库存系统的实际情况，对于快速周转的物料项目，分区分块法是有效的方法；对于有许多库位的库房，ABC 分类方法和存放地点审查法结合在一起将会更有效。

在周期盘点之后，应生成一份周期盘点报告。报告中应包括所盘点的物料代码、存放地点、度量单位、原记录数据、盘点数量、库存记录准确度等重要信息。如果盘点结果与库存记录出现偏差，则要进行分析。如果偏差在计算容限范围内，则将库存记录调整为盘点结果；如果偏差超出了计数容限，则做出标记，以便进一步的处理。

## 5.4.5 ABC 分类法

ABC 分类法是库存管理中常用的分析方法，也是经济工作中一种基本工作和认识方法。这种方法是由意大利经济学家维尔弗雷多·帕累托首创的。1879 年，维尔弗雷多·帕雷托通过长期的观察发现，美国 80%的人只掌握了 20%的财产，而另外 20%的人却掌握了全国 80%的财产，而且很多事情都符合该规律。他将这一关系用图表示出来，就是著名的帕累托图。

ABC 分类法又称帕累托分析法、主次因素分析法。它的核心思想是在决定一个事物的众多因素中分清主次，识别出少数的但对事物起决定作用的关键因素和多数的但对事物影响较少的次要因素。后来，帕累托法被不断应用于管理的各个方面。1951 年，管理学家戴克将其应用于库存管理，命名为 ABC 分类法。1951—1956 年，约瑟夫·朱兰将 ABC 分类法引入质量管理，用于质量问题的分析，被称为排列图。1963 年，彼得·德鲁克将这一方法推广到全部社会现象，使 ABC 分类法成为企业提高效益普遍应用的管理方法。

在 ABC 分类法的分析图中，纵坐标表示占用资金累计，横坐标表示品种数量累计，以百分数表示，ABC 分类帕累托图如图 5-6 所示。

（1）A 类物资，累计占用资金为 0～80%，但品种数量占比低于 20%。

（2）AB 类物资，累计占用资金为 80%～90%，累计品种数量占比 30%～40%。

（3）ABC 类物资，累计占用奖金为 90%～100%，累计品种数量占比 100%。

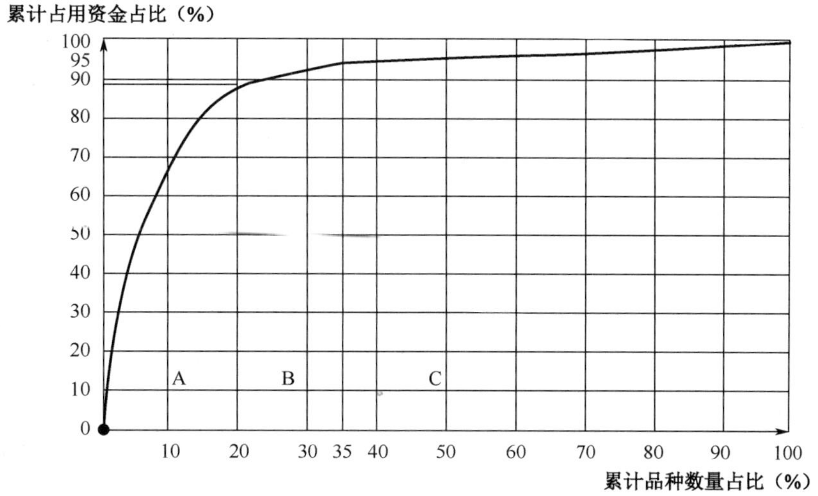


图 5-6　ABC 分类帕累托图

根据 ABC 分类法原理，可以将库存物料分为 A、B、C 三类，其中，A 类库存量少，但占用资金多，B 类库存的管理介于 A、C 类库存之间，C 类库存量多，但占用资金少，A、B、C 类库存物料占比如表 5-10 所示。

**表 5-10　A、B、C 类库存物料占比**

| 类型 | 占品种的百分比 | 占库存资金的百分比 |
| --- | --- | --- |
| A 类 | 10%～20% | 70%～80% |
| B 类 | 30%～40% | 15%～20% |
| C 类 | 40%～50% | 5%～10% |

在库存管理中，分清主次，抓住主要的对象，就可以事半功倍。运用这一法则可以使工作效率和企业效益大大提高。

在一个大型公司中，库存存货的种类通常很多，动辄就可能是十几万种甚至几十万种。将所有物料库存同等对待，用同一标准和方法管理虽然可能实现，但付出的管理成本却可能很高，得不偿失。尤其是在传统手工管理阶段，同一化的库存管理几乎是不可能的，有以下几点原因。

第一，盘点清查非常困难，而且难以确保准确性。对于非重要材料，如低值易耗品，可能影响还不大，但对于重要材料，如产品关键部件，如果计数错误，就可能导致缺料，生产自然也就不可避免地受到影响，进而不能满足市场需求，丧失市场机会，失去客户。

第二，存量控制困难。重要材料的存量应该作为重点监控，确保既不会缺料又不会产生积压；由于非重要材料的重要性不高和资金占用量小，可以按一定的估计量备货。如果实行“一把抓”式的管理，大量的非重要材料可能耗费管理者过多的精力，从而疏忽了对重要材料的控制，所谓“捡了芝麻，丢了西瓜”。

ABC 分类法的效率和高回报也是显著的。面对众多的问题，如果都能先进行分类，然后处理主要问题，次要的和不重要的问题通常也会迎刃而解。

以某销售商的库存管理问题为例，对其使用 ABC 分类法进行分析，某销售商库存管理 ABC 分类法示意如图 5-7 所示。

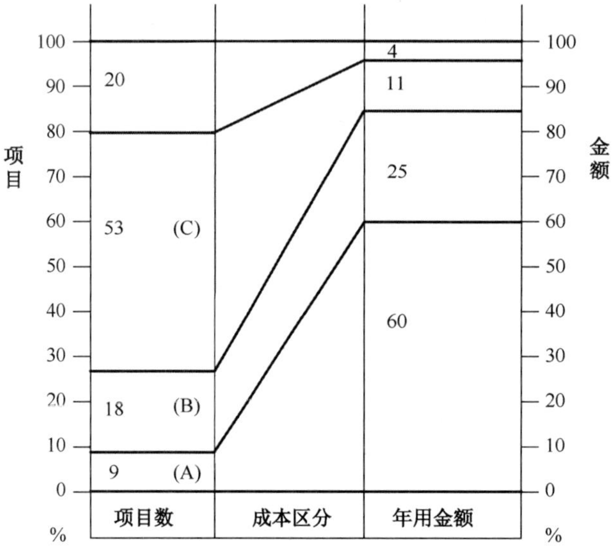


图 5-7 某销售商库存管理 ABC 分类法示意

### 1. 使用 ABC 分类法进行库存管理的步骤

第一，收集各个品种商品的年销售量，商品单价等数据。

第二，对原始数据进行整理并按要求进行计算，如计算销售额、品种数、累计品种数、累计品种百分数、累计销售额、累计销售额百分数等。

第三，制作 ABC 分类表。在总品种数不太多的情况下，可以用大排队的方法将全部品种逐个列表。按销售额，由高到低对所有品种顺序排列；填入必要的原始数据和经过统计汇总的数据，如销售量、销售额、销售百分数；计算累计品种数、累计品种百分数、累计销售额、累计销售百分数；将累计销售额百分数为 60%～80%的前若干品种定为 A

类；将销售额百分数为 20%～30%的若干品种定为 B 类；将其余的品种定为 C 类。如果品种数很多，无法全部排列在表中或没有必要全部排列出来，可以采用分层的方法，即先按销售额进行分层，以减少品种栏内的项数，再根据分层的结果将关键的 A 类品种逐个列出来进行重点管理。

第四，以累计品种百分数为横坐标，累计销售百分数为纵坐标，根据 ABC 分类表中的相关数据，绘制 ABC 分类法示意图。

第五，根据 ABC 分类法的结果，对 A、B、C 3 类物品采取不同的管理策略。

### 2. A 类物品管理

A 类物品在品种数量上仅占 10%左右，管理好 A 类物品，就能管理好 70%左右的年消耗金额。A 类物品是关键的少数，要进行重点管理。对于生产企业来说，应该千方百计地降低 A 类物品的消耗量；对于商业企业来说，要想方设法增加 A 类物品的销售量；对库存管理者来说，要在保证安全库存的前提下，小批量多批次按需储存，尽可能地减少库存总量，减少仓储管理成本，减少资金占用成本，提高资金周转率。重点管理 A 类物品的目的不仅在于降低库存，还要保证供给，防止缺货，防止出现异常情况。具体的管理方法如下。

（1）按照需求、小批量、多批次地采购入库，最好能做到准时制管理，能够提高资金周转率，使库存保持最优的有效期，降低仓储管理费用，及时获得降价的收益。当然季节储备和涨价前的储备也是不可避免的。

（2）按照看板订单，小批量、多批次地发货，最好能做到准时制出库，避免物品长时间储存在生产线或客户手中，造成积压损耗、虚假需求和超限额库存，不利于均衡生产和经营。

（3）随时监控需求的动态变化，分析预测哪些是日常需求，哪些是临时集中需求，使库存与各种需求相适应。

（4）科学设置最低定额、安全库存和订货点，防止缺货的发生；了解大客户的库存，在需要的时候临时调剂；监控供应商的在途物资品种数量、到货时间；与供应商和用户共同研究替代品，尽可能降低单价；制订应急预案，采取补救措施。

（5）每天都要进行盘点和检查。

### 3. B、C 类物品管理

对 B 类物品进行次重点管理。每周要进行盘点和检查。对于 B 类物品库存的控制不必像 A 类那样严格，但也不宜过于放松。库存管理一般以大类确定订购数量和储备金额，根据不同情况，灵活选用库存控制方法。

C 类物品品种数量多但资金占用量少，故对其的控制可粗略一点。通常的做法是，采用定量订货控制法，集中采购，并适当增大储备定额、保险储备量和订货批量，相应减少订货次数。在实际工作中，可采用“双堆法”或“红线法”进行管理，相应减少订货次数。

“双堆法”是指将存货分别放在两个空间中（如两堆、两箱、两桶等），当第一个空间的存货用完后，即发出订货单，并同时从第二个空间开始供货；当第二个空间的存货用完后，第一个空间的货物到货，开始供应。如此交替存货，不断往复循环，以满足生产、经营上的需要。“红线法”也是一种类似的粗放式控制方法。其具体做法是，在存放货物的箱子上，从底部起于一定的高度处画出一条红线，红线以下的数量代表保险储备量和提前期内的需要量，当存货在供应中降至红线时候，即进行订货，以便将存货恢复到原有水平。

ABC 分类法对 MRP 系统控制的物料需求并不适用，因为 MRP 系统面对的是最终产品。对于连续均衡的生产，每一个相关物品都具有同样的重要作用，即使是一个螺丝也能够让生产中断。因此，也要注意一些关键物料的管理，不能一味地强调 A 类物品的管理。ABC 分类法的应用，在库存管理中容易取得以下成效：压缩总库存量，解放被占用的资金，使库存结构合理化，节约管理力量。

## 5.5 智慧仓储

随着当前数字技术的快速发展和深度应用，物料和库存管理已经发生了深刻的变革，甚至是翻天覆地的变化。一方面，ERP 系统使得主生产计划与需求、物料、库存、财务等连接起来，形成企业全面的资源规划与管理系统，物料与库存数据既是主生产计划的基础数据，又与生产运营直接挂钩，既支持生产，又显示生产结果；另一方面，物联网、云计算和人工智能技术在仓储管理中全面应用，实现对仓库物流信息系统的全面数字化、智能化和高效化管理，在各个环节之间实现无缝连接，确保了物流运输的高效安全，并提升了客户满意度。

### 5.5.1 智慧仓储的优势

智慧仓储，是指采用先进的信息技术手段对仓储设备与仓储管理过程进行智能化改进，通过构建一套标准化流程的现代信息管理系统，提升采集、处理、流通、管理、分析的信息加工链与包含入库、出库、移库、盘点、拣货、分发的业务环节链的调度水平。

智慧仓储的优势有以下三个方面。

（1）提高仓储效率。智慧仓储通过物联网技术和人工智能算法，实现对仓库内货物的自动化管理，避免了烦琐的手工操作和时间浪费，提高了仓储效率。

（2）降低运营成本。智慧仓储通过自动化采集和智能化处理，优化仓库运营流程，节省了人力和物力成本，降低了运营成本。

（3）提高客户满意度。智慧仓储通过智能化设备和系统，提供更加便捷和高质量的仓储服务，提升了客户满意度。

## 5.5.2　智慧仓储的组件

智慧仓储由各种相互关联的技术组成，常见的构成智慧仓储的组件有以下几类。

（1）机器人。智慧仓储的机器人的主要工作是拣选和包装货物。

（2）射频识别（RFID）。RFID 使用数字标签跟踪包裹，使用无线电波将数据传输到数字标签和自动扫描系统，记录产品的信息。RFID 取代了传统的条形码。条形码必须与扫描仪精确对齐以识别信息，而 RFID 扫描仪只需要简单地指向包装的大致方向就可以识别。由于扫描仪不必精确对齐，因此可以使用自动化机器扫描包裹，识别并计算每种类型的商品的数量。此外，RFID 扫描仪可以在订单履行期间检测货物，确保库存数量始终准确。

（3）人工智能（AI）。近年来，AI 的应用在各行各业呈现爆炸式增长。在智慧仓储领域，AI 能够帮助仓储机器人找到最有效的选择产品的路径，可以根据产品的类型、数量、尺寸和重量确定货物的最佳箱型。有些仓库甚至能够应用 AI 技术以最节省空间的方式包装物品。

（4）物联网。物联网支持多个智能设备相互通信和共享数据。在智能仓库系统中，机器人可以与智慧仓储各组件进行通信，包括智能仓储管理系统。例如，收到货物后，RFID 扫描仪会扫描标签，告知 WMS 收到的货物类别和数量。然后，WMS 与机器人通信，通知它们这些货物应该存放在仓库楼层的哪个位置。所有这些流程都是自动进行的，并且不会丢失任何关键信息。如果没有物联网，库存管理人员就必须手动完成流程中的每个步骤。

（5）智能仓储管理系统（WMS）。WMS 是智慧仓储的信息系统，是智慧仓储的大脑，是机器人、物联网、RFID 等数字技术与设备背后的统一管理与调度系统，提供包括物流路径优化、库存管理、订单管理、质量控制及报告生成等多种功能，帮助企业完成仓库自动化、智慧化的管理和监控。

## 5.5.3 智慧仓储应用的新趋势

### 1. 机器人技术的应用

随着机器人技术的不断发展，越来越多的智慧仓储开始应用机器人技术，如自动堆垛机、自动导向车（AGV）等。机器人技术可以帮助智慧仓储实现货物搬运、摆放和盘点等操作的自动化，提高智慧仓储的运营效率和安全性。

### 2. 云计算和大数据的融合

智慧仓储通过融合应用云计算和大数据技术，实现了对仓库内各类数据的集中管理和分析，从而提高数据处理效率和精度。

### 3. 物流供应链信息共享

智慧仓储作为物流供应链的重要一环，需要与其他环节进行紧密衔接和协同，实现信息的无缝传递和共享。通过物联网、区块链等技术手段，智慧仓储可以实现货物状态的实时监测和追踪，提高货物运输的安全性和可靠性。

### 4. 人机协作的实现

智慧仓储在数字化转型中还需要实现人机协作，即将人工操作和智能设备的优势结合起来，使操作更加自然和高效。通过智能化设备和系统，结合人工智能算法，智慧仓储为仓库管理人员提供智能引导和辅助功能，帮助人员完成复杂操作和决策，提高工作效率和质量。

智慧仓储是数字化转型中的重要一环，通过物联网、云计算、人工智能等技术手段，提高仓储效率和服务水平。未来，智慧仓储将进一步迎合市场需求，引领数字化转型发展，为物流行业带来更加高效、安全、可靠的服务体验。

# 5.6 章节案例：京东“亚洲一号”智能仓库

## 5.6.1 背景介绍

京东从 2009 年开始筹划建设“亚洲一号”智能仓库。2014 年 10 月 20 日，首座“亚洲一号”仓在上海市开始运营。在 2014—2019 年，全国建成 23 座“亚洲一号”仓，并投入运营，形成以北京、上海、广州、成都、武汉、沈阳、西安和杭州为中心的八大物流枢纽。截至 2021 年底，全国已经建立了 43 座“亚洲一号”智能仓库。“亚洲一号”是亚洲地区电商仓储领域建设面积最大、智能化程度最高的现代化物流中心之一。北京地区“亚洲一号”仓共有 3 个仓库，占地面积约 128000 平方米。主体建筑由北至南分别为 1、2、3 号库，其中，1、2 号库为仓储区，3 号库 2 楼为订单集中复核、包装区域，3 号库 1 楼为包裹分拣中心，整体园区设计主要用于 3C 数码类等小件商品，订单业务范围覆盖华北地区。

### 1. “亚洲一号”仓的优势

在硬件方面，“亚洲一号”仓拥有智能化的立体仓库、堆垛机械、交叉到发线、智能分拣机、自动搬运工业机器人、智慧物流机器人等先进的智能化装置。这些智能化装置在物流、搬运、分拣及配送等环节极大地提高了效率，节省了大量人力成本和物流成本。

在软件方面，“亚洲一号”仓内应用了货到人系统、输送系统、交叉带分拣机系统、自动控制系统、库存信息管理系统、高速自动化分拣系统等，此外，还包括能有效减少包装耗材浪费的“精卫推荐”和智能操控全局的智能控制系统“智能大脑”。

“亚洲一号”仓根据其自动化程度的不同可以划分为高度自动化项目、适度自动化项目、普通园区三种类型。所以说并不是所有的“亚洲一号”仓均是全程无人自动化仓库。

京东“亚洲一号”仓与传统的物流中心相比，具有以下几个方面的优势。

（1）所有的商品集中储存在同一物流中心的仓库内，减少跨区作业，提高效率，降低成本。

（2）能快速完成商品的拆零拣选，合并同订单商品。

（3）仓内配备有自动化立体仓库系统（AS/RS），实现高密度储存，充分利用储存空间。

（4）自动导向车（AGV）替代了人工从事驾驶和重复常规的物料搬运工作，并且能够与机器人、自动化立体仓库等联合作业。

（5）仓内配备有“货到人”系统，对纸箱、周转箱等容器进行自动化存取和搬运，大大提升了拣选效率。

（6）智能化设备进行订单快速分拣，确保分拣效率和准确性。

（7）交叉带分拣机系统实现高速自动化分拣，适用于中、小型的包裹分拣，配合全自动供包形式，最大化降低人员投入，提高分拣效率。

（8）管线输送系统减少了货物搬运量，提高了输送速度和自动化水平。

（9）通过应用 AR/VR 技术，仓库工作人员能快速查找到货物区位，并且便捷地目视完成扫码记录工作，极大缩短了新人培训和操作时间。

（10）在人工装车、卸车和汽车驾驶过程中，基于 5G 环境的实时视频监控和人工智能识别技术，能有效识别和杜绝违章作业，强化质量管理和安全保障水平。

### 2. “亚洲一号”仓的入库出库流程

通过应用人工智能技术，“亚洲一号”仓的收货、入库、分拣、出库等流程得到了充分的优化，实现无人化业务操作。“亚洲一号”仓在接收到货物后，利用自动存储设备进行高效的入库，将货品存放在立体库区；立体库区接收到货物后，通过机器设备分拣出相关货品，再通过传送带运输到其他作业点进行复核包装，完成货到人的分拣，极大地减少了人力成本，提升了包装质量和包装效率，部分包装点还可以进行自动包装；包装后的商品通过高度智能化的运输设备及输送系统，从出货包装区流出，被装上货车。无人仓可通过各种控制系统，完成主动补货、背对背补货、拆零补货等各种补货作业。

### 3. “亚洲一号”仓的应用效益

“亚洲一号”仓的主要市场定位是，针对各种中小件商品进行物流配送的全自动化多流程无人仓，仓区范围内智能自动化仓储设备多达几百上千台，由货架穿梭车、装卸机器人、分拣机器人等组成的智能自动化“机器天团”，在仓内已经完成了从采购原料入库、仓储、打包、分拣直至出货的全流程自动化操作。无人仓可以最大限度地减少员工的劳动作业强度，且无人仓库效率比传统人力仓库效率水平提高将近 10 倍。

“亚洲一号”仓通过使用大量自动化设备，显著地降低了对仓储人员的成本投入，减少了仓库跨区物流作业，提高了货物分拣运输效率，还增加了客户的极速购物体验，降低了异地物流成本，实现京东消费、技术、基础设施服务的三方面产业升级，对推进京东物流供应链一体化运作模式的变革创新升级也起到了支撑和促进作用。

### 5.6.2 京东智能仓储全链路 AI 应用

京东集团已将人工智能等技术进行了超大规模、全产业链的应用。“京东一号”充分利用了智能化分拣设备、AGV 搬运机器人、无人驾驶叉车、AR/VR 引导、人工智能识别监控、大数据物流仿真和数字孪生，以及通过覆盖园区的 5G 通信平台，实现海量数据高速低延时的实时传输。在 2021 年京东“618 购物节”，京东 AI 全线出动，实现了售前、售中、售后全链路 AI 应用，全面提升效率。NeuHub 京东人工智能开放平台在 2021 年京东“618 购物节”期间累计调用量超 1630 亿次；京东智能客服提供 7×24 小时全天候服务，京东“618 购物节”期间累计服务超 4.9 亿次；京东智能家居平台可连接的高质量设备突破 2.2 亿台。

在零售领域，京东有数百万种自营商品、数十万商家、超 5 亿消费者，其背后一头连接着消费侧，另一头连接着供给侧，京东通过智能运营、仓网优化、全渠道履约、C2M 反向定制提供智能决策，创造出了“库存周转天数降至 31.2 天”的世界级纪录。首个全链路无人工干预的智能化反向定制系统，在 2020 年的京东“618 购物节”已至少帮助 1000 个新品类达成同比增长 100%的目标，100 个新品类销售过亿。据了解，目前 C2M 在京东的覆盖品类超过 1000 种，深度品牌合作超过 1200 个。例如，美的轻食纤 V 煲，在煮米饭过程中能更大程度将纤维保留下来；九阳“不用手洗”的破壁机，解决了用户愿意做、不愿意手洗的痛点问题。

在物流领域，京东通过自建“亚洲一号”仓，实现了 1000 种以上的物料高效、有序运转。自动搬运机器人、分拣机器人、智能快递车等，在仓储、运输、分拣及配送等环节大大提升效率。京东还自主研发了仓储、运输及订单管理系统等，支持客户供应链的全面数字化。京东应用专有算法，在销售预测、商品配送规划及供应链网络优化等领域实现决策，从而实现了超 200 个城市最快分钟级到达的惊人效率。

大规模的 AI 应用不仅全链路覆盖了京东旗下业务，还与京东自身多年来锤炼出的实战经验相结合，为千行百业的合作伙伴提供全方位的数智化升级服务，助力实体经济高质量发展。例如，在混凝土产业，“4 个小时”是混凝土从生产装车到工地现场浇筑的时限，也是混凝土的“保质期”，因此供需间的高效、精准协同极为重要。京东科技帮助西安恒盛集团搭建了智能供应链平台，实现了该区域混凝土产业上下游高频供需协同的数字化、在线化、可视化、智能化，建立起生产与物流间的新型协同机制，使日常履约效率提升 30%。

## 案例思考题

1. 京东是如何实现智能仓储的？

2. 京东“亚洲一号”仓与传统仓库有何区别？
3. 结合案例思考，智能仓储应用的未来趋势。

## 5.7 本章小结

物料管理是企业生产经营活动所需各种物料的采购、验收、保管、供应等一系列计划、组织、控制等管理活动的总称。

第一，物料管理包含了对与产品生产有关的所有物品的全面管理；

第二，物流流动形成库存，既包括静态储存，也包括在途物料；

第三，库存周转率是企业生产运营水平和经济效益的重要指标；

第四，确定订货批量的方法有经济订货批量、固定订货批量等多种方式；

第五，为了应对供应或客户两端突发的不确定性，企业一般需要设置安全库存或安全提前期；

第六，为了保证库存准确度，需要进行定期盘点，使用科学的 ABC 分类法进行库存管理。

# 第 6 章 主生产计划

**内容导览：**生产大纲的制订方法，包括试算法和运输表法；主生产计划方式、时区时界与订单状态、主生产计划矩阵、主生产计划的编制程序、主生产计划的计算和维护、待分配库存量的计算等。

## 章节案例导读：智邦一体化 ERP

北京智邦国际软件技术有限公司，是一家企业管理软件开发商和服务提供商。

智邦国际以一体化为顶层设计理念，全面布局产品生态，形成“一体化 ERP”和“智能化产品线”两大产品矩阵，为企业提供全方位的数智化转型解决方案。

智邦国际的一体化管理解决方案设计核心是全程一体化管理。方案架构包括经营一体化、销售一体化、库存一体化、财务一体化、生产一体化、统计一体化。

智邦一体化 ERP 实现了系统全面集成、业务自动流转、销售全程掌控、库存同步更新、生产实时更新、财务业务一体化。

# 6.1 制订生产计划大纲

生产计划大纲，也称综合生产计划，是企业根据市场需求和资源条件对企业未来较长一段时间内资源与需求的平衡所做的总体化规划，是根据企业所拥有的生产能力和需求预测对企业未来较长一段时期内产出内容、产出量、劳动力水平、库存投资等方面所做出的决策性描述。在 ERP 的计划体系中，制订生产计划大纲，是从销售与运营规划关联到主生产计划的一个纽带。生产计划大纲从宏观上确保销售与运营规划的实施，以及确定具体生产规划策略的经济性；在生产计划大纲的指引下，企业可以对具体产品族制订更为明确的主生产计划。

综合生产计划制订的方法有试算法、运输表法等。

## 6.1.1 试算法

试算法的基本逻辑是通过比较不同生产规划策略方案的成本，选择成本最优的生产规划方案制订生产大纲。例如，在销售与运营规划阶段，涉及的生产规划策略一般有：稳定生产策略、追逐生产策略和混合生产策略。稳定生产策略指“以不变应万变”，无论需求如何变化，始终以恒定的生产能力为依据制订生产计划。当供大于求时，产生库存；当供不应求时，通过库存来满足需求，当库存无法满足需求时，则会发生缺货，即通过库存调节来平衡稳定生产数量与可变市场需求之间的偏差。追逐策略则是生产跟随市场变化趋势，随需而变。企业通过外包、加班等方式调节生产能力，以确保每期生产量都尽可能地满足市场需求，总体实现零库存。那么这两种方式，哪一种更适合，更经济呢？试算法通过比较不同生产规划策略下的总体成本，帮助企业做出生产策略决策。

**微案例 1：**某加工企业的生产能力如下：正常生产能力为每个季度生产 40000 个产品，加班生产每季度最大生产能力为 15000 个产品，外包每季度最大生产能力为 5000 个产品；正常生产的成本为 15 元/个；加班生产分摊到每个产品上的成本高于正常生产分摊成本，为 18 元/个；外包，即委托外单位进行外协生产的成本则为 20 元/个；产品提前生产存放库存中的库存保管成本为 1 元/个，而因产能不足带来缺货的损失则为 2 元/个。

企业拟在稳定生产策略和追逐生产策略之间做出选择，制订适合特定产品的全年生产策略。假设方案 1 为稳定生产策略，而方案 2 为追逐生产策略。采用试算法进行分析的计算过程如下。

第一步：计算不同方案的总成本。

（1）方案 1 为稳定生产策略。方案 1 计划信息如表 6-1 所示。

**表 6-1　方案 1 计划信息**

| 季度 | 1 | 2 | 3 | 4 | 总计 |
| --- | --- | --- | --- | --- | --- |
| 需求量（个） | 30000 | 50000 | 50000 | 30000 | 160000 |
| 正常生产量（个） | 40000 | 40000 | 40000 | 40000 | 160000 |
| 库存量（个） | | | | | |
| 期初库存量（个） | 0 | 10000 | 0 | 0 | |
| 期末库存量（个） | 10000 | 0 | 0 | 0 | |
| 平均库存量（个） | 5000 | 0 | 0 | 0 | |
| 缺货量（个） | 0 | 0 | 10000 | 0 | |

备注：平均库存量=（期初库存量+期末库存量）/2。

以 1 年为计划期，计算方案 1 中恒定生产量的加工成本、库存维持费用即保管成本以及缺货损失成本的总和，方案 1 成本核算如表 6-2 所示。

每季度生产量：40000×15（正常生产单位成本）×4（季度数）= 2400000（元）。

库存维持费用：$\sum_{1}^{4}$ 每期平均库存量× 1（单位保管成本）=5000（元）。

缺货成本：10000×2（单位缺货成本）=20000（元）。

总成本：2400000+5000+20000=2425000（元）。

**表 6-2　方案 1 成本核算**

| 季度 | 1 | 2 | 3 | 4 | 总计（元） |
| --- | --- | --- | --- | --- | --- |
| 需求量（个） | 30000 | 50000 | 50000 | 30000 | |
| 成本（元/个） | | | | | |
| 产出量（个） | | | | | |
| 正常生产成本（元） | 600000 | 600000 | 600000 | 600000 | 2400000 |
| 库存量（个） | 5000 | | | | 5000 |
| 缺货量（个） | 10000 | | | | 20000 |
| 总计（元） | | | | | 2425000 |

（2）方案 2 追逐策略。即根据市场需求量生产，没有存货。当市场需求大于正常生产能力时，安排加班生产；若加班生产仍然不能满足市场需求，则采用外包的方式进行补充。以一年为计划期，方案 2 需求量和生产量如表 6-3 所示，方案 2 成本核算如表 6-4 所示。

**表 6-3　方案 2 需求量和生产量**

| 季度 | 1 | 2 | 3 | 4 | 总计 |
|---|---|---|---|---|---|
| 需求量（个） | 30000 | 50000 | 50000 | 30000 | 160000 |
| 正常生产（个） | 30000 | 40000 | 40000 | 30000 | 140000 |
| 加班生产（个） | 10000 | 10000 | 0 | 0 | 20000 |
| 外包（个） | 0 | 0 | 0 | 0 | 0 |
| 库存量（个） | 0 | 0 | 0 | 0 | 0 |

**表 6-4　方案 2 成本核算**

<table>
<tr><td>月份</td><td>1</td><td>2</td><td>3</td><td>4</td><td>总计（元）</td></tr>
<tr><td>需求量（个）</td><td>30000</td><td>50000</td><td>50000</td><td>30000</td><td></td></tr>
<tr><td>单价（元/个）</td><td colspan="4">15</td><td rowspan="2">2100000</td></tr>
<tr><td>正常生产（个）</td><td>450000</td><td>600000</td><td>600000</td><td>450000</td></tr>
<tr><td>单价（元/个）</td><td colspan="4">18</td><td rowspan="2">360000</td></tr>
<tr><td>加班生产（个）</td><td>10000</td><td>10000</td><td>0</td><td>0</td></tr>
<tr><td>外包（个）</td><td>0</td><td>0</td><td>0</td><td>0</td><td>0</td></tr>
<tr><td colspan="5">总计（元）</td><td>2460000</td></tr>
</table>

第二步：成本比较，选出成本最低的方案。

方案 1 的总成本为 2425000 元，方案 2 的总成本为 2460000 元，比较方案 1 和方案 2 的总成本，方案 2 总成本高于方案 1，因此方案 1 稳定生产策略较为经济。

## 6.1.2　运输表法

运输表法又称表上作业法，是一种表格化的线性规划方法。

### 1．基本假设

每一个计划期内正常生产能力、加班生产能力及外协量均有一定限制；每一个计划期的预测需求量是已知的；全部成本都与产量呈线性关系。

### 2．步骤

（1）制表，包含需求、生产能力、不同生产策略的单位成本等信息。

（2）在可用生产能力中填上正常生产、加班生产和外包的最大生产能力。

（3）在每一个单元格右上角填上各自的成本。

（4）从第一列开始，在每一列中寻找成本最低的单元格，并将生产任务分配到该单元格，但不得超过该单元格所在行的生产能力和所在列的需求。

（5）在该行填上未用的生产能力，但必须注意剩余的未用生产能力不能为负数。如果该列仍有需求尚未满足，则重复步骤（3）、（4），直至需求全部满足为止。

**微案例 2：**某汽车生产厂家，每个季度的市场需求预测值如表 6-5 所示。

表 6-5　市场需求预测（单位：万辆）

| 季 度 | 1 | 2 | 3 | 4 |
|---|---|---|---|---|
| 需 求 | 2 | 3 | 3 | 2 |

不同生产安排的单位成本不同，产品正常生产的成本为 3 万元/辆；加班生产的成本为 4 万元/辆；外包的成本为 5 万元/辆。单位库存保管成本为 0.3 万元/季度。

车间的生产能力数据如表 6-6 所示。

表 6-6　各季度车间生产能力（单位：万辆）

| 季 度 | 1 | 2 | 3 | 4 |
|---|---|---|---|---|
| 正常生产 | 1.5 | 1.6 | 1.2 | 1.6 |
| 加班生产 | 0.5 | 1 | 1 | 0.8 |
| 外 包 | 0.6 | 0.6 | 0.6 | 0.6 |

期初库存为 0，期望的期末库存为 1 万辆。

按照该厂采取的混合生产策略，不允许出现任务拖期和库存缺货。如果使用运输表法来制订综合生产计划，具体的步骤如下。

（1）第一步：绘制运输表。

运输表结构如表 6-7 所示。

表 6-7　运输表结构

| 计划期 | 期初库存 | 0 | $h$ | $2h$ | $3h$ | 空余生产能力 | $I_0$ |
|---|---|---|---|---|---|---|---|
| 1 | 正常生产 | $r$ | $r+h$ | $r+2h$ | $r+3h$ | | $R_1$ |
| | 加班生产 | $t$ | $t+h$ | $t+2h$ | $t+3h$ | | $T_1$ |
| | 外　协 | $s$ | $s+h$ | $s+2h$ | $s+3h$ | | $S_1$ |
| 2 | 正常生产 | | $r$ | $r+h$ | $r+2h$ | | $R_2$ |
| | 加班生产 | | $t$ | $t+h$ | $t+2h$ | | $T_2$ |
| | 外协 | | $s$ | $s+h$ | $s+2h$ | | $S_2$ |
| 3 | 正常生产 | | | $r$ | $r+h$ | | $R_3$ |
| | 加班生产 | | | $t$ | $t+h$ | | $T_3$ |
| | 外　协 | | | $s$ | $s+h$ | | $S_3$ |
| 4 | 正常生产 | | | | $r$ | | $R_4$ |
| | 加班生产 | | | | $t$ | | $T_4$ |
| | 外　协 | | | | $s$ | | $S_4$ |
| 需　　求 | | $D_1$ | $D_2$ | $D_3$ | $D_4+I_4$ | | |

运输表的基本结构构成：计划期一年分四个季度进行生产计划；生产类型包括正常生产、加班生产和外协；横向第一行列出库存数据，最后一行表示需求，按季度分别用 $D_1$～$D_4$ 表示，如果第四季度末希望为下一年度储备库存，即有期末库存需求，则可以加上 $I_4$；纵向第一列是计划期，按照一年四个季度划分为 4 个计划期；纵向最后一列表示期初库存量总和 $I_0$ 或最大生产能力（$R$、$T$、$S$），因此横向各行数据加起来不能超过最后一列的数值，否则生产任务安排就超过了生产能力限制；纵向一列数字加起来等于最后一行的需求数值，即为供给与需求匹配，否则会出现供不应求或供大于求的情况。

在绘制表格时，$h$ 表示一个季度的单位库存成本，$r$、$t$、$s$ 分别表示正常生产、加班生产和外协生产的单位生产成本。

（2）第二步：数据填表。

将案例中的需求、成本和生产能力数据对号入座，填入表格，形成包含基本信息的运输表。

（3）第三步：采用表上作业法安排生产计划。

第一季度：正常生产 1.5 万辆，加班生产 0.5 万辆，共生产 2 万辆，满足市场需求。

第二季度：正常生产 1.6 万辆，加班生产 1 万辆，外协生产 0.4 万辆，共生产 3 万辆，满足市场需求。

第三季度：正常生产 1.2 万辆，加班生产 1 万辆，外协生产 0.6 万辆，共生产 2.8 万辆，小于市场需求，还缺 0.2 万辆，按照成本最小化且仍有空余生产能力的原则，选择第二季度外协生产 0.2 万辆，保管 1 个季度，来弥补第三季度生产能力与市场需求的差值。

第四季度：正常生产 1.6 万辆，加班生产 0.8 万辆，外协生产 0.6 万辆，共生产 3 万辆，除了满足 2 万辆的市场需求，还可以满足 1 万辆的期末库存需求。

根据上述信息进行表上作业法安排生产计划，形成包含基本信息的运输表，运输表计算如表 6-8 所示。

**表 6-8　运输表计算（单位：万辆）**

| 季度 | 期初库存 | [0] 0 | 0.3 | 0.6 | 0.9 | 空余生产能力 | $I_0$=0 |
|---|---|---|---|---|---|---|---|
| 1 | 正常生产 | [1.5] 3 | 3.3 | 3.6 | 3.9 | | $R_1$=1.5 |
| | 加班生产 | [0.5] 4 | 4.3 | 4.6 | 4.9 | | $T_1$=0.5 |
| | 外　协 | 5 | 5.3 | 5.7 | 5.9 | [0.6] | $S_1$=0.6 |
| 2 | 正常生产 | | [1.6] 3 | 3.3 | 3.6 | | $R_2$ =1.6 |
| | 加班生产 | | [1] 4 | 4.3 | 4.6 | | $T_2$=1 |
| | 外协 | | [0.4] 5 | [0.2] 5.3 | 5.7 | | $S_2$=0.6 |
| 3 | 正常生产 | | | [1.2] 3 | 3.3 | | $R_3$=1.2 |
| | 加班生产 | | | [1] 4 | 4.3 | | $T_3$=1 |
| | 外　协 | | | [0.6] 5 | 5.3 | | $S_3$=0.6 |
| 4 | 正常生产 | | | | [1.6] 3 | | $R_4$=1.6 |
| | 加班生产 | | | | [0.8] 4 | | $T_4$=0.8 |
| | 外　协 | | | | [0.6] 5 | | $S_4$=0.6 |
| 需　求 | | 2 | 3 | 3 | 2+1 | | |

采用运输表法，可以统筹安排生产计划和库存计划，以确保整个计划期内总体成本最优。

# 6.2　主生产计划

主生产计划（Master Production Schedule，MPS），是确定每一具体的最终产品在每一具体时间段内生产数量的计划。MPS 的对象一般是最终产品，即企业的销售产品，但有时也可能是组件。综合生产计划是按产品大类，在考虑生产能力规划情况下编制的进度安排；而主生产计划是要确定每一种具体的最终产品在每一个具体时间段内的生产数量，是综合生产计划的分解和细化。

主生产计划描述了企业生产什么、生产多少，以及什么时段完成的生产计划，是把企业战略、生产计划大纲等宏观计划转化为生产作业和采购作业等微观作业计划的工具，是企业物料需求计划的直接来源，是粗略平衡企业生产负荷和生产能力的方法，是连接市场销售和生产制造的纽带。

## 6.2.1 主生产计划方式

根据定制点不同，ERP 系统将生产类型划分为 4 种：面向订单设计（Engineer to Order，ETO）、面向订单生产（Make to Order，MTO）、面向订单装配（Assemble to Order，ATO）、面向库存生产（Make to Stock，MTS），不同定制点的生产方式如图 6-1 所示。针对不同的生产类型，主生产计划方式也不同，主生产计划方式如表 6-9 所示。

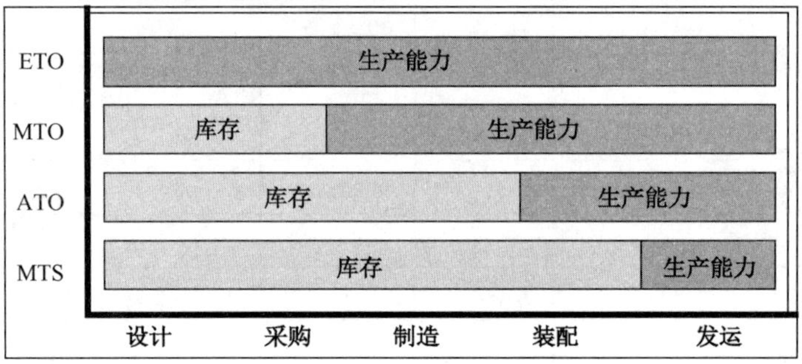


图 6-1 不同定制点的生产方式

**表 6-9 主生产计划方式**

| 生产类型 | 计划依据 | MPS 计划对象 | 举例 |
|---|---|---|---|
| MTS | 主要根据市场需求预测安排生产，产品完成后入库待销，要进行促销活动 | 独立需求类型物料 | 生活用品的生产 |
| MTO | 产品设计已完成，根据客户特定需求，按照订货合同组织生产 | 独立需求类型物料 | 标准定型产品，如会议室桌子等 |
| ATO | 系列产品，有多种类型，根据合同选择装配 | 通用件、基本组件、可选件 | 含可选项的标准系列产品，如计算机产品、汽车等 |

续表

| 生产类型 | 计划依据 | MPS 计划对象 | 举例 |
|---|---|---|---|
| ETO | 根据客户要求专门设计并制造 | 独立需求类型物料 | 单个产品价值高，产品结构复杂，定制性强，如航天飞机、精密仪器设备等 |

### 1. MTS

MTS 通常会根据历史数据和市场的分析对未来的销售量进行一定的预测，决定企业在一段时间内的生产规模。产品生产出来后入库管理，然后再进行销售。一旦库存量低于预测水平，就立即开始安排新的生产补充库存，即“先产后销”。

特点：在这种方式下，在接到客户订单前，产品就已经生产完成。产品交付给客户的时间只受运输时间的制约，是响应客户需求时间最短的一种需求响应与生产策略。

存在问题：在预测不准确时，可能会导致库存积压；或当市场发生较大变化时，可能会导致滞销，从而带来库存积压。

应用场景：一般而言，采用 MTS 生产方式的企业，其客户数量较多，生产的产品品种较少，市场较为稳定，需求弹性较小。

产品举例：生活必需品。日化用品、制药等企业一般采取 MTS 生产方式。

### 2. MTO

面向订单生产，也称为接单生产，指企业接到实际订单才开始组织生产，即“先销后产”。

特点：其最终产品一般是标准产品，在接到客户订单后，可以立即开始安排生产；原则上没有产品库存；响应客户的需求时间受制于产品的总提前期和运输时间。压缩产品的采购提前期和加工提前期可以有效缩短客户响应时间。

存在问题：需要企业有较高的生产能力和较好的供应链系统。否则，当客户的需求量激增时，企业可能无法安排生产或者会因为供应商交货不及时而导致供货周期延长，从而降低客户服务水平。

应用场景：客户数量较少，生产的产品品种较多。

产品举例：通用机械生产企业一般采取 MTO 生产方式。

### 3. ATO

企业在采用 ATO 生产方式时，根据市场预测，合理储备适当数量的原材料、零部件、组件，接到客户的订单后，根据客户的要求，立即进行装配，这样产品很快就能交付给客户。

特点：采用 ATO 生产方式时，企业的产品必须是由一系列的标准组件和通用件构成的模块化的产品结构，否则很难采用 ATO 方式进行生产。交货提前期、制造提前期被大大缩短，能保证及时供货，客户服务水平较高。

存在问题：在采用 ATO 生产方式时，对产品的预测比较困难，且对企业产品的通用性要求较高，要求能够形成模块化的产品结构。

应用场景：一般而言，采用 ATO 生产方式的企业，面临的客户数量较多，而生产的产品品种也相对较多。

产品举例：计算机生产企业一般采用 ATO 生产方式。

### 4. ETO

面向订单设计是指在接到订单后，从产品设计开始，经过物料采购过程、生产过程到最后完工，将产品交付客户，是 4 种生产类型中交付周期最长的一种。

特点：这种生产方式完全按照客户的需求进行设计、生产，不仅需要重新构建产品结构，重新设计工艺路线，甚至有时还需要进行生产试验。

存在问题：ETO 生产方式，生产周期长，有时候项目需要持续几年时间，如造船，其响应客户需求的周期也是最长的。在 ETO 生产方式下，如何压缩产品研发、制造周期显得非常重要，这也是影响企业竞争力的关键因素。在采用 ETO 生产方式时，企业一般采用并行工程的方式来组织生产，以减少响应客户需求的周期，提高客户的满意度。

应用场景：一般而言，采用 ETO 生产方式的企业，其客户数量较少，且生产产品品种也较少。

产品举例：大型机械、船舶等生产企业；高端定制类的产品生产企业一般采用 ETO 生产方式。

企业在产品生命周期的不同阶段可能分别使用以上 4 种生产方式，生产类型与产品生命周期阶段如图 6-2 所示。例如，在产品的开发阶段，企业可以针对客户的特殊需求

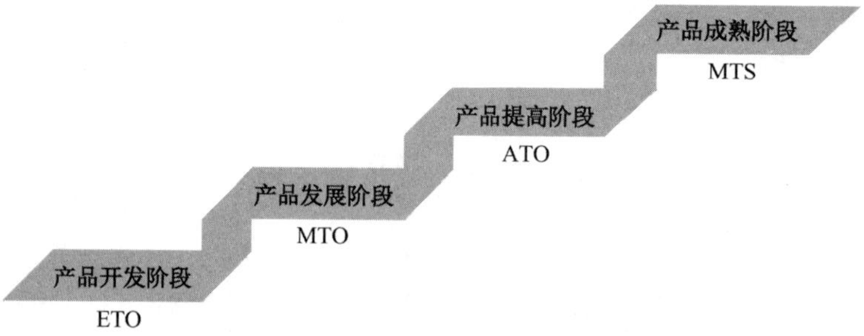


图 6-2　生产类型与产品生命周期阶段

进行设计、开发、生产，采用 ETO 生产方式；随着产品技术的进一步提高，在产品销售量增长阶段，形成一系列比较标准的产品，企业可以采用 ATO 生产方式，提高响应速度；在产品逐渐发展成熟后，客户开始增多，企业可以采用 MTO 生产方式；随着市场进一步成熟，产品进入稳定期，企业可以选择 MTS 生产方式。从需求的视角来看，不同定制点所产生的 4 种不同生产方式是需求响应策略，如果从生产的视角来看就是不同的生产类型。

## 6.2.2 主生产计划的计算

### 1. 时区、时界与订单状态

主生产计划和物料需求计划需要定义计划期、时段、时区与时界等几个时间概念，并利用它们来解决计划的变更问题。

（1）计划期。

计划期又称计划展望期、计划水平期。它说明计划的时间跨度。通常，计划期应覆盖产品制造的整个过程，通常大于总提前期，包括设计、采购、加工、装配。在实际运营中，从接到客户订单到完成交付，各种产品所需的时间是不一样的，也就是不同产品的计划期长短是不同的。总体上，计划期应不短于计划对象（如产品）最长的总提前期，一般为 3～18 个月。

在实际运行时，如果销售形势很好，企业接到的订单已经延续到很远的将来，这种情况下，尽管产品的总提前期很短，计划期也可以长些，例如，以最远的产品订单完成日期作为计划期的终点，这样可以提高计划的预见性。

（2）时段。

时段是描述计划的时间粒度单位，可以由用户设定。典型的计划时段是周，也可以是小时、日、月、季度。时段越短，计划越详细，执行起来的要求也越高。ERP 将按照用户确定的计划时段，汇总需求数据，分别显示出日计划、周计划、月计划、季度计划等的需求数据，实现优先级计划，合理安排制造资源，保证生产的均衡和按期交货。ERP 允许在同一个计划中设置多种时段显示方式，例如，按照近期细、远期粗的方式设置。

（3）时区与时界。

由于市场需求的变化，企业不可避免地要经常修改计划。MRP 在处理主生产计划时，把计划期划分成 3 个时区，作为主生产计划人员控制计划变动的手段之一。不同时区内的计划发生变动所带来的影响和代价是不一样的，若计划有变动，则先看要变动的计划落在哪个时区，再经相应权限的人审批后才能修改计划，从而建立起规范化的计划变动审批程序，保持计划的相对稳定性，以利于生产正常运行，时区与时界示意如图 6-3 所示。

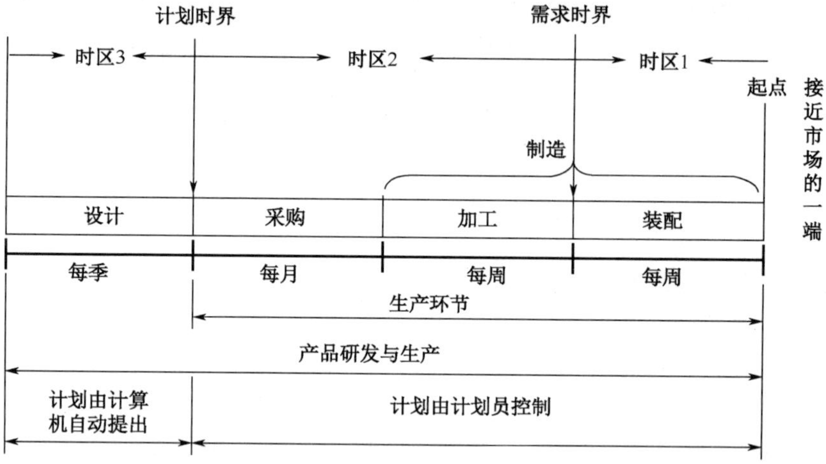


图 6-3 时区与时界示意

时区 1 是计划期内最近的计划时段，其长度大于等于最终成品的总装配提前期；时区 2 是紧随时区 1 之后的时区。时区 1、2 长度之和大于等于最终产品的累计提前期，时区 2 之后的计划期是时区 3。时区 1、2 之间的分界线称为需求时界（Demand Time Fence，DTF），在接近需求时界的范围内，由于产品装配已经在进行，计划变动会造成严重损失，变动代价大，因此需要公司级领导批准后才能更改计划。时区 2、3 之间的分界线称为计划时界（Planning Time Fence，PTF），在接近计划时界的范围内，计划已经确认，资源已经分配，变动计划代价大，因而不允许计算机系统自动更改计划，必须人工干预。计划时界之外的范围，由于还没有进入累计提前期的范围，当需求发生变化时，可由计算机系统自动对计划进行调整。时区与时界的关系如表 6-10 所示。

**表 6-10 时区与时界的关系**

| 时区 | 时区 1 | | | 时区 2 | | | | 时区 3 | | | | |
|---|---|---|---|---|---|---|---|---|---|---|---|---|
| 时段 | 1 | 2 | 3 | 4 | 5 | 6 | 7 | 8 | 9 | 10 | 11 | 12 |
| 26AF-2 | 120 | 110 | 130 | 100 | 150 | 160 | 180 | 200 | 220 | 210 | 250 | 280 |
| 提前期 | 总装提前期 | | | | | | | | | | | |
| | 累计提前期（采购+加工） | | | | | | | | | | | |
| | 总提前期或计划展望期 | | | | | | | | | | | |
| 时界 | 当前 | | DTF | | | | PTF | | | | | |

时区 1、2、3 合起来就是计划期，从起点算起，在需求时界之前，即时区 1，运行 MPS，只考虑订单需求，即毛需求量取客户订单量，因为需求时界前是离客户最近的一

端；而在需求时界之后，计划时界之前，即时区 2，运行 MPS，只考虑订单量和预测量中值较大的那一个。即毛需求量取预测量和客户订单量中的最大值；在计划时界之后，即时区 3，运行 MPS 只考虑预测量，这是离客户最远的一端，需求时界与 MPS 毛需求量如图 6-4 所示。

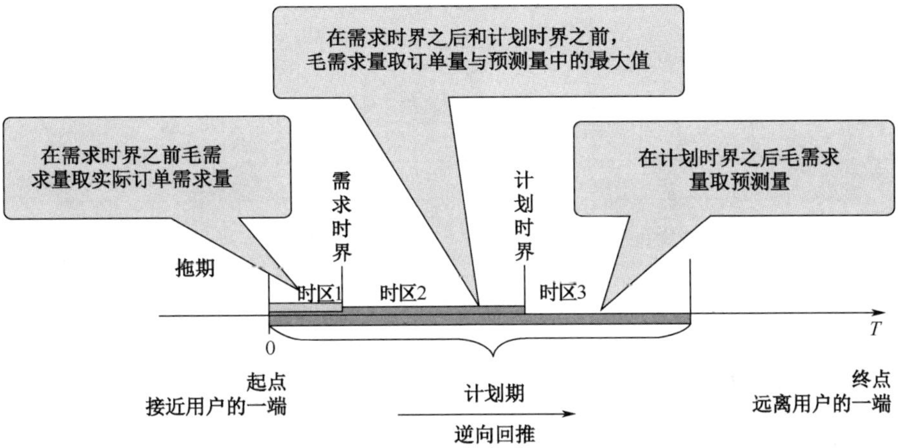


图 6-4　需求时界与 MPS 毛需求量

（4）订单状态。

在不同的时区，订单状态不同，对订单的处理方式也不同。

在 ERP 系统中，订单有以下四种状态。

计算机计划订单：根据 MPS 展开时产生的计划发出订货量而自动生成的物料订单，这时的订单状态是系统建议的，可以由计算机系统自动进行修改。时区 3 的订单即计划订单，计算 MPS 时毛需求量取预测值，当 MRP 重排时，计划订单将视各种情况而自动进行调整。

确认的计划订单：系统生成的计划订单需要经过主生产计划员核实或做必要的修订。主生产计划员认为在物料、能力、数量和时间上都没有问题后，对计划订单加以确认，即形成确认计划订单，可以准备下达，这时的订单状态是确认的。确认计划订单只能由主生产计划员手工修改和调整，MRP 展开和重排时，不会改变确认计划订单。即时区 2 的订单为确认计划订单，进行 MPS 计算时，毛需求量取客户订单量和预测量中的较大值。

已下达订单：经确认并下达执行的订单。时区 1 的订单为已下达订单，计算机系统不能自动修改已下达订单，进行 MPS 计算时，毛需求量取实际订单需求量。

已完成订单：指物料已入库或产品已发货交付客户，不出现在计划中，但涉及库存数量的变化。

综上所述，计划期、时区、时界的划分为 MPS 和 MRP 计算及计划的变动做出了明确的指示。从总体时间周期来看，产品距离成品出产越近，离客户越近，计划的变动代价越大，MPS 计算的毛需求量越接近实际订单需求，时区与计划变更的关系如表 6-11 所示。

表 6-11　时区与计划变更的关系

| 时区 | 时区 1 | 时区 2 | 时区 3 |
|---|---|---|---|
| 跨度 | 总装提前期 | 累计提前期 | 累计提前期以外 |
| 需求依据 | 客户订单量 | 客户订单量和预测量中的较大值、仅客户订单量、仅预测量、客户订单量与预测量之和 | 预测量 |
| 订单状况 | 下达状态 | 确认状态 | 计划状态 |
| 计划变动难易程度 | 难，变动代价极大 | ERP 系统不能自动修改计划，需要人工干预，变动代价大 | ERP 系统自动修改计划，变动代价小 |
| 计划变动审批权 | 企业主管领导 | MPS 计划员 | 计划员 |

## 2．主生产计划矩阵

主生产计划通过二维表格来定义计划活动，表格登记信息包括：时区、需求部分（需求预测、实际需求）、供给部分（主生产计划量、现有库存量、可承诺量），主生产计划矩阵示例如表 6-12 所示。

表 6-12　主生产计划矩阵示例

| 时区（周） | 2 月 | | | | 3 月 | | | |
|---|---|---|---|---|---|---|---|---|
| | 1 | 2 | 3 | 4 | 1 | 2 | 3 | 4 |
| 需求预测 | | | | | | | | |
| 客户订单（实际需求） | | | | | | | | |
| 现有库存量 | | | | | | | | |
| 主生产计划量 | | | | | | | | |
| 可承诺量 | | | | | | | | |

（1）时区。

时区可以以天或周为单位划分。在实际的软件系统中，通常使用一个时区的开始日期来标记一个时区，例如，12 月 8 日、12 月 15 日、12 月 22 日等。系统显示的时区数取决于 MRP 软件系统和公司的计划展望期。

（2）需求部分。

需求部分的信息包括：需求预测和实际需求（如客户订单）。需求预测可以是来自生产规划的生产预测，也可以是市场预测。生产预测是某产品族的生产规划量中预期分配到该项产品的部分，生产预测计算通常使用计划物料清单来分解生产规划。市场预测则是通过各种预测方法对外部市场需求进行预估。实际需求指已经接到客户订单，并做出了发货承诺，但尚未发货的订单量。除此之外，计算时还需要考虑未消耗的预测，即尚未被实际的客户订单消耗的预测，它指出还可以期望得到多少客户订单。计算方法是某时区的市场预测值减去同一时区的客户订单数。而 MPS 的总需求是未消耗的预测和实际订单需求之和。

（3）供给部分。

供给部分的信息包括主生产计划量、库存数量和可承诺库存量等。主生产计划包括主生产计划员和计算机系统在各个时区所投放的用来满足需求的供应订单量和时区，每份订单所出现的时区是该订单的完成日期。库存数量主要指库存现有量或库存预计可用量（Projected Available Balance，PAB），指物料在某个时区的预计库存数量，计算公式为

某时区 PAB=上时区 PAB +本时区计划接收量–本时区毛需求量

PAB 可用来检验预测与 MPS 之间的平衡度。如果 PAB 出现负值（或低于安全库存），则说明主生产计划量偏低；如果 PAB 越来越高，则说明主生产计划量偏高。

此外，在供给部分，如果要判断是否可以临时接受新的订单或进行临时加单，需要计算待分配库存量或称库存可承诺量（Available-to-Promise Inventory，ATP），用于支持客户订单承诺，指出在不改变主生产计划的前提下还可以做出多大的客户承诺。

### 3．主生产计划的编制过程

MPS 的编制首先从综合计划或生产计划大纲开始，将产品的所有需求（包括预测的、已承诺的订单）、库存状况、生产能力情况等相关信息输入 MPS 中。然后根据 MPS 的计算逻辑确定计划订单下达数量和时间，作为 MRP 的输入。MPS 的编制是一个反复试算的过程，需要确定在计划期间内各时间段上的最终产品的需求数量。MPS 计算的输出包括计划生产量、存货需求及待分配库存量，也称库存可承诺量。

MPS 的编制过程分为以下几个步骤。

（1）足够长的计划展望期和适当的计划时区。

（2）确定生产预测。

（3）计算总需求。

（4）编制 MPS 草案。

（5）计算各时区的预计可用量和主生产计划量，计算公式为

第 0 时区的预计可用量=期初可用量

第 $K$+1 时区的预计可用量=第 $K$ 时区预计可用量+第 $K$+1 时区主生产计划量–第 $K$+1 时区的总需求量（$K$=0，1，…）

在计算过程中，如某时区预计库存量为负值或低于安全库存量，则在该时区安排一个生产计划量。

（6）评价 MPS 草案的可行性。

（7）模拟选优，MPS 定稿。

随着时间的推移和市场的变化，主生产计划员需要对 MPS 进行维护。常用的时界有两种，即计划时界（Planning Time Fence，PTF）和需求时界（Demand Time Fence，DTF），它们是控制 MPS 的手段。计划时界和需求时界都是通过天数来指明的。计划时界的天数等于或略大于最终产品的累计提前期，需求时界天数等于或略大于最终产品的总装配提前期。在计划时界之前，由主生产计划员对 MPS 进行手工维护，在计划时界之后，由 MRP 系统自动维护。

### 4．主生产计划的计算过程

（1）计算现有库存量（Projected On-hand Inventory，POH）。

当计划发生在时区 2，即需求时界之后，计划时界之前时，计算公式为

$$l_t=l_{t-1}+P_t-\max(F_t,\ CO_t) \tag{6-1}$$

式中，$l_t$为 $t$ 周末的现有库存量；$P_t$为 $t$ 周的 MPS 生产量；$F_t$为 $t$ 周的预测需求；$CO_t$为 $t$ 周的客户订单量。

（2）确定 MPS 的生产量与时间。

**微案例 3：**以某工业机箱制造企业为例，其产品包括一系列不同型号和规格的机箱，现在企业想要为其 3 型产品制订一个 MPS，年度生产计划根据市场营销部门的预测，该产品 5 月的需求为 80 台，6 月为 120 台。MPS 以周为单位来制订。MPS 计算的各项输入信息如表 6-13 所示。

表 6-13　MPS 计算的各项输入信息

| 期初库存：50（台）<br>生产批量：60（台）<br>安全库存：0（台） | 5 月 | | | | 6 月 | | | |
|---|---|---|---|---|---|---|---|---|
| 周次 | 1 | 2 | 3 | 4 | 5 | 6 | 7 | 8 |
| 需求预测（台） | 20 | 20 | 20 | 20 | 30 | 30 | 30 | 30 |
| 客户订单（台） | 18 | 23 | 10 | 4 | 15 | 35 | 28 | 20 |
| PAB（台） | | | | | | | | |
| MPS 生产量（台） | | | | | | | | |

确定 MPS 生产量和生产时间的基本原则是确保预计实有库存量为非负值，即当现有库存量为零时，当期为 MPS 产出时间，而生产量则取决于批量和需求量。如有批量限制，则生产量为批量的倍数。

第一步：计算 PAB。

假设计划发生在需求时界和计划时界之间，根据式（6-1），本期现有库存量等于上一期的期末库存量加上本期 MPS 生产量减去预测需求和实际订单量的最大值。

5 月第 1 周的现有库存量等于上一期的期末库存（表 6-13 期初库存）50 台加上本期生产量 0 台，再减去需求预测和客户订单中的最大值 20 台，因此得到 5 月第 1 周的现有库存量或预计可用量为 30 台。以此类推，计算 5 月和 6 月每周的预计现有库存量，当计算值小于 0 或安全库存时，启动第二步。

第二步：当现有库存量小于安全库存时，安排 MPS 生产量。

以 5 月第 3 周为例，现有库存量等于

$$7 + 0 - 20 = -13\text{（台）}$$

现有库存量小于 0，本期需要安排 MPS 生产量。因生产批量为 60，则本期 MPS 生产量为 60 台。重新计算本期预计现有库存量为

$$7 + 60 - 20 = 47\text{（台）}$$

以此类推，每当现有库存量小于 0 或安全库存量时，安排生产批量倍数的 MPS 生产量，然后重新计算本期现有库存量，重复第一步，计算后续各周现有库存量，直到所有期都处理完毕，现有库存量和 MPS 生产量如表 6-14 所示。

**表 6-14　现有库存量和 MPS 生产量**

| 期初库存：50（台）<br>生产批量：60（台）<br>安全库存：0（台） | 5 月 | | | | 6 月 | | | |
|---|---|---|---|---|---|---|---|---|
| 周次 | 1 | 2 | 3 | 4 | 5 | 6 | 7 | 8 |
| 需求预测（台） | 20 | 20 | 20 | 20 | 30 | 30 | 30 | 30 |
| 客户订单（台） | 18 | 23 | 10 | 4 | 15 | 35 | 28 | 20 |
| 现有库存量（台） | 30 | 7 | −13<br>/47 | 27 | 57 | 22 | 52 | 22 |
| MPS 生产量（台） | | | 60 | | 60 | | 60 | |

注意：确定 MPS 生产量时，在考虑制造库存目标的同时，尽可能与需求接近。

## 5. 主生产计划的约束条件

主生产计划的约束条件主要包括三个方面。

第一，主生产计划所确定的生产总量必须等于综合生产计划确定的生产总量。

第二，综合生产计划所确定的某种产品在某时间段内的生产总量（也就是需求总量）应该以一种有效的方式分配在该时间段内的不同时间生产。当然，这需要考虑需求的历

史数据、对未来市场的预测、客户订单、企业生产能力、库存物料等资源限制。当主生产计划是以周为单位时，必须根据企业每周生产能力来考虑生产批量的大小，其中重要的考虑因素是作业交换时设备的调整费用、机会损失和库存成本等。

第三，在决定产品批量和生产时间时必须考虑资源的约束。与生产量有关的资源约束可能有：设备能力、人员能力、库存能力（仓储空间的大小）、流动资金总量等。

### 6．主生产计划的维护

在计划时界之前，主生产计划由主生产计划员进行手工维护，在计划时界之后，由 ERP 系统自动维护；在自动维护时，主生产计划员不对主生产计划进行控制。

主生产计划的维护方法主要包括再生法和净改变法。

再生法，即重新编制计划，将原有计划数据全部作废，根据新的需求预测或生产大纲重新制订主生产计划的生产时间和生产量。该方法的数据处理量大，运行时间长，主要采用批处理方式，定期执行。再生法适用于运行环境稳定、计划变动不频繁的企业。

净改变法。该方法仅对改变的部分重新生成计划，数据处理量小，运行时间短。主要采用联机处理方式，随时运行。净改变法适用于运行环境变化较大、计划变化频繁的企业。

主生产计划需要定期进行检查，缺料单可以反映主生产计划的质量。每月都要按产品族对主生产计划进行汇总，确保主生产计划的各项数据与生产规划相吻合。每月都应检测主生产计划的完成情况，确保实现总的财务目标。所有产品或最终项目的主生产计划的完成率至少应达到 95%，否则，财务目标的实现可能出现问题。度量主生产计划，还经常使用如下指标。①准时交货率。②在紧急情况下主生产计划的变化量应该非常小。③当重排主生产计划时，提前的和推迟的订货量应接近相等。④对面向库存生产的企业，应考察产成品的库存周转率。⑤对面向订单生产的企业，应考察产成品未交付的客户订单水平。⑥能力利用率。⑦库存投资水平。

## 6.3　待分配库存量计算

待分配库存量（Available-to-Promise Inventory，ATP），也称库存可承诺量，指销售部门在确切的时间可以供货的产品数量。ATP 是库存量和主生产计划量中尚未承诺给客户订单的部分。计算 ATP 的方法有三种：离散 ATP、向前看的累计 ATP、不向前看的累计 ATP。

### 6.3.1　离散 ATP

离散 ATP 计算公式为

第一个时区的 ATP =初始库存量+本期 MPS 量-本时区及下一次出现 MPS 量之前所有时区中客户订单之和

对于其他时区，如果设置了 MPS 量，MPS 量所在时区的 ATP 计算公式为

ATP = MPS 量-本时区及下一次出现 MPS 量之前所有时区中客户订单之和

如果未设置 MPS 量，则当期不计算 ATP。

**微案例 4：**延续微案例 3 中的 MPS，假设企业收到 3 份新的客户订单，订货量及要求的交货时间等订单信息如表 6-15 所示。

表 6-15　新订单信息

| 订单号 | 订货量（台） | 交货周 |
|---|---|---|
| 1 | 4 | 1 |
| 2 | 34 | 3 |
| 3 | 25 | 7 |

企业需要判断这些新的订单需求是否能够得到满足，是否需要调整生产计划或者拒绝订单。使用离散 ATP 的计算办法计算 ATP 量，以判断新的订单是否可以接受。

第一步：计算第 1 周的 ATP。

第 1 周的 ATP 等于期初库存加上本周 MPS 量，再减去下一个 MPS 之前全部的客户订单量之和，则第 1 周的 ATP 为

50+0-（18+23）=9（台）

第二步：计算其余各周的 ATP。

其余各周，只有安排了 MPS 量的周才需要计算，等于本周 MPS 量减去下一个 MPS 之前全部的客户订单量之和。

第 3 周的 ATP=60-（10 + 4）= 46（台）。

第 5 周的 ATP=60-（15 + 35）= 10（台）。

第 7 周的待分配库存 ATP=60-（28 + 20）= 12（台）。

离散 ATP 计算结果如表 6-16 所示。

表 6-16 离散 ATP 计算结果

| 期初库存：50 台<br>生产批量：60 台<br>安全库存：0 台 | 5 月 | | | | 6 月 | | | |
|---|---|---|---|---|---|---|---|---|
| 周次 | 1 | 2 | 3 | 4 | 5 | 6 | 7 | 8 |
| 需求预测（台） | 20 | 20 | 20 | 20 | 30 | 30 | 30 | 30 |
| 客户订单（台） | 18 | 23 | 10 | 4 | 15 | 35 | 28 | 20 |
| 现有库存量（台） | 30 | 7 | 47 | 27 | 57 | 22 | 52 | 22 |
| MPS 量（台） | | | 60 | | 60 | | 60 | |
| ATP 量（台） | 9 | | 46 | | 10 | | 12 | |

第三步：比较订货量与对应交货时间的 ATP 量。

根据表 6-15，第 1 周订货量为 4 台，而经计算（表 6-16）第 1 周的 ATP 量为 9 台，可以满足订单需求，且有富余 ATP 量 5 台，即可以再次分配的量；第 3 周订货量为 34 台，第 3 周的 ATP 量为 46 台，可以满足订单需求，还剩余 ATP 量 12 台；第 7 周订货量为 25 台，第 7 周的 ATP 量为 12 台，前面各周剩余 ATP 量之和为

$$5+12+10=27\text{（台）}$$

大于第 7 周订货量 25 台。即前面某一周 ATP 的量可能包括了未来某一周的订单需求。

结论：新订单可以得到满足。

离散 ATP 计算方法适用于解决新客户订单所要求的交货日期晚于所有已承诺客户订单的承诺日期的情况，不适用于解决新客户订单所要求的交货日期早于某些已承诺的客户订单的承诺日期的情况，即“临时插单”。

## 6.3.2 向前看的累计 ATP

向前看的累计 ATP 等于前一个时区的 ATP 加上本时区的 MPS 量，减去本时区的未交付的客户订单，再减去所有为满足未来时区的客户订单承诺所需求的量，即在本时区产生的 ATP 不包括用来满足未来时区需求的数量。

计算向前看的累计 ATP，把各个时区的时区 ATP 累加到所考虑时区，从计划展望期的最早时区开始，由远及近逐个时区计算 MPS 量与实际需求量的差额，如果在一个时区内实际需求量大于计划量，超出的需求量要从早先时区的可承诺量中预留出来。如果未交付的客户订单量大于 MPS 量，则该时区的时区 ATP 记为 0，而超出的需求量要从前

一时区的时区 ATP 中预留出来。

向前看的累计 ATP 计算分为两个步骤。

第一步：计算时区 ATP。

时区 ATP = MPS 量-未交付的客户订单量

第 1 时区的时区 ATP =初始库存量+MPS 量-未交付客户订单量

第二步：计算向前看的累计 ATP。

从最早时区开始，把各个时区的时区 ATP 累加到所考虑时区。

### 6.3.3　不向前看的累计 ATP

不向前看的累计 ATP 指本时区的 ATP 等于前一个时区的 ATP 加上本时区的 MPS 量减去本时区的未交付的客户订单。

本时区的 ATP 可能包括了前面时区的 ATP，而且这个数量也包括在其后时区的 ATP 中。即本时区的 ATP 可能包括了用来满足以后某一时区需求的数量。

向前看的累计 ATP 和不向前看的累计 ATP 的区别在于，向前看的累计 ATP 不包括用来满足未来时区需求的数量。在接到一份新的客户订单时，只需要根据表中的最后一行的 ATP 做出承诺，然后重新计算累计 ATP 即可。换言之，采用向前看的累计 ATP 新的客户订单承诺不会破坏原来已经做出的客户订单承诺。但采用不向前看的累计 ATP，某一时区原来已经做出的承诺可能会遭到破坏。

### 6.3.4　综合案例：某集团 ERP 主生产计划方案

#### 1．ERP 主生产计划模块总体应用背景

（1）应用目标。

接收市场部传来的需求，生成月度生产计划；根据月度生产计划，生成车间日生产指令；执行日生产指令，通过第三方物流实现领发料和制品入库。

（2）应用范围和模块。

保持原手工管理的业务、车间工序作业计划、派工单、完工表等。

ERP 系统主生产计划模块提供的功能包括 MPS 参数设置、MPS 计划展开、MPS 维

护、MRP 参数设置、MRP 计划展开、MRP 维护、供需查询、生产订单生成、已审核生产订单修改、生产缺料表、生产通知单、生产订单执行情况表。

（3）环境配置。

模块设置：生产订单自动关闭；手动输入生产订单，默认状态为未审核。

MPS 参数设置：计划时考虑供需追溯不选择，考虑替换料，不采用重复计划。

时界设置：需求时界，时区 1 设置为 30 天内，需求采用客户订单；时区 2 设置为 180 天内，需求采用客户订单+预测，不消抵。

### 2. 主生产计划应用方案

（1）方案描述。

企业的经营发展部根据市场部所接订单和对于产品市场的预测，进行滚动月度主生产计划的制订和审批；对于部分物料和分组件，制造部根据再订购点的规则，进行申请、审批进而采购的过程；研发部进行试制计划的制订，制造部根据此计划进行试制指令的下发过程；根据月度主计划，制造部制订各车间的月度生产计划，并在此基础上，进行周/日生产指令的制订和下发；当主机厂或市场的订单发生变化，或生产过程中出现异常情况，制造部据此变化，制订、审批和下发调整计划，以及调整的周/日生产指令。

（2）业务流程说明。

业务名称：月度生产计划制订

流程适用范围：针对成品的月度主生产计划制订、审批、下发流程。

方案流程简述：

第一，每月 25 日，经营发展部计划员录入 MPS 参数。

第二，经营发展部计划员运行 MPS。

第三，经营发展部计划员通过自定义报表，生成滚动月计划，并就此计划与制造部调度进行沟通，制造部调度查看库存情况与生产能力，反馈沟通结果。

第四，沟通结果反馈给经营发展部计划员，如没有问题，则送呈生产副总审批，如有问题则与客户进行沟通。

第五，生产副总查看主生产计划，如有问题，反馈意见给经营发展部计划员，经营发展部计划员根据反馈意见维护 MPS；如无问题，则生产副总发布月度生产计划。月度主生产计划制订流程如图 6-5 所示。

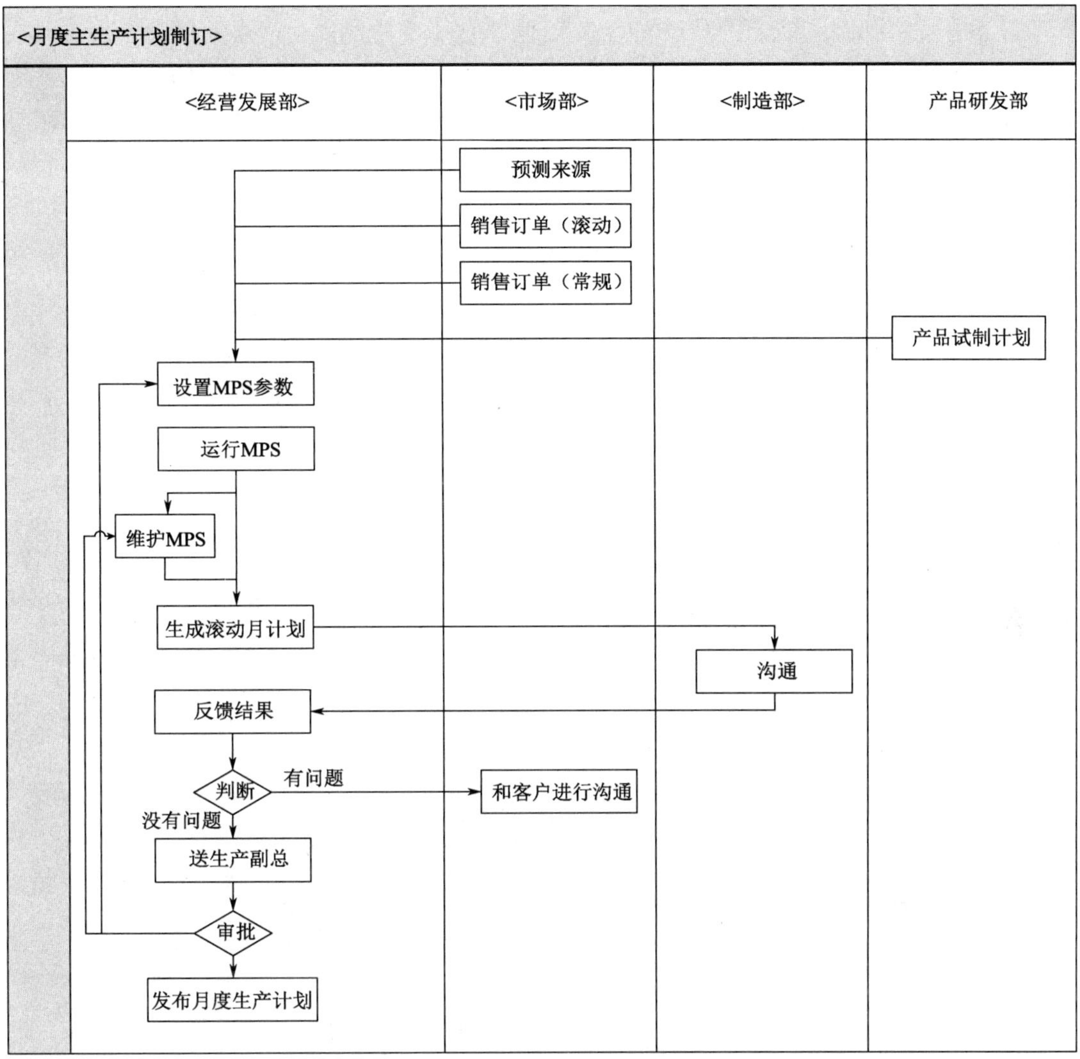


图 6-5　月度主生产计划制订流程

# 6.4　章节案例：智邦一体化 ERP

## 6.4.1　背景介绍

北京智邦国际软件技术有限公司，是一家企业管理软件开发商和服务提供商，国家高新技术企业，经国家认定的“双软企业”，国家重点支持的软件企业，致力于为企业提供拥有自主知识产权的先进管理软件和解决方案，已通过 ISO 9001 质量体系认证，致力于引领企业一体化，推动企业智能化，连续多年被评为中国管理软件领军企业、中国管理软件领导品牌、中国行业信息化领军企业、数智一体化管理领导品牌、企业一体化 ERP 领导品牌、中国软件优秀服务商、诚信经营 AAA 级示范企业。

智邦国际以一体化为顶层设计理念，全面布局产品生态，形成“一体化 ERP”和“智能化产品线”两大产品矩阵，为企业提供全方位的数智化转型解决方案。通过一体化 ERP 经典型一体化 ERP、行业型一体化 ERP、简易型一体化 ERP、云应用、SaaS 平台等丰富产线，智邦国际为客户提供覆盖客户、项目、销售、产品、设计、合同、采购、仓储、生产、财务、售后、人资、办公等各个业务领域的功能模块和实时信息。智邦国际通过一体化管理赋能客户企业，实现数据互通，随需组合，多维决策，持续降本提效增质。智邦国际深入 50 多个行业，打造行业专属解决方案，满足不同行业、不同企业、不同规模、不同阶段的复杂多变需求，如机械、设备、电子、电工电气、仪器仪表、医疗器械、能源化工、装修装饰、科技、媒体等。

智邦国际发展历程：

2004 年，智邦国际正式成立；

2005 年，CRM 系统上市；

2006 年，国际进销存系统和项目管理系统上市；

2007 年，智邦国际首倡全程一体化管理，推出 ERP 系列产品；

2010 年，智邦国际建立立体式服务网络；

2012 年，智邦国际荣获“中国管理软件自主创新卓越品牌奖”；

2013 年，国际移动管理平台上市；

2015 年，智邦国际获评“智能制造 2015 年度优秀示范解决方案”称号；

2019 年，智邦国际荣获改革开放 40 周年科学管理创新先锋奖章。

### 6.4.2　智邦 ERP，打造企业全程数智一体化

智邦国际的一体化管理解决方案设计核心是全程一体化管理，即用一套软件就可以解决所有管理问题，一个平台就能兼容所有数据，一次录入就能实现全面应用。

智邦 ERP 从软件的功能组成、技术兼容、系统关联等方面建立了一体化的管理体系，避免了多套系统切换、多套软件并行、多次数据录入的烦琐操作，帮助企业实现线上+线下、内部+外部、集团+分部业务集中管控，系统互联互通，信息共享协同，满足行业和企业不断发展变化中对核心业务的管理需求，智邦 ERP 一体化解决方案架构如图 6-6 所

示。一体化解决方案架构包括经营一体化、销售一体化、库存一体化、财务一体化、生产一体化、统计一体化。

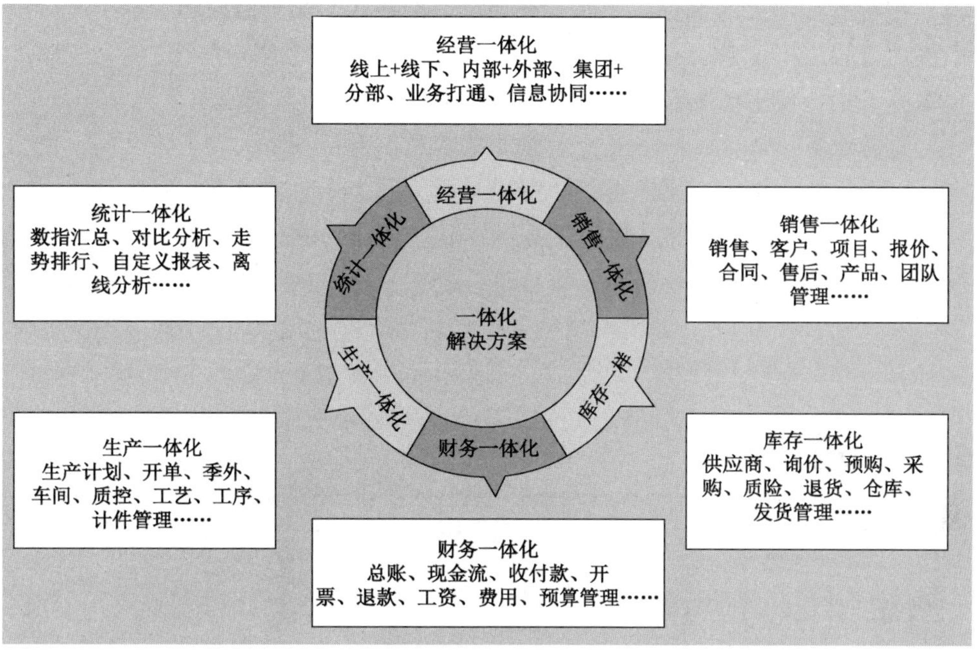


图 6-6　智邦 ERP 一体化解决方案架构

智帮 ERP 一体化解决方案价值主要体现在以下 6 个方面。

（1）系统全面集成：在一个系统里集成管理包括集团、分部、国内、海外、电商、店商等在内的所有业务，统一入口、统一标准、统一管理，打破信息孤岛。多终端、多组织、多系统、多业务并行协作，数据信息全部打通，系统对接、个性定制全面支持，相同人员处理更多业务，工作效率极大提升。

（2）业务自动流转：完整记录和展示每项业务全程，业务横向纵向全方位自动关联，一个界面查看业务所有信息，一键生成各个关联业务，企业运作速度大大提升。客户、项目、销售、库存、生产、采购、合同、售后、财务、人资、办公流程无缝衔接，自动流转，信息同步，轻松实现经营管理一体化。

（3）销售全过程掌控：全渠道销售，客户一体化，一站式营销，在一个系统里全方位管理销售过程每个环节，通过协作打单、互动点评、绩效考核不断激发销售潜能。精细化管控从客户接触、资源分配、客户跟进、产品报价、销售订单、售后服务、精准营销到统计分析全过程，杜绝客户流失，牢牢把握商机。

（4）库存同步更新：多供应商、多仓库、多部门、多人员一体化管理，库存数据集成化、自动化、实时化，强大的综合查询和报表系统，全面满足库存管理需求。仓库设置→库存查询→采购（寻找供应商、询价、预购）→入库→仓库管理（盘点、调拨、组装、拆装、借货、还货、预警）→出库→发货，一键管理。

（5）生产实时更新：集生产预测、生产计划、生产订单、委外加工、车间管理、质量检验、物料清单、工艺中心、计件工资等管理于一体，实时监控和跟踪生产全过程。在一个界面查看生产订单所有信息，数据自动统计、实时反馈，生产进度、工序产能、产品合格率、物资使用情况一目了然，确保订单如期交付。

（6）财务业务一体化：财务高度关联业务信息，支持收款关联销售合同，付款关联采购合同，退款关联销售或采购退货，费用全面关联，同时支持客户预收款、供应商预付款管理。财务业务无缝对接，财务数据精准化、流程协同化、核算自动化，快速查询资金变动明细，加速资金周转效率，每一笔资金往来都尽在企业的掌控之中。

## 案例思考题

1. 数智一体化的特征有哪些？
2. 智邦 ERP 是如何实现数智一体化的？
3. 随着未来企业数智化业务需求的不断发展， ERP 数智一体化应用将会有哪些新的趋势？

## 6.5 本章小结

生产计划大纲，也称综合生产计划。综合生产计划的制订方法有试算法、运输表法和计算机仿真等。

MPS 是确定每一种具体的最终产品在每一个具体时间段内生产数量的计划，是综合生产计划的分解和细化。

针对不同生产类型，主计划生产方式有所不同。

MPS 和 MRP 需要定义计划期、时段、时区与时界等几个时间概念，并利用它们来解决计划的变更问题。

MPS 通过二维表格来定义计划活动，表格登记信息包括：时区、需求部分（需求预测、实际需求、未消耗的预测、总需求）、供给部分（MPS 量、预计可用量、可承诺量）。

MPS 的制订是一个反复试算的过程。制订 MPS 首先要从综合计划或生产计划大纲开始，将产品的所有需求（包括预测的、已承诺的订单）、库存状况、生产能力情况等相关信息输入 MPS 中。然后根据 MPS 的计算逻辑确定计划订单下达数量和时间，作为 MRP 的输入。

计算 ATP 的方法有 3 种：离散 ATP、不向前看的累计 ATP、向前看的累计 ATP。

# 第 7 章
# 物料需求计划

**内容导览**：MRP 的计算逻辑；MRP 计算的基础数据，包括物料主文件、物料编码、提前期、MRP 计算的时间概念（如计划期、时区和时界等）；MRP 的计算过程；MRP 的运行方式。

## 章节案例导读：金蝶云，从 ERP 到 EBC

EBC（Enterprise Business Capabilities）指企业业务能力，因其是在数字经济时代诞生的，有时也称“企业数字化业务能力”。

从 ERP 到 EBC 代表企业更注重业务能力。EBC 系统有三大核心：一是以满足用户需求为目标，始终将用户放在第一位；二是以大数据、物联网和人工智能等为技术支撑；三是以业务为驱动，将业务与技术有机融合。

企业构建 EBC 的五步法：建立新组织或团队，确定数字平台建设的优先级，奠定新基础，利用现有系统，构建新能力。

从 ERP 到 EBC 的经典案例：金蝶云 · 苍穹。金蝶云 · 苍穹是金蝶打造的可组装企业级 PaaS 平台。该平台 EBC 业务能力主要包括：数据驱动业务的能力、链接和服务客户的能力、链接和赋能伙伴的能力、链接和管理万物的能力、链接和赋能员工的能力；对应 EBC 五大业务平台：客户体验平台、信息系统平台、物联网平台、生态系统平台、数据分析平台。

# 7.1　MRP 计算逻辑

MRP 把所有物料按需求性质分为独立需求项和非独立需求项（也称相关需求）。如果某项物料的需求量不依赖企业内其他物料的需求量而独立存在，则称其为独立需求项；如果某项物料的需求量可由企业内其他物料的需求量来确定，则称其为非独立需求项或相关需求项。如原材料、零件、组件等都是非独立需求项，而最终产品则是独立需求项，独立需求项有时也包括维修件（备用件）、可选件和工厂自用件。独立需求项的需求量和需求时间通常由预测和客户订单、实际订单等外在因素决定，即独立需求数据一般通过预测或订单确定；而非独立需求项的需求量和需求时间则由物料需求计划 MRP 系统计算决定。有关独立需求项与相关需求项的区别在需求管理章节有详细讲解，此处不再详述。

在计划层次上，主生产计划处理的是独立需求项，而物料需求计划处理的是相关需求项。相关需求项是可以通过独立精确计算得到的量，即 MRP 解决从独立需求项到相关需求项的分解问题。

在 MRP 系统中，“物料”是一个广义的概念，泛指原材料、在制品、外购件和产品。所有物料分为独立需求项和相关需求项两类。例如，要生产一辆汽车，必须先准备好或生产出 1 台发动机、1 个离合器、4 个车轮等。发动机的需求即相关需求项，其需求量和需求时间可由汽车总装的数量和时间决定。因此，对原材料、毛坯、零件、部件的需求，来自制造过程，是相关需求项。MRP 处理的正是这类相关需求项。通过一定的处理过程，MRP 系统可以输出对各种物料的精确需求。那么 MRP 是如何通过 MPS 的独立需求量来计算相关需求量的呢？

**微案例 1：**某快餐店接到 100 份牛肉汉堡包的预订订单，交货时间为当天中午 12：00。负责人要求新来的小张立马安排材料采购和生产计划。小张查看物料清单，发现：制作 1 个牛肉汉堡包，除了其他佐料，需要 1 片烤牛肉（自制）和 1 个面包（采购），而每片烤牛肉需要新鲜牛肉 2 两（采购）。小张查点库存发现：店里有烤牛肉 2 片、新鲜牛肉 15 两、面包 7 个。

因此，小张得出：生产 100 个牛肉汉堡包还需要 98 片烤牛肉、185 两新鲜牛肉、93 个面包的需求计划。

这个结果正确吗？

## 7.1.1 MRP 基本逻辑

MRP 将产品制造过程看作从成品到原材料的一系列订货过程，根据产品出产计划，即 MPS 倒推出相关 MRP。MRP 围绕物料转化组织制造资源，实现按需要准时生产，强调以物料为中心组织生产，体现了为顾客服务的宗旨和按需定产的思想。简单来说，就是从独立需求推导相关需求：根据产品的出产时间和出产数量，推算需要什么样的零部件，需要多少，何时需要？这是物料转化过程中的几个关键问题，MRP 思想的提出解决了以上问题。它不仅在数量上解决了缺料问题，更关键的是从时间上解决了缺料问题。

MRP 的基本逻辑：根据 MPS、物料清单和库存信息，计算得出采购计划和加工计划。其中，MPS 说明了生产什么，包括产量和时间等信息；物料清单说明了生产这些产品需要什么，包括原材料和零部件等；库存信息说明了已有什么；加工计划和采购计划则说明了还需要什么。MRP 的计算逻辑如图 7-1 所示。

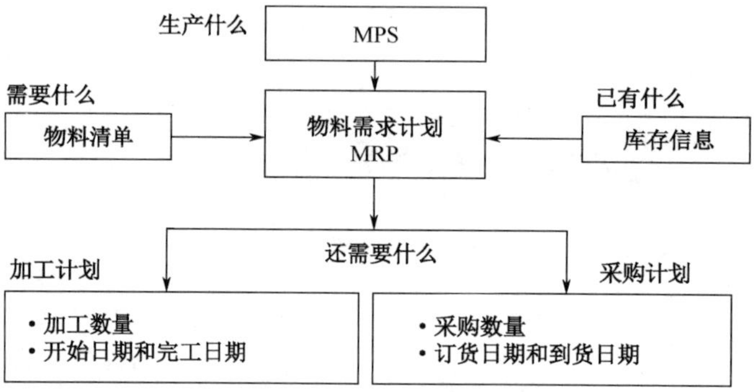


图 7-1 MRP 的计算逻辑

MRP 的计算逻辑完整地回答了制造业基本方程通用公式的四类问题，要生产什么、需要什么、已有什么、还需要什么。

如果应用 MRP 的基本计算逻辑来解决微案例 1 中的问题，如何解决？

## 7.1.2 举例计算

以微案例 1 为例。

第一步：对照制造业基本方程梳理基础数据。

### 1. 确定 MPS 量

微案例 1 中的市场需求是 100 个牛肉汉堡包。

MPS：当天中午 12：00 前出产 100 个牛肉汉堡包，说明了需求时间和需求量，这里的需求时间即用户要求的交货时间。

### 2. 生成产品结构文件

物料清单显示：制作 1 个牛肉汉堡包，除了其他佐料，还需要 1 片烤牛肉和 1 个面包，而每片烤牛肉需要新鲜牛肉 2 两。将此信息绘制成配料关系图，生成产品结构树，如图 7-2 所示。

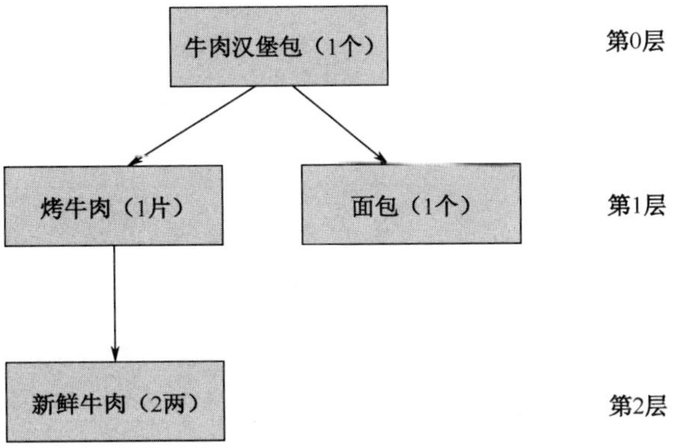


图 7-2 微案例 1 产品结构树

在产品结构文件中，牛肉汉堡包是产成品，其需求量和需求时间是独立需求项；制作牛肉汉堡包需要的自制加工件（烤牛肉）、制作烤牛肉的原材料（新鲜牛肉）和外购件（面包）则是相关需求项。通过在图 7-2 上标示制作单位牛肉汉堡包所需的加工件和外购原材料的数量，可以清晰地说明配料的数量关系，回答制造业基本方程“需要什么”的问题。

### 3. 查看库存

要回答制造业基本方程中“已有什么”的问题，需要查看库存信息。微案例 1 中，库存有烤牛肉 2 片、新鲜牛肉 15 两、面包 7 个。需要说明的是，所有原料当天都能买到，100 个牛肉汉堡包的加工时间不超过一天（这指采购提前期和加工提前期）。

第二步：逐层展开，计算 MRP。

方法：从产品结构树的第 0 层开始，逐层进行计算，通过表格的方式来进行推算。假设现在是星期三，当天制作当天销售，以天为单位，提前期为零。总需求量等于净需求量，等于计划产出量。

第 0 层的计划产出量即第 1 层的总需求量，第 0 层展开如表 7-1 所示。先看加工件，因为库存现有烤牛肉片 2 片，总需求量减去库存等于净需求量 98 片，则计划产出为 98

片烤牛肉片。

第 1 层的外购件（面包），库存有 7 个，总需求量减去库存等于净需求量，则计划发出订货量为 93 个面包，第 1 层展开如表 7-2 所示。

第 2 层的原材料外购件的总需求量是第 1 层的计划产出量，第 1 层加工件烤牛肉片的计划产出量为 98 片，根据物料清单（产品结构）的数量关系，1 片烤牛肉片需要 2 两新鲜牛肉，则第 2 层新鲜牛肉的总需求量为 98×2=196（两）；同时，库存中还有新鲜牛肉 15 两，因此新鲜牛肉的净需求量为 196−15=181（两），新鲜牛肉的计划发出订货量为 181 两，第 2 层展开如表 7-3 所示。

综上所述，得到采购计划：面包 93 个，新鲜牛肉 181 两；加工计划：烤牛肉片 98 片。

**表 7-1　第 0 层展开**

| 产品项目 | 提前期 | 项目信息 | 天 | | | | | | |
|---|---|---|---|---|---|---|---|---|---|
| | | | 1 | 2 | 3 | 4 | 5 | 6 | 7 |
| 牛肉汉堡包<br>第 0 层 | 0 天 | 总需求量（个） | | | 100 | | | | |
| | | 预计到货量（个） | | | | | | | |
| | | 库存现有数（个） | 0 | 0 | 0 | | | | |
| | | 净需求量（个） | | | 100 | | | | |
| | | 计划产出量（个） | | | 100 | | | | |

**表 7-2　第 1 层展开**

| 产品项目 | 提前期 | 项目信息 | 天 | | | | | | |
|---|---|---|---|---|---|---|---|---|---|
| | | | 1 | 2 | 3 | 4 | 5 | 6 | 7 |
| 烤牛肉片<br>第 1 层 | 0 天 | 总需求量（片） | | | 100 | | | | |
| | | 预计到货量（片） | | | | | | | |
| | | 库存现有数（片） | 2 | 2 | 2 | | | | |
| | | 净需求量（片） | | | 98 | | | | |
| | | 计划产出量（片） | | | 98 | | | | |
| 面包<br>第 1 层 | 0 天 | 总需求量（片） | | | 100 | | | | |
| | | 预计到货量（片） | | | | | | | |
| | | 库存现有数（片） | 7 | 7 | 7 | | | | |
| | | 净需求量（片） | | | 93 | | | | |
| | | 计划发出订货量（片） | | | 93 | | | | |

表 7-3　第 2 层展开

| 产品项目 | 提前期 | 项目信息 | 天 | | | | | | |
|---|---|---|---|---|---|---|---|---|---|
| | | | 1 | 2 | 3 | 4 | 5 | 6 | 7 |
| 新鲜牛肉<br>第 2 层 | 0 天 | 总需求量（两） | | | 98×2 | | | | |
| | | 预计到货量（两） | | | | | | | |
| | | 库存现有数（两） | 15 | 15 | 15 | | | | |
| | | 净需求量（两） | | | 196−15 | | | | |
| | | 计划产出量（两） | | | 181 | | | | |

这与微案例 1 中小张得到的结论有什么不同？问题出在哪里？

对照发现：小张多计算出 4 两新鲜牛肉。如果是面向库存的生产，多余物料作为库存以备后续使用，是完全可以的，而且 4 两牛肉的消耗量也不大，可能不会给企业带来太大困扰。但是，如果企业同时生产很多不同的产品，且当天需要履行的订单成千上万，那么每一单的余料加起来将是一笔不可忽视的浪费。

为什么会出现 4 两新鲜牛肉的差额呢？如何避免？

MRP 的计算一定要以产品结构树或 BOM 单逐层展开的方式逐层计算。微案例 1 中之所以会产生 4 两新鲜牛肉的差额，是因为没有采用逐层计算的方法，导致忽略了库存中已有 2 片烤牛肉片所涵盖的 4 两新鲜牛肉的原材料需求量。平铺所有需求同时计算，仅在加工件核算时减去了 2 片烤牛肉片的库存，而在外购件需求核算时并未考虑库存中已有加工件包含的原材料需求量。因此，逐层展开、逐层计算是 MRP 计算的第一法则。

此外，在 MRP 计算中，还有可能同一物料出现在 BOM 单不同的层次中，这时候需要用到低层码。虽然微案例 1 中的牛肉汉堡包是当天制作、当天销售，但在实际业务中，很多产品的生产制作需要耗费较长的时间，十几天的生产时长也很常见，因此提前期和安全库存也是需要考虑的内容。安全库存在第 5 章已有详述，此处不再展开。

综上所述，MRP 计算的基本逻辑，就是从 MPS、物料清单和库存信息出发得出采购计划和加工计划的计算逻辑。这一逻辑模型回答了制造业基本方程的基本问题。结合 MRP 的五大计划层次来讲，经营规划和销售与运作规划解答了市场需要什么？我们打算卖什么？进而主生产计划确定生产什么？物料需求计划确定还缺少什么，需要加工什么？需要采购什么？

# 7.2 MRP 计算的基础数据

在 7.1 节微案例 1 中，MRP 的基本逻辑解决了一个简单的牛肉汉堡包加工和采购的计划制订问题，同时提出，如果在产品结构树或物料清单的不同层次出现同样的物料，就需要考虑使用低层码，那么什么是低层码呢？要了解如何使用低层码处理产品结构树上不同层次的相同物料，首先需要弄清楚物料在 MRP 系统中是如何被识别的，物料清单又是如何编制的。

## 7.2.1 物料主文件

物料主文件的作用是标识和描述用于生产过程中的每种物料的属性和信息。它是 ERP 系统最基本的文件之一。物料主文件中的数据项有物料代码，以及与工程设计管理、物料控制和计划管理有关的信息，如图 7-3 所示。

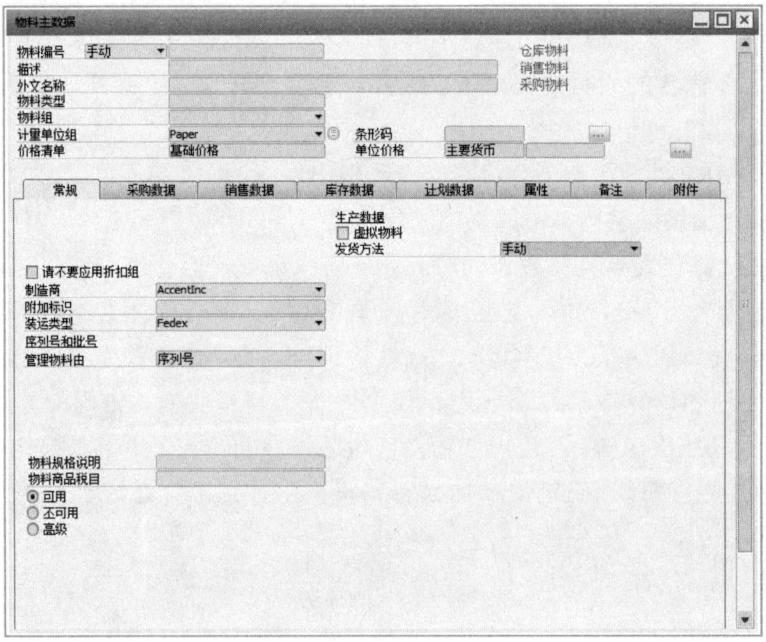


图 7-3　物料主文件

### 1. 物料代码与编码

物料代码是物料主文件中的唯一标识物料的编号，是人和计算机使用所有其他数据元素的基础，通常用字符串（定长或不定长）或数字表示，是计算机系统对物料的唯一识别代码。它用一组代码来代表一种物料。物料代码必须是唯一的，一种物料不能有多个物料代码，一个物料代码不能对应多种不同规格的物料。

企业在数据准备阶段的一项非常重要的工作就是确定物料代码的编码原则和编码方法。物料代码可以是一组数字或二维码。使用二维码物料代码可以实现物料扫码追溯。

物料编码是 ERP 最基础的工作。物料代码有一定的字段长，是计算机识别和检索物料的首要途径。编码前可以先配置好代码分类规则、代码长度等属性，使用自动物料代码生成器来完成后续编码工作。

物料编码规则的难点在于，需要确定物料代码的命名规则、物料的类别划分，以及物料属性在代码中的体现等。例如，用 F 表示成品；M+数字序号表示产品类别代码；D+数字表示机型、颜色代码；S+数字表示内销或出口，物料编码规则举例如图 7-4 所示。物料代码中包含的信息越多，代码越长。

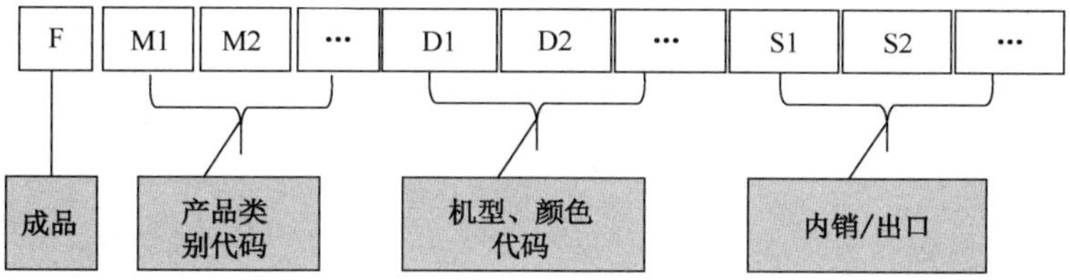


图 7-4　物料编码规则举例

物料编码的第一原则是一物一码，即确保代码的唯一性。如同人的身份证号一样，系统中的物料必须是唯一代码。

物料代码需要分类别设置，遵循统一稳定的命名规则，避免频繁变化，否则容易导致系统内物料数据混乱。物料代码应尽可能简短，不仅要考虑当前的需求，而且要考虑未来的变化，需要具有一定的可扩展性，可以使用跳号，预留扩展号码。例如，01 原材料、02 半成品、03 产成品、15 其他，中间预留可扩展号码。

此外，有观点认为物料代码最好全部用没有实际含义的数字，但随着编码复杂性的提升，越来越多的物料代码使用字母加数字的形式表示。

### 2. 其他信息

除物料代码之外，每种物料还有许多其他的属性。在物料主文件中，系统通过以下几方面的信息描述这些属性。

与工程设计管理有关的信息，如图号、物料名称、质量、体积、版次、生效日期和失效日期等。

与物料管理有关的信息，如来源类型（自制或外购）、采购与储存的计量单位及转换系数、损耗率、分类码、订货批量、存放位置（仓库、货位）、批号、安全库存量、订货策略及订货量的调整因子、采购员代码等。针对外购件，还应有物料提供方的代码。

与计划管理有关的信息，如各种提前期、需求时界与计划时界、预测代码、独立需求或相关需求、计划员代码、分组码等。

与成本管理有关的信息，如账号、材料费、人工费、外协费、间接费、累计成本和计划价格等。

此外，在物料主文件中，还应记录工作中心、工艺路线、库存记录、供应商数据和客户数据等。

## 7.2.2 物料清单

BOM 也称物料用量清单或产品结构文件，是描述产品构成的一种方法，一般按从原料到成品的实际加工过程划分层次，建立上下层物料的从属关系和数量关系。在化工、制药和食品行业，BOM 也称配方、公式或包装说明。凡是需要计划和调度的物料项目都应该放置于 BOM 之中。

任何产品，都可以按照从原料到最终产品的实际加工过程划分层次，建立上下层物料的从属关系和数量关系。通常，我们称上层物料为父件，下层物料为子件；父件与子件的关系是相对而言的，一个物料既是上层物料的子件，又是下层物料的父件。

### 1. BOM 与低层码

BOM 中最高层物料为第 0 层，是最终产品；其余各层（1 层以下）为相关需求件。产品结构的底层都是外购件，包括原材料和配套件。产品结构中的每种物品都表示物料的完成状态或者说是一种库存状态。它表示完成了某种加工或采购过程，可以入库储存。以水杯为例，第 0 层为最终产品，为独立需求件，最后一层为外购件，中间层为加工件，产品结构文件举例如图 7-5 所示。

在 BOM 中，用低层码来管理出现在不同层次的物料。例如，在水杯 BOM 中，玻璃作为原材料出现在了第 2 层和第 3 层。也就是说，当同一物料同时出现在物料清单（产品结构文件）的不同层时，最低层的层次码为低层码。MRP 依据 BOM 逐层展开进行计算，只有当物料的层次码等于低层码时，才计算该物料的需求量，但在计算时综合所有层次的需求进行合并计算。

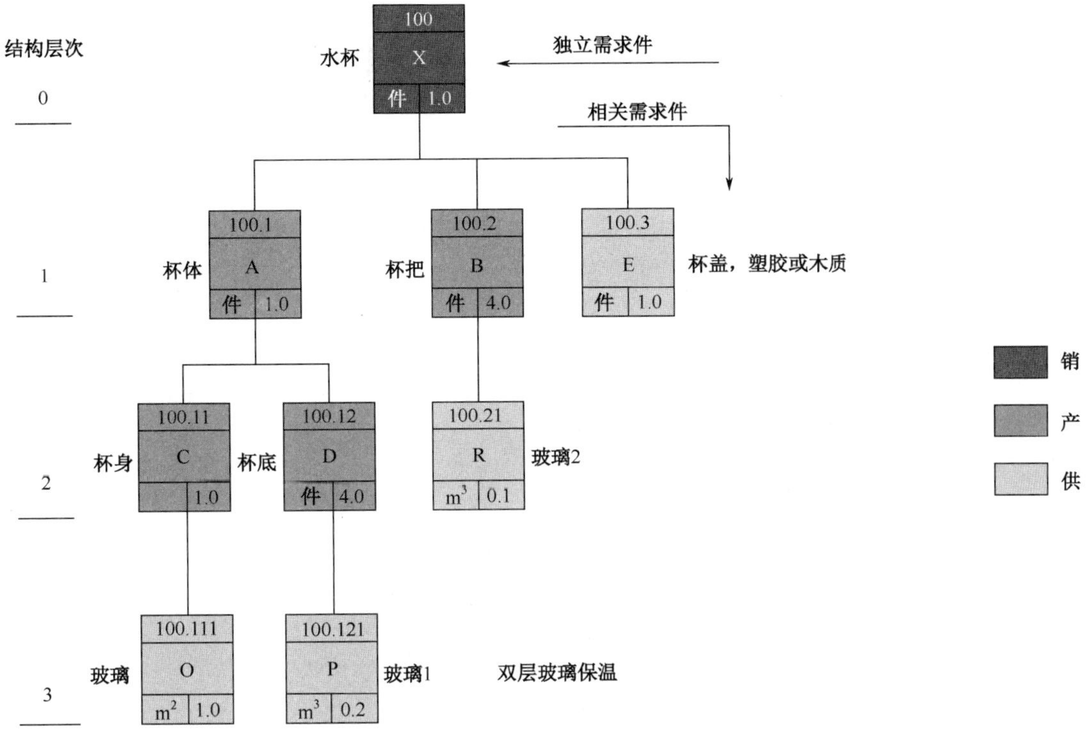


图 7-5　产品结构文件举例

BOM 的种类很多，从层次上，可以分为单级 BOM、多级 BOM、汇总 BOM、单级反查与多级反查 BOM；从功能上，可以分为计划 BOM、成本 BOM、工程 BOM、制造 BOM、虚拟 BOM 等。

## 2. BOM 的作用

BOM 是 MRP 的主要输入信息之一。建立 BOM 表格能帮助系统识别产品结构。用计算机辅助管理，首先要使系统能够“读出”企业制造的产品结构和所有涉及的物料。为了便于计算机识别，必须把用图表示的产品结构转换成数据格式，这种用数据格式来描述产品结构的文件就是 BOM。

BOM 是联系与沟通企业各项业务的纽带，是运行 MRPⅡ系统的主导文件，企业各个业务部门都要依据统一的 BOM 进行工作。它是接受客户订单、确定装配需要的可选件、计算累计提前期、编制生产与采购计划、配套领料、跟踪物流及生产过程、追溯任务来源、计算成本、投标报价、改进产品设计等标准化、系列化、通用化工作都需要参照的重要文件。生产部门使用 BOM 来决定零部件或最终产品的制造方法。产品成本核算部门利用 BOM 中每个自制件或外购件的当前成本来确定最终产品的成本。

### 3．BOM 的构造步骤

第一步：对所有物料进行分类与编码，建立物料主文件。

第二步：分析哪些物料应包括在 BOM 内。

MRPⅡ系统一般都提供了方便的 BOM 录入和维护功能。

综上所述，物料主文件是标识和描述用于生产过程中的每种物料的属性和信息的数据文件。物料代码是物料主文件中唯一标识物料的编号。

## 7.2.3　提前期

### 1．提前期的概念

在 7.1 节微案例 1 中，以牛肉汉堡包的生产为例，假设牛肉汉堡包的制作是当天生产、当天销售，没有提前期。但在实际生产中，很多物料的采购、产品的生产是需要时间的。物料清单上各层物料都会有不同的提前期，考虑提前期后物料需求计划将变得更复杂，但也变得更切实可行。

那么什么是提前期呢？以外卖配送为例，用户在外卖平台点外卖，下单后，外卖员通过平台派单接单，前往商家取餐，然后送餐，直到送到客户手中，从客户下单到餐品送达客户手中的时间就是客户的采购提前期，外卖配送流程如图 7-6 所示。

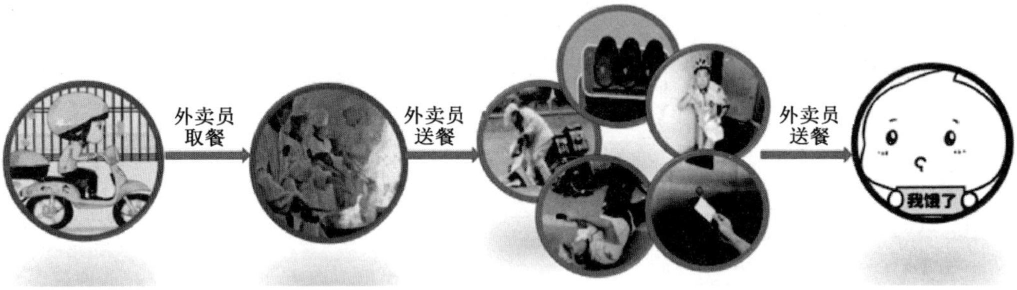


图 7-6　外卖配送流程

在商家的视角中，在外卖配送场景中，用户的采购提前期就是商家承诺的预计送达时间（Estimated Time of Arrival，ETA），指用户成功下单时刻到外卖员将外卖送达顾客手中的送达时间预测结果。这个时间包括压单时间（从商家接单到外卖员接单）、到店时间（从外卖员接单到外卖员到店）、取餐时间（从外卖员到店到外卖员取餐）、送餐时间（从外卖员取餐到到达用户）、交付时间（从到达用户到完成送达）和出餐时间（从商家接单到商家出餐）。这些时间的总和构成了客户的采购提前期。

提前期（Lead Time），也叫前置期，这一概念是针对“需求”提出的，指某一工作的时间周期，即从工作结束时间倒推工作开始的时间。它是 MRP 的重要数据。例如，采购提前期指采购订单下达到物料采购入库的全部时间。这个时间概念对 MRP 的计算非常重要，如果没有提前期的基本数据，MRP 无法确定计划订单的下达时间，也就无法生成可操作的采购计划和加工计划。

### 2．提前期的估算

理论上，提前期一般通过经验方法估算。

提前期是确定计划下达时间的一个重要因素。产品需要有一个交货期，该产品的下一级部件的完工日期必须先于产品交货期，部件的下一级零件的完工日期要先于部件的完工日期，如此逐级下传。因此，自制件提前期是产品及其零部件在各工艺阶段投入的时间比出产时间提前的时间。

提前期不是一个纯工艺时间。确定提前期要考虑：排队（等待加工）时间、调整准备时间、运行（切削、加工、装配等）时间、检查时间、等待运输时间、运输时间以及其他管理事务处理时间。对于一般单件生产车间，排队时间是最主要的。车间内的排队时间是所有零件的平均数。对于某个具体零件来说，排队时间是其优先权的函数。优先权高的零件，排队时间短；优先权低的零件，排队时间长。因此，排队时间是一个很不稳定的因素。除了排队时间，其他几个因素也很难确定。这些因素与工厂里的工时定额、工艺装备的状况、工人的熟练程度、厂内运输的条件及生产组织管理的水平都有关系。因此，想要使用精确的计算公式或程序来确定每批零件的提前期，几乎是不可能的。

当排队时间是主要因素时，单位为天，提前期估算公式为

$$\mathrm{LT}=2N+6 \tag{7-1}$$

式中，LT 为提前期；$N$ 为工序数。

当加工时间是主要因素时（如大型零件的加工），提前期等于系数 $K$ 乘以工件的总加工时间 $T$，一般 $K$ 的取值范围为 1.5～4，公式为

$$\mathrm{LT}=K\times T \tag{7-2}$$

式中，$K$ 为系数；$T$ 为工件的总加工时间。

提前期的单位可以是天、周。企业会定期审核，根据实际情况优化和调整提前期参数，以实现精准的提前期预测和控制。

### 3．提前期的分类

对制造项目而言，提前期的类型可以分为设计提前期、采购提前期、加工提前期和装配提前期，其中，采购提前期、加工提前期和装配提前期的总和称为累计提前期，而累计提前期加上设计提前期称为总提前期，提前期的分类如图 7-7 所示。

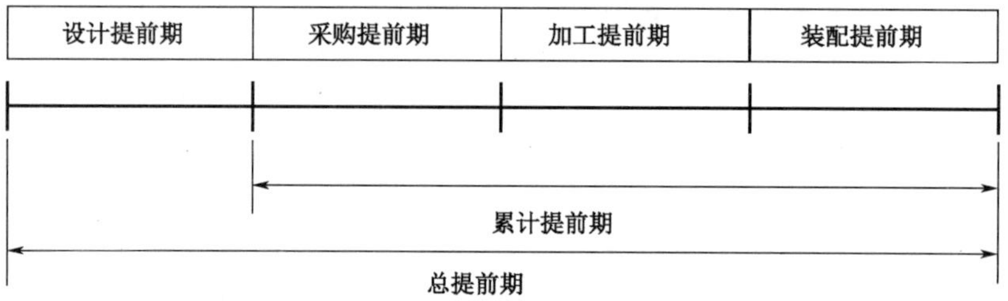


图 7-7　提前期的分类

加工装配阶段提前期的 5 种时间类型如图 7-8 所示。

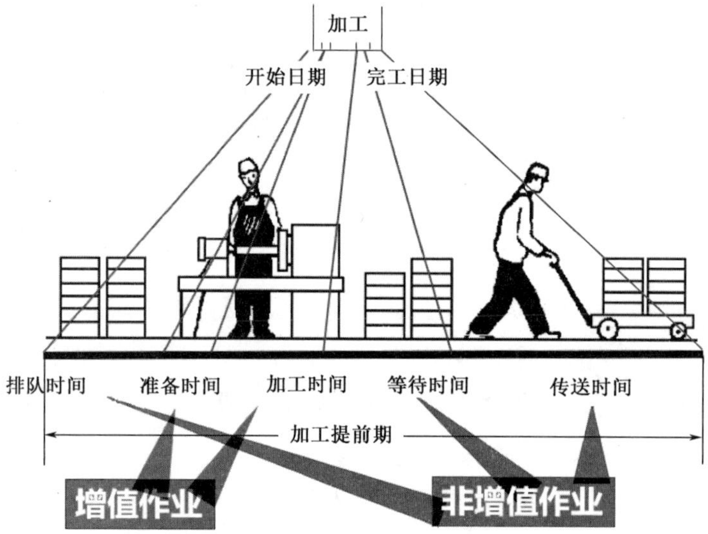


图 7-8　加工装配阶段提前期的 5 种时间类型

（1）排队时间（Queue Time）：一批零件在工作中心前等待上机器加工的时间。当加工件种类很多、各自的加工周期又有很大差别时，排队时间（尤其是后续工序）往往很难避免。此外，加工批量大小也会影响排队时间。一般软件把平均排队时间作为工作中心文件中的一个数据项，根据投入/产出分析随时维护。

（2）准备时间（Set-up Time）：熟悉图纸及技术条件，准备工具及调整的时间。为了使每个零件平均占用的准备时间短些，往往希望有一定的加工批量，例如，更换工具后保证至少连续生产一个班次。可以通过成组加工、改进工装设计、改善工作组织、采取并行准备等措施来缩短准备时间。

（3）加工时间（Run Time）：在工作中心加工或装配的时间，与工作中心的效率、工装设计人员技术等级有关。它是一种可变提前期，即每批零件加工时间等于零件数量乘以单个零件加工时间。

（4）等待时间（Wait Time）：加工完成后等待运往下道工序或储存库位的时间。等待往往是由搬运设施调配不当或下道工序能力不足造成的，也与传送批量有关。因此，一些软件会将等待时间合并到传送时间。

（5）传送时间（Move Time）：工序之间或工序至库位之间的运输时间，若为外协工序则包括更广范围的传送。这与车间布置、搬运工具能力效率有关。

上述五类时间之和，即从下达任务开始到加工完成的时间，形成了加工件的生产提前期。通常将与加工件数有关的提前期称为变动提前期，如加工时间；将与加工件数无关的提前期称为固定提前期，如准备时间。

在运用提前期概念时，应当注意到它不是一个固定不变的数值。由于批量、能力、作业进度安排等方面的变动，提前期往往也会发生变化。MRP 根据实际提前期的变动不断修正订单下达的优先度，进行动态调整。

在现实中，无论是企业还是客户都希望提前期能够得到不断优化。例如，人们点外卖希望送餐越快越好，平台也使用各种智能化预测技术和算法，期望精准预测预计送达时间，为客户做出精准承诺，因此就有了《外卖骑手，困在系统里》这样的社会性新闻报道。平台根据外卖员历史数据进行估算；通过机器学习不断优化算法模型；算法基于“效率”不断优化“平均送餐时间”。而外卖平台基于承诺送餐时间的服务水平是外卖员努力程度的函数在这样的情境下，在让外卖员越跑越快的推手中，也包括外卖员自己，因此产生了算法控制的负面效应。

当然，基于算法优化的提前期控制，还是可以产生正面效应的。例如，第 4 章章节案例：京东预售前置。京东创造性地将备货时间前置到了客户下单之前，精准的数据分析使得智能调拨准确率高达 92%，这是对客户采购提前期的创造性优化。京东物流目前已经可以实现 24 小时送达，当日达/次日达成为日常。通过自建物流系统、基于数据预测的“211 限时达”、智能分拣中心（24 小时分拣直接装车，售前、售中、售后全链路 AI 应用），小件商品均可实现上午 11：00 前提交现货订单，当日送达；晚上 11：00 前提交现货订单，次日上午送达，大大缩短了客户的采购提前期。

提前期与需求时界和计划时界的对应关系如图 7-9 所示。

有关时区和时界的内容在第 6 章已有详述，此处不再展开。

综上所述，提前期是一个时间概念，是 MRP 确定计划下达时间的一个重要因素，指某一工作的时间周期，即从工作开始到工作结束的时间，包括设计提前期、采购提前期、加工提前期和装配提前期。企业通过应用数智化技术，压缩作业时间、提高作业效率、改变作业流程，不断优化缩短提前期，以提升整体流程效率。

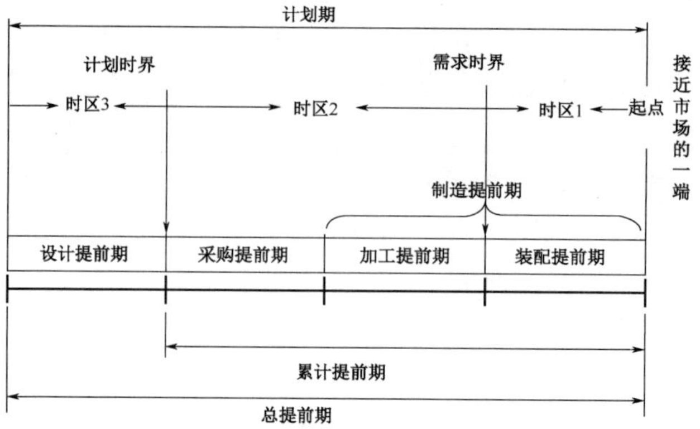


图 7-9　提前期与需求时界和计划时界的对应关系

# 7.3　MRP 的计算过程

简要来说，MRP 的处理过程是：将 MPS 输入 MRP，然后依据 BOM 单逐层展开处理各个物料项目，计算得出毛需求量；利用库存数据计算得出净需求量，进而编排订单计划；采用计划订单下达或投入来计算下一层次的毛需求，从第 0 层开始逐层下推，直到所有层次的物料均被处理。值得注意的是，为了确定 BOM 中一个较低层次编号的物料项目的净需求量，不仅需要考虑这类项目在本层的需求数量，还要考虑该项目在其父项物料，以及父项物料的父项物料中的需求数量，即将所有该物料出现的较高层次的需求合并到低层码所在层次进行计算。MRP 的计算过程如图 7-10 所示。

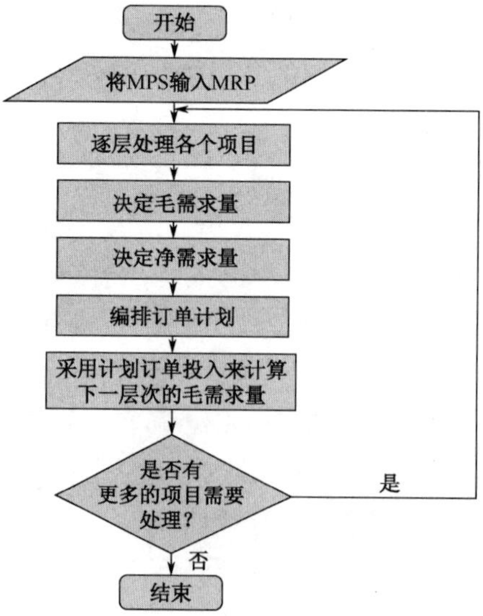


图 7-10　MRP 的计算过程

## 7.3.1　MRP 的主要输入信息

（1）主生产计划（MPS），即产品出产计划，包含计划生产的项目清单、每个项目的数量、编制生产计划的时间段；

（2）物料清单（BOM）或产品结构文件，提供构成 MPS 项目的部件、零件和原材料数量及产品结构关系；

（3）库存状态文件，提供项目的订货信息和可用量信息，如提前期、批量等。

此外，库存文件有关参数如下。

① 总需求量（毛需求量），由上层计划发出的订货量决定；

② 预计到货量，也称预计入库量，包含在途或在制；

③ 现有数（现有库存量），指期末的库存量；

④ 净需求量，等于总需求量（毛需求量）减去现有数与预计到货量之和；

⑤ 计划发出订货量等。

其中，预计到货量和现有数是库存数据，其余为需求数据。

## 7.3.2　MRP 计算的基本步骤

准备计算所需的各种输入，将 MPS 作为确认的生产订单下达给 MRP，然后根据产品的 BOM 信息，从第 1 层起，逐层处理各个项目直至底层处理完毕。

MRP 计算的参数如下。

① 总需要量（毛需求量）=父项计划发出订货量×BOM 表中的单位需求量。

② 净需求量，先计算各时段库存现有数：

库存现有数 = 前一时间段的现有数+预计到货量-总需要量-已分配量

当库存现有数小于零时，则产生净需求量。

③ 确定计划发出订货量与订货日期。

一般计划发出订货量大于或等于净需求量。如果有耗损，则应先考虑耗损后再按批量规则进行修正。

MRP 计算的全过程，是在展望期内把最终项目的独立需求从 MPS 开始向下逐层分解为各个零部件相关需求的过程。子项物料的毛需求量取决于父项物料的净需求量，对一项物料的计划订单下达同时产生了其子项物料的毛需求量，它们在时间上完全一致，在数量上有确定的对应关系。MRP 计算过程沿 BOM 的各个分支展开，直到覆盖所有外购件（零部件或原材料）为止。

## 7.3.3 逐层分解计算举例

### 1. 考虑提前期的计算

MRP 计算举例如图 7-11 所示。根据左侧的产品结构树，对处于相邻层次的三项物料的需求进行逐层分解。产品结构树的第 0 层，即物料 A 的物料需求，对应表格中 MPS 计算过程；第 1 层物料 B 的需求对应表格中 MRP 加工计划计算过程；第 2 层物料 C 的需求对应表格中 MRP 采购计划计算过程。

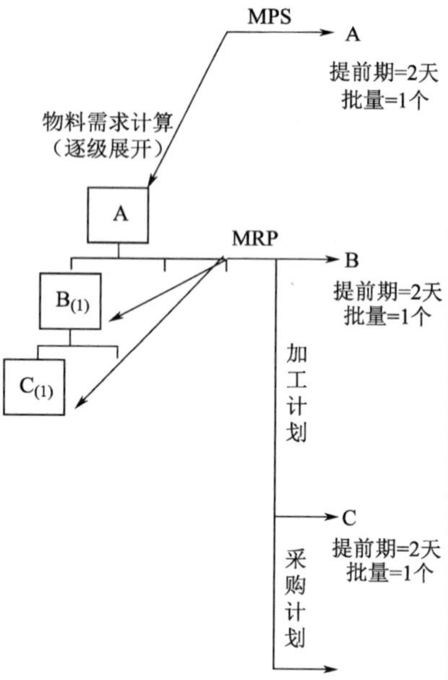


| 时段 | 1 | 2 | 3 | 4 | 5 | 6 | 7 | 8 | 9 |
|---|---|---|---|---|---|---|---|---|---|
| 毛需求量（个） | 10 | | 15 | 10 | 20 | 5 | | 10 | 15 |
| 预计入库量（个） | | | 14 | | | | | | |
| 现有库存量（12） | 2 | 2 | 1 | 0 | 0 | 0 | | 0 | 0 |
| 净需求量（个） | | | | 9 | 20 | 5 | | 10 | 15 |
| 计划订单产出（个） | | | | 9 | 20 | 5 | | 10 | 15 |
| 计划订单下达（个） | | 9 | 20 | | | 10 | 15 | | |

| 时段 | 1 | 2 | 3 | 4 | 5 | 6 | 7 | 8 | 9 |
|---|---|---|---|---|---|---|---|---|---|
| 毛需求量（个） | | 9 | 20 | 5 | | 10 | 15 | | |
| 预计入库量（个） | | | | | | | | | |
| 现有库存量（28） | 28 | 19 | 0 | 0 | 0 | 0 | 0 | 0 | 0 |
| 净需求量（个） | | 0 | 1 | 5 | | 10 | 15 | | |
| 计划订单产出（个） | | | 1 | 5 | | 10 | 15 | | |
| 计划订单下达（个） | 1 | 5 | | 10 | 15 | | | | |

| 时段 | 1 | 2 | 3 | 4 | 5 | 6 | 7 | 8 | 9 |
|---|---|---|---|---|---|---|---|---|---|
| 毛需求量（个） | 1 | 5 | | 10 | 15 | | | | |
| 预计入库量（个） | | | | | | | | | |
| 现有库存量（8） | 7 | 2 | 2 | 0 | 0 | 0 | 0 | 0 | 0 |
| 净需求量（个） | | 0 | 0 | 8 | 15 | | | | |
| 计划订单产出（个） | | | | 8 | 15 | | | | |
| 计划订单下达（个） | | 8 | 15 | | | | | | |

图 7-11 MRP 计算举例

3 项物料的提前期均为 2 天，批量均为 1 个，库存现有数各不相同。

从顶层（第 0 层）开始，逐层分解展开。顶层物料 A，图中列出了从第 1 期到第 9 期物料 A 的毛需求量，以第 4 期为例，毛需求量为 10 个，上一期的现有库存量为 1 个，这是期末数，很显然无法满足本期的需求，缺货 9 个，产生净需求量 9 个，因此，在第 4 期必须有的物料 A 的产出量为 9 个，根据物料 A 的生产提前期向前推 2 个周期，则物料 A 在第 2 期的计划订单下达量为 9 个。

根据产品结构关系，生产 1 个物料 A 需要 1 个物料 B，逐层分解，对于物料 B 的加工计划各期的毛需求量等于 A 在各期的计划订单下达量。以物料 B 的第 2 期为例，上一层物料 A 的计划订单下达量为 9 个，数量对应关系 1∶1，因此物料 B 的毛需求量为 9 个，B 在第 1 期的期末库存量为 28 个，28 个减去 9 个还剩 19 个，期末现有库存量为 19 个，不产生净需求量，本期不需要安排生产。再看物料 B 在第 4 期的毛需求量为 5 个，第 3 期的现有库存量期末数为 0，产生净需求量 5 个，因此第 4 期必须要有的计划订单产出量为 5 个，提前期为 2 天，所以物料 B 在第 2 期的计划订单下达量为 5 个。

继续逐层分解，物料 C 为采购件，在产品结构中，加工 1 个物料 B 需要采购 1 个物料 C，物料 B 的计划订单下达量即为物料 C 的毛需求量，数量和时间均保持一致。

以第 2 期为例，物料 B 的计划订单下达量是 5 个，物料 C 的毛需求量就是 5 个，物料 C 在第 1 期的期末现有库存量为 7 个，可以满足本期的毛需求量 5 个，不产生净需求量，无须安排采购。在第 4 期，物料 B 的计划订单下达量是 10 个，物料 C 的毛需求量为 10 个，上一期即第 3 期现有库存量为 2 个，不足，差额为 8 个，净需求量为 8 个，因此计划订单产出量为 8 个，提前期为 2 天，第 2 期的计划订单下达为 8 个。

这是考虑提前期的计算过程。在此例中，物料 B、C 只有 1 个父项物料 A，即它们不是通用件。然而，实际情况常常不是如此。它们很可能有多个父项，尤其是处于 BOM 低层的物料项目。在这种情况下，如果沿 BOM 各分支分别分解，然后把对通用件的多项需求相加，则会造成重复计算，降低了数据处理的效率。

高效率数据处理的方法称为逐层处理法。具体做法是先对所有 BOM 算出第 1 层上所有物料项目的毛需求量，按通用件相加，用来确定第 2 层物料项目的毛需求量。以此类推，直至外购件。在这个过程中，物料的低层码起到重要的控制作用。一项物料可以出现在多个 BOM 中，在不同的 BOM 中所处的层次也会有所不同。因此，每项物料均有一个低层码，用来指明在包含该项物料的所有 BOM 中，该项物料所处的最低层次。在需求展开的过程中，对该项物料的处理被延迟到其出现的最低层次上进行。此时，在所有较高层次上可能出现的对该项物料的毛需求量都已确定，于是可以把所有这些毛需求量按时区合并起来，再继续处理。因此，对每项物料只做一次需求展开。

### 2. 基于低层码的计算举例

在图 7-12 所示的产品结构树上，物料 C 出现在了不同层次，有两个父项物料 A 和 B。

依然从顶层逐层分解。顶层物料 A 第 4 周和第 7 周分别有 10 个单位和 15 个单位的计划订单，MPS 订单下达如表 7-4 所示。

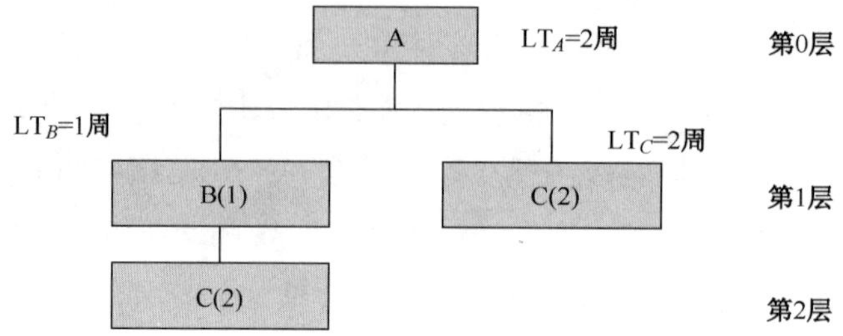


图 7-12　产品结构树（低层码）

表 7-4　MPS 订单下达

| 产品项目 | 提前期 | 项目信息 | 周次 | | | | | | | | | | |
|---|---|---|---|---|---|---|---|---|---|---|---|---|---|
| | | | 1 | 2 | 3 | 4 | 5 | 6 | 7 | 8 | 9 | 10 | 11 |
| A<br>第 0 层 | 2 周 | 总需求量 | | | | | | | | 10 | | | 15 |
| | | 预计到货量 | | | | | | | | | | | |
| | | 现有数 | | | | | | | | −10 | −10 | −10 | −25 |
| | | 净需求量 | | | | | | | | 10 | | | 15 |
| | | 计划订单产出量 | | | | | | 10 | | | 15 | | |
| | | 计划订单下达量 | | | | 10 | | | 15 | | | | |

逐层分解到第 1 层，物料 B 的加工计划订单下达如表 7-5 所示，物料 C 的采购计划订单下达如表 7-6 所示。根据产品结构树（图 7-12），生产 1 个物料 A 需要 1 个物料 B，下一层物料 B 在第 4 周和第 7 周分别产生 10 个单位和 15 个单位的毛需求量，也就是总需求量。物料 B 在第 1 周预计到货量为 10 个单位，库存现有量为 1 个单位，相当于期初库存为 12 个单位，总需求量减去库存，第 4 周还有余量库存，而第 7 周库存缺货，产生净需求量 13 个单位，因此物料 B 在第 7 周需要加工产出 13 个单位，提前期为 1 周，物料 B 在第 6 周需要投入生产 13 个单位，即计划订单下达量为 13。

假设物料 C 的采购批量为 10 个单位，提前期为 2 周。物料 C 在产品结构树上有两个父项，需要使用低层码进行集中处理。物料 A 对物料 C 的需求和物料 B 对物料 C 的需求，一并计入物料 C 的总需求量，数量对应关系均为 1：2，所以物料 C 在第 4 周、第 6 周和第 7 周分别有 20 个、26 个和 30 个单位的总需求量。从第 1 周开始推算，前 3 周没有总需求量，期初库存为 5 个单位，第 2 周预计到货量 10 个单位，因此第 3 周的期末库存现有数为 15 个单位；第 4 周的总需求量为 20 个单位，减去上一期的期末库存，产生净需求量 5 个单位，因为物料 C 的采购批量限制是 10 个单位，即要么不采购，要么采购就是一个批量或者批量的倍数，因此计划订单产出为 1 个批量，采购提前期为 2 周，第 2 周需要下单采购订单 1 个批量。后面第 6、7 周分别产生净需求量 21 个单位，则需要安排 3 个批量，即 30 个单位的采购量，才能满足需求。这是综合考虑了提前期、低层码、批量规则的计算过程。

表 7-5 MRP 计算展开——加工计划订单下达

| 产品项目 | 提前期 | 项目信息 | 周次 | | | | | | | | | | |
|---|---|---|---|---|---|---|---|---|---|---|---|---|---|
| | | | 1 | 2 | 3 | 4 | 5 | 6 | 7 | 8 | 9 | 10 | 11 |
| B<br>第 1 层 | 1 周 | 总需求量 | | | | 10 | | | 15 | | | | |
| | | 预计到货量 | 10 | | | | | | | | | | |
| | | 现有数（2） | 12 | 12 | 12 | 2 | 2 | 2 | −13 | 0 | 0 | | |
| | | 净需求量 | | | | | | | 13 | | | | |
| | | 计划订单产出量 | | | | | | | 13 | | | | |
| | | 计划订单下达量 | | | | | | 13 | | | | | |

表 7-6 MRP 计算展开——采购计划订单下达

| 产品项目 | 提前期 | 项目 | 周次（采购批量为 10） | | | | | | | | | | |
|---|---|---|---|---|---|---|---|---|---|---|---|---|---|
| | | | 1 | 2 | 3 | 4 | 5 | 6 | 7 | 8 | 9 | 10 | 11 |
| C<br>第 2 层 | 2 周 | 总需求量 | | | | 20 | | 26 | 30 | | | | |
| | | 预计到货量 | | 10 | | | | | | | | | |
| | | 现有数（5） | 5 | 15 | 15 | 15 | 5 | −21/9 | −21/9 | 9 | 9 | 9 | 9 |
| | | 净需求量 | | | | 5 | | 21 | 21 | | | | |
| | | 计划订单产出量（采购到货量） | | | | 10 | | 30 | 30 | | | | |
| | | 计划订单下达量（发出订货量） | | 10 | | 30 | 30 | | | | | | |

## 7.3.4 MRP 的输出

MRP 计算完成后，主要输出的信息如下。

（1）未来一段时间的计划订单。

（2）下达计划订单的建议信息。

（3）要求提前或推迟已下达订单的完工日期的建议信息。

（4）撤销订单的建议信息。

（5）关于未来的库存量预报和库存状态信息。

（6）数据错误报告。

（7）需求反查报告。

（8）各种例外信息报告等。

综上所述，MRP 的计算涉及四个步骤：第一步，展开 BOM 单各层的毛需求量；第二步，减去库存量计算净需求量；第三步，根据物料策略决定批量；第四步，考虑提前期计算订单发出时间和数量。

# 7.4 MRP 的运行方式

在实际生产中，常常会有一些突发情况，如产品结构的改变、客户订单数量和交货期的改变、供应商拖期发货、生产订单提前或拖期完成、废品数超出预期、关键生产设备发生故障等，从而引起计划的变更。

MRP 必须对上述突发情况做出响应，使其编制的计划能准确、实时地反映实际情况，因此需要修改 MPS 或 MRP。

## 7.4.1 MRP 的更新方式

MRP 有两种更新方式：重新生成（Regeneration）更新方式，净改变（Net Change）更新方式。

### 1. 重新生成更新方式

按照重新生成更新方式，MRP 每隔一个固定的时间（通常是每周）运行一次，每个产品项目，无论是否发生变化，都必须重新处理一遍，重新制订主生产计划，重新展开物料清单，重新编排物料需求的优先顺序。

重新生成更新方式的优点是系统运行次数少，数据处理效率高，计划全部梳理一遍有“自洁”作用，不会把上一次运行中的错误带到新得出的计划中。但该更新方式计算量相对较大，且不能对变化及时做出反应。

### 2. 净改变更新方式

按照净改变更新方式，系统要按发生的变化随时运行，但运行中只处理发生变化的部分，进行局部修改。净改变更新方式计算量小，运算时间短，对变化反应及时，但系统运行次数多，大量频繁的局部修改有可能产生全局性的差错，因此，每隔一定时间有必要按重新生成更新方式运行一遍 MRP 系统。

### 3. 两种更新方式的比较

两种更新方式最主要的不同之处在于计划更新的频繁程度及引起计划更新的原因。在重新生成更新方式中，计划更新是由 MPS 的变化引起的；在净改变更新方式中，计划更新是由库存事务处理引起的。

重新生成更新方式，是通过批处理作业完成的。使用重新生成更新方式，MPS 中的所有最终项目的需求都要重新加以分解，每个 BOM 文件都要被访问到，每个库存状态记录都要经过重新处理，系统输出大量的报告。因为该更新方式是批处理的，所以只能按一定时间间隔（通常为一周）定期进行。在两次批处理之间发生的所有变化，包括计划因素的变化等，在下一次批处理中处理，所以计划重排结果报告常有延迟。这就使系统反映的状态会在一定程度上滞后于现实状态。在具体情况下，该滞后现象的严重程度取决于 MRP 系统的作业环境。在一个动态的生产环境中，客户需求变化较大，MPS 会经常更改，产品的设计也不断更新，这意味着每项物料的需求量和需求时间也要随之迅速改变，要求系统有迅速适应变化的能力。

在比较稳定的生产环境中，仅就物料需求而言，重新生成更新方式或许能满足需求。然而，MRP 并不局限于库存管理，它还要确保已下达订单的到货期符合实际需求。因此，一个每周重排一次计划的 MRP 系统，显然不能使订单的完成日期实时与需求情况相符。为了能以更小的时间间隔重排计划，必须既考虑到数据处理的经济性，即重排计划的范围、时区和输出数据量，又要避免批处理作业滞后的弊端。于是，净改变更新方式出现了。

需求分解是 MRP 最基本的作业。净改变更新方式采用局部分解的作业方式，对计划进行连续更新，取代以较长时间间隔进行全面分解的作业方式。

局部分解之所以关键，是因为它通过缩小每次运算的范围，提高了重排计划的频率，并且减少了每次输出结果的数据量。所谓局部分解，是从以下两种意义上来说的：一是每次运行系统时，都只需要分解 MPS 中的一部分内容；二是由库存事务处理引起的分解只局限在该事务处理直接涉及的物料及其下属物料。

从净改变更新方式的角度来看，MPS 是一个连续执行的计划，而不是一系列间断的计划。在任何时候，都可以通过增加或减去各种需求量的净改变量，来不断更新 MPS。定期发布的新计划也遵循同样的处理方式。在数据处理上，只需要对系统中某些物料项目的原有状态数据加上或减去相应的净改变量，就显著减小了计划重排的工作量。

与重新生成更新方式相比，净改变更新方式在以下方面有所改进：减小了每次发布 MPS 后进行需求计划运算的工作量；在两次发布 MPS 的间隔期间也可以对计划中的变化进行处理；能够实现连续更新，及时地产生输出报告，从而可以尽早通知管理人员采取相应的措施。

### 7.4.2 需求反查

MRP 的需求展开过程是从计划订单产生毛需求。需求反查的过程正好相反，它反查毛需求的来源。这项功能是闭环 MRP 系统的重要组成部分。在一个闭环 MRP 系统中，从两个方向给出优先级计划：自顶向下和自底向上。

为了实现自底向上的计划过程，计划员需要一种找到毛需求来源的方法。这就是需求反查（Pegging）功能。需求反查功能分为两种：单层需求反查（Single-Level Pegging）和完全需求反查（Full Pegging）。

单层需求反查根据毛需求对应的物料代码、日期和数量来确定产生这项毛需求的所有父项的物料代码，以及每个父项所要求的毛需求量。

完全需求反查不但要找出引起毛需求量的父项物料及父项所要求的毛需求量，还要沿物料清单指明的产品结构，一直追溯到 MPS，甚至客户订单。

一般来说，计划员在解决这类问题时，总是按照产品结构逐层反查，并分析能否在这一层上解决问题。如果在这一层上不能解决问题，再继续反查下一层。

总之，在制订 MRP 后，MRP 系统通过定制重排的运行方式和需求反查，周期性检测计划与需求变更的匹配性，以确保生产尽可能地与需求匹配。除了计划层面的重排和反查，在计划制订完成后，还会涉及生产能力的约束问题。第 8 章将展开介绍能力需求计划，包括粗能力计划和细能力计划，形成闭环 MRP。

## 7.5 章节案例：金蝶云，从 ERP 到 EBC

### 7.5.1 金蝶云产品介绍

2017 年，金蝶云 ERP 产品正式升级为金蝶云。金蝶云不再是一套复杂的流程系统，而是像用水用电一样方便、安全的企业大数据系统，帮助企业构建数据分析能力。具体产品包括财务云、制造云、人力云、采购云、税务云、营销云、供应链云、协同云等，金蝶云服务平台如图 7-13 所示。金蝶云可以分为四大系列，即金蝶云·星瀚，大型企业 SaaS 管理云；金蝶云·星空，高成长型企业 SaaS 管理云；金蝶云·星辰，小微企业 SaaS 管理云；金蝶云·苍穹，可组装企业级 PaaS 平台。

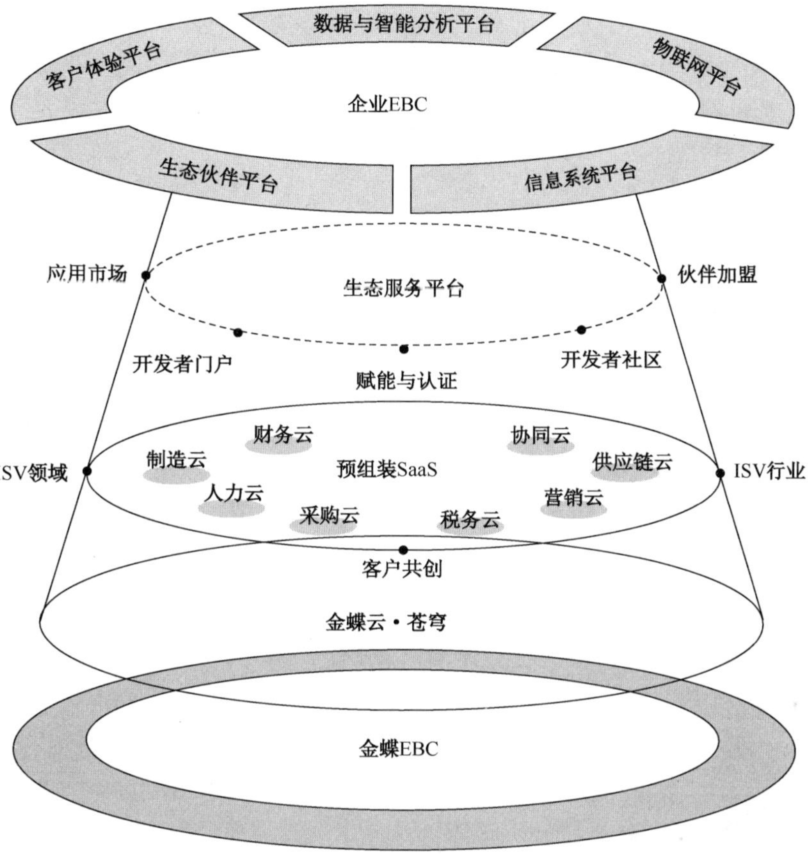


图 7-13　金蝶云服务平台

## 7.5.2　从 ERP 到 EBC：金蝶云·苍穹引领企业管理新趋势

EBC（Enterprise Business Capabilities）指企业业务能力，因其是在数字经济时代诞生的，有时也称“企业数字化业务能力”。

### 1. 从 ERP 到 EBC：更注重业务能力

EBC 系统有三大核心：一是始终将用户需求放在首位；二是以大数据、物联网和人工智能等技术为支撑；三是以业务为驱动，推动业务与技术有机融合。尽管 ERP 在过去近 30 年里一直是全球软件业和商业管理思维的引领者，但随着商业环境和企业管理需求的演变，ERP 不再只与资源、计划有关，而是要关注企业整体业务能力，即 EBC。ERP 侧重的是资源计划，以 IT 为实现目标的手段。相较之下，EBC 更加侧重企业的业务能力，关注用户，以满足用户需求为目标。

EBC 的到来不仅顺应了数字化发展的需求，而且构建了全新的数字化生态体系。EBC 为企业提供了面向客户的体验平台、面向员工的信息系统平台、面向伙伴的生态伙伴平台、面向万物的物联网平台及数据与智能分析平台。

### 2．企业构建 EBC 的五步法

基于组装式、模块化、一站式、低代码、混合集成等关键原则，金蝶创立了构建组装式 EBC 的五步法。

第一步，建立新组织或团队。如何建立与企业数字化目标、使命相匹配的团队和组织是企业数字化转型需要高度关注的问题。建立新团队意味着新的职责，团队需要从 IT 项目交付者转变为企业数字化的赋能者。

第二步，确定数字平台建设的优先级。关键在于识别企业的商业本质或商业模式，创建具有自身特色的数字平台。

第三步，奠定新基础。企业必须从企业数字化战略目标、成为组装式企业的角度进行顶层架构设计，涉及的数字化基础包括一体化低代码平台、组装式应用架构、现代化技术底座、智能化数据能力、集成开发能力及高效交付与运维能力。

第四步，利用现有系统。信息化发展已经有 30 多年的历程，目前国内大部分企业已经拥有构建数字化业务能力平台所需的许多组件，尤其是在面向企业内部管理（ERP）、客户关系管理（CRM）、数据与分析等领域。企业应尽可能多地改造原有系统，以节省时间和预算，将它们和数字化业务能力平台集成，整合成新的数字化业务能力。EBC 平台内的系统必须能互相交互。企业现有的系统集成如果无法满足业务需求，就需要从 EBC 的视角进行混合集成层代替或补充。

第五步，构建新能力。新能力的关键在于借助 EBC 技术平台开发构建 PBC（Packaged Business Capabilities）应用组件，核心在于“组装”。PBC 包括微服务、API、事件、用户界面、元数据等基本元素，具备模块化、自治、编排、可发现等关键特征。企业可以通过服务编排和组装等技术，整合自研产品、SaaS 产品、定制化开发、集成类 ISV、遗留系统等现有系统的业务能力，以组装的方式渐进式迭代演进，并构建具有全新能力的 EBC 业务平台。

### 3. 从 ERP 到 EBC：金蝶云·苍穹

金蝶早在多年前就察觉到传统 ERP 存在着严重的条块分割弊端，ERP 使用起来比较复杂，不仅不能成网，而且需要大量人工输入时间；同时各个板块的使用率太低，造成了很大的浪费；后期升级迭代的成本也极为高昂。企业急需新的系统来替代 ERP。2019 年，Gartner 提出 EBC 概念，金蝶与 Gartner 合作，连续三年发布《EBC 白皮书》，开启了引领中国软件业推行 EBC 战略的道路。通过转型及布局 EBC，2021 年，金蝶打造的可组装企业级 PaaS 平台的金蝶云·苍穹在企业云服务市场上成绩斐然。

EBC 作为新一代数字化业务平台，展现了强大的业务能力。在数字经济背景下，EBC 主要包括五大能力：数据驱动业务的能力、链接和服务客户的能力、链接和赋能伙伴的能力、链接和管理万物的能力、链接和赋能员工的能力。对应 EBC 五大业务平台：客户体验平台、信息系统平台、物联网平台、生态伙伴平台、数据与智能分析平台。

## 7.5.3　应用案例

风华高科是一家专业从事高端新型元器件、电子材料等电子信息基础产品研发的高新技术企业，于 1996 年上市。2022 年 9 月和 2023 年 4 月，风华高科与金蝶合作分批实现了第一批 3 家试点单位上线，很好地配合了集团在营销、生产、采购等领域的一系列管理变革，系统应用效果良好。

### 1. 管理困境

风华高科面临的管理困境主要如下。

缺——集团管控缺乏统一信息化平台，高层决策、经营监管、业务分析等，缺乏数据支撑。

散——下属 10 家企业的独立系统并存，缺乏统一规划和体系，不利于集团统一 IT 管理。

旧——集团和下属企业的大多数系统架构老旧，无法快速适应业务变化，不利于业务整合创新。

孤——集团和下属企业众多系统数据库独立，形成数据孤岛，不利于集团总体运营监督和管控。

### 2. 解决方案

集团层面规划和设计“一横九纵”的集团管控总体架构，以数据为载体、系统为平台，垂直贯通集团总部、集团八大职能中心、下属产品公司三级业务组织，打造集团“专业化+垂直化”管控架构，产业层面规划和统一“多元化产品”生产经营的信息化平台，实现产品公司“研产采销”一体化透明高效运作，提升供应链、制造、质量、成本等管理效益。

应用产品包括金蝶云·星瀚、财务云、管理会计云、质量云、设备云、金蝶云·苍穹、供应链云、供应商协同云、制造云。

随着时代的发展，商业竞争日益激烈，企业与企业之间的竞争已经演变为生态圈之间的竞争。为应对多变环境带来的竞争压力，企业开始逐步由传统 ERP 转变为以数据为驱动、实现端到端连接的 EBC。

## 案例思考题

1. EBC 的含义是什么？如何理解从 ERP 到 EBC 的变化？
2. EBC 系统的核心是什么？
3. ERP 系统的核心是什么？
4. 企业是如何通过 ERP 系统获得业务能力增长的？

## 7.6 本章小结

物料需求计划是主生产计划的下一层计划，通过输入主生产计划、物料清单及库存数据，依据制造业基本方程的逻辑，确定加工计划和采购计划，即物料需求计划很好地回答了制造业基本方程：A×B−C=D 的四类问题。也就是说，主生产计划 A 回答我们要生产什么的问题；物料清单 B 回答我们需要什么的问题；库存记录 C 回答我们已有什么的问题；采购和加工计划 D 回答我们还需要什么的问题。

# 第 8 章 能力需求计划

**内容导览：**主要内容包括与能力相关的概念，例如，工作中心、工艺路线、工厂日历等；生产能力的核算；粗能力计划和细能力计划，以及能力需求计划的计算步骤；工作中心负荷报告的编制；能力与负荷调整等。

**章节案例导读：用友 BIP：从 ERP 到 BIP**

商业创新平台（Business Innovation Platform，BIP）是利用新一代数字化和智能化技术，实现企业业务创新和管理变革的综合平台。

2020 年商业创新大会上，用友正式发布用友商业创新平台——YonBIP。YonBIP 构建了便捷的商业创新平台、企业服务产业的共创平台。作为 BIP 的组件，用友 YonSuite 通过三个跨越实现产业链级新图景，即从 ERP 到 BIP；从业务协作到全面赋能；从生意合作到产业融合。

# 8.1 能力

判断主生产计划和物料需求计划是否可行，需要进行能力分析。能力分析的主要内容是确定企业是否有足够的生产能力来保证生产计划的顺利实施。进行能力分析首先需要明确什么是能力，以及能力如何度量。

## 8.1.1 与能力相关的概念

### 1. 工作中心

在 ERP 系统中，进行能力计算前必须先定义工作中心。工作中心（Working Center，WC）是企业直接的生产加工单元，是一组机器设备、人等生产资源的总称。一个工作中心是由人和机器设备组成的，由一台或者多台能力和功能均相似的机器设备，以及与机器作业相配比的一个或者多个直接生产人员组成。因此，人机比也是企业资源管理的一个要素。ERP 中的工作中心是一种抽象的组织机构，它可以被灵活地定义为各种实际的工作中心，如一组机器、一条生产线、一个装配中心、一个生产班组、一个车间或一个代工协作单位等。

工作中心的主要作用包括以下 5 点。

（1）工作中心是平衡负荷与能力的基本单元，是运行能力需求计划时的计算对象。分析能力需求计划执行情况是通过查看工作中心的生产能力和生产任务负荷之间的比较来实现的。

（2）工作中心是定义物料工艺路线的前提。工艺路线中的每道工序都需要由相应的工作中心来加工，在定义工艺路线文件前，必须先定义好相关工作中心数据。

（3）工作中心是车间作业安排和编制作业进度的基本单元，车间的生产任务或作业必须安排到各个加工工作中心。

（4）工作中心是计算加工成本的基本单元，例如，计算零件的标准加工成本是通过工作中心的单元时间费率乘以工艺路线上该工序占用该工作中心的时间定额计算出来的。

（5）工作中心是完工信息、成本核算信息的数据采集点。

### 2. 工艺路线

工艺路线是说明各项自制件的加工顺序和标准工时定额的文件，也称加工路线。工艺路线是一种计划管理文件，而不是工艺文件，重点说明加工过程中的工序顺序和生产资源等计划信息。

工艺路线文件主要包括的数据项有物料编码、工序号、工作描述、工作中心代码、各项时间定额（如排队时间、准备时间、加工时间、传送时间等）、外协工序的时间和费用。此外，工艺路线文件中还要说明可供替代的工作中心、主要的工艺装备编码等，以作为发放生产订单和调整工序的参考。

物料编码用来表示该工艺路线针对何种物料。工序号用来表示该物料加工时需要经过多少个工序，工序号应该按照加工顺序进行编排。工序号之间应该保留一定的空号，以便工序之间增加或者拆分出新的工序。工作中心代码用来表示该工序对应的工作中心。排队时间、准备时间、加工时间、等待时间、传送时间 5 种作业时间，主要描述工序的作业周期，以进行能力计算和车间作业排产。外协工序是指如果该工序（如电镀）对企业来说是要外协加工的，则需要在工艺路线中进行指定。

### 3. 工厂日历

能力需求计划中的日期标识要使用工厂日历，它跟我们平常的日历是有区别的。因为常规日历的月份天数参差不齐，工作日和节假日分布也不规律，不利于做计划安排。工厂日历对工作日进行连续编号，对周末及节假日不进行编号。在使用工厂日历来确定或者标识日程计划时，只需要使用简单的加减法。以工厂日历举例，如表 8-1 所示，标准日历中的 2 号，在工厂日历中的编号是 391，所有的工作日按顺序编号，不包括星期六和星期日。

表 8-1　工厂日历举例

| 星期日 | 星期一 | | 星期二 | | 星期三 | | 星期四 | | 星期五 | | 星期六 |
|---|---|---|---|---|---|---|---|---|---|---|---|
| 1 | 2 | **391** | 3 | 392 | 4 | 393 | 5 | 394 | 6 | 395 | 7 |
| 8 | 9 | 396 | 10 | 397 | 11 | 398 | 12 | 399 | 13 | 400 | 14 |
| 15 | 16 | 401 | 17 | 402 | 18 | 403 | 19 | 404 | 20 | 405 | 21 |
| 22 | 23 | 406 | 24 | 404 | 25 | 408 | 26 | 409 | 27 | 410 | 28 |
| 29 | 30 | 411 | 31 | 412 | | | | | | | |

### 4. 生产能力

能力需求计划（Capacity Requirements Planning，CRP）的管理对象是能力。能力指系统在一定时间内可以实现的最大产出量。对于制造业而言，能力主要指生产能力，俗称产能，即系统或资源在一定时期内能够生产一定种类产品的最大数量。对于服务业而言，能力主要指一定时间内可以服务的最大顾客人数。

生产能力与具体的产出有关，由设备能力的实际运行时间决定。对于加工装配式生产，不同的产品组合，表现出的生产能力可能不一样。品种单一的大批量生产，可以用具体产品数来表示生产能力；品种较少的大批量生产，可以用代表产品数来表示生产能力；多品种小批量生产则只能以假定产品的产量来表示生产能力。对于服务业而言，服务能力与顾客参与有关，一般用平均水平来衡量。从广义的生产能力角度来看，影响生产能力的因素主要有以下 3 点。

（1）产品与服务因素：包括产品规格和产品组合。如果产品的规格改变，产品加工需要做的工作也将会改变，进而将影响可生产的产品数量；每项产品所需的加工时间是不同的。如果产品组合改变，该产品组合总的加工时间则将改变。

（2）设施因素：主要指工厂和设备。工厂和设备体现了生产产品所用的方法。工厂和设备变化了，生产方法也会改变。例如，工厂使用效率更高的机器，或增加更多的机器，生产能力都会改变。

（3）人力因素：包括员工的工作努力状况。这涉及生产的速度或节奏。如果员工改变工作节奏，提高了生产速度，生产能力就会改变。

此外，工艺因素、运行因素、生产系统的外部因素，如供应链等也会影响生产能力。

## 8.1.2 生产能力的核算

生产能力的核算通常有两种计量单位：一种是产出单位，另一种是时间单位。

如果一个工厂或工作中心所生产的产品变化不大，则可以使用通用的产出单位来衡量所有的产品，如吨、克、辆、米、桶、箱等。在企业生产的产品品种较多时，经常不存在一个适当的、通用的产出单位。在这种情况下，所有产品的通用单位就是时间，用标准工时来表示。

### 1. 按照产出单位核算生产能力

按照产出单位核算生产能力，生产能力则可以理解为企业在一定的生产组织技术条件下，在一定时期内（年或月），直接参与生产过程的生产性固定资产（机器设备、厂房和其他生产性建筑物）所能生产的一定种类和一定质量产品的最高数量，或者所能加工处理一定原材料的最大数量。生产能力可能包括设备能力、人员能力和管理能力。生产能力可以按全部生产性固定资产来核算，以实物量为计量单位。例如，多品种生产用代表产品或假定产品的实物产量来核算生产能力；品种不稳定生产用共同技术参数核算生产能力，如千瓦等。在核算时一般只考虑正常条件下的生产能力或综合能力，影响生产能力核算的主要因素有设备数量、作业场地大小、生产效率和生产有效时间。

采用产出单位进行生产能力核算，可用单位台时或单位平方米时的产量定额，即单台设备或单位平方米在单位时间内的产量定额，来度量生产能力。

设备与作业场地的工作时间，分为制度工作时间和有效工作时间。

计划期制度工作时间的计算公式为

$$F=(D)F_{制}=(D_{日历}-D_{节日})\cdot f \tag{8-1}$$

式中，$F_{制}$为计划期制度工作时间（小时）；$D_{日历}$为计划期日历日数（天）；$D_{节日}$为计划期节假日数（天）；$f$为日制度工作小时数（小时）。

有效工作时间是在制度工作时间中扣除设备修理停歇时间后的工作时间，有效工作时间的计算公式为

$$F=F_{制}\cdot(1-\beta) \tag{8-2}$$

式中，$F$ 为有效工作时间（小时）；$\beta$为设备修理停工率。

设备修理停工率，由修理计划或重要设备修理的经验统计数确定。在以生产面积核算生产能力时，一般采用制度工作时间，因为它不存在检修问题。

当设备生产一种产品时，单台设备生产能力为

$$M=\frac{F}{t} \tag{8-3}$$

式中，$M$ 为设备的生产能力（件或台）；$F$ 为单台设备计划期有效工作时间（小时）；$t$ 为单位产品的台时定额（时/件或时/台）。

设备组生产能力为

$$M=\frac{F\cdot S}{t} \tag{8-4}$$

式中，$S$ 为设备组的设备数（台）。

对于生产多种产品的设备或设备组，生产能力采用代表产品法或假定产品法。

（1）代表产品法。

第一步，以代表产品表示的设备组生产能力为

$$M_{代}=\frac{FS}{t_{代}} \tag{8-5}$$

式中，$t_{代}$为产品的台时定额。

第二步，将各种产品计划产量换算成的以代表产品表示的总产量为

$$Q_{总}=\sum_{i=1}^{n}Q_iK_i \tag{8-6}$$

式中，$Q_{总}$为以代表产品表示的计划总产量（台或件）；$Q_i$为第 $i$ 种产品的计划产量（台或件）；$K_i$为第 $i$ 种产品的台时定额与代表产品的台时定额之比。

第三步，具体产品的生产能力为

$$M_i=\frac{M_{代}Q_i}{Q_{总}} \tag{8-7}$$

式中，$M_i$为第 $i$ 种产品的生产能力（台或件）。

（2）假定产品法。

第一步，假定产品的台时定额为

$$t_{假}=\sum_{i=1}^{n}t_i\cdot\frac{Q_i}{\sum_{i=1}^{n}Q_i} \tag{8-8}$$

第二步，假定产品的生产能力为

$$M_{假}=\frac{FS}{t_{假}} \tag{8-9}$$

第三步，具体产品的生产能力为

$$M_i=M_{假}Q_i/\sum_{i=1}^{n}Q_i \tag{8-10}$$

（3）两种方法举例比较。

【例题】某企业生产 A、B、C 三种产品，各产品在机加车间车床组的计划台时定额分别为 20 台时、25 台时、15 台时，铣床组共有铣床 20 台，两班制生产，每班工作 8 小时，设备停修率为 5%。产品计划产量与设备台时定额如表 8-2 所示。

**表 8-2　产品计划产量与设备台时定额**

| 产品名称 | 计划产量（台） | 单位产品铣床台时定额（台时） |
|---|---|---|
| A | 2000 | 20 |
| B | 1000 | 25 |
| C | 1200 | 15 |

代表产品法解题思路如下。

第一步，计算以代表产品 A 表示的铣床组生产能力。

$$M_{代}=\frac{FS}{t_{代}}=\frac{8\times2\times(365-114)\times(1-0.05)\times20}{20}=3815.2（台）$$

第二步，计算代表产品表示的总产量 $Q_{总}$。

$$Q_{总} = \sum_{i=1}^{n} Q_i K_i = 2000 \times 1 + 1000 \times \frac{25}{20} + 1200 \times \frac{15}{20} = 4150（台）$$

第三步，计算具体产品的生产能力

$$M_A = \frac{M_{代} Q_A}{Q_{总}} = 3815.2 \times 2000/4150 \approx 1838（台）$$

$$M_B = 3815.2 \times 1000/4150 \approx 919（台）$$

$$M_C = 3815.2 \times 1200/4150 \approx 1103（台）$$

结论：A、B、C 三种产品计划产量分别为 2000 台、1000 台和 1200 台，该设备组生产这 3 种产品的能力不足。

假定产品法（假设三种产品结构不相似）解题思路如下。

第一步，计算假定产品的台时定额。

$$t_{假} = \sum_{i=1}^{n} t_i \cdot \frac{Q_i}{\Sigma Q_i} = \frac{2000}{4200} \times 20 + \frac{1000}{4200} \times 25 + \frac{1200}{4200} \times 15 \approx 19.76（小时）$$

第二步，计算以假定产品表示的设备组生产能力。

$$M_{假} = \frac{FS}{t_{假}} = \frac{8 \times 2 \times (365 - 114) \times (1 - 0.05) \times 20}{19.76} \approx 3861.53（台）$$

第三步，计算各计划产品生产能力。

$$M_A = \frac{M_{假} Q_A}{\sum_{i=1}^{n} Q_i} = 3861.53 \times 2000/4200 \approx 1838（台）$$

$$M_B = 3861.53 \times 1000/4200 \approx 919（台）$$

$$M_C = 3861.53 \times 1200/4200 \approx 1103（台）$$

综上所述，两种方法计算结果相同。车间（企业）的生产能力是按设备组（车间）的生产能力综合平衡后确定的，当设备组（车间）之间存在不平衡时，可采取不同的考虑角度进行生产能力平衡。

### 2．按照标准工时的核算

一项作业的标准工时是指一个合格的操作工以正常的工作节奏完成一项作业所需要的时间。标准工时提供了度量生产能力的尺度和单位，标准工时也用于计划排产及负荷安排。

按照标准工时核算的生产能力，分为可用能力和实际能力。可用能力指在理想状态下企业可以使用的最大能力，而实际能力指实际占用时间。

确定可用能力的方式有两种：度量和计算。

（1）度量能力。

度量能力是通过对历史数据的度量得到的，即实际表现的能力，也称表现能力，通常用产出物料项目的平均数量与每个物料项目的标准工时的乘积来核算。

通过历史数据可以得到表现能力。例如，在过去的 4 个星期内，一个工作中心分别生产了 140 标准小时、120 标准小时、130 标准小时和 120 标准小时的工作，那么工作中心的表现能力是多少？

解题：表现能力=（140+120+130+120）/4 = 127.5（标准小时）

对 4 个标准工时求平均值就可以得到每周 127.5 标准小时，即这个工作中心的表现能力为 127.5 标准小时。

（2）计算能力。

计算能力，是基于可用时间、利用率和效率计算得到的结果，通常称为额定能力。

首先，计算可用时间。可用时间指工作中心可以使用的最大小时数。计算公式：

工作中心可用时间=机器数或人员数×每日班次×每班工作小时数

如果以周为单位计算可用时间，则再乘以周数。

例如，一个工作中心有 5 台机器，每周工作 5 天，每天 2 班，每班工作 8 小时，那么一周的可用时间为

$$5\times5\times2\times8 = 400\text{（小时）}$$

其次，计算利用率。可用时间是工作中心可以使用的最大小时数，事实上，任何一个工作中心要满负荷地使用全部可用小时数，都是一件很难实现的事情。例如，机器有可能损坏，员工有可能缺勤，或者其他因素导致停机等。一般使用工作中心利用率来表示工作中心实际使用时间占可用时间的百分比。利用率，可以通过历史数据记录来确定，也可以通过工作抽样调查来确定。计算公式如下：

$$\text{利用率} = \text{实际使用时间}/\text{可用时间}\times100\%$$

再次，计算效率。工作中心的效率指完成的标准工时除以实际投入的标准工时。计算公式：

$$\text{效率} = \text{完成的标准工时}/\text{实际投入的标准工时}\times100\%$$

最后，计算得出额定能力。额定能力是在考虑工作中心利用率和效率的基础上计算出来的。计算公式如下：

$$\text{额定能力} = \text{可用时间}\times\text{利用率}\times\text{效率}$$

【例题 1】某工作中心的可用时间是 120 小时，实际使用了 100 小时进行生产，在这种情况下它的利用率是多少？

$$\text{利用率} = 100 / 120\times100\% = 83.3\%$$

【例题 2】某工作中心有 4 台机器，工作中心每周工作 5 天，每天工作 8 小时，该工作中心的利用率是 85%，效率是 90%。该工作中心的额定能力是多少？

第一步：计算可用时间。

可用时间 = 机器数量×每周工作天数×每天工作小时数=4×5×8 = 160（小时）

第二步：计算额定能力。

额定能力 = 可用时间×利用率×效率=160×85%×90% = 122.4（小时）

### 8.1.3 生产能力的平衡

在 ERP 计划体系的每个层次中都要处理好需求与供给的矛盾，要进行不同程度的供需平衡，并根据反馈的信息，运用模拟方法加以调整或修订。ERP 针对生产管理的不同层次，引入了不同的能力平衡方法，形成包括资源需求计划、粗能力计划、细能力计划、生产能力需求控制的能力需求计划层次体系，它们分别对应于综合生产规划、主生产计划、物料需求计划和车间作业管理的不同层次，实现了计划既切实可行，又不偏离经营规划的目标。

在能力需求计划层，往往在一个跨度较长时期内，能力可以满足负荷需求，但是如果把时期切分为不同时段，就可能在某个时段出现超负荷。MRP Ⅱ 计划的主要特点是说明了物料需求的优先级，是一种分时段计划，在计划展望的全时段上进行能力平衡。粗能力平衡计划在制订物料需求计划之前，进行瓶颈预测并调整生产负荷，目的是使交货延迟的可能性降到最低，最终得到一个最佳的生产组合顺序，即一份主生产计划。能力需求平衡计划以物料需求计划的输出为输入，根据计划中零部件需求量及生产加工顺序等计算出设备、人力需求。如果发现能力不足，则应调整设备人员安排；如果能力无法实现平衡，则可将信息反馈到物料需求计划或主生产计划功能模块，调整生产计划，这样形成了“计划—执行—反馈”的闭环系统，因此能有效地对生产过程进行计划控制。

ERP 正是在相关需求、时间分割和能力平衡的基础上，正确而深刻地反映了制造业的生产本质和管理规律，这使其成为全业界公认的、普遍适用的管理工具。

## 8.2 粗能力计划

对主生产计划进行有效管理是 ERP 系统中最富挑战性的工作之一。主生产计划员的目标就是生成一份可执行的主生产计划，这意味着要有足够的能力来保证主生产计划的执行。能力需求计划在细化的闭环 MRP 逻辑流程图（图 8-1）中主要体现在两个方面：第一，粗能力计划，也叫产能负荷分析，是与主生产计划相伴运行的能力计划；第二，细能力计划，是真正意义上的能力需求计划，是与物料需求计划相伴运行的能力计划。总体逻辑体现了自上而下的可行计划，自下而上的执行反馈，实现实时应变。本节重点介绍粗能力计划，8.3 节介绍细能力计划。

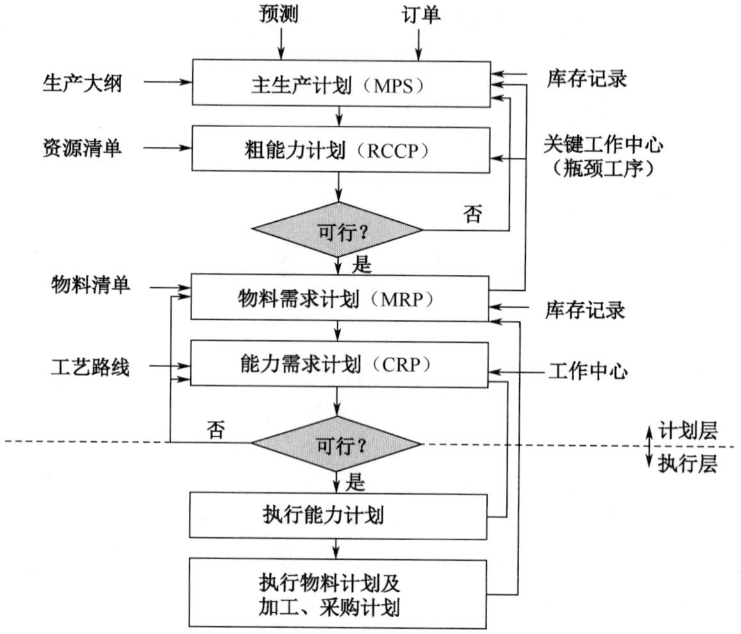


图 8-1　细化的闭环 MRP 逻辑流程图

## 8.2.1　粗能力计划的概念

粗能力计划（Rough Cut Capacity Planning，RCCP）将产品或最终项目的主生产计划转换成关键工作中心的能力需求。在这个过程中，它只使用有代表性的工艺路线，然后按照日期产生对关键工作中心的粗能力需求，最后以周为时区对这些粗能力需求进行汇总，从而形成粗能力计划报告。粗能力计划报告能够用于检查主生产计划的可行性。如果一份主生产计划产生的能力需求是不现实的，在粗能力计划中必然能够反映出来。如果粗能力计划的计算表明存在能力或资源的短缺，那么在批准主生产计划之前，必须解决这一问题，例如，增加能力和资源，调整主生产计划。如果必须调整主生产计划来协调资源短缺，那么这种调整一定要反映在最后的主生产计划中。在流程图中，主生产计划之后形成的粗能力计划可行，才会往下执行物料需求计划，否则要返回修改主生产计划。粗能力计划能够用来检查主生产计划的可行性，是一种粗略评估主生产计划的方法。

## 8.2.2　能力需求清单

为了计算粗能力计划，必须首先构造能力需求清单，能力需求清单可以给出关于每个关键工作中心的负荷和偏置时间信息。负荷指的是生产一个单位的主生产计划物料所需的某个关键工作中心的准备时间和加工时间，包括该主生产计划物料的所有经过此工作中心的子项物料的准备和加工所需的时间。一个工作中心的偏置时间则指的是该工作中心的工作要在主生产计划物料完成之前的几个时区进行。例如，偏置时间为 4，则说明该工作中心的工作要在主生产计划物料完成之前的 2 个时区进行。如果完成时间为第 4 时区，则第 2 时区该工作中心就要进入工作状态。

能力需求清单的数据主要来自物料清单和工艺路线，例如，我们现在要为产品 X 编制能力计划，那么我们需要 X 的物料清单（BOM）信息和相关的工艺路线信息。由 X 的物料清单可知，X 由零件 A、零件 B 和装配件 C 各 1 件构成；装配件 C 由零件 D 和零件 E 各 1 件构成；零件 D 和零件 E 分别由毛胚 D1 和毛胚 E1 加工而成，A、B、D1、E1 为外购件。X 的产品结构树如图 8-2 所示。根据零件 D 的工艺路线信息，零件 D 的加工需要经过 4 个工作中心，有 4 道工序，每道工序的准备时间和加工时间都体现在工艺路线里面，零件 D 和零件 E 工艺路线信息如表 8-3 所示。

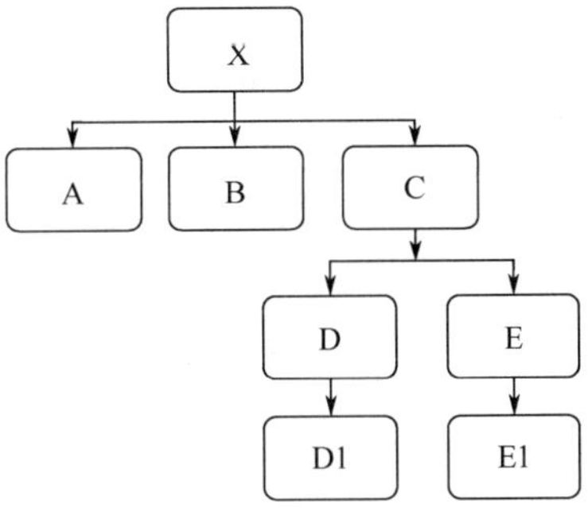


图 8-2　X 的产品结构树

表 8-3　零件 D 和零件 E 工艺路线信息

| 零件 D 工艺路线 | | | | |
|---|---|---|---|---|
| 工作中心 | 24 | 32 | 14 | 40 |
| 工序 | 车 | 轧 | 淬火 | 磨 |
| 准备时间（小时） | 1.6 | 0.4 | | 0.6 |
| 加工时间（小时） | 0.10 | 0.18 | | 0.17 |

| 零件 E 工艺路线 | | | | | |
|---|---|---|---|---|---|
| 工作中心 | 24 | 10 | 20 | 14 | 40 |
| 工序 | 车 | 钻 | 切割 | 淬火 | 磨 |
| 准备时间（小时） | 0.8 | 0.2 | 0.4 | | 0.4 |
| 加工时间（小时） | 0.06 | 0.03 | 0.15 | | 0.12 |

综合零件 D 和零件 E 的工艺路线信息，装配件 C 需要经过工作中心 10、14、20、24、32 和 40。工作中心 10 只用于生产零件 E，所以它的准备时间和加工时间分别是 0.2 小时和 0.03 小时，但工作中心 14 淬火这个工序它的负荷不是以工时来计算的，这项负荷要求的是空间资源。工作中心 20 只用于生产零件 E，那么它的准备时间和加工时间分别是 0.4 小时和 0.15 小时；零件 D 和零件 E 都需要用到工作中心 24，所以它的准备时间是零件 D 工序的准备时间（1.6 小时），加上零件 E 工序的准备时间（0.8 小时），总的准备时间是 2.4 小时；在工作中心 24，零件 D 的加工时间是 0.1 小时，零件 E 的加工时间是 0.06 小时，所以装配件 C 的加工时间是 0.16 小时。装配件 C 的能力需求如表 8-4 所示。

**表 8-4　装配件 C 的能力需求**

| 工作中心 | 10 | 14 | 20 | 24 | 32 | 40 |
|---|---|---|---|---|---|---|
| 准备时间 | 0.2 小时 | | 0.4 小时 | 2.4 小时 | 0.4 小时 | 1.0 小时 |
| 加工时间 | 0.03 小时 | 2 件<br>（空间资源） | 0.15 小时 | 0.16 小时 | 0.18 小时 | 0.29 小时 |

使用类似的方法，我们可以把工作中心 32、工作中心 40 的准备时间和加工时间都计算出来。在粗能力计划阶段，我们只关心关键工作中心，那么什么样的工作中心是关键工作中心呢？

## 8.2.3　关键工作中心

关键工作中心又称瓶颈工作中心，是运行粗能力计划的计算对象。

关键工作中心一般具有以下特点。

（1）经常加班，满负荷工作；

（2）操作技术要求高，短期内无法自由增加工人；

（3）使用专用设备，而且设备昂贵；

（4）受多种限制，如短期内不能随便增加负荷和产量（通常受场地、成本等约束）。

## 8.2.4　构造能力清单的步骤

假设工作中心 24 是关键工作中心，那么可以计算得到产品 X 的能力需求清单，如表 8-5 所示。关键工作中心 24 的准备时间是 2.4 小时，加工时间是 0.16 小时，偏置时间是 4 个时区。

假设零件 D 和零件 E 的提前期都是 1 个时区，而装配件 C 的提前期是 2 个时区，总计有 3 个时区的提前期，再加上产品 X 的装配提前期 1 个时区，则总偏置时间是 4 个时区。

**表 8-5　产品 X 的能力需求清单**

| 产品 | 工作中心 | 准备时间 | 加工时间 | 偏置时间 |
|---|---|---|---|---|
| X | 24 | 2.4 小时 | 0.16 小时 | 4 个时区 |

构造能力需求清单的具体步骤如下。

首先，将主生产计划物料的 BOM 展开到所有的制造层次；

其次，根据工艺路线，确定工作中心和每个工作中心所需要的标准工时。按工作中心和偏置时间，把子项物料所需要的工时进行分组累加，即转换成装配件 C 的能力需求；

最后，提取关键工作中心的工时负荷和偏置时间，形成调整后装配件 C 的能力需求清单，如表 8-6 所示。

**表 8-6　调整后装配件 C 的能力需求清单**

| 工作中心 | 10 | 14 | 20 | 24 | 32 | 40 |
|---|---|---|---|---|---|---|
| 准备时间 | 0.2 小时 | | 0.4 小时 | 2.4 小时 | 0.4 小时 | 1.0 小时 |
| 加工时间 | 0.03 小时 | 2 件<br>（空间资源） | 0.15 小时 | 0.16 小时 | 0.18 小时 | 0.29 小时 |

这是某一个产品在某一个时区、在某一个关键工作中心的能力需求清单。当一家企业同时生产多种产品时，粗能力计划应该如何进行计算？

假设有产品 A、B 的能力需求清单，如表 8-7 所示，工作中心 10、35 都是关键工作中心。需要计算第 2 时区在关键工作中心 10 上的负荷。产品 A、B 都需要经过工作中心 10，而且产品 B 的零件两次经过工作中心 10。一次是完工之前 1 个时区，一次是完工之前 2 个时区。

**表 8-7　产品 A、B 的能力需求清单**

| 产品 | 工作中心 | 准备时间 | 加工时间 | 偏置时间 |
|---|---|---|---|---|
| A | 10 | 2.0 小时 | 0.1 小时 | 2 个时区 |
| | 35 | 1.0 小时 | 0.2 小时 | 3 个时区 |
| B | 10 | 1.0 小时 | 0.05 小时 | 1 个时区 |
| | 10 | 1.5 小时 | 0.1 小时 | 2 个时区 |
| | 35 | 0.5 小时 | 0.1 小时 | 2 个时区 |

要计算第 2 时区在关键工作中心 10 上的负荷。根据偏置时间，需要产品 A 的第 4 时区完工的主生产计划量，以及产品 B 的第 3 时区、第 4 时区完工的主生产计划量，如表 8-8 所示。产品 A 的第 4 时区的主生产计划量是 50 单位，产品 B 的第 3 时区的主生产计划量是 20 单位，产品 B 的第 4 时区的主生产计划量是 25 单位。

负荷计算：产品 A 生产计划量是 50 单位，单件加工时间是 0.1 小时，准备时间是 2 小时，负荷是 7 小时；产品 B 采用类似方法计算。

产品 B 第一次经过工作中心 10 的主生产计划量是 20 单位，单件加工时间是 0.05 小时，准备时间是 1 小时，负荷是 20×0.05+1=2（小时）；第二次经过生产中心 10 的主生产计划量是 25 单位，单件加工时间是 0.1 小时，准备时间是 1.5 小时，负荷是 25×0.1+1.5=4（小时）。所以，第 2 时区关键工作中心 10 的总负荷是 7+2+4=13（小时）。第 2 时区关键工作中心 10 的粗能力计划如表 8-8 所示。

**表 8-8　第 2 时区关键工作中心 10 的粗能力计划**

| 产品 | 主生产计划量（单位） | 完工时区 | 偏置时间 | 负荷（小时） |
|---|---|---|---|---|
| A | 50 | 第 4 时区 | 2 个时区 | 7 |
| B | 20 | 第 3 时区 | 1 个时区 | 2 |
| B | 25 | 第 4 时区 | 2 个时区 | 4 |
| 合计 | | | | 13 |

总结以上计算过程：首先对各个主生产计划的物料构造能力需求清单，其次根据能力需求清单计算在各个时区各关键工作中心的负荷，最后对各个工作中心按照时区进行汇总，从而得到总的粗能力计划。

粗能力计划实现的是将主生产计划中的物料需求变成关键工作中心的能力需求。在编制粗能力计划时，首先需要构造主生产计划物料的能力需求清单，包含物料、关键工作中心、准备时间、加工时间、偏置时间等信息；其次根据能力需求清单和主生产计划对时区进行合并得到某一个关键工作中心在某一个时区的负荷；最后完成粗能力计划的编制。

# 8.3　细能力计划

细能力计划，即能力需求计划（Capacity Requirement Planning，CRP），是帮助企业在分析物料需求计划后产生出一个切实可行的能力执行计划的功能模块。CRP 的对象是能力，它将物料需求转换为能力需求；把 MRP 的计划下达生产订单和已下达生产订单的能力需求，转换为对每个工作中心在各时区的负荷；然后通过分析比较 MRP 的需求和企业现有生产能力，及早发现能力的瓶颈所在，从而为实现企业的生产任务提供能力方面的保障。在流程图中（图 8-1），我们可以看到，如果能力需求计划不可行，则需要返回修改物料需求计划，直到可行为止。

## 8.3.1　粗能力计划与细能力计划的区别

能力需求计划与粗能力计划相似，都是为了平衡工作中心的能力与负荷，但是它们又是有区别的。具体来说，粗能力计划是在 MPS 制订阶段进行的，主要关注关键工作中心，计算对象是主生产计划中的独立需求件，只关注计划及确认的订单；能力需求计划则是在 MRP 阶段进行的，覆盖所有的工作中心，包含所有相关需求件，涵盖全部订单，包含已经下达的订单。CRP 与 RCCP 的比较如表 8-9 所示。

表 8-9　CRP 与 RCCP 的比较

| 对比项目 | 区别 | |
|---|---|---|
| | 粗能力计划 | 细能力计划（能力需求计划） |
| 计划阶段 | MPS 制订阶段 | MRP 制订阶段 |
| 能力计划对象 | 关键工作中心 | 所有的工作中心 |
| 负荷计算对象 | 独立需求件 | 相关需求件 |
| 计划的订单类型 | 计划及确认的订单（不含已下达订单） | 全部订单（含已下达订单） |

## 8.3.2　生产排产方法

编制能力需求计划从生产排产开始，生产排产也就是编制工序计划。目的是使订单的生产能够满足交货日期，并最有效地利用制造资源。生产排产要为产品的每道工序确定开始日期和完成日期。

生产排产有很多种方法，其中最基本的方法有向前排产、向后排产、无限负荷排产和有限负荷排产。

### 1．向前排产

向前排产以收到订单为起点，开始安排第一道工序，然后向前安排，不管到期日期是什么时间，如图 8-3 所示。从收到订单的第一天开始往前安排生产，通常会在产品到期日期之前完成，因此会导致库存堆积。这种方法可以用来确定最早的订单交货日期。

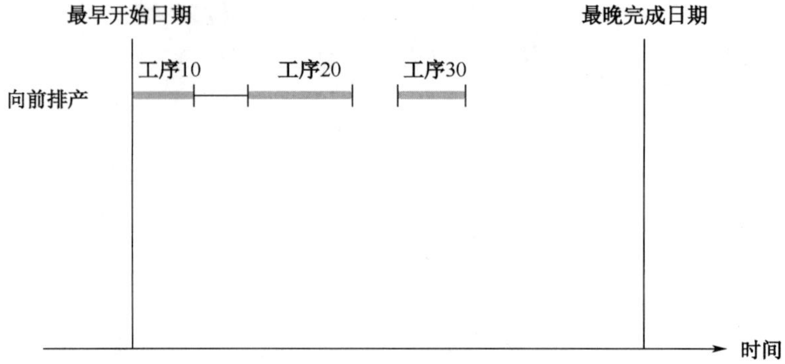


图 8-3　向前排产

## 2．向后排产

与向前排产相反，向后排产首先考虑产品工艺路线中最后的工序，把这道工序安排在到期日期的那天完成，从最后的工序开始向后安排其他工序，如图 8-4 所示。

向后排产按照产品的需要来安排产品的可供性，它和 MRP 的逻辑是一样的。因此，使用向后排产制订生产计划在制品的库存比较少。向后排产可以确定一份订单最晚必须开始加工的日期，避免交付延误。

## 3．无限负荷排产

无限负荷排产假定工作中心有无限的能力可供使用，不考虑还有其他的生产订单竞争使用同一能力，如图 8-5 所示。虚线表示工作中心的可用能力。用无限负荷排产进行排产的时候可能会出现负荷过度，也有可能会存在负荷不足的情况。当负荷大于能力时，需要对超负荷的工作中心进行负荷调整。

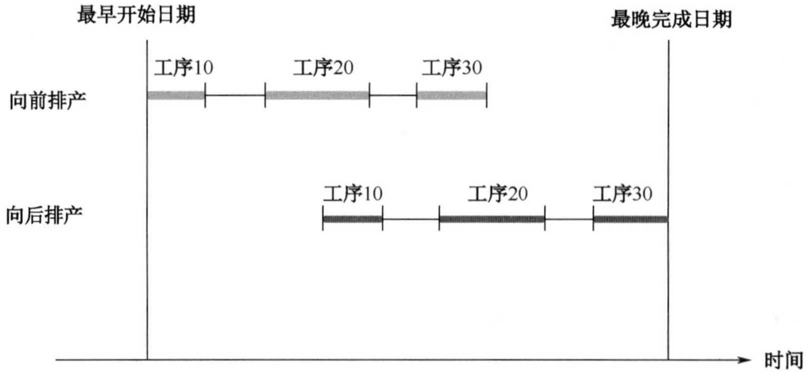


图 8-4　向后排产

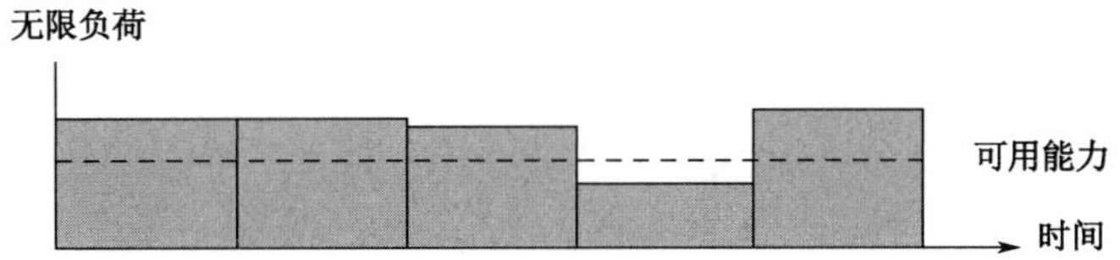


图 8-5　无限负荷排产

### 4. 有限负荷排产

有限负荷排产，假设工作中心的可用能力是有限的，计划按照优先级顺序安排，先把能力分配给优先级高的物料，当工作中心负荷已满时，优先级别低的物料将被推迟加工，即订单被推迟，如图 8-6 所示。使用有限负荷排产，确保了工作中心的负荷不会超过它的可用能力。

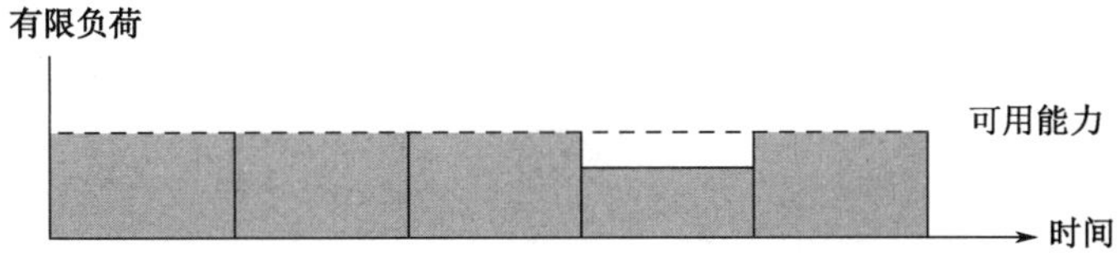


图 8-6　有限负荷排产

常用的排产方法，首先以向后排产来编制工序计划，即从订单交货日期开始倒推，减去传送、加工、准备和排队时间来确定工艺路线上各工序的开工时间。同时，在排产过程中假定工作中心有无限的能力可供使用，因此采用向后排产加无限负荷排产。

## 8.3.3　编制工序计划

下面以一个微案例为场景，展开工序计划编制的过程。

**微案例 1：**假设某生产企业主要生产产品 A，已接到订单，现需要安排具体的工序加工计划。已知产品 A 订单需要在 1 号工作中心和 2 号工作中心加工两道工序（工序 10 和工序 20）。工序计划编制过程如下。

（1）从生产订单、工艺路线、工作中心的文件中得到相关信息。

首先，从已下达订单文件中得到订货量和交货期。产品 A 的订货量是 60 件，交货期是工厂日历的第 420 天。

其次，从工艺路线文件中得到产品 A 的工序、工作中心、准备时间和单件加工时间，产品 A 工艺路线信息如表 8-10 所示。

表 8-10　产品 A 工艺路线信息

| 工序 | 部门 | 工作中心 | 描述 | 准备时间（小时） | 单件加工时间（小时） |
|---|---|---|---|---|---|
| 10 | 08 | 1 | | 12 | 1 |
| 20 | 20 | 2 | | 6 | 0.5 |

该工艺路线包括两道工序，分别来自两个工作中心。第一道工序为工序 10，准备时间是 12 小时，单件加工时间是 1 小时；第二道工序为工序 20，准备时间是 6 小时，单件加工时间是 0.5 小时。

最后，从工作中心文件中得到两个工作中心的排队时间和传送时间。工作中心 1 的排队时间是 1 天，传送时间是 1 天；工作中心 2 的排队时间是 2 天，传送时间是 1 天，产品 A 工作中心信息如表 8-11 所示。

表 8-11　产品 A 工作中心信息

| 工作中心 | 排队时间（天） | 传送时间（天） |
|---|---|---|
| 1 | 1 | 1 |
| 2 | 2 | 1 |

（2）计算每道工序和每个工作中心的负荷。

计算方法是用从订单中得到的订货量乘以从工艺路线文件中得到的单个零件每道工序的定额工时，对每道工序再加上标准准备时间。

工序 10-工作中心 1 定额工时为

$$60\times1+12=72\text{（小时）}$$

工序 20-工作中心 2 定额工时为

$$60\times0.5+6=36\text{（小时）}$$

假设两个工作中心工作时间均为一天 8 小时，利用率是 0.85，效率是 0.88，则工作中心每天的标准工时为

$$8\times0.85\times0.88\approx6\text{（标准工时/天）}$$

接下来将工时转换为天。工序 10 的加工时间需要 10 天，准备时间需要 2 天；工序 20 的加工时间需要 5 天，准备时间需要 1 天。

工序 10-工作中心 1 加工时间为

$$60/6=10\text{（天）}$$

准备时间为

$$12/6=2\text{（天）}$$

工序 20-工作中心 2 加工时间为

$$30/6=5\text{（天）}$$

准备时间为

$$6/6=1（天）$$

（3）计算每道工序的交货日期和开工日期。

将以上工序 10 和工序 20 的加工时间和准备时间填在工序计划表中，如表 8-12 所示。

**表 8-12　工序计划表**

| 工序号 | 工作中心 | 到达工作中心时间 | 排队时间（天） | 准备时间（天） | 加工时间（天） | 传送时间（天） | 完工日期 |
|---|---|---|---|---|---|---|---|
| 10 | 1 | | 1 | 2 | 10 | 1 | |
| 20 | 2 | | 2 | 1 | 5 | 1 | |

工序的整个时间周期包括排队时间、准备时间、加工时间和传送时间，工序的时间周期如图 8-7 所示。工作中心 1 的排队时间 1 天，准备时间 2 天，加工时间 10 天，传送时间 1 天。

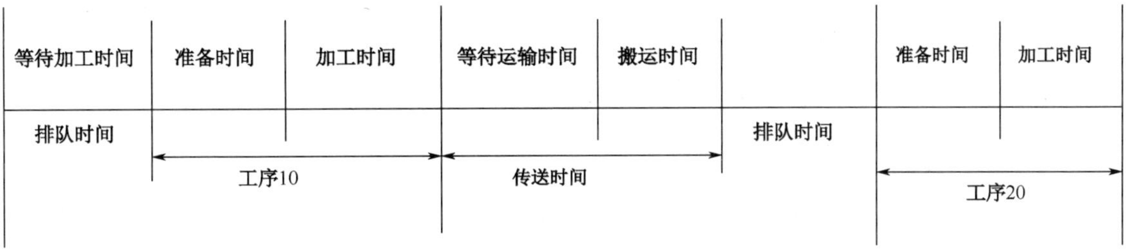


图 8-7　工序的时间周期

按照向后排产方法，从交货日期开始往回倒推，减去传送时间、加工时间和准备时间，再减去排队时间，就可以得到工序的最晚开始时间。产品 A 的交货期是工厂日历的第 420 天。倒着往回推，减去工序 20 的传送时间 1 天、加工时间 5 天、准备时间 1 天和排队时间 2 天，可以得到最晚在第 411 天，工序 20 就要开始。然后减去工序 10 的整体时间，就可以得到工序到达工作中心 1 的时间是第 397 天，即最晚在第 397 天工序 10 要开始，否则在第 420 天无法交付 60 件产品 A。到达时间和完工日期如表 8-13 所示。

**表 8-13　到达时间与完工日期**

| 工序号 | 工作中心 | 到达工作中心时间 | 排队时间（天） | 准备时间（天） | 加工时间（天） | 传送时间（天） | 完工日期 |
|---|---|---|---|---|---|---|---|
| 10 | 1 | 第 397 天 | 1 | 2 | 10 | 1 | 411 |
| 20 | 2 | 第 411 天 | 2 | 1 | 5 | 1 | 420 |

综上所述，排产方法包括向前排产、向后排产、有限负荷排产、无限负荷排产。有

限负荷排产方法考虑工作中心的能力，而无限负荷排产方法不考虑工作中心的能力约束。常用的排产方法是向后排产加无限负荷排产方法。

# 8.4 编制工作中心负荷报告

## 8.4.1 物料需求计划与能力需求计划的转换

物料需求计划的研究对象是物料，通过物料的工艺路线，综合物料生产需要的工序、经过的工作中心和需要的时间，转换为能力需求计划。例如，加工物料 A，需要经过工作中心 1 中的工序 10、工作中心 2 中的工序 20 和工作中心 3 中的工序 30；加工物料 B，需要经过工作中心 2 中的工序 20 和工作中心 3 中的工序 30，将 MRP 与 CRP 进行转换，MRP 与 CRP 的转换示意如图 8-8 所示。该转换可以将对物料的需求转换为工作中心的负荷需求，研究对象从物料转变为工作中心。

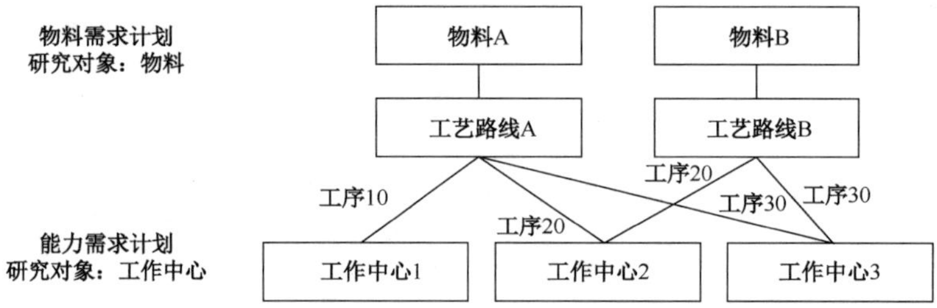


图 8-8 MRP 与 CRP 的转换示意

## 8.4.2 能力需求计划的计算

### 1．能力需求计划的流程

能力需求计划的逻辑流程图，如图 8-9 所示。首先，确定需用负荷。根据加工任务，即物料需求计划的准备下达和已下达订单信息，结合工艺路线提供的需用能力可以计算出需用负荷。其次，将工艺路线提供的需用能力与工作中心提供的可用能力进行比较，可以发现工作中心的可用能力是否能够满足负荷要求，从而得到工作中心负荷报告和工作中心负荷图。最后，进行负荷平衡。通过分析负荷图发现，有一些时段是超负荷的，有一些时段是负荷不足的，需要通过进一步详细的分析来平衡负荷和能力。

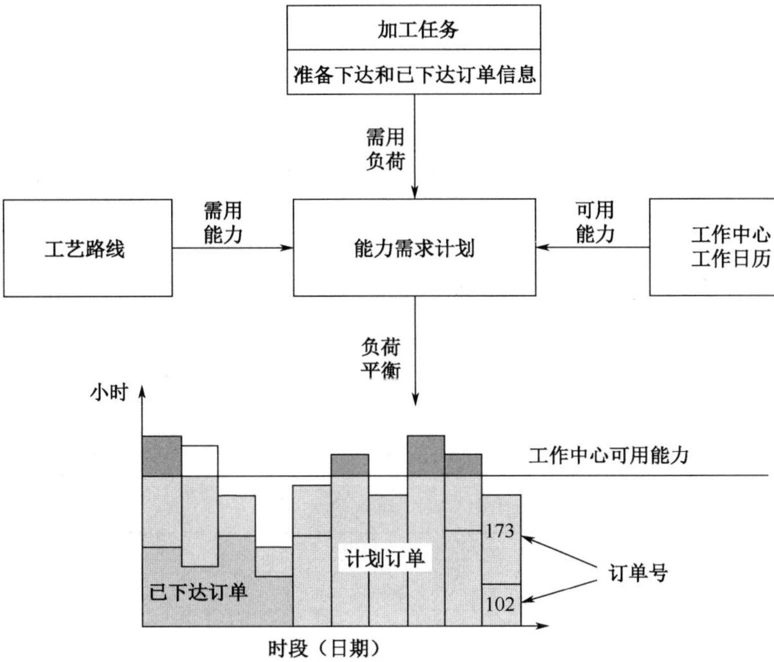


图 8-9　能力需求计划的逻辑流程图

## 2. 计算步骤

能力需求计划的计算步骤主要分为 5 步，如图 8-10 所示。

第一步，收集数据：包含任务单数据、MRP 计划任务单、确认及已下达任务单、工作中心数据、工艺路线数据和工厂生产日历数据。

第二步，计算负荷：将所有任务单分派到有关的工作中心（不考虑有效的能力和限制），然后计算每个有关工作中心的负荷。当不同的任务单使用同一个工作中心时，按时间段合并计算。将每个工作中心的负荷与工作中心记录中储存的额定能力数据进行比较，得出工作中心的负荷（需求）和能力需求之间的对比，以及工作中心的利用率。

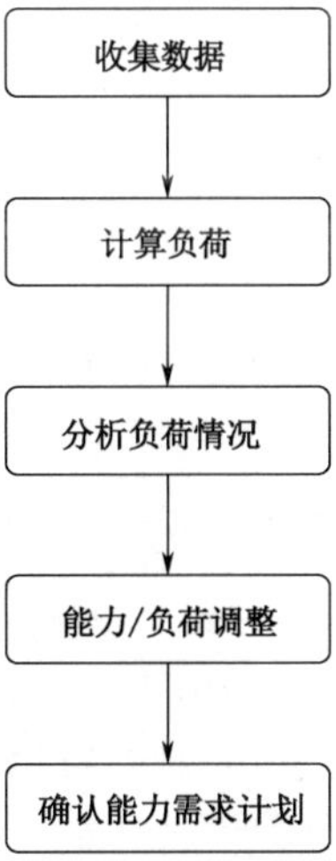


图 8-10　能力需求计划计算步骤

第三步，分析负荷情况：能力需求计划需要分析出工作中心的负荷情况（负荷不足、负荷平衡或超负荷），并分析存在问题的时间和存在问题的程度。

第四步，能力/负荷调整：能力需求计划有能力和负荷两个要素。在解决负荷过小或超负荷等能力问题时，应视具体情况对能力和负荷进行调整。

第五步，确认能力需求计划：在经过分析和调整后，将已确定调整措施中有关的修改数据重新输入。

### 3. 编制负荷报告

**微案例 2**：以工作中心 WC01 为例，编制负荷报告。

第一步：收集数据。

本案例包含两项物料，部件 A 和部件 B，它们的工艺路线均包含工作中心 WC01。我们需要计算该工作中心的负荷，并与其可用能力进行对比分析。工作中心 WC01 工艺路线、已下达及确认订单和计划订单信息，如表 8-14 所示。

表 8-14　工作中心 WC01 工艺路线、已下达及确认订单和计划订单信息

<table>
<tr><td colspan="6">WC01 工艺路线</td></tr>
<tr><td>工作中心</td><td>物料</td><td>能力类别</td><td>准备时间（小时）</td><td colspan="2">单件加工时间（小时）</td></tr>
<tr><td>WC01</td><td>部件 A</td><td>工时</td><td>12</td><td colspan="2">1</td></tr>
<tr><td>WC01</td><td>部件 B</td><td>工时</td><td>10</td><td colspan="2">0.5</td></tr>
<tr><td colspan="6">WC01 已下达及确认订单</td></tr>
<tr><td>周</td><td>1</td><td>2</td><td>3</td><td>4</td><td>5</td></tr>
<tr><td>物料 A（件）</td><td>100</td><td></td><td>50</td><td>100</td><td></td></tr>
<tr><td>物料 B（件）</td><td></td><td>100</td><td>60</td><td></td><td>50</td></tr>
<tr><td colspan="6">WC01 计划订单</td></tr>
<tr><td>周</td><td>1</td><td>2</td><td>3</td><td>4</td><td>5</td></tr>
<tr><td>物料 A（件）</td><td>50</td><td></td><td>100</td><td></td><td></td></tr>
<tr><td>物料 B（件）</td><td></td><td>50</td><td></td><td>100</td><td></td></tr>
</table>

第二步：计算负荷。

（1）根据已下达及确认的 MRP 计算负荷。

WC01 能力需求计算需要的信息包括：已下达负荷工时、计划负荷工时、总负荷工时、可用能力、能力负荷差异和能力利用率，如图 8-11 所示。前三项信息用于计算负荷，后三项信息用于对比负荷和能力。

已下达及确认的订单在第 1 周有 100 件物料 A，其需要 12 小时的准备时间和 1 小时的单件加工时间。因此，第 1 周已下达负荷工时是 112 小时；第 2 周是 60 小时；第 3 周已下达及确认订单是 50 件物料 A 和 60 件物料 B，已下达负荷工时是 102 小时。用类

似的方法，我们可以把第 4 周和第 5 周的已下达负荷工时计算出来，分别为 112 小时和 35 小时。

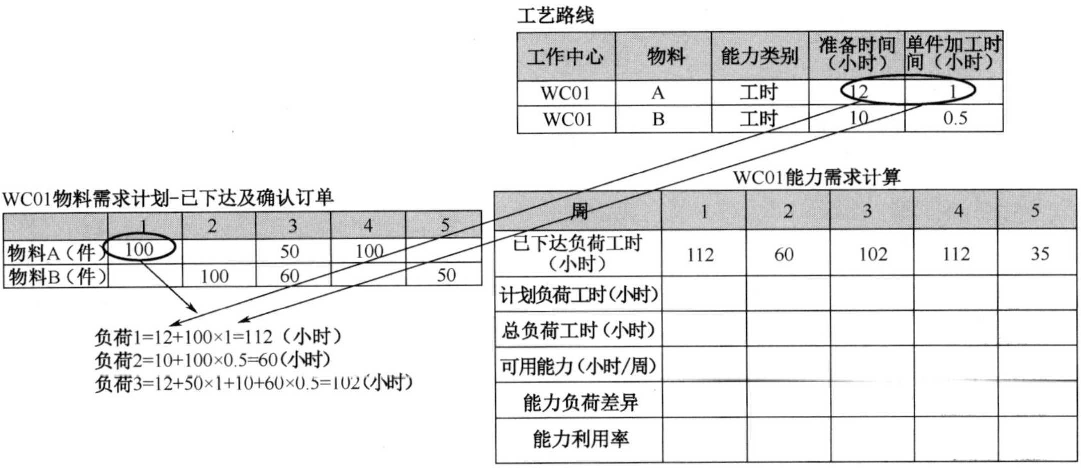


图 8-11　根据已下达及确认的 MRP 计算负荷

（2）根据未下达 MRP 计算负荷。

除了已下达及确认的 MRP，还需要考虑未下达 MRP 计算负荷。物料 A 在第 1 周计划下达 50 件，计划负荷工时为 62 小时。第 2 周计划下达 50 件物料 B，计划负荷工时为 35 小时。采用类似的方法可以计算得出第 3 周和第 4 周的计划负荷工时分别是 112 小时和 60 小时。

将以上负荷数据填入 WC01 能力需求计算表，如表 8-15 所示。

表 8-15　WC01 能力需求计算表

| 周 | 1 | 2 | 3 | 4 | 5 |
|---|---|---|---|---|---|
| 已下达负荷工时（小时） | 112 | 60 | 102 | 112 | 35 |
| 计划负荷工时（小时） | 62 | 35 | 112 | 60 | |
| 总负荷工时（小时） | | | | | |
| 可用能力（小时/周） | | | | | |
| 能力负荷差异 | | | | | |
| 能力利用率 | | | | | |

（3）计算总负荷工时及确定可用能力。

总负荷工时是已下达负荷工时与计划负荷工时之和，总负荷工时与可用能力如图 8-12 所示。

总负荷工时=已下达负荷工时+计划负荷工时

能力数据

| | |
|---|---|
| 工作中心 | WC01 |
| 能力类别 | 工时 |
| 能力数据 | 150 |
| 能力单位 | 小时/周 |

WC01负荷报告

| 周 | 1 | 2 | 3 | 4 | 5 |
|---|---|---|---|---|---|
| 已下达负荷工时（小时） | 112 | 60 | 102 | 112 | 35 |
| 计划负荷工时(小时) | 62 | 35 | 112 | 60 | |
| 总负荷工时(小时) | 174 | 95 | 214 | 172 | 35 |
| 可用能力(小时/周) | 150 | 150 | 150 | 150 | 150 |
| 能力负荷差异 | | | | | |
| 能力利用率 | | | | | |

图 8-12　总负荷工时与可用能力

分析图 8-12 中数据，可以发现总负荷工时与可用能力之间存在差异。

第三步：分析负荷情况。

这一步的主要任务是计算能力负荷差异，编制工作中心的能力负荷报告。第二步结合 MRP 和工艺路线数据计算出了工作中心的负荷数据，与工作中心的能力数据进行比较，可以得出每个工作中心在各个时段的能力负荷情况，从而形成能力负荷报告表，WC01 能力负荷报告表如表 8-16 所示。计算公式如下：

能力负荷差异=可用能力−总负荷工时；

能力利用率=总负荷工时/可用能力×100%。

**表 8-16　WC01 能力负荷报告表**

| 周 | 1 | 2 | 3 | 4 | 5 |
|---|---|---|---|---|---|
| 已下达负荷工时（小时） | 112 | 60 | 102 | 112 | 35 |
| 计划负荷工时（小时） | 62 | 35 | 112 | 60 | |
| 总负荷工时（小时） | 174 | 95 | 214 | 172 | 35 |
| 可用能力（小时/周） | 150 | 150 | 150 | 150 | 150 |
| 能力负荷差异 | −24 | 5 | −64 | −22 | 115 |
| 能力利用率 | 116% | 63% | 143% | 115% | 23% |

根据 WC01 能力负荷报告表绘制出 WC01 负荷图，如图 8-13 所示。能力负荷报告的结果通常有三种情况：超负荷、负荷不足和负荷平衡。

从图 8-13 中可以直观地发现：工作中心 WC01 在第 1、3、4 周是超负荷的，在第 2、5 周是负荷不足的。

第四步：能力或负荷调整。

超负荷和负荷不足都是需要解决的问题。如果工作中心处于超负荷情况，则必须采取措施来解决能力供给问题；否则不能实现能力计划。如果工作中心处于负荷不足情况，作业费用可能会增大。因此，必须对能力负荷报告进行分析，并反馈信息，调整计划。

如果有很多工作中心表现为超负荷或者负荷不足，能力就不平衡了，必须分析原因并进行调整。

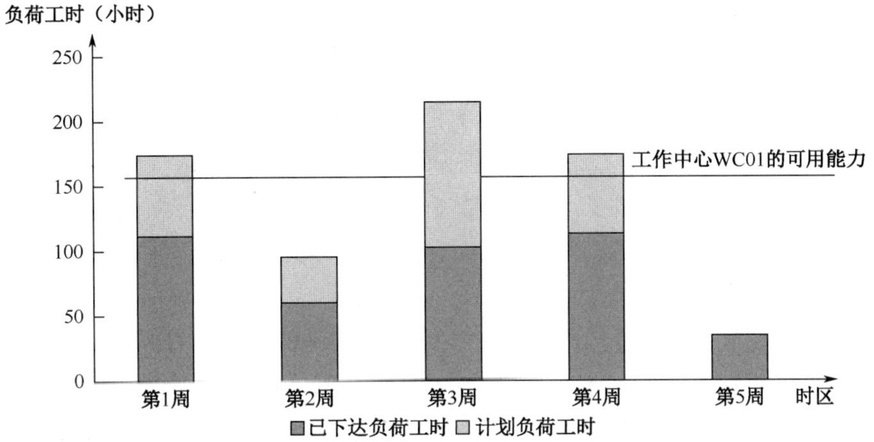


图 8-13　WC01 负荷

导致工作中心能力不平衡的原因有很多，可能是主生产计划，也可能是其他问题。例如，主要的维修件的订单没有反映在主生产计划中；忽略了拖期订单的影响；粗能力计划中的资源清单不准确，导致有些关键工作中心没有包含进去。

如果在主生产计划中忽略了一项影响能力的因素而造成能力不平衡，那么首先应该调整能力或负荷来满足主生产计划对能力的需求，而不是去修改它。只有在确实没有办法满足能力需求的时候，才会去修改主生产计划。

## 8.4.3　能力与负荷调整

在生产管理中，能力与负荷的不平衡是一个常见问题，调整方法主要有两个方面：调整能力或调整负荷。

### 1. 调整能力的方法

（1）调整劳动力结构。面临劳动力短缺时，可以根据需要增加工人。如果劳动力超出当前需求，可以安排培训来提高工人的技术水平，或者重新分配劳动力，把负荷不足的工作中心的劳动力分配到超负荷的工作中心。新兴的“共享员工”模式允许员工机动性地服务于多家企业的多个工作岗位。实践证明，该模式可以有效缓解临时性用工短缺。

（2）安排加班。加班应仅作为一种应急措施，经常加班可能会导致工人工作效率降低和成本上升。

（3）重新安排工艺路线。一旦某个工作中心出现超负荷情况，可以考虑将部分订单转移到负荷不足的替代工作中心，以平衡两个工作中心的负荷。

（4）转包。如果某个工作中心长期处于超负荷情况，可以考虑将某些瓶颈作业转包给供应商或其他外协加工作业中心，或者通过采购替代自制件。

#### 2. 调整负荷的方法

（1）交叉作业。为了减少在工艺路线中两个相连的工作中心总的加工时间，可以考虑在第一个工作中心完成整个批量的加工任务之前，将其中已经完成的零件，转给第二个工作中心，从而实现交叉作业。

（2）调整生产批量。将大批量的生产订单调整为小批量的生产订单，在同样的机器上同时安排生产，从而将负荷集中在更短的时间之内。

（3）缩短准备提前期。规范化准备过程，从而缩短准备时间和转运时间，降低负荷，为加工过程节省时间。

（4）调整订单。可以考虑提前或者推迟安排部分订单。在一般情况下，采用向后排产方法来进行订单安排，其中的部分订单可以考虑调整生产时间，或者先完成订单中的部分作业，其余部分推迟或协商取消。

除了对能力和负荷不匹配的情况进行调整，在日常生产过程中，也应进行常规的能力检查，及时发现问题并采取措施。

### 8.4.4 日常能力检查

日常能力检查主要包含 3 个方面：投入产出报告、劳力报告、设备性能记录报告。

投入产出报告主要显示各个工作中心计划的投入和产出与实际的投入和产出之间的偏差。通过分析这些偏差，可以对能力需求计划进行度量，识别并找出能力需求计划未能有效执行的具体环节和原因。

劳力报告反映的是出勤情况、加班情况和劳动状况，帮助管理者了解人力利用率和工作效率是否符合计划要求。除了通过劳力报告对劳力进行分析和控制，还可以对设备性能加以检查记录和定期分析，以便发现潜在的问题。

设备性能记录报告包括维修历史、停机时间和预防性的维修规程。

总之，能力负荷的调整主要分为两种：能力调整和负荷调整。在日常生产过程中要注重日常的能力检查，包含投入产出报告、劳力报告和设备性能记录报告，以便及时发现潜在的问题，并在问题出现之前进行解决。

# 8.5　章节案例：用友 YonBIP，从 ERP 到 BIP

## 8.5.1　背景与概念

商业创新平台（Business Innovation Platform，BIP）是基于当代最新信息技术，赋能企业通过数字化、智能化开展产品与业务创新，组织与管理变革，重构企业发展力的平台型、生态化多元服务体系。BIP 结合了技术和商业的公共与关键服务，并融为一体服务于企业，成为全球企业服务领域的新商业模式和新产品形态。

在过去 30 年的现代企业发展进程中，以 ERP 系统为核心的企业信息化成为奠基石。在技术层面，随着移动互联网、云计算、大数据和人工智能等新一代信息技术的快速发展和广泛应用，云计算经历了虚拟化、容器化到无服务器架构的发展，应用部署越来越快、IT 基础资源的利用效率越来越高、系统的颗粒度越来越细，企业计算也逐步从 C/S、B/S 软件架构向云原生微服务架构变迁。在业务需求层面，企业数字化转型和数智化建设的需求日益高涨，从生产经营到运营管理的全方位数智化，需要强大的 IT 基础设施进行支撑。因此，企业级 IT 应用逐渐从企业资源计划（Enterprise Resource Planning，ERP）向商业创新平台（Business Innovation Platform，BIP）转变。ERP 时代以流程驱动为主，侧重企业内部资源计划和经营管理，关注功能和过程；而 BIP 时代以数据驱动为主，关注对企业业务能力的智慧赋能。

在数智化阶段，通过 BIP，企业（包括其中的各类各级组织与角色）、相关组织与个人可以简单、便捷、随需、随时、随地开展商业创新，使商业创新跨越了技术、商业、成本三大障碍，变得简单、便捷、大众化、社会化，这是技术驱动的又一个层次的商业革命。从传统 ERP 软件到 BIP 的转变，不只是企业创新的需要，也预示着企业服务产业将发生体系性的范式转移。企业和 IT 厂商向产业互联网转型是共同的发展方向。

## 8.5.2　用友实践——YonBIP

2020 年商业创新大会上，用友正式发布 YonBIP 商业创新平台，这标志着用友 3.0 战略实施进入第二个阶段，云服务从产品服务模式升级为平台服务模式。YonBIP 运用新一代数字与智能技术，帮助企业客户实现转型升级，建设数智企业。YonBIP 基于大数据、人工智能、云计算、物联网、5G、移动互联网、区块链等数智化技术，采用云原生、微服务、中台化、数用分离等全新技术架构，构建技术平台、数据中台、智能中台和业务中台，聚焦营销、采购、制造、供应链、金融、财务、人力、协同八大核心领域，全面支撑企业运营管理与产业价值链。同时，YonBIP 定位数智商业应用基础设施和企业服务产业共创平台，并融合 10 万家生态伙伴、连接亿级社员，提供随需而用的企业云服务和数智价值，帮助企业构建数智平台、实现产业互联。

**YonBIP 构建便捷的商业创新平台**。用友网络董事长王文京指出，企业应用数智技术开展商业创新，必须突破技术、商业、成本三大屏障，需要能够便捷进行商业创新的平台。BIP 正是利用新一代数字化和智能化技术，实现企业产品与业务创新、组织与管理变革的综合服务平台。例如，YonBIP 的低代码开发平台 YonBuilder 面向包括原厂开发、ISV（Independent Software Vendors）开发、本地化开发、企业自建、个人开发者在内的全生态，提供无代码和低代码的可视化开发功能，并结合开发资产复用，实现快速、简单的应用构建。未来，企业商业创新将面临更加复杂的 IT 环境，如多云、多终端等，YonBIP 集成连接平台 APIlink 可以在公有云、混合云、私有云环境下连接应用、数据、设备，实现低成本、快速、便捷的应用连接和集成；同时可以轻松连接企业产、供、销等环节应用，连接产业链上的企业应用、社会化应用，全面助力商业创新。

**YonBIP 构建企业服务产业的共创平台**。YonBIP 是一个平台，更是一个生态。YonBIP 云生态的业务策略是全生命周期的 ISV 服务和在线运营，建设全球领先的企业服务产业共创平台，携手伙伴共同服务企业客户。用友云生态的构建模式是，基于用友云平台与开发者社区，推动 ISV 创新更多原生开发成果；通过云市场应用商城聚合海量伙伴产品及服务；通过业务运营，聚合广大用户，实现企业服务产业共创平台及 O2O（Online to Offline）的商业模式。

在全新的数字经济时代，数智化正在加速改变商业世界，中国的数智化创新会走在全球前列。用友构建和运营全球领先的商业创新平台，让商业创新变得简单、便捷、大众化、社会化，与企业客户和产业伙伴共赢数智商业新时代。

**从 ERP 到 BIP，用友 YonSuite 3 个跨越实现产业链级新图景**。工业时代带来了 ERP，移动互联网技术催生了云 ERP，而以 BIP 为核心的数智化时代，催生了社会化商业的新型应用架构。社会化商业时代，企业不仅是社会化商业生态的单一功能单元，也是社会化商业网络中的一个环节。不同企业之间以不同的交易关系发生业务往来。在这个生态系统中，每家企业既为别的企业提供服务，也会接受别的企业的服务，在这个基础上形成整个社会化网络。

用友致力于产业互联和社会化商业协同，推出 YonSuite。YonSuite 是用友 BIP 面向成长型企业的纯公有云服务套件，同时是成长型企业商业创新平台。作为新一代的企业级服务，YonSuite 通过 3 个跨越为企业编织了数智时代的商业新图景。

### 1．跨越一：从 ERP 到 BIP

用友 YonSuite 是定位于企业数智化的基础设施，依托 BIP 和一体化的服务模式，凭借专业且庞大的公有云服务集群，提供企业服务共创平台。YonSuite 推动企业 SaaS 市场从面向企业内部应用的云 ERP 时代进入面向社会化商业的 BIP 时代，实现企业社会化商业创新，同时为企业提供数智化设施建设。

### 2．跨越二：从业务协作到全面赋能

未来的中国商业生态，不是独立化、原子化、彼此割裂的企业，商业模式也不再是简单的协作模式，而将成为多个核心企业+配套企业的企业群形态。任何一家企业都将加入核心企业生态圈，成为社会化商业中的一员。在新的商业生态下，企业更需要将自身的核心业务能力，通过平台开放化，打造产业级生产性服务业能力共享平台，赋能配套企业，全面提升企业群管理水平。

用友 YonSuite 作为中国自有的轻量化数智管理软件，企业可以通过它在社会化商业方面多维度地实现快速云化。通过企业上云，YonSuite 实现了业务全在线，这种标准化的功能可以实现不同企业间基本管理业务诉求的统一，从而降低了企业间业务协作的成本。此外，企业通过用友云商城 YonStore，扩展或增值应用。针对个性化需求，通过 YonBuilder 和 APICloud 的低代码开发能力，企业用户也可快速构建自己的专属服务，让开发成果为更多业务场景的数智化转型赋能。通过 PaaS+SaaS+生态的模式，YonSuite 将满足企业全价值链应用场景，并能实现对于上下游企业的赋能，提升面向社会化、企业群的高频连接、交易场景的能力。

### 3．跨越三：从商业合作到产业融合

过去，企业之间为了能够强化商业协作，降低彼此之间的合作、沟通成本，常常会构建企业商业圈，以此实现业务间的联动。然而，在线下业务时代，这种方式不能满足企业的大业务量往来需求。ERP 系统的出现，在技术上提供了数据交互的可能，但是异构系统间数据交互的问题依然存在。即使两家企业间应用了同品牌系统，也依然需要大量的接口开发工作来实现数据流、信息流的连接，同时，接口开发的方式也给企业日常运维带来了更多的工作量和数据错误等业务风险。

进入 BIP 时代，企业对业务融合提出了更高的要求，需要更加便捷、直接、即时的融合方式。这要求一个平台能够基于企业间的交易、协作关系实现基于这些关系的数据分配、资源共享、交易协同服务。

用友 YonSuite 具备云原生、微服务、中台化、数用分离等架构特性，也满足了企业的云服务需求。由数百个微服务构成的 YonSuite 规模化的微服务集群，将原本庞大且复

杂的单体架构重组为小而精美的独立服务，具备高扩展性和灵活性，让成长型企业快速响应市场化。同时，YonSuite 帮助企业打造数据中台，让业务数据化、数据资产化。

用友基于先进的技术架构，构建了适应 BIP 时代的社会化商业应用架构，具备面向企业群的产业链融合共生发展形态，塑造核心龙头企业带动产业链上下游的成长型企业协同发展的新模式，实现“产业链财务协同、产业链营销服务协同、产业链供应商协同、产业链设计制造协同、产业链仓储物流协同”，构建企业间经济体。企业作为应用服务的独立租户，基于用友 BIP 平台享受 YonSuite 业务服务，实现所有的数据、信息都储存在统一平台，根据各家企业间的实际业务需求进行数据交互和共享。企业之间不再是外在的圈层关系，真正形成了共生共荣的合作伙伴关系。

## 案例思考题

1. 什么是 BIP？它与 ERP 有什么不同？
2. 是什么业务需求驱动了从 ERP 到 BIP 的发展？
3. 用友是如何开展 BIP 实践的，对你有什么启示？

## 8.6 本章小结

能力需求计划是对物料需求计划所需能力进行核算的一种计划管理方法，它把物料需求转为能力需求，估计可用能力，并确定应采取的措施，以便协调能力需求和可用能力之间的关系。因此，生产计划能否顺利实施，生产任务能否按计划完成，是否能够达到既定的生产指标，都需要在能力需求计划中进行平衡。

能力需求计划可以解决以下几个问题：各物料经过哪些工作中心进行加工；各工作中心的可用能力是多少、负荷是多少；各工作中心的各个时段的可用能力和负荷是多少。

当能力负荷不匹配时，可以采用调整劳动力、安排加班、重新安排工艺路线、转包等方式调整能力；或者采用交叉作业、调整生产批量、减少准备提前期、调整订单等方式调整负荷。

# 第 9 章 ERP 系统实施

**内容导览：**从客户视角探讨企业实施ERP的步骤、主要任务和工作文档；从软件开发商或服务商的视角来看，讨论ERP软件实施顾问的主要工作内容；业务流程优化的理论和方法，主要包括业务流程再造（Business Process Reengineering，BPR）的理论、方法和应用，ESIA业务流程分析方法、标杆瞄准法、ECRS流程分析法等流程分析方法；ERP实施的方法论。

## 章节案例导读：华为 MetaERP

华为突破封锁，实现ERP自主可控是2023年ERP行业的重要事件之一。

ERP是最重要的企业级IT应用，华为1996年就开始引入MRPⅡ，并持续迭代升级ERP版本。

2019年，国际形势巨变，华为面临封锁，其中就包含对ERP企业作业和管理核心系统的断供停服。面临危机，华为决定自主研发ERP，替换旧有ERP系统。

2023年，华为真正实现自研MetaERP覆盖100%华为业务场景的目标，重新定义了核心商业系统。

# 9.1 企业实施 ERP 的步骤——客户视角

企业实施 ERP 的步骤主要包括项目规划、项目准备、项目实施、项目上线及维护、系统验收与总结 5 个阶段，如表 9-1 所示。

表 9-1 企业实施 ERP 的步骤

| 阶段 | 主要任务 | 主要文档 |
| --- | --- | --- |
| 项目规划 | 1. 成立项目领导小组和筹备小组<br>2. 公司经营战略和 IS 战略分析<br>3. ERP 项目实施策略及可行性初步分析<br>4. 项目总体方案规划 | 1. 项目运行制度<br>2. 概念培训文档<br>3. 总体实施策略<br>4. 项目总体规划 |
| 项目准备 | 1. ERP 软硬件商和咨询公司选择<br>2. 管理诊断和需求分析<br>3. ERP 项目可行性分析<br>4. 制订项目实施计划<br>5. 硬软件采购<br>6. 建立项目团队 | 1. 需求分析报告<br>2. 可行性分析报告<br>3. 未来业务流程改变蓝图<br>4. 项目实施计划（进度计划、费用计划、各项目小组组成及职责等） |
| 项目实施 | 1. 业务流程重组<br>2. 项目实施计划管理<br>3. 项目业务决策管理<br>4. ERP 项目数据管理<br>5. 系统调试<br>6. 用户培训 | 1. 系统配置文档<br>2. 系统测试文档<br>3. 最终用户培训文档 |
| 项目上线及维护 | 1. 系统试运行<br>2. 系统转换<br>3. ERP 上线后维护与评估 | 1. 上线及维护文档<br>2. 系统使用说明书<br>3. 项目评估报告 |
| 系统验收与总结 | 1. ERP 项目验收<br>2. ERP 项目实施总结 | 1. 项目验收文档<br>2. 项目实施总结报告 |

在以上 5 个阶段中，有一些工作和任务是需要企业自己来完成的，而有一些工作和任务可以委托软件开发商来完成，例如，主要文档中的需求分析报告、可行性分析报告、系统测试文档、系统配置文档等，都可以委托软件开发商来完成。但是，在项目规划和项目准备阶段，尤其是公司经营战略和 IS 战略分析、ERP 软硬件商和咨询公司选择是需要企业自己来完成的。

## 9.1.1 第一阶段：项目规划

项目规划阶段需要形成的主要文档包括项目运行制度、概念培训文档、总体实施策略、项目总体规划。企业的主要工作任务有以下 4 个方面。

### 1．成立项目领导小组和筹备小组

成立项目筹备小组的主要作用。

（1）为企业正式导入 ERP 概念与必要的理论基础知识，为下一步工作打好基础。

（2）对企业的 ERP 项目进行可行性研究，提出分析报告，对项目的预算与总体计划做安排，为领导决策提供依据。

（3）进行企业实施 ERP 项目的总体需求分析，提供分析报告，为企业 ERP 系统的建设与实施策略选择做好准备。在立项后，筹备小组要对企业进行需求分析。结合企业自身的业务特点和管理需求进行总体需求识别，完成需求分析报告。这是企业 ERP 软件实施的主要依据。

（4）进行 ERP 系统的选择，包括选择 ERP 软件系统、实施的顾问公司等。筹备小组成员一般包括：企业的管理者代表（副总经理、副厂长等公司级或厂级领导）、企业管理部门（企管部、策划部等）主要领导、计算机信息部门主要领导、各业务部门的特选业务人员或管理人员（也可以作为联络员，并不全部参与）。概括地说是三种人员：领导、熟悉管理业务的人员和熟悉计算机业务的人员。另外，企业还应请专门的咨询机构来参与筹备 ERP 建设工作。

### 2．公司经营战略和 IS 战略分析

系统规划工作的关键在于战略规划，确保 IT/IS 战略与企业经营战略的匹配。常用的 IT/IS 战略规划方法有：价值链分析、企业系统规划、战略信息系统规划、关键成功因素、信息系统结构、组合规划等。其中，关键成功因素法和企业系统规划法在第一章中已有详述，这里重点介绍价值链分析。

价值链分析源于波特的价值链理论，价值链分析如图 9-1 所示，其认为企业的活动可以分为创造价值的基本活动和支持价值创造的支持活动，并不是每个环节都创造价值，只有真正创造价值的活动才是价值链的“战略环节”，因此，价值链分析需要思考 ERP 系统如何支持价值创造：①是否可以在降低成本的同时保持价值不变；②是否可以在提高价值的同时保持成本不变；③是否可以在降低工序投入的同时保持成本收入不变；④能否同时实现①、②、③。价值链分析可以为 IS 战略分析提供指导。

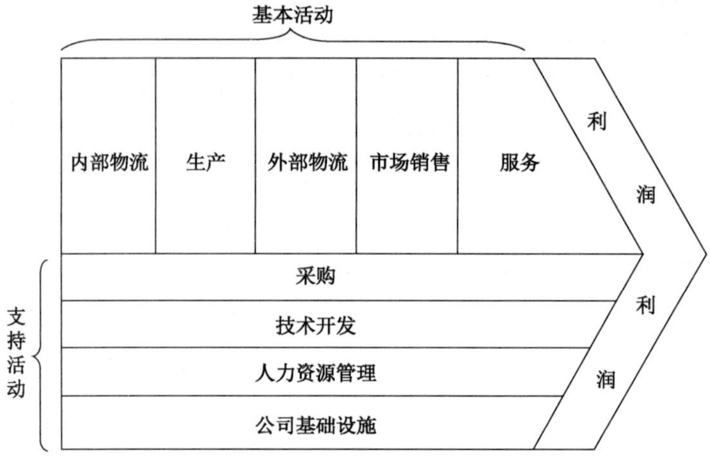


图 9-1　价值链分析

战略规划需要站在宏观视角，采用系统论的方法，从整体上分析 IT/IS 战略如何支撑企业经营规划目标的实现，企业需要进行整体上的 IT 部署和 IS 战略规划，形成 IT/IS 战略规划方案。

### 3．ERP 项目实施策略及可行性初步分析

ERP 项目实施策略包括自行开发、委托开发、购买软件包或标准化产品等。在购买软件包方面，还可以选择线下部署和 SaaS 线上部署两种不同的策略。

（1）自行开发。

如果企业选择自行开发 ERP 系统，需要按照信息系统开发与设计的规范进行总体实施规划。主要包括需求分析与系统设计、开发与实现、系统实施、上线运行与维护等。

需求分析与系统设计。自行开发 ERP 系统时，需要对企业进行详细的需求分析，了解企业的业务流程和需求，并根据企业需求进行系统设计。必须清楚企业自身的现状，明确引入 ERP 项目的目的。系统建设与实施围绕目的进行规划。

开发与实现。根据需求分析和系统设计的结果，开发 ERP 系统。在开发过程中，需要注重系统的稳定性、可扩展性和可维护性；开发完成后，对 ERP 系统进行测试和调试，确保系统功能的正常运行和满足企业的业务需求。

系统实施。制订项目实施的整体计划，确定系统切换的具体方式，可以是直接切换、平行切换、分阶段切换等。在项目实施过程中，需要注重数据的准确性、完整性和一致性，同时进行用户培训。

上线运行与维护。上线运行后，及时反馈系统运行状态，持续优化 ERP 系统，以满足企业不断变化的需求，提高 ERP 系统的性能和稳定性。

（2）委托开发。

如果企业选择委托开发 ERP 项目实施策略。需要思考以下内容。

选择合适的软件服务商，与软件服务商对接，以明确业务需求和系统目标。在项目开始前，需要明确 ERP 系统的需求和目标，包括功能、性能、安全性、可靠性等方面的需求，并制订明确的 ERP 项目实施时间表和预算计划。

选择合适的开发团队。有经验、技术实力强的开发团队，可以提供专业的技术支持和开发服务，保证 ERP 系统的质量和实施效果。

签订开发合同。与开发团队签订开发合同，明确双方的权利和义务，包括开发内容、时间表、费用、保密协议等。企业全程配合并深度参与开发过程，参与系统测试，以确保系统功能实现符合预期。

项目验收和评估。项目开发完成后对项目进行验收和评估，以确保系统的质量和性能符合要求，同时对项目的实施效果进行评估，为后续的优化和升级提供参考。

（3）购买软件包。

如果企业选择采购 ERP 软件包或者 SaaS（Software as a Service）服务，就需要进行 ERP 系统询价和系统选型。

首先，企业需要结合自身业务特征和发展需求，选择采用 SaaS 租赁软件模式或购买完整的软件包进行本地部署。比较两种模式的成本和收益等，选择适合企业发展需求的方式。在系统选型方面，企业需要考虑是仅建设一套 ERP 集成系统，还是 ERP 系统与 MES 系统同步建设；是否同步建设生产线上的传感器等数据采集设备，以确保其与 ERP 系统、MES 系统建立连接等。

其次，企业需要思考服务商的选择问题。这需要深入的市场调研，以掌握市场上服务商数量，不同服务商在不同行业的优势等。

最后，企业需要思考新采购的系统或服务与原有系统的关系，选择与原有软件服务商合作，进行旧系统的升级和扩展；与新的软件服务商合作，购买一套全新的系统来替换旧系统；在新旧系统之间建立数据接口。

只有这些问题得到清晰的回答，新系统的建设才有可能解决实际业务的困境。每个问题的回答都需要进行深入的市场调查分析和论证。

（4）初步可行性分析与论证。

通过对 ERP 必要知识的理解，筹备小组要根据企业的现状提出系统建设的初步可行性分析报告。

报告内容一般包含：ERP 基础知识介绍；实施 ERP 所需的资源（包括管理环境、人员要求、资金预算和时间计划，并对资源的偏差进行计算与计划）；企业实施 ERP 的必要性；实施的目标与实施中预计的困难等。

ERP 领导小组依据可行性分析报告进行决策。因此，筹备小组需要从企业整体利益出发，客观地进行系统需求分析，反映问题，并提出分析观点。经过企业领导决策批准后，ERP 项目正式立项，做出项目的预算，并由筹备小组对有关的资源需求计划进行落实，同时启动各项计划。

#### 4．项目总体方案规划

战略规划是核心，而业务流程的改革与创新是基础。项目总体方案规划中需要包含业务流程规划等内容，即对原有的系统进行大致的调查，形成项目总体方案规划报告。

### 9.1.2 第二阶段：项目准备

项目准备阶段需要完成 ERP 软硬件服务商、咨询公司选择；管理诊断和详细需求分析；ERP 项目可行性分析；项目实施计划制订与软硬件采购；项目团队建立等。需要形成的主要文档包括需求分析报告、可行性分析报告、未来业务流程改变蓝图和项目实施计划等，其中，项目实施计划包括进度计划、费用计划、各项目小组组成及职责等。

项目准备阶段主要工作如下。

#### 1．ERP 软硬件服务商、咨询公司选择

选择 ERP 软硬件服务商和咨询公司的过程，也称系统选型。系统选型是指准用户在拟建设新信息系统前，基于客观的需求分析和系统规划，结合信息化投入预算，对市面上主要系统产品和供给商进行调查、比较、分析和评估，最后选择其中最适合自身需求和业务特点的产品。

系统选型主要包括选择产品、设备、集成连接方式的提供商和服务商。

确定选型策略需要思考以下几个方面。①由谁主导：用户主导、实施商主导、软件商主导、咨询监理商主导、混合主导；②时空因素：整体规划，一次选型；整体规划，分期选型；分期规划，分期选型；③其他因素：定向考察、专家咨询，或者采取招标、议标方式等。

（1）选型步骤。

成立一个 5～7 人的选型小组，由高层领导担任组长，成员由管理、技术、业务人员构成。

初选阶段。进行供应商及产品调研（对供应商产品、管理、发展，流行产品进行市场调研）；权衡评估软件公司实力、软件性能、服务、用户反馈、价格等。

复选和确选阶段。定向考察：走访软件公司、观摩产品演示、比较筛选 2～3 家软件

公司、招标、谈判、表决确定、签约。

总体上，在 ERP 软硬件服务商、咨询公司选择方面，要考虑其经济实力、专业背景、技术实力、可持续发展能力、服务和咨询能力、实施能力以及增值服务能力等。如果是初次实施 ERP 软件，优先级顺序：公司商誉、价格、服务质量、功能；如果是再次实施 ERP 软件，优先级顺序：功能、服务质量、公司商誉、价格。

（2）需要注意的事项。

在选择 ERP 软件与实施服务时一般可以参考和注意以下几个方面。

第一，软件的功能是否适合本企业的需求与未来一段时期的发展。

考量软件功能是否体现了 ERP 的主要思想；是否涵盖了企业的主要业务范围；功能是否适应本企业的业务管理需求。在这个过程中，可以要求软件服务商提供演示、讲解，并通过企业真实数据的录入演练或免费试用等，检查管理流程是否符合企业的应用情况，数据输出是否正确。

考量系统报表形式是否高效；是否适合本企业业务需求；是否符合本企业业务逻辑习惯。同时关注报表的可扩展性，如有些 ERP 软件有报表自定义功能，允许企业根据业务变化和发展对报表及其数据指标进行增加、维护的自定义操作。

注意软件的数据处理量与处理速度，特别是大型企业。

了解 ERP 软件的开发语言及所用数据库的通用性。

考虑 ERP 软件与互联网的连接与安全问题等。

第二，软件服务商的维护、二次开发支持能力。

软件服务商的维护、二次开发支持能力也是选型依据之一。有些 ERP 软件系统的开放性不好，服务商二次开发的成本较高，甚至不进行二次开发，这一点企业也要加以考虑。

第三，文档资料的规范与齐全。

ERP 软件的使用文档资料、安装手册、培训教材、实施手册等是否齐全，可以从侧面反映软件服务商的管理规范水平、实施服务供应商的实施水平与效率。同时，这些资料也是企业进行培训与应用 ERP 软件非常重要的参考资料。

第四，实施服务的方法与质量。

ERP 项目重在实施。实施的质量关系到最终 ERP 项目的成败或优劣，实施的方法是非常重要的。实施服务可以由 ERP 软件服务商提供，也可以由专门的 ERP 咨询、销售或服务公司等第三方来提供。由软件服务商实施的好处是他们最了解软件，可以利用软件现有的功能发挥出软件最佳性能，且对二次开发等持续提升更有优势；而由第三方来实施，如专业 ERP 咨询、实施公司等，在实施 ERP 的过程中，除利用软件的功能提升企业的管理效率外，还可以利用他们丰富的咨询经验，为企业提供管理建议或业务流程优化与改革方案。当然，选择第三方从事实施时，需要判定其对所选用 ERP 软件的熟悉程度。

第五，软件服务商与实施服务供应商的持续发展能力与服务能力。

软件服务商与实施服务供应商的持续发展能力。一方面取决于市场对该软件与服务的肯定，另一方面企业实施 ERP 项目也要求 ERP 软件服务商、实施服务供应商能建立长期的合作伙伴关系，而不是简单的供需关系，这样才能为企业的持续发展提供优质服务与支持。

第六，走访实施 ERP 成功的企业。

对实施 ERP 成功的企业进行实地考察，一方面，通过走访调研增加对 ERP 软件与实施成效的了解；另一方面，尽可能地了解整个市场的应用情况，吸取经验与教训，对本企业的选型，以及今后的 ERP 实施工作起到借鉴作用。

第七，注意软件的运行环境。

软件运行环境包括操作系统平台、硬件及网络环境等。一般来说，ERP 软件都会对客户端操作系统、客户端计算机配置、网络操作系统、服务器配置、打印和备份配置、网络架构及网络速度等提出要求，这些与企业的文化环境、人员素质、资金与场地资源等有关系。

第八，ERP 软件与实施服务的价格。

在重点考虑以上几个方面的基础上，综合考虑价格因素。一般实施 ERP 项目的费用组成有：软件费用、二次开发费用、服务支持费用、硬件费用；软件费用由 ERP 软件、数据库软件及操作系统软件等费用组成。实施服务可能会根据系统实施阶段的不同而对应不同的费用标准。

第九，方案比较。

企业可以请相对比较满意的软件服务商、实施服务供应商提出一个系统的方案，阐述软件功能及如何构建信息管理，并为企业提供管理解决方案、实施方案、预计带来的效益及预计的投资等。当然这只是粗略的方案，具体方案要在进行详细的系统需求调研后才能提出。总之，企业要高度重视系统选型工作，这是决定 ERP 系统项目成败与优劣的关键。

### 2. 管理诊断和详细需求分析

管理诊断需要引入外部咨询公司的力量。在该阶段，企业可以委托咨询公司或 IT 服务提供商，对企业的 ERP 业务管理需求进行全面调研，根据企业的管理情况提出管理改革方案，并形成需求分析调研报告与咨询方案。ERP 的需求分析调研报告通常包括以下几个部分。

（1）企业管理现状描述。对企业的各种业务、各个部门的业务职责及业务关系进行准确描述，绘制现有业务蓝图。

（2）ERP 的管理方式。描述与 ERP 软件结合的管理方式变化。在业务数据方面，详细的需求分析包括：①各部门需要处理的业务需求。如有关业务的数据流入、业务数据处理方式（处理步骤、处理点等）、业务数据流出的情况等；根据各项业务需求，标识出企业需求的分类级别，如重点需求、一般需求或可有可无的需求等。②业务报表需求。对报表需求要列出清单，标识出必要需求、一般需求或最好需求等。③数据接口的开放性。企业现有或未来会有各种各样的信息系统，如 CAM、CAI、CAD、PDM、DSS 等，因此，要考虑系统的数据传输和新旧系统的对接问题。

（3）业务实现与改革。根据对企业业务、管理的理解与 ERP 系统相互结合，说明企业的管理流程、业务如何利用 ERP 系统来实现的。同时，根据 ERP 系统的需要与企业的实际管理现状提出未来业务流程改变蓝图，即业务流程重组（BPR）方案。

（4）预期效果。如管理数据与报表、直接效益与管理效益等。

### 3. ERP 项目可行性分析

ERP 项目的可行性分析可以从技术可行性、经济可行性和社会可行性三个方面进行论证。

（1）ERP 项目的技术可行性分析主要是评估现有的技术条件是否能够支持该项目的实施。这包括对硬件、软件、网络和安全等方面的评估。首先，要分析企业的 IT 基础设施和现有的技术资源，包括硬件设备、软件系统、网络带宽和信息安全等方面。其次，要评估 ERP 系统的技术要求和特点，包括系统架构、功能模块、数据处理能力、界面友好性等方面。最后，要进行技术风险评估，预测并制订相应的应对措施，以降低技术故障对项目实施的影响。

（2）ERP 项目的经济可行性分析主要是评估项目的投资成本和预期的回报。ERP 项目的投资成本包括软件购买费用、硬件购买费用、咨询服务费用、实施费用、维护费用等。同时，企业需要考虑投资的回收期和投资回报率（ROI）。另外，企业还可以进行敏感性分析，以评估不同因素对项目经济效益的影响。例如，可以通过敏感性分析来了解实施 ERP 系统后，企业销售收入、成本和利润等指标的预期变化情况。

（3）ERP 项目的社会可行性分析主要是评估项目对社会的影响，并且要考虑经济结构、法律道德、宗教民族、妇女儿童及社会稳定性等社会责任；要分析 ERP 系统的实施是否符合国家的法律法规和相关政策；要考虑 ERP 系统的实施是否符合企业的社会责任和可持续发展目标。

总之，从技术可行性、经济可行性和社会可行性 3 个方面进行 ERP 项目的可行性分析，可以帮助企业全面评估项目的实施风险和预期收益，为项目的成功实施提供保障。

### 4．项目实施计划制订与软硬件采购

项目实施计划一般由经验丰富的咨询公司制订，或在其指导下制订，由企业的项目实施组根据企业的具体情况讨论、修改，最后由项目的领导小组批准。项目实施计划一般分为两类：项目进度计划与业务改革计划。

一般来说，ERP 的项目实施会分为两到三个阶段。阶段的划分要依据企业的 ERP 软件模块需求、二次开发量、企业的业务工作量、项目资源、企业的市场销售情况进行。要制订分阶段、分步实施的系统模块的细化计划，详细到各个业务的具体实施计划，并对负责人做出规定。

在项目实施开始之前，要提前部署硬件和配套软件基础设施等，为项目实施提供基础。

### 5．建立项目团队

如果企业选择自行开发 ERP 系统，则需要建立内部开发团队和与开发团队对接的业务需求部门负责人组成的实施团队；如果是委托开发和外购服务，则重点在能够与软件供应商和服务提供商对接，清晰表达企业业务需求的业务骨干。由内外部成员共同组成项目实施团队，并可以根据业务类型和系统模块的对应关系，划分不同的实施小组，并明确各个成员的职责范围和团队内部的沟通机制等。最后将团队组成及分工责任写入实施计划文档。

## 9.1.3 第三阶段：项目实施

企业在项目实施阶段需要完成的主要工作有：业务流程重组、项目实施计划管理、项目业务决策管理、ERP 项目数据管理、系统调试与测试和用户培训；最后形成系统配置文档、系统测试文档和最终用户培训文档。业务流程重组将在 9.3 节从服务商的视角进行讲解。项目实施计划管理和项目业务决策管理主要与企业实施领导小组、筹备组、项目团队三级任务目标的分解、进度计划的监督和执行等项目管理层面的工作有关。下面将展开介绍 ERP 项目数据管理、系统调试与测试和用户培训。

### 1．ERP 项目数据管理

在 ERP 实施过程中，企业需要完成的一项非常重要的工作就是数据准备，数据是 ERP 系统的原始输入，也是 ERP 系统运行的血液，更是 ERP 系统支持决策的输出。企业在 ERP 系统进入实施阶段后，就可以开始收集业务数据，进入准备数据阶段。

企业需要准备的数据可能包含 3 类：初始静态数据、业务输入数据、业务输出数据。初始静态数据包括物品代码、产品工艺路线、初始库存数据、工作中心数据等；业务输入数据包括物品入库数据、出库数据与销售订单数等；相应的业务输出数据包括物品库存数据、可用库存量与物品的计划需求量等。此外，在系统进入测试和培训阶段，企业还需要准备测试数据。企业要从各主要业务数据中抽取一些典型数据，作为 ERP 试运行的测试数据，以方便在系统试运行时发现一些边界问题。

#### 2. 系统调试与测试

在系统调试与测试过程中，企业的测试人员应在实施顾问的指导下进行系统测试工作。ERP 的业务数据、处理流程相关性很强，如果不按系统的逻辑处理，则录入的数据无法处理，或者根本无法录入。通过企业业务人员参与系统测试，企业可以更深入地发现系统运行不符合业务逻辑的问题，以及时做出修正。

#### 3. 用户培训

用户培训的目的是促使企业顺利实施 ERP 系统。培训内容可以包括：理论培训、实施方法培训、项目管理培训、系统操作和业务应用培训、系统和数据维护培训等。要根据不同的层次、管理业务对象制订不同的培训计划。

ERP 是管理软件，其数据流反映企业的业务流程，各个子模块之间存在严密的逻辑关系，因此，制订培训计划要注意软件的逻辑流程，否则在培训时就会经常遇到流程不能通过的现象，影响培训效率与受培训人员的兴趣。另外，对各个业务岗位的操作培训，除对本业务操作的培训外，还要对相关逻辑的上下流程关系进行培训。

### 9.1.4　第四阶段：项目上线及维护

项目上线及维护阶段主要进行系统试运行与新旧系统转换等工作，主要形成的文档有：上线及维护文档、系统使用说明书、项目评估报告。如果企业采取本地部署方式，则需要在系统试运行前，先进行系统安装。

#### 1. 系统安装

系统安装包括软、硬件的安装，尤其是硬件的方案可以与调研同步进行，一定要考虑企业的现有资源，并通过与硬件供应商合作，制订与建立企业的硬件系统建设方案。硬件的规划应进行比较全面的考虑，包括考虑各种业务数据的采集。一般来说，该过程以安装服务器系统软件为主，而后根据需要进行工作点扩充。

#### 2. 系统试运行

在相关的工作准备（如系统安装、培训、测试等）就绪后，则进入系统的并行试运行阶段。所谓的并行是指 ERP 系统运行与现行的手工业务处理或原有的软件系统同步运行，保留原有的账目资料、业务处理与有关报表等。并行是为了保持企业业务工作的连续性和稳定性，同时是 ERP 正式运行的磨合期。当然，条件允许的企业，也可以直接切换新系统进行试运行，缺点是直接切换可能会给企业带来不可预知的业务风险。

#### 3. 系统转换

系统切换，是并行运行过程的后期。经过系统试运行，新的系统确认能正确处理业务数据，并输出满意的结果，新的业务流程运行顺利，业务人员能够适应新系统操作的要求，决定停止原作业方式和原系统的运行，相关业务完全转入新的 ERP 系统处理，进入正式运行阶段。正式运行要分系统模块、分步骤、分业务与分部门地逐步扩展。

#### 4. ERP 上线后的维护与系统评估

在日常运行过程中，做好数据管理、系统安全管理和故障排查维护与技术支持等。ERP 系统需要大量的数据输入和处理，因此数据管理是 ERP 维护的重要部分。包括数据备份和恢复、数据清理和数据监测。系统安全管理包括用户权限管理、密码策略、网络安全、安全审计和漏洞管理等。技术支持包括故障排除、系统更新和性能监测。故障排除是检测系统故障的过程，包括软件和硬件故障。系统更新是更新系统和软件，以保持系统的最新状态。性能监测是检测系统性能的过程，以确保系统在高负荷下正常运行。此外，定期对 ERP 系统进行评估，以了解系统的运行状况和性能。评估指标可以包括系统的响应时间、处理速度、数据准确性等。根据评估结果，可以决定是否需要对系统进行优化或升级。

### 9.1.5 第五阶段：系统验收与总结

系统验收与总结阶段可能产生新的系统建设需求。例如，更深入的用户化或二次开发。用户化一般指不涉及流程程序代码改动的工作，可以由实施顾问对系统维护人员进行培训，满足工作流程或报表自定义的功能需求和实现等；二次开发应该比较慎重，二次开发的工作应该考虑与现有的业务流程实施并行操作和管理，减少实施周期，一般考虑以下几个方面的问题。

临时性的业务、非重要性的业务一般不进行二次开发；输出效益不大的工作一般不进行二次开发；比较二次开发与管理改革的成本与效益，若没有太大意义，一般不进行二次开发。二次开发会增加企业的实施成本和实施周期，并影响实施人员（服务方与应用方）的积极性。当二次开发或用户化完成后，要组织人员进行实际数据的模拟运行，通过处理过程及输出结果的检验，确认成果。

## 9.2　ERP 实施顾问的主要工作——服务商视角

在企业实施 ERP 的 5 个阶段中有很多工作内容是需要软件开发商或 ERP 系统服务商的实施顾问帮助企业来完成的。那么实施顾问具体要做什么呢？

从服务商的视角来看，实施顾问需要完成的主要工作包括项目准备、业务蓝图规划与设计、系统实现、上线准备、上线运行与维护 5 个方面。

### 9.2.1　项目准备

项目准备主要工作包括成立实施团队或小组、开展用户调研、分析用户需求、制订实施计划、形成文档等，如客户确认的需求分析报告、可行性分析报告，以及项目实施计划（进度计划、费用计划、各项目小组组成及职责等）。

实施团队要深入进行用户调研，搜集信息、识别需求、理解企业的需求并将这些需求转化为系统需求。如制订需求调研问卷，访谈相关岗位的具体工作人员，了解客户企业目前面临的主要问题，现有系统应用存在哪些流程上的问题，思考新系统的功能和范围等。查看客户企业以往业务中的历史数据，关注企业数据的来源，评估数据质量，调研企业是否已有数据管理的相关规范和规则等。

### 9.2.2　业务蓝图规划与设计

业务蓝图规划与设计需要对现有流程进行识别与描述，分析并诊断问题，优化并重新设计新的流程，形成未来业务流程改变的蓝图。那什么是业务流程呢？以网上购物为例，客户线上购物的流程是：首次使用一个平台需要注册账号，用户需要设置账号、填写信息、提交注册；在购物环节，用户需要查找商品、加入购物车、填写物流信息、支付下单、查看物流状态，最后收到货物后可以线上评价。从商家的视角来看，客户下单后，店铺要接单、查询库存、备货，如果缺货需要调货、拣货、打包、发货运输、配送到客户手中，如果涉及多个商品，可能需要合并订单或者拆分订单。这些操作过程是由多个连续的活动组成的，即业务流程，在线购物业务流程如图 9-2 所示。因此，业务流程指导我们怎样做事，是一组共同为客户创造价值又互相关联的活动。

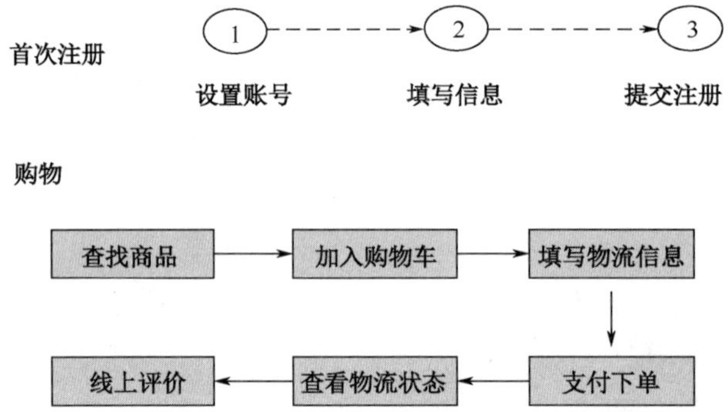


图 9-2　在线购物业务流程

那么如何识别业务流程呢？最重要的方法是用户调研，企业在项目准备阶段就可以着手开始用户调研。主要通过问卷调查、实地访谈、文档查询和业务体验，询问、观察、记录用户企业的业务功能和业务过程，分析关键节点，描述现有流程的起始、过程活动与终止活动，确定关键流程，业务流程图包含节点如图 9-3 所示。

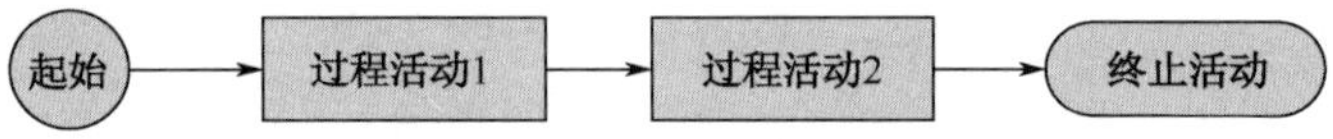


图 9-3　业务流程图包含节点

识别业务流程后可以用绘制流程图的方法帮助树立企业运营的整体流程观。一个流程从起点到结束由多个具有逻辑关系的活动构成。这种逻辑关系用图形表示，业务流程图的基本图形符号包括椭圆表示起点和结束；方框表示活动；菱形表示判断；带箭头的线条表示活动顺序和进程。业务流程建模与标注如图 9-4 所示。如果要表示跨部门的流程关系，则可以使用跨部门流程如图 9-5 所示。

以服装设计制造流程（图 9-6）为例，从款式设计到量产制衣，中间有样衣制作、沟通确认等不同活动和环节。

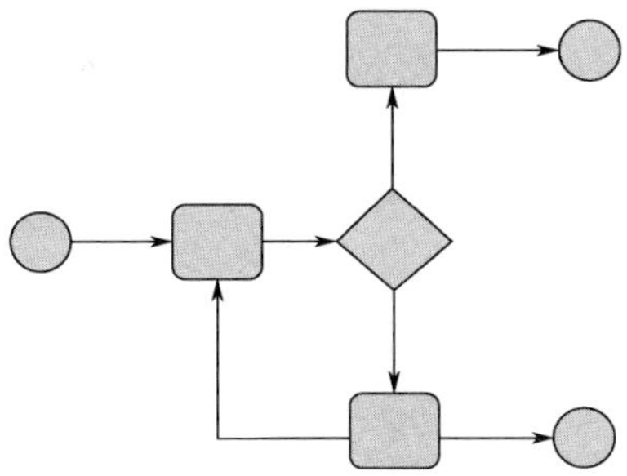

图 9-4　业务流程建模与标注

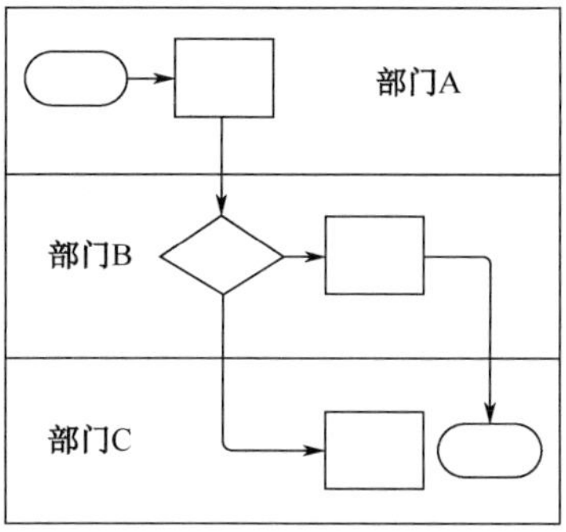


图 9-5　跨部门流程

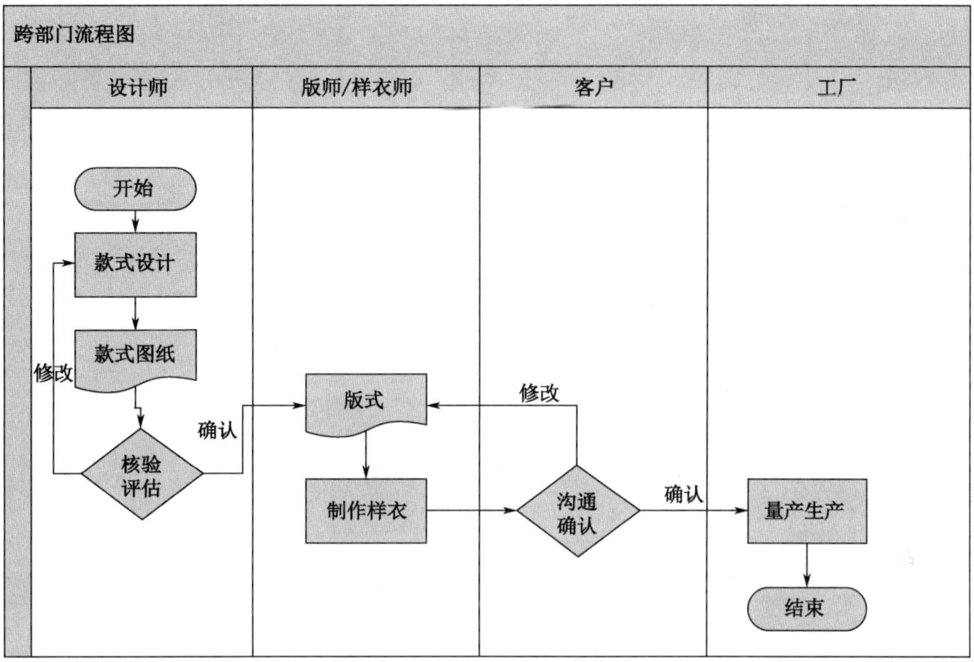


图 9-6　服装设计制造流程

识别业务流程为流程分析与问题诊断及流程优化设计提供了基础。流程分析与问题诊断的主要目的在于找到流程中的瓶颈、冗余或效率低下的环节。以银行取款流程为例，早些年银行排队问题特别严重，经过分析取款流程，银行发现客户填写取款单是效率低下的环节，客户需要填写单据、排队，有时还会因填错单据而不得不退出队伍重新填写，再次排队。为了解决这一问题，银行取消了客户手写取款单的环节，客户直接持卡到窗口，由业务人员刷卡办理；后来，ATM 的出现进一步简化了自助取款流程；现在，现金支付的场景发生了变化，手机银行线上支付普及。每次变化都涉及新流程的设计。

一个新的流程需要包含的要素有：起点，即活动的触发；过程，即活动的流向；终止，即活动的结束，流程要素如图 9-7 所示。

图 9-7　流程要素

设计新流程一定以问题为导向，目的是解决原流程中的低效问题。设计流程需要确立新流程的功能目标、流程范围、流程活动及活动之间的关系，并确认流程关键节点等。

新流程设计完成并得到客户确认后，就可以形成业务蓝图设计文档了，业务蓝图设计文档举例如图 9-8 所示。在业务蓝图设计文档中需要对业务流程进行图形或文字描述，包括流程代码、流程名称、流程的业务目的和适用范围、系统解决方案、流程中的关键需求，以及其他需要说明的备注信息等，对业务流程进行文字描述举例如图 9-9 所示。

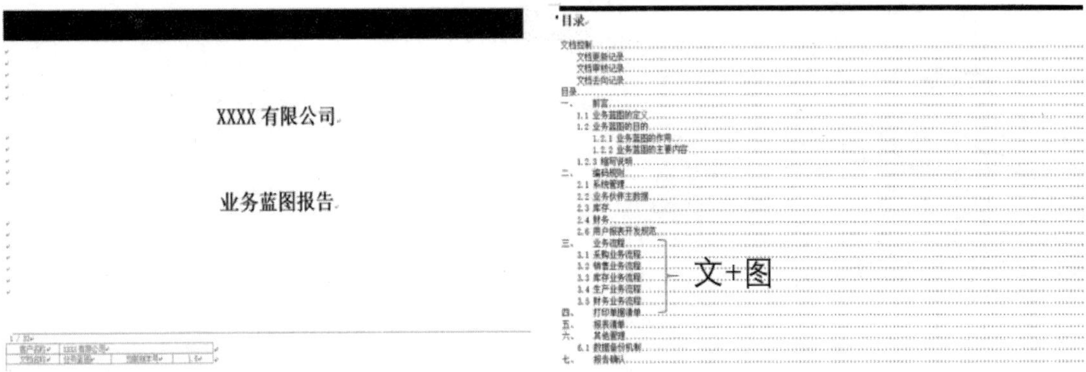


图 9-8　业务蓝图设计文档举例

| 流程代码 | 流程名称 | 流程的业务目的和适用范围 | 系统解决方案 | 流程中的关键需求 | 备注 |
|---|---|---|---|---|---|
| XX | 采购订单 | 适用于XX所有物料的采购订单下达流程，包括钢球，密封圈，生产配件、劳保用品，设备配件、固定资产等物料的采购订单下达流程 | 进程：主菜单→采购→采购订单 | 1. 采购订单基于采购申请创建或由采购人员直接创建<br>2. 采购人员收到采购申请信息后，与供应商确认价格后在SAP B1系统中填写采购订单<br>3. 采购人员直接创建的采购订单可以不基于采购申请<br>4. 采购订单只能由采购人员进行创建 | 【警报】：未处理采购申请提醒采购；<br>【控制】：采购订单只允许采购人员创建；<br>【打印格式】：采购合同 |

图 9-9　对业务流程进行文字描述举例

### 9.2.3 系统实现

实施顾问的主要工作有实现业务蓝图、建立业务应用框架、形成业务规程草案、制订数据准备方案、建立数据字典、制订系统上线方案和客户培训方案等。需要说明的是，在软件包销售场景中，系统编程和开发并不是由实施人员完成的，一般软件开发企业中会有不同的部门或团队来负责软件开发和实施。开发人员的工作重点是编程，即功能实现，实施人员的工作重点是与客户沟通，实现交付。

### 9.2.4 上线准备

上线准备包括软硬件环境准备、原始数据准备、数据编码、数据导入、数据接口、数据治理、用户培训、制订上线试运行维护流程和方案等。这里，数据编码和原始数据准备是非常重要的工作，ERP 系统建立的是数据驱动的企业运营整体流程观，不准确、不完整的数据势必导致 ERP 应用的失败。

### 9.2.5 上线运行与维护

实施顾问需要帮助企业进行系统初始化设置、安装调试并上线系统；系统上线后进行试运行维护；发现问题后进行流程修订或功能改善；形成运行报告，完善实施文档；最后项目交付与验收。

主要的项目实施文档包括项目组织、项目公约与实施计划、业务蓝图设计方案、培训方案，得到客户确认的业务蓝图、新业务流程，以及项目实施方案等；在上线准备阶段还需要有数据编码方案、系统参数配置表、得到客户确认的业务规程、数据检查确认书、系统上线准备报告书等；系统上线时需要有系统初始化确认书、业务上线确认；最后，验收交付时需要运行报告、验收报告等。

其中，项目实施方案及计划、系统培训确认单、业务蓝图确认、实施执行方案、系统编码规则确认书、新业务流程确认书、基础数据准备确认书、基础数据录入确认书、系统切换确认书、运行报告、验收报告都是需要及时得到用户确认的文档。

最后要说明的是，以上这些烦琐的任务及文档准备都是在线下本地部署的 ERP 实施场景中，实施顾问需要完成的 5 个阶段的工作，因此，早期 ERP 实施周期过长，成为 ERP

软件开发商和服务商的困扰。现在，除了本地部署，基于 SaaS 模式的轻量级 ERP 实施方案，实施周期短、短期成本低，深受中小企业的青睐。

# 9.3 业务流程再造

## 9.3.1 业务流程再造 BPR

流程是一个或一系列连续有规律的行动，这些行动以确定的方式发生或执行导致特定结果的实现。业务流程再造（Business Process Re-engineering，BPR），也称业务流程重组，是指以业务流程为改造对象、以客户需求和满意度为目标、对现有业务流程进行根本的再思考和彻底的再设计。利用先进的制造技术、信息技术及现代化的管理手段、最大限度地实现技术上的功能集成和管理上的职能集成，以打破传统的职能型组织结构，建立全新的过程型组织结构，从而实现企业在经营成本、质量、服务和速度等方面的巨大改善。

BPR 是一种深层次的变革。BPR 的核心思想是从零开始重新设计。在目前急剧变化的环境中，如果企业不从根本上解决问题，只在原有基础上进行追加式的改进，看似节约了资金，实际上造成了一种重复投资和资源浪费。企业在实际进行 BPR 时，对于那些与目标流程高度一致的关键的核心流程，可以进行持续的渐进的改进；但对于远未达到理想状态的关键的核心流程，只能采取根本性的、迅速的变革。

### 1. 业务流程再造的概念

1990 年，美国哈佛大学教授迈克尔·哈默在《哈佛商业评论》发表了一篇名为《再造：不是自动化，而是重新开始》的文章，在这篇文章中他首次提出了 BPR 这个概念。他认为人们对信息技术应用的理解，就是简单地把手工操作搬到计算机上，实现自动化，这也是当时信息系统实施失败率较高的主要原因。哈默指出信息化不是简单的自动化，而是需要进行企业组织重构和流程再造。

1993 年，迈克尔·哈默和詹姆斯·钱皮共同出版了《再造企业：管理革命的宣言》一书，系统阐述了 BPR 的思想，形成了 BPR 学说；同年，托马斯·达文波特发表著作《流程创新：通过信息技术的再造》，进一步阐述了这一思想。之后，迈克尔·哈默和詹姆斯·钱皮又陆续于 1995 年出版了《再造革命》《管理再造》，1996 年出版了《超越再造》等著作，丰富和发展了 BPR 理论。

因此，人们把迈克尔·哈默、詹姆斯·钱皮和托马斯·达文波特三人称为 BPR 理论的创始人。

从 BPR 的产生背景来看，其是为解决企业信息化失败率高的问题而出现的，是随着信息技术的到来而产生的管理革命，其可以提升信息技术或系统应用效益，因此 BPR 与 ERP 实施息息相关。

从定义上看，BPR 指对企业业务流程进行根本性的再思考和彻底的重新设计，从而使其在成本、质量、服务和速度等关键指标上取得显著性的改善。

简单来说，其是使用信息技术从根本上来改变企业流程以达成关键指标目标的方法性程序。

BPR 的本质在于信息技术应用，以人为本，以客户为中心。其基本思想是并行、减少、集成中间环节和目标回归客户，可以采用横向集成、纵向压缩，权力下放和并行工程的方式实现。基本原则包括从整体上重新设计、充分应用信息技术、打破职能分割、减少管理层、扁平化等。

### 2．业务流程再造的主要内容

（1）企业理念的再造。

企业流程与企业的独特个性、文化有密切关系，企业理念在企业的发展中起到导向、维持和约束的作用，有很强的维持现有模式的能力。企业在流程再造时力求打破组织边界，不再以职能设置部门，而是以流程为导向，注重的是上、下环节的价值增值和“无缝连接”，因此企业要抛弃原有的思维定式，培养流程观念和整体观念，强化“以顾客为中心”创造价值的经营理念，树立服务意识及信息领先、人才领先的管理理念，才能设计出顾客真正需求的产品，才能为顾客提供优质服务。

（2）信息技术的再造。

业务流程再造建立在信息技术基础上。目前，我国大多数企业仍采用手工处理数据的方式，企业内部信息系统不健全，致使信息处理不及时、不准确；不同地域的数据库没有集成起来，致使信息流经常扭曲、变形，不能快速响应市场，因此企业要对信息流程进行再造，Internet 的发展、EDI 技术的使用为企业提供了必要的工具和手段，使人们有能力打破传统的管理规则，创造出新的工作方式。

（3）组织结构的再造。

科学管理的劳动分工原则使企业形成了“金字塔”式的组织层级命令控制体系，这种按职能设置部门的管理方式容易造成机构设置重复、流程重叠，而且受本位主义思想的影响，部门之间相互扯皮，办事效率低下。因此，企业要对组织机构进行重组，根据流程的调整，形成一套面向流程的、以顾客价值创造为导向的扁平化的网络状组织机构体系，实现对全过程的有效管理，为新的业务流程有效运转提供制度保障。

（4）人力资源的再造。

企业的竞争也是人才的竞争，我国企业用人制度沿用传统的行政委任制，关系用人、亲情用人、权钱用人的现象很严重，真正的人才却因不合理的用人制度而被大量埋没和流失。因此企业要发展就要转变观念，确立“以人为本”的现代人力资源的管理战略，坚持“唯才是举”的用人制度，建立能者上、庸者下的合理企业内部人才流动机制，对企业的薪酬体制、绩效考核体制进行全面变革，最大限度调动员工的积极性和创造性。

### 3．业务流程再造的注意事项

业务流程再造需要思考以下问题。

（1）持续时间：整个流程的周期，以及每个环节（活动）、转换的持续时间。

（2）相互依赖关系：每个环节对其他环节的输出的依赖程度。

（3）每个环节的责任人和受益人（迈克尔•哈默认为，工作不一定由直接受益的人去做，而应当由处于最佳位置的人去完成，如供货商替代零售商管理库存）。

（4）问题区域：业务流程中困难的、危险的或经常出问题的环节。

（5）价值增值：判断哪些环节对产品增值影响最大，哪些环节对成本下降影响最大，哪些环节在这两方面没有太大的作用。

### 4．业务流程再造的实施

业务流程再造的模式有很多种，基本模式就是 BPR 与 ERP 的不同组合，如先 BPR 后 ERP、先 ERP 后 BPR、ERP 与 BPR 并行等。

BPR 的实施可以分为 4 个阶段：流程识别、关键流程选择、重新设计和实际运行。

（1）流程识别的重点在于树立企业运营管理的整体流程观、用流程图描述企业。

（2）关键流程选择指找出问题严重、机能失调、影响巨大的瓶颈流程，而且还要考虑对该流程进行再造的切实可行性。

（3）重新设计指对关键流程进行再造或优化设计，需要思考流程活动的起点和终点、活动与活动之间的逻辑关系、流程的实现方式和承担者。

重新设计是基于业务变革的，而业务变革需要建立负责改进的组织机构、辨明改进的机会、理解现有业务流程、进行改进、制订新业务流程蓝图、进行项目实时转换。具体来说，可以采用业务流程再造方法论，如五步法：业务流程规划、业务流程现状分析、业务流程优化与再造、业务流程配套设计、业务流程信息化。该方法可以为这一阶段的工作开展提供方法指导，但实际中流程分析与设计还是以问题为导向的，不一定会完全按照这五个步骤依次展开，但这五方面都会涉及。

（4）实际运行指采用先试运行再投入正式运行的方式，通过小范围试点，发现问题及时调整，确保流程切实可行并不断完善。

### 5．业务流程再造与优化

在重新设计阶段，谈到了业务流程再造和优化，这两者有什么区别呢？

以某人上班通勤为例，某人每天上班的过程如下：从家步行到地铁站，需要 10 分钟；坐地铁，需要 40 分钟；地铁出站步行到单位，需要 10 分钟，全程约 60 分钟。

有什么办法可以把通勤时间缩短到一小时以内呢？

把步行改为骑共享单车，通勤时间预计能缩短 10 分钟。

全程打车，通勤时间预计能缩短到 30 分钟。

搬家到单位附近，通勤时间预计能缩短到 10 分钟。

骑共享单车和打车可以看作优化，而搬家相当于再造。

搬家与骑共享单车和打车相比，显然不是那么容易的一件事情。那么在 ERP 实施的过程中，BPR 也不是那么容易的一件事情，一般情况下，如果信息化建设处在平稳期，提倡采取优化策略，但如果企业处在从信息化到数字化、智能化的变革期，数字化转型的关键时期，流程再造的作用就非常重要。

**微案例 1：**业务流程优化。

微商通过手机微信销售各种商品。国内某企业，主要销售纸尿裤等母婴用品，所以孕妇和妈妈是企业的目标人群。该企业采取“使用者分销”方式，通过孕妇和妈妈来代理纸尿裤的销售。以往代理销售的场景是个人将商品采购回家里，进行微信营销，客户通过手机微信付款后，代理商填写快递单并打包发货。对于代理商（孕妇和妈妈）来说，自行打包发货是一件特别困难的事情，没有时间和精力，而且，量大的情况下，体力上也无法独立处理；居家存货受空间限制，影响生活质量。那么，该如何解决这个问题呢？

这就需要对现有业务流程进行梳理和优化。首先，识别与描述现有的业务流程，然后对现有业务流程进行分析和问题诊断，最后通过流程优化和改进，设计全新的业务流程。这就是 BPR。

如何使用 BPR 理论，对该案例企业的流程进行优化或再造？

该企业开发了一款云仓系统，云仓系统示意如图 9-10 所示。代理商通过手机 App 实现全自动下单、发货，不再需要把货物存放到自己家里，物流信息实时查看，无须管理线下库存，所有订单信息（待发货、已发货、已完成）手机可查。实现线上结算、实时补仓，库存完全数字化。商品由生产厂家直接发货到客户手中。不再需要处理线下物流，从而解决了代理商在发货环节的困境。这就是流程再造和重组的应用。

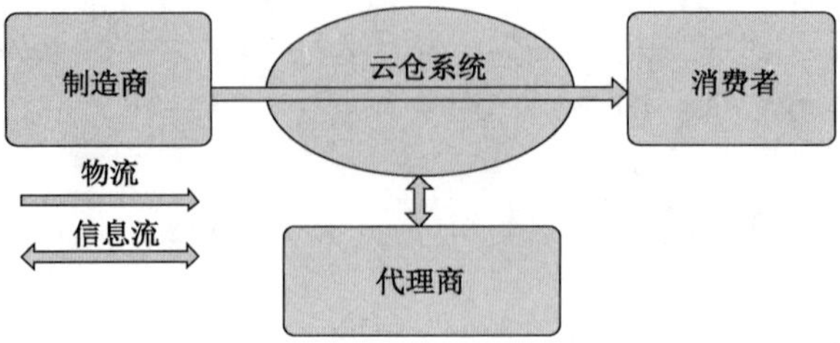


图 9-10　云仓系统示意

云仓系统应用信息技术剔除了线下存货发货等冗余作业，压缩了线下物流等非增值作业；提高了订单处理、支付、客户管理等关键作业环节的效率；把原来先采购再销售的作业方式改变为直接线上销售、同步厂家供货的模式；使用信息技术实现管理平台云仓系统的移动终端应用，通过手机的实时对接和信息传输，解决困境的同时大大提高了操作便利性和流程效率。

这个过程涉及 BPR 实施重新设计阶段的业务流程分析、优化与再造过程。

首先，流程分析与问题诊断。案例中企业面临的问题是销售人员处理发货难，导致订单处理周期长，这说明流程存在功能障碍，效率低下的问题。流程中销售人员自己打包发货这个活动的重要性不足，可以取消。

其次，基于问题制订优化方案。企业开发了云仓系统，由厂家直接发货，把销售人员打包发货的线下物流环节改为线上数字物流，提升流程有效性。

最后，为流程进行资源配置以支撑其实际运行。并在运行过程中持续改进。例如，厂家直接发货到客户实现了制造商库存管理，并应用移动 App，对流程进行不断改进。虽然该过程不是完全按照流程再造五步法进行的，但是包含了分析与再造、信息化、配套设计，以及持续改进的内容。这体现了基于 BPR 思想的业务流程再造过程。

## 9.3.2　业务流程再造方法

业务流程再造的具体方法有很多，例如，将流程或工作按其自然形态组装回去；消除不创造价值的流程或流程中的环节；简化某些环节的形式、程序、交流方式；把某些脏、累、危险、令人烦躁的工作，以及数据收集、传递、处理和分析工作交由计算机和机器自动化完成；改变活动的逻辑关系，从旧的流程到新的流程进行逻辑关系的重新定义。这些具体操作的思想均来自 ESIA 业务流程分析法。此外，除了 ESIA 业务流程分析法，还有标杆瞄准法和 ECRS 分析法等。

### 1. ESIA 业务流程分析法

业务流程识别与描述、分析与问题诊断、优化与设计是 ERP 系统实施阶段继项目准备之后需要完成的第二步工作——业务蓝图设计的主要内容。ESIA 是一种业务流程分析方法。E（Eliminate）指清除，即清除流程当中的非增值活动；S（Simplify）指简化，即尽可能地对流程活动进行简化；I（Integrate）指整合，即对分散的活动进行整合；A（Automate）指自动化，指依靠信息技术实现自动化。

“清除”重点审视原流程中是否存在一些过量产出、不必要的等待环节、不必要的运输、重复性的活动等。

“简化”主要针对表格、程序，沟通、物流等方面。

“整合”是把团队、供应链上的上下游、跨部门的一些分散活动进行合并。

“自动化”是指把一些传统的脏、累、乏味、重复性的活动，还有数据采集、分析，传输等工作，借助信息技术实现自动化、信息化和数字化。

**综合案例：**定制服装的设计生产流程再造。

以定制服装的设计生产流程为例，客户提出明确的要求，如一件有领有袖、略显正式又不古板的裙子。设计师根据客户要求设计图纸，与客户反复沟通、修改、确认后，制版师打版，样衣制作师缝制样衣，客户试穿后提出反馈意见，修改样衣或重新制作样衣，再次跟客户反复沟通确认后，投入生产，服装定制原始流程如图 9-11 所示。在这个过程中，从讨论设计方案形成设计图纸，确定设计款式，交付生产到拿到实物，中间需要经历一定的定制周期。如果是比较复杂的定制，如婚纱、结婚礼服、正装等，设计周期可能会更长。对于制造企业而言，流程时间的缩短就意味着效率的提升。

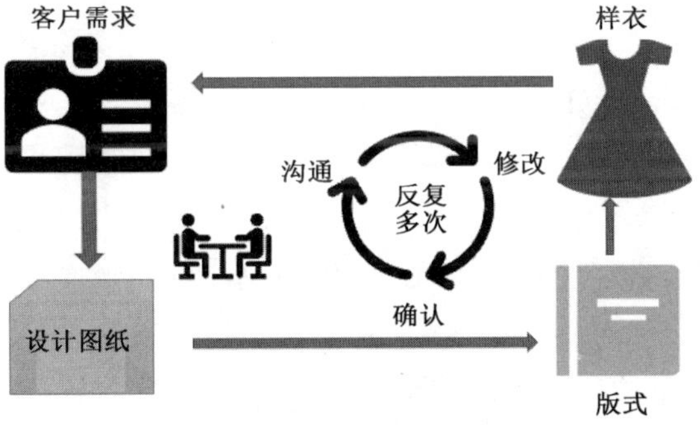


图 9-11　服装定制原始流程

除了流程时间的问题，还有很多的问题需要解决，例如，客户选择款式的效率和匹配度低的问题；研发进度跟不上市场需求变化的问题；样衣试错成本高的问题；特殊面料供应受限和沟通不畅等原因导致的研发周期长问题；成衣滞销造成的高库存问题等都是制约服装行业发展的痛点。

以该流程为例，如何应用 ESIA 法进行提质增效？

第一步，绘制原业务流程图。使用 Visio 把定制服装的设计生产流程绘制成跨部门业务流程图，定制服装的设计生产原始流程如图 9-12 所示，流程图以款式设计为起点，到交付客户为结束。

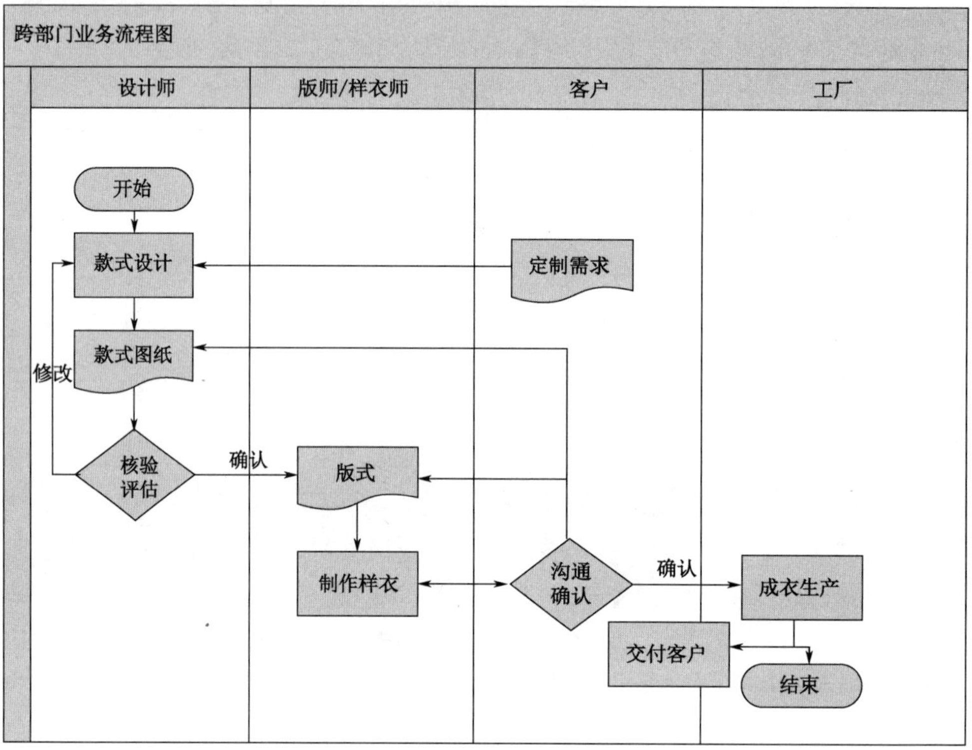


图 9-12　定制服装的设计生产原始流程

第二步，使用 ESIA 分析法进行流程分析。审视当前流程图中是否存在不必要的环节，是否存在可以清除的重复活动，有哪些环节可以简化，流程中是否存在一些可以合并整合的分散的活动，以及哪些环节可以进行信息化数字化改造。

首先，取消实物样衣，不要求生产企业提前制作样品，而是参考企业同类产品的其他样品，选择相同的面料。针对样衣试穿环节，可以通过建设电子面料数据库实现样衣的电子化设计，利用虚拟仿真技术实现虚拟试衣。取消实物样衣制作，可以达到降本增效的效果。

其次，在这个流程中，反复的沟通环节导致流程时间过长。将反复沟通确认改为线上沟通，可以大大缩短流程时间，起到简化流程的效果，使用 ESIA 法进行流程分析，如图 9-13 所示。

最后，针对跨部门的流程活动，如设计师和客户在该流程中分别代表了不同的职能部门，可以考虑把客户沟通前移，让客户和设计师一起来设计，通过让客户参与设计，提升沟通效率和客户需求满意度。如今服装设计市场中很多设计流程都体现了客户参与设计这一理念。

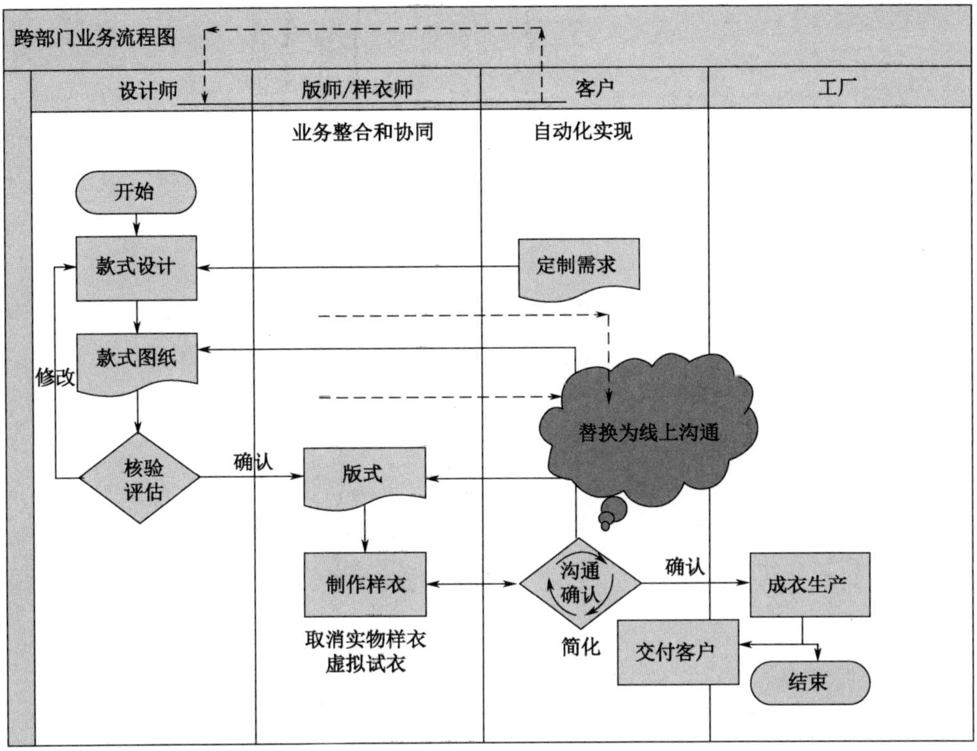


图 9-13　使用 ESIA 法进行流程分析

实现客户参与设计就需要通过自动化来实现业务整合和协同。例如，建设定制化平台，客户和设计师可以通过平台实现信息沟通和业务协同。

总体来看，通过取消实物样衣制作，以电子样衣的方式解决了样衣试错成本高的问题；通过简化沟通确认流程，缩短了流程时间；通过自动化整合跨部门业务提升了流程效率，该过程的实现需要配套支持系统：电子化定制平台、面料数据库、智能制造的数字化解决方案等。

第三步，设计出新的流程图。以客户沟通确认环节为例，通过电子样衣和定制化平台可以实现流程时长的缩减和沟通效率的大幅提升。原来确定样衣一般需要 4～10 轮反复沟通，20～30 天的时间；采用电子样衣和定制化平台后，一般 1～2 天就可以确定样衣。目前，我国服装行业的智能制造已经发展到一定水平，通过应用数智化技术，可以实现智能裁剪、智能上片、仓储全流程智能管理、实时获取订单、智能分配生产线、自动生产路线规划等。

综上所述，ESIA 流程分析法，主要包括清除重复的活动、简化复杂的环节、整合分散的活动、对手工操作的环节进行信息化和数字化。ESIA 业务流程分析法在企业数字化转型过程中可以发挥流程分析、问题诊断与优化的功能，帮助企业找到现有流程的问题，并通过清除、简化、整合和自动化，设计全新的可以适应信息化手段和数字化技术应用的智能业务流程。

### 2. 标杆瞄准法

顾名思义就是对比标杆流程，寻找差距，对流程业务进行优化或再造；而 ECRS 与 ESIA 法类似，主要包括取消非增值活动、合并活动、重排活动次序、简化流程等。

**微案例 2：**银行业务优化。

早些年银行柜台办理业务排队问题严重、效率低。银行研究用排队论的方法来解决排队问题、优化排队方案，如采用并行工程，个人业务、对公业务分窗口办理，VIP 客户、普通客户分窗口排队等，但排队问题并没有得到彻底解决。银行还调整了取款流程，取消了手写取款单环节，也就是取消了非增值活动，这一改变虽然提高了效率，但排队问题依然存在。有一天一家银行安装了 ATM，客户不需要走进银行，在银行不营业的时间也可以办理业务，各大银行纷纷效仿，ATM 成为银行标配。再后来，银行大厅里出现了排队叫号机，方便客户在排队等待期间合理安排时间。这些现象背后都涉及了流程改变，但排队现象并没有消失，只是效率提高了。再到后来，网络银行、手机银行开始普及，支付场景数字化，银行大厅排队问题被彻底解决。

在该案例中，第一家银行使用 ATM，实现了流程自动化和信息化，其他银行纷纷效仿，就是标杆瞄准法，也叫基准化分析法。标杆瞄准又称竞标赶超、战略竞标，就是找一个对标的最佳实践者，与其对比，采取行动，弥补不足。该案例中，各大银行把第一家引入 ATM 的银行作为标杆，实施 ATM 自动取款流程。

标杆瞄准法包括以下步骤。

确定流程：ATM 自动取款流程；获取标杆流程资料：寻找已实施 ATM 流程的其他银行资料，或向服务商寻求流程资料；绘制流程图，理解与分析流程：思考对现有流程的变革；识别流程关键活动：将本企业流程与标杆流程进行对比分析，找到关键差距点；分析形成差距的各种原因：逐一解决；最后设计并实施新流程。

### 3. ECRS 分析法

ECRS 分析法包括取消（Eliminate）、合并（Combine）、重排（Rearrange）、简化（Simplify）四个部分。

取消（Eliminate）：首先考虑该项工作有无取消的可能性。如银行取款流程取消客户填写取款单的工作。

合并（Combine）：将两个或两个以上的工作变成一个。即把重复的工作进行合并，把分散在不同工序中的相同工作合并等。

重排（Rearrange）：重排也称替换，就是通过改变工作程序，对工作的先后顺序进行重新排列，以达到改善工作的目的。例如，物料流动的优化、制造工艺的改进、生产现场机器设备位置的调整等。

简化（Simplify）：经过取消、合并、重排之后，对工作进行更深入分析研究，使现行方法尽量的简化，最大限度缩短作业时间，提高工作效率。简化是对工序的改善，也是局部范围的省略，而取消是对整个范围的省略。

**微案例 3：**零售业的购物流程优化。

小卖部、大型超市、智慧化的无人超市、智能零售柜是目前存在的几种主流零售场景。在小卖部中，客户需要的商品由店员代为取货，然后交付客户并收款；在大型超市中，客户自取货物，人工收银台进行集中收银或客户使用自助收银机自行结算；在无人超市中，从取货到结算全部由客户自助完成；智能零售柜则实现了客户扫码支付的便捷购物。从小卖部到大型超市，销售人员取货交付的活动从流程中消失了，这是工作的取消；从人工收银到自助结算再到取货、结算全自助的无人超市，这是简化；智能零售柜实现了客户取货、结算的合并，同时取货、结算的顺序被重排为结算、取货。

## 9.4　ERP 实施的可靠路线与方法论

### 9.4.1　ERP 实施的关键成功因素

早些年 ERP 实施的失败率特别高，有一句话在企业界特别流行，“不上 ERP 等死，上了 ERP 找死”。如何通过应用 ERP 系统提高企业经济效益？ERP 实施成功的关键是什么？周玉清教授等把 ERP 实施的关键因素归结为三点。

第一，数据，指物料主文件和库存记录、主生产计划、物料清单、工艺路线、工作中心等涉及的基础数据。

第二，技术，指计算机软件、硬件和网络技术。

第三，人，指企业领导、管理者、员工和实施顾问。

按重要性和优先级排序的话，关键因素中最重要的是人，其次是数据，最后才是技术。真正制约企业发展的往往是人，而数据问题也常常来自人的问题。

此外，成功实施 ERP 需要解决几个关键问题，包括合理地定义需求；做好可行性分析；制订好投资计划；选择恰当的时机；正确选型；控制好实施过程中的关键环节等。

ERP 实施过程中的误区有：认为 ERP 是企业管理的灵丹妙药，只要应用了 ERP 就会自动产生效益，急于求成，不关注数据质量、不重视数据的准确性、不重视 BPR（企业流程再造）、对实施 ERP 投入不足、过分强调个性化、徒有虚名的“一把手”工程及实施队伍建设经验不足等。

因此，有人就提出了实施 ERP 的十大忠告，具体如下。

（1）企业上层人员全力支持和参与。

（2）配备好组织实施领导机构，规划好各项活动，开展有效的项目组织工作。

（3）总结成功的组织系统实施案例，以提供系统实施的经验。

（4）对现实企业管理流程清晰了解和利用 BPR 思想进行流程再设计。

（5）积极开展长期有效的教育与培训活动，真正认识到教育和培训对整个系统实施和正常运行的重要性。

（6）同有关管理咨询组织和软硬件供应商建立长期关系，借助外部支持力量解决实施过程中出现问题。

（7）认识到数据管理的重要性，对数据的精度和处理事务工作进行检查和指导。

（8）重视员工在企业管理日常工作中的作用，做好人力资源管理工作。

（9）建立良好的实施方法和规划，规范实施工作行为，使各项工作科学合理、高效。

（10）不断对已经开展的业务活动进行审查和评估，修正实施行动。

## 9.4.2 ERP 实施的可靠路线

数十年来，人们在 ERP 的实施应用领域进行了广泛、深入的实践，积累了丰富的经验。许多学者在这方面也做了很好的总结工作，从而形成了一套可靠路线，ERP 实施的可靠路线如图 9-14 所示，即 ERP 实施的 3 个阶段。

第 1 阶段：实现基本 ERP。

第 2 阶段：实现财务管理和供应链集成功能。

第 3 阶段：持续改进和提高系统功能。

ERP 实施的可靠路线具体包括评估、先行教育、企业愿景、成本效益分析、做出实施 ERP 的决定；项目组织、业绩目标、初期的教育和培训、软件选型、软件安装、软件运行、销售与运营规划、数据完整性；需求管理、项目计划和执行；财务和会计流程的定义和实施；第 1 阶段末的评估；第 2 阶段继续教育和培训、软件运行和维护、第 2 阶段末的评估；第 3 阶段系统软件运行管理。

此外，在第 1、2 阶段还有两次试点和转换。第一次试点和转换的目标是实现基本 ERP，包括三种试点：计算机试点（原型测试），了解系统功能确保软件运行的正常；会议室模拟试点，掌握系统功能与企业业务的融合程度及解决方案；现场试点，完成基本业务主体内容切换。

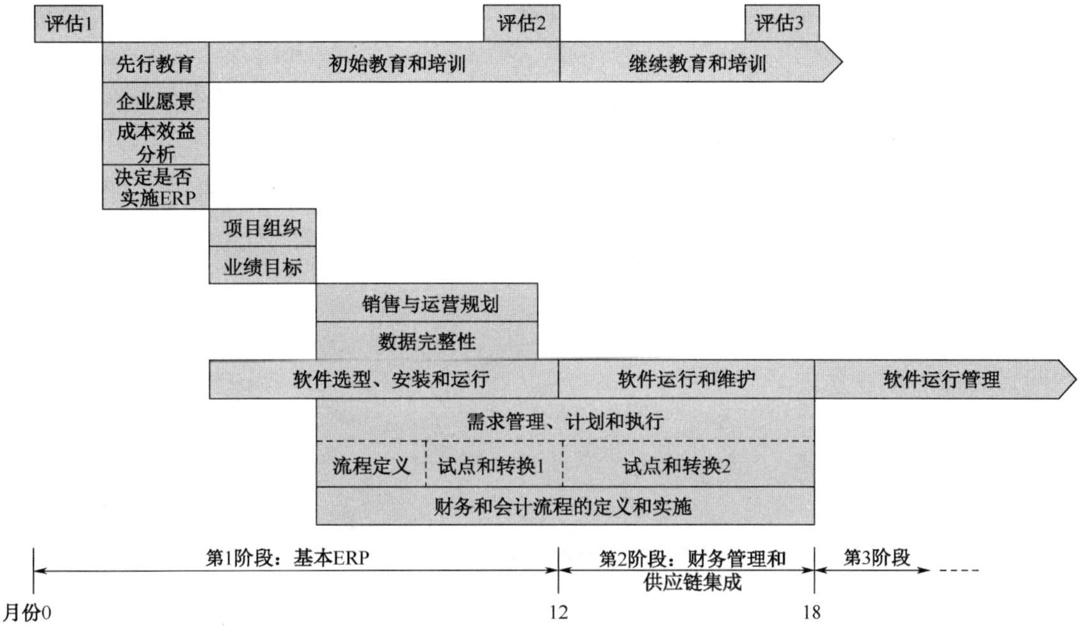


图 9-14　ERP 实施的可靠路线

第二次试点和转换实现供应链集成，先在工厂内部实现生产管理的闭环，然后向后延伸至供应商、向前延伸至分销中心，再向前延伸至客户等。

**微案例 4：**以某企业的 ERP 实施为例。

某企业拥有 5000 余名员工，所在的地区经济并不算发达，员工队伍的文化水平不高，但该企业认识到企业信息化是必由之路，一个以计算机为工具的计划与控制系统是不可或缺的。在这样的背景下，该企业开始了实施应用 ERP 系统的历程。

ERP 软件系统的选型经过了 3 个阶段。第 1 阶段：需求分析和软件演示；第 2 阶段：软件供应商考察；第 3 阶段：商务谈判。

ERP 软件系统的实施过程则包括以下 4 个阶段。

（1）实施组织。企业成立了两级组织，董事长和总经理分别担任实施指导委员会的主席和执行主席；指导委员会的委员由 4 位副总经理和项目经理（实施小组组长）组成；实施小组由 25 位部门经理和各部门的 20 位业务骨干组成；项目经理由总经理助理担任。

（2）制订实施计划。近期计划要求具体、细致，远期计划则比较粗略；执行实施计划的总体原则是既严肃又灵活；坚持按照计划进度实施，如果发现计划中确有不合理的地方，应及时调整。实施计划考虑到了可操作性、企业的人员情况、实施与日常工作的管理、企业运营实际情况等。

（3）组织教育培训、建立项目公约（总体目标、项目范围、项目组织机构、项目实施方法、项目计划、项目产出、风险分析与对策、项目人员承诺等）、形成系列工作准则和工作规程。

（4）开展试点切换，ERP 的应用为企业运作带来巨大的帮助。

一个成功的企业能够被复制的概率很低，有很多 ERP 服务商为了提高 ERP 实施的成功率，提出了自己的实施方法论，用于指导实施顾问开展工作。

## 9.4.3 ERP 实施的方法论

### 1．SAP 实施方法论

SAP 实施方法论包括项目准备、业务蓝图、系统实现、最后准备和系统上线 5 个步骤，如图 9-15 所示。

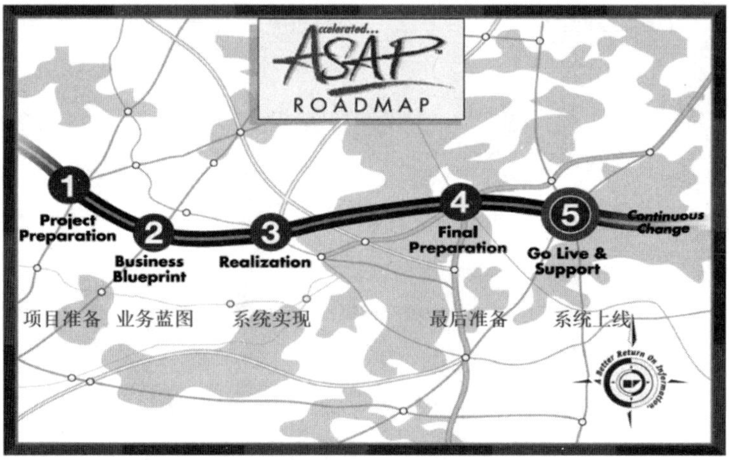


图 9-15　SAP 实施方法论

### 2．金蝶 ERP 实施方法论

金蝶 ERP 实施方法论包括项目的确定和组织、业务蓝图规划、业务蓝图实现、上线准备、系统上线、验收交付 6 个阶段，将方法论与工具包对应匹配，强调快速诊断、快速确立方案、快速建立系统、快速建立规范和快速适应变化，如图 9-16 所示。

这些方法论大同小异，基本上涵盖了实施顾问需要完成的主要工作内容，也为实施顾问更好开展工作提供了现实指导。在方法论的指引下，实施顾问可以帮助企业程序化地推进 ERP 实施工作。

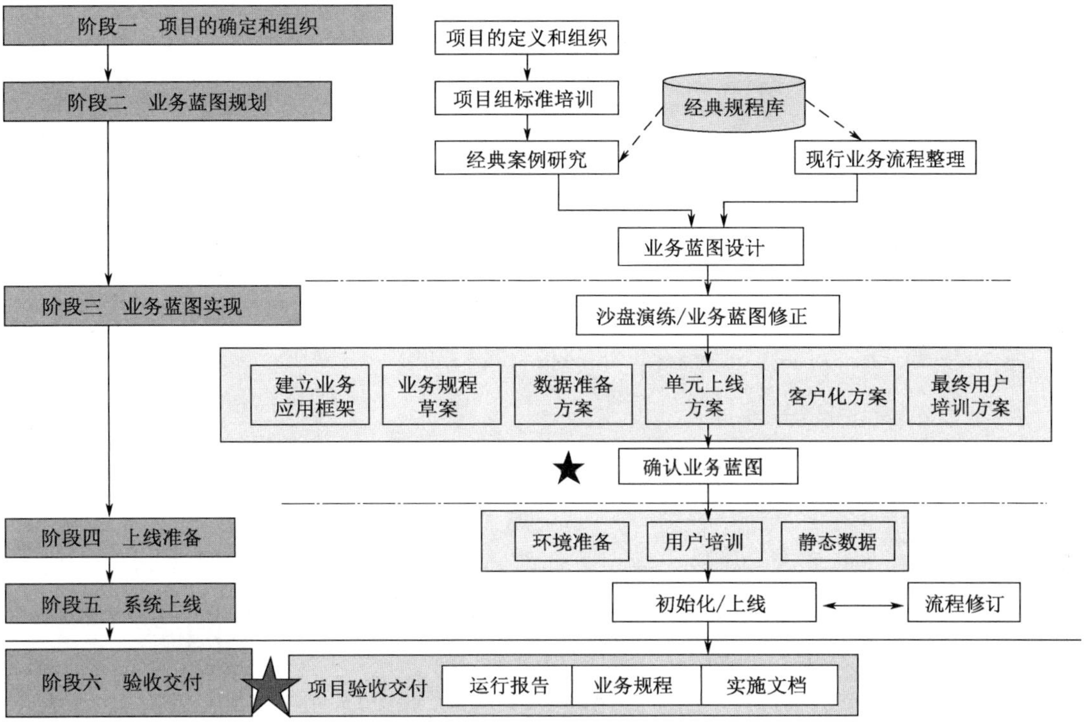


图 9-16　金蝶 ERP 实施方法论

# 9.5　章节案例：华为 MetaERP

## 9.5.1　背景介绍

华为是一家 ICT 基础设施服务和解决方案提供商。华为产品和解决方案已经应用于全球 100 多个国家，服务全球运营商 50 强中的 45 家及全球 1/3 的人口。其业务范围具体包括无线接入、固定接入、核心网、传送网、数据通信、能源与基础设施、业务与软件、OSS、安全储存、无线终端等。

1987 年，创始人任正非在深圳市创建了华为。

1989 年，华为开始自主开发 PBX 产品。

1990 年，华为开始自主研发面向酒店与小企业的 PBX 技术并进行商用。

1992 年，华为开始研发农村数字交换解决方案，并推出相关产品。

1994 年，华为推出 C&C08 数字程控交换机。

1997 年，华为在香港成功上市。

1998 年，产品数字微蜂窝服务器控制交换机获得了专利。华为成立南京研发中心，开始向欧美市场延伸。

2000 年，华为在瑞典首都斯德哥尔摩、美国硅谷和达拉斯设立研发中心。

2003 年，华为与 3Com 合作成立合资公司，专注企业数据网络解决方案的研究。

2011 年，华为推出 IT 产品线，投入建设云计算。

2012 年，华为在北京正式发布 Emotion UI 系统。

2013 年，华为形成三大业务板块，包括通信网络设备（运营商）、企业网和消费电子。

2014 年，华为投资开发智能手机。

2017 年，华为加入 PC 市场。

2018 年，华为发布智能计算战略。

2019 年，华为正式发布鸿蒙系统。

2021 年，华为发布面向工业场景的 F5G 全光工业网解决方案。

2023 年，华为发布 MetaERP。

近年来，华为公司在全球范围内取得了巨大的成功。截至 2023 年，华为已经成为全球最大的电信设备供应商，并在智能手机市场上占据显著的份额。华为不仅在技术创新方面取得了突破，还努力推动数字化转型，积极参与 5G、人工智能、云计算等领域的研发和应用。

2019 年 5 月 16 日后，美国政府将华为列入实体清单，禁止美国企业与华为进行任何形式的贸易往来。这意味着甲骨文公司将不再向华为提供 ERP 系统的服务和支持，包括软件许可、更新、维护、咨询等。这对于华为来说，无疑是一个巨大的打击，因为如果没有了 ERP 系统的支持，华为将无法正常运营其全球业务。在这样的外部环境压力下，华为决定启动对旧有 ERP 系统的替换，并开始研发自主可控的 MetaERP 系统。

## 9.5.2 华为研发 MetaERP

ERP 是最关键、最重要的企业级 IT 应用。华为 1996 年引入 MRPⅡ，并持续迭代升级 ERP 版本，ERP 作为华为企业经营最核心的系统，支撑了华为 20 多年的快速发展，每年数千亿产值的业务，以及全球 170 多个国家业务的高效经营。

2019 年，华为开始研发自主可控的 MetaERP 系统。作为华为有史以来牵涉面最广、复杂性最高的项目，华为投入数千人，联合产业伙伴和生态伙伴攻坚克难，研发出面向未来的超大规模云原生的 MetaERP，并成功完成对旧有 ERP 系统的替换。

2023 年 3 月，华为总裁任正非在“难题揭榜”火花奖专家座谈会上表示：“本年 4 月，华为的 MetaERP 将会宣誓，完全用自己的操作系统、数据库、编译器和语言……华为自己的管理系统 MetaERP 软件，已经过了公司全球各部门的应用实战考验，经过了公司的总账使用年度结算考验。”

2023 年 4 月 20 日，华为正式宣布实现自主可控的 MetaERP 研发，并完成对旧 ERP 系统的替换。截至 2023 年 4 月，MetaERP 已经覆盖了华为公司 100%的业务场景和 80%的业务量，经历了月结、季结和年结的考验，实现了零故障、零延时、零调账。此外，许多设计工具也已登上华为云公开为社会应用提供服务，逐步克服了断供的尴尬。

华为自研 ERP 此前曾引起市场剧烈震动。华为并非国内第一家进军 ERP 的企业，这充分说明了 ERP 的市场价值。金蝶表示：“金蝶是华为的深度战略合作伙伴，华为采用了金蝶的苍穹平台，华为的全球人力资源系统是金蝶与华为共建的。”因此，金蝶受邀参加了华为于 2023 年 4 月召开的 MetaERP 表彰大会。

华为突破封锁，通过 ERP 切换解除了经营风险。对华为来说，ERP 成功切换不仅解除了经营风险，更是华为在大型集团、复杂企业应用软件设计、开发和成功替换能力的一次验证。

华为 MetaERP 实现了全栈技术自主可控，基于华为欧拉操作系统、GaussDB 等底层技术，联合众多合作伙伴，采用了云原生架构、元数据多组架构、实时智能等先进技术，有效提高了业务效率，提升了运营质量。华为将继续围绕“极简架构、极高质量、极低成本、极优体验”的目标，在 ERP、PLM 等领域，和合作伙伴一起打造自主可控、更加高效安全的企业核心商业系统。

华为董事、质量与流程 IT 部总裁陶景文表示：“面对包含 ERP 在内等企业作业和管理核心系统的断供停服，我们不仅能造得出来，还换得了，用得好，现在终于可以宣布，我们已经突破了封锁，我们活了下来！”

华为轮值董事长、CFO 孟晚舟则表示：“技术的每一次跨越，不仅需要日积月累，更需要秉承开放精神推动认知的跃升。MetaERP 的建设，需要合作伙伴的共同投入。只有开放才能创新，只有合作才能繁荣。”

# 案例思考题

1. 华为为什么要研发 MetaERP？
2. 为什么说“ERP 是最关键、最重要的企业级 IT 应用”？
3. 就 ERP 系统建设与实施而言，你从案例中得到了哪些启示？

# 9.6 本章小结

企业实施 ERP 的步骤，主要包括项目规划、项目准备、系统实施、上线维护、实施总结与持续改进 5 个阶段。

从客户的视角来看，对于企业而言，系统规划、选型与实施是非常关键的。

从软件服务提供商的视角来看，实施顾问需要帮助企业完成项目准备、业务蓝图、系统实现、最后准备、运行维护等具体任务，形成系列实施文档并交付客户。

对于实施顾问而言，帮助企业进行蓝图设计和业务流程优化是非常重要的工作。

BPR 业务流程再造方法有：ESIA 业务流程分析法、标杆瞄准法、ECRS 分析法等。

ERP 实施的关键因素、可靠路线和典型方法论。在 ERP 实施的三大关键因素（人、数据和技术）中，最重要的是人。

# 第 10 章 ERP 实验

**内容导览：**本章以 ERP 软件系统操作为主，分别以面向库存的生产和面向订单的不同生产逻辑为业务起点，基于金蝶 K/3 软件系统和 SAP Business One 软件系统，完成包含采购、销售、生产、库存等不同模块的业务操作。

## 章节案例导读：浪潮 ERP

浪潮是中国本土的大型 IT 企业，是云计算、大数据的服务商。集团旗下拥有浪潮信息、浪潮软件、浪潮国际三家上市公司，业务涵盖云计算、大数据、人工智能、工业互联网、应用软件、新一代通信等新一代信息技术产业领域。

浪潮 ERP 产品主要有：大型企业智能 ERP（浪潮海岳 GS Cloud）、云端专业人力资源平台（HCM Cloud）、成长型企业智能 ERP（浪潮海岳 inSuite）和小微企业财税金融服务平台（易云在线）。浪潮海岳 GS Cloud 是面向新一代大型企业的智能 ERP；而浪潮海岳 inSuite 是面向成长型企业的智能 ERP。

# 10.1 金蝶 K/3 软件操作

## 10.1.1 实验名称

金蝶 K/3 软件操作。

## 10.1.2 实验目的

通过实验操作熟悉 K/3 系统的业务操作流程，理解 ERP 系统支持企业经营管理的整体流程观。

## 10.1.3 操作内容

采用面向库存的生产模式，业务操作以采购管理为起点。

模块一：基础平台。

（1）添加用户。

（2）参数设置。

模块二：采购管理。

（1）合同：采购管理部门填写采购合同，负责人审核采购合同。

（2）采购申请单：手工录入、审核。

（3）采购订单：由采购申请单生成采购订单，负责人审核采购订单。

（4）外购入库单：采购部门根据采购订单生成收料通知单并审核；采购部门根据收料通知单生成外购入库单。

模块三：销售管理。

（1）合同：销售管理部门录入并审核销售合同。

（2）销售报价单：销售管理部门填写销售合同，负责人审核销售合同。

（3）销售订单：由销售合同生成销售订单，负责人审核销售订单。

（4）发货通知单：生产部门根据销售订单进行生产并审核。

（5）销售出库单：销售部门根据发货通知单生成销售出库单并进行审核。

模块四：仓存管理。

（1）仓存管理部门审核外购入库单并验收入库。

（2）库存查询核对入库数量。

（3）仓库管理部门审核销售出库单。

（4）仓库管理部门根据销售出库单生成发运单并进行审核。

（5）库存查询核对库存数量，进行报表分析，包括生成物料收发汇总表、生成物料收发明细表。

## 10.1.4 上机操作步骤

模块一：单击桌面上的“金蝶 K/3 主控台”，选择账套进入系统，金蝶 K/3 软件登录界面如图 10-1 所示。

图 10-1　金蝶 K/3 软件登录界面

选择相应账套，单击确定进入系统，金蝶 K/3 软件主界面如图 10-2 所示。

图 10-2　金蝶 K/3 软件主界面

（1）添加用户。

进入系统后，选择“系统设置”“用户管理”进入用户管理界面，基础平台-用户管理界面如图 10-3 所示。

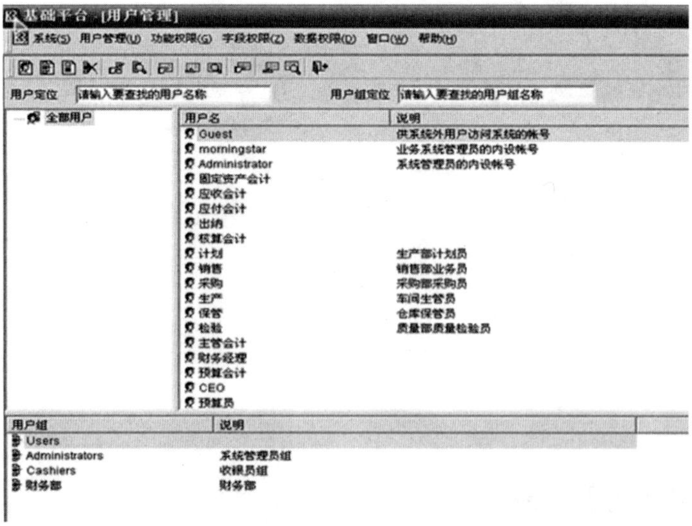


图 10-3　基础平台-用户管理界面

单击“用户管理”下拉菜单选择“新增用户”，在“用户姓名”一栏添加自己的姓名，如图10-4 所示。

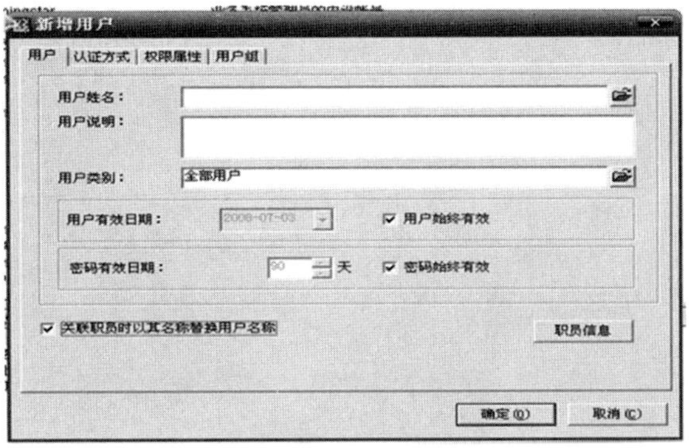


图 10-4　新增用户

单击“认证方式”，选择“密码认证”(密码可以为空)，如图 10-5 所示。

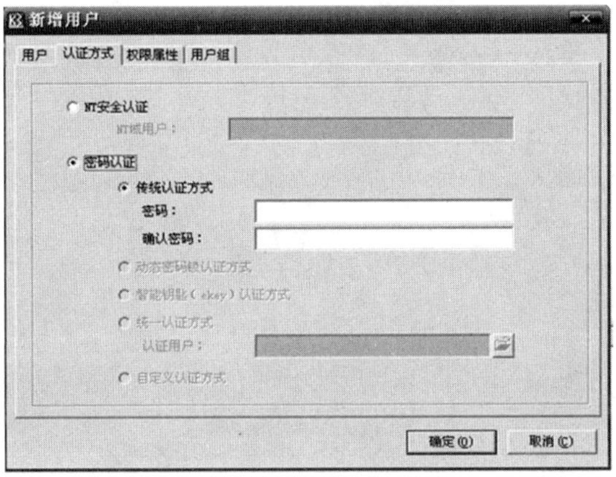


图 10-5　密码认证

单击“权限属性”，选择所有权限，如图 10-6 所示。

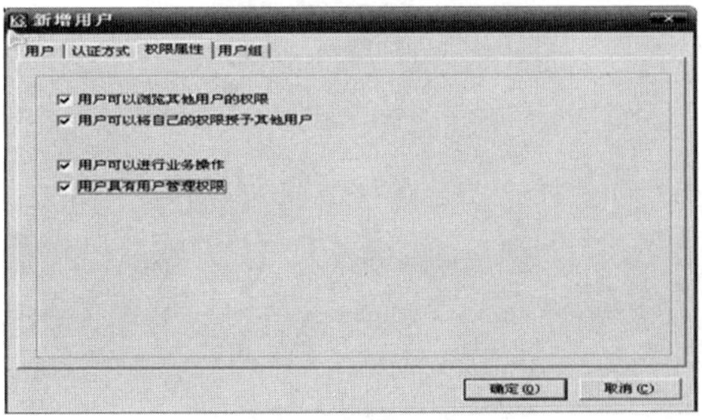


图 10-6　权限属性

（2）参数设置。

在主界面左侧，单击“系统设置”，如图 10-7 所示。

图 10-7　系统设置-主界面

单击“系统设置”“供应链整体选项”，勾选“审核人与制单人可为同一人”（如果是多人一组，此项不必勾选），系统参数维护界面如图 10-8 所示。

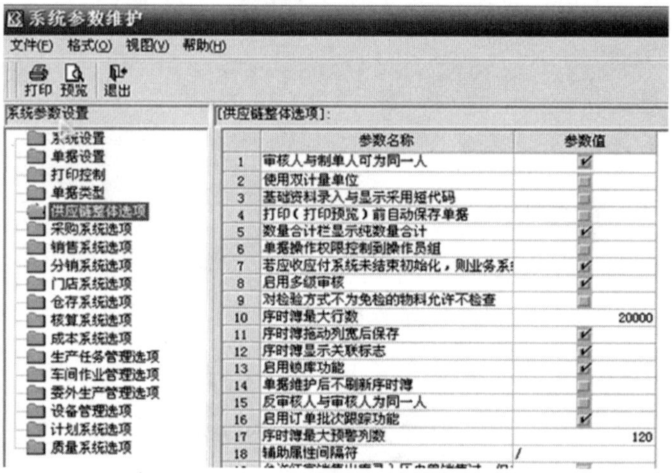

图 10-8　系统参数维护界面

退出，关闭基础平台，返回主界面，单击“供应链”，开始进行业务操作。

模块二：采购管理。

在主界面左侧单击“采购管理”，进入采购管理主界面，如图 10-9 所示。

（1）合同。

单击“合同资料”“新增”，新增采购合同界面如图 10-10 所示。

图 10-9　采购管理主界面

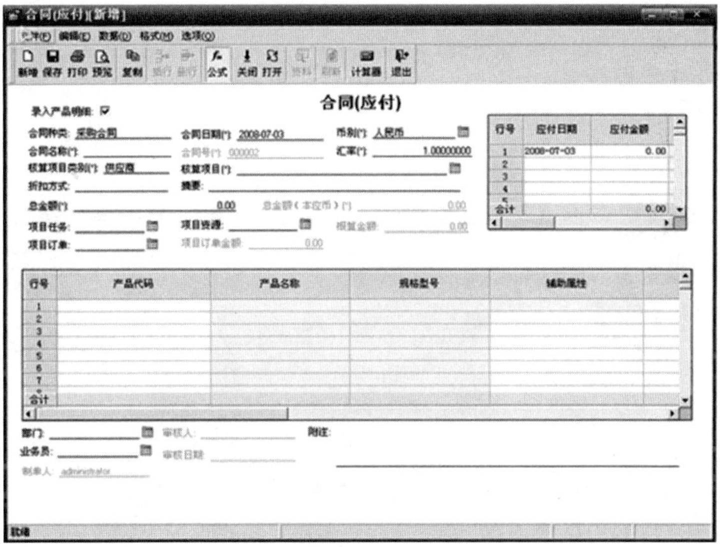


图 10-10　新增采购合同界面

填写合同名称，核算项目；在表格白色栏内按 F7 输入产品代码等信息，并填写数量和金额；选择部门和业务员。在菜单栏单击“保存”“审核”“退出”。

（2）采购申请单。

单击“采购管理”“采购申请”“采购清单”，手工录入采购申请单信息，采购申请单录入界面如图 10-11 所示。

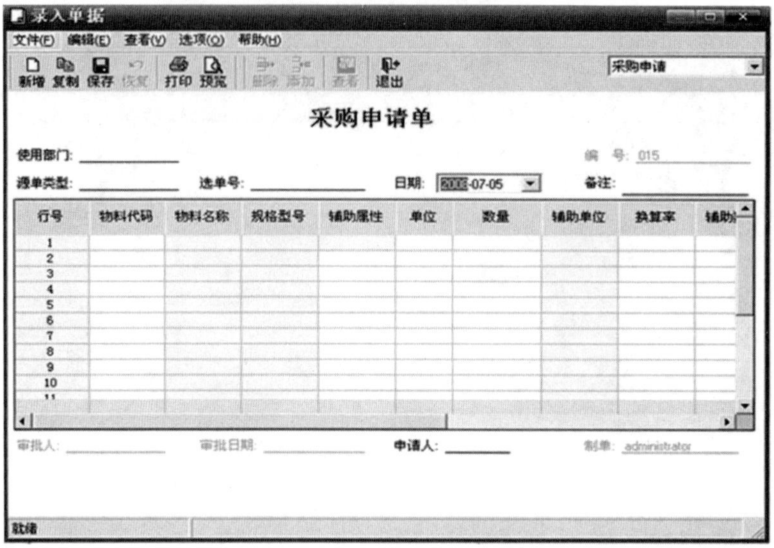


图 10-11 采购申请单录入界面

按 F7 录入使用部门、物料代码、数量、金额、申请人，单击菜单栏“保存”按钮。

（3）审核采购申请单。

单击“采购管理”“采购申请单审核/反审核”，打开“采购申请单序时簿”，如图10-12 所示。

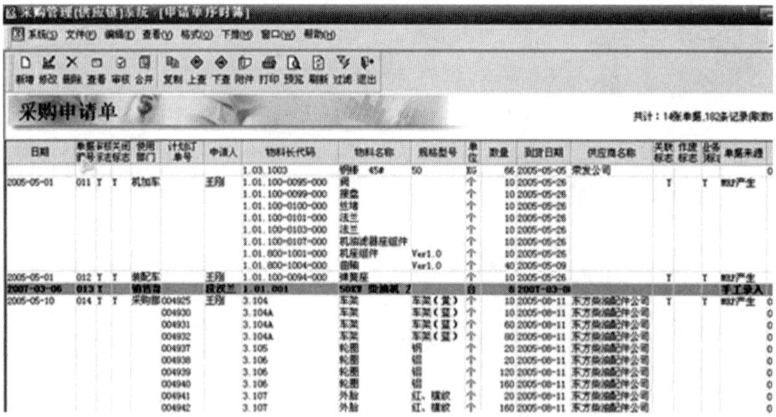


图 10-12 采购申请单序时簿

选择要审核的单据，单击“审核”。

（4）采购订单。

采购申请单下推生成采购订单，如图 10-13 所示。

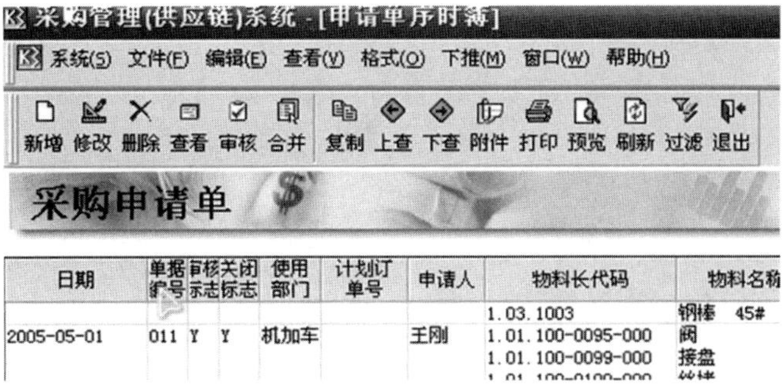

图 10-13　采购申请单下推

单击“下推”，生成采购订单，将审核过的采购申请单生成采购订单并进行审核。

（5）生成外购入库单。

在订单处理环节，采购订单生成收料通知单，进入采购订单序时簿，选定相应采购单据，单击“下推”，生成收料通知单，单击“审核”；由收料通知单生成外购入库单，进入采购订单序时簿，单击“下推”，生成外购入库单，外购入库单界面如图 10-14 所示。

图 10-14　外购入库单界面

模块三：销售管理。

（1）合同。

单击“销售管理”“合同”，选择“新增”，新增销售合同界面如图 10-15 所示。在确认合同内容准确无误后，单击“保存”“审核”。

（2）销售报价单。

单击“销售管理”“报价”“销售报价单”，选择“手工录入”，销售报价单录入界面如图 10-16 所示。确认信息无误后，单击“保存”“审核”。

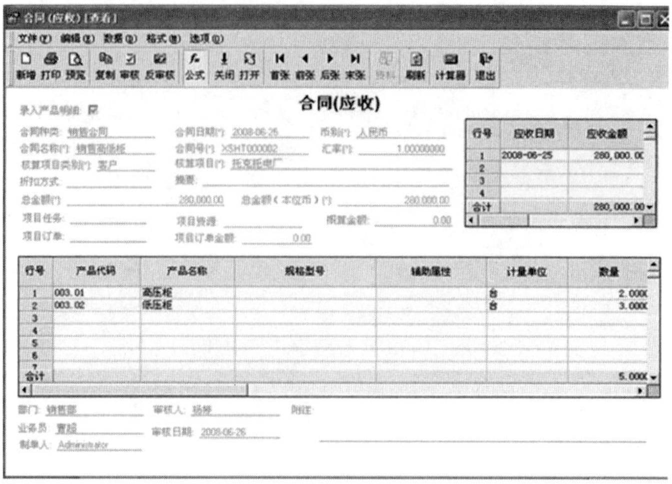


图 10-15　新增销售合同界面

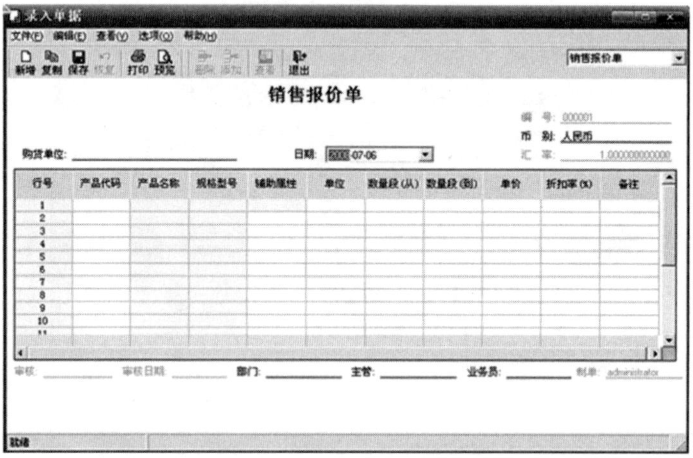


图 10-16　销售报价单录入界面

（3）销售订单。

单击“销售管理”“报价”“销售报价单”，生成销售订单，或单击“销售管理”“订单处理”“销售订单”，选择手工录入，销售订单界面如图 10-17 所示。确认信息无误后，单击“保存”“审核”。

（4）发货通知单。

单击“销售管理”“订单处理”“销售订单”，生成发货通知单，或单击“销售管理”“发货通知”“发货通知单”“手工录入”，发货通知单界面如图 10-18 所示。确认信息无误后，单击“保存”“审核”。

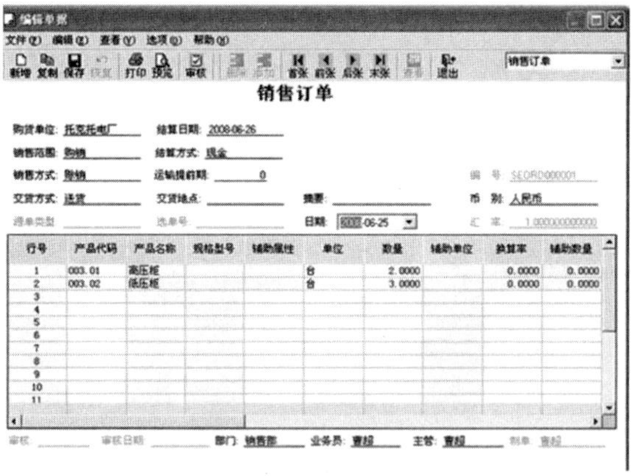


图 10-17　销售订单界面

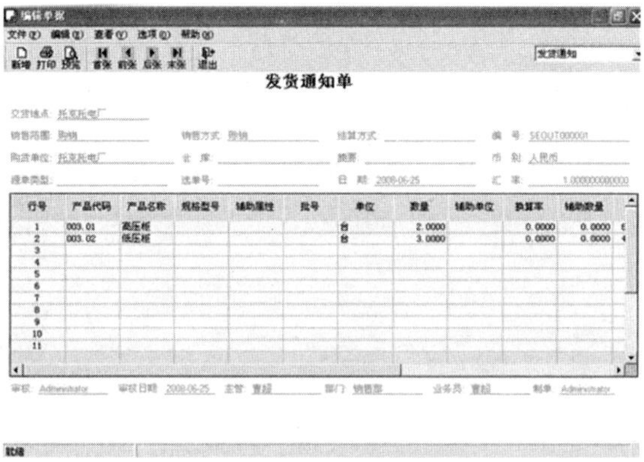


图 10-18　发货通知单界面

（5）销售出库单。

单击“销售管理”“发货通知”，根据发货通知单生成销售出库单，销售出库单界面如图 10-19 所示。确认信息无误后，单击“保存”“审核”。

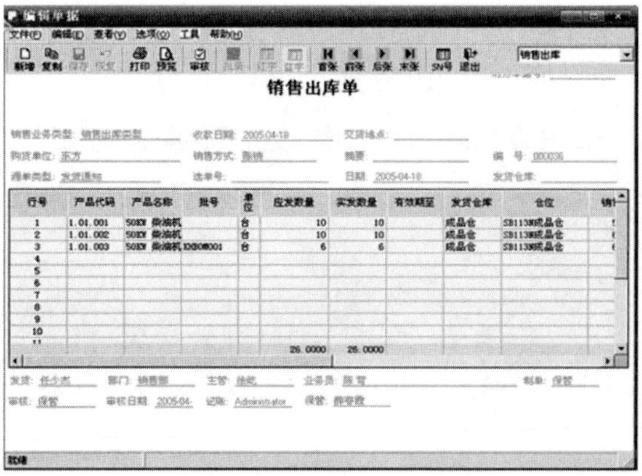


图 10-19　销售出库单界面

模块四：仓存管理。

（1）审核外购入库。

单击“仓存管理”“验收入库”，对外购入库单进行审核/反审核，外购入库序时簿界面如图 10-20 所示。

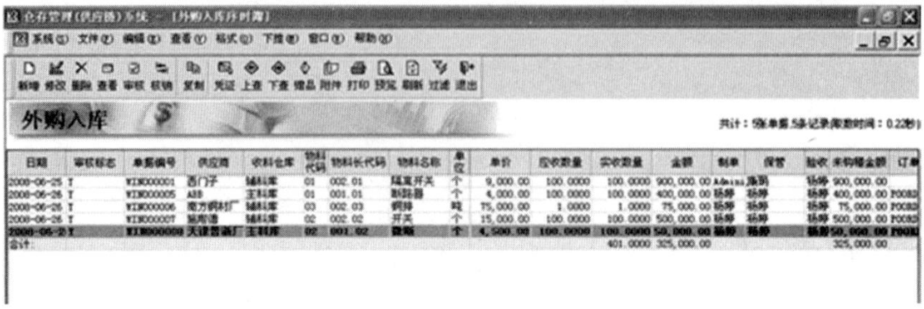

图 10-20　外购入库序时簿界面

（2）库存信息查询。

单击“仓存管理”“库存查询”进行即时库存查询，库存查询界面如图 10-21 所示。

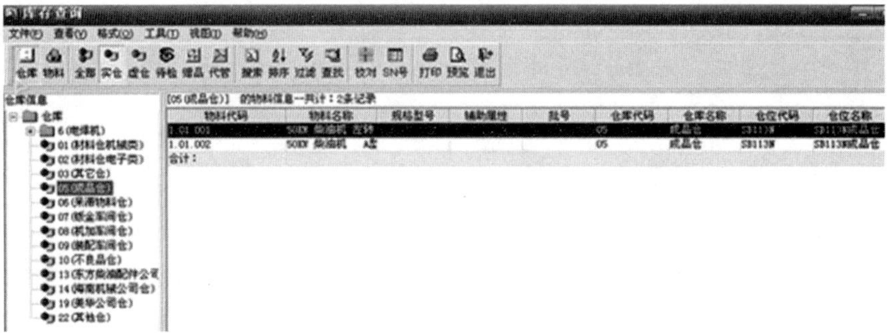

图 10-21　库存查询界面

（3）审核销售出库单。

单击“仓存管理”“领料发货”“销售出库单”，进入销售出库序时簿界面，进行审核/反审核，销售出库序时簿界面如图 10-22 所示。

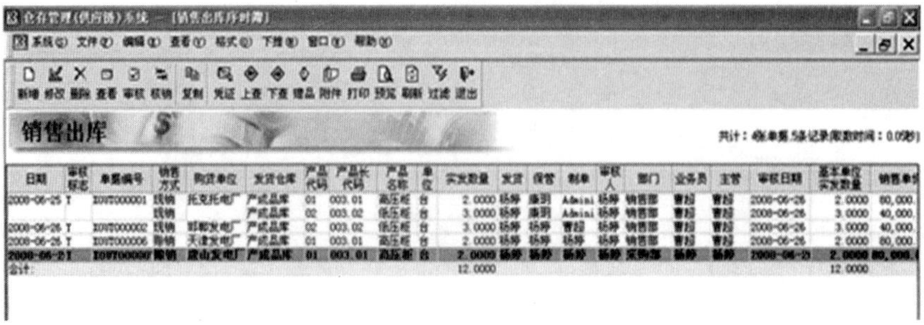

图 10-22　销售出库序时簿界面

（4）生成发运单。

单击“仓存管理”“领料发货”“销售出库单”进行查询，进入销售出库序时簿，单击“下推”“生成发运单”，发运单录入界面如图 10-23 所示。输入供货机构后，保存发运单。

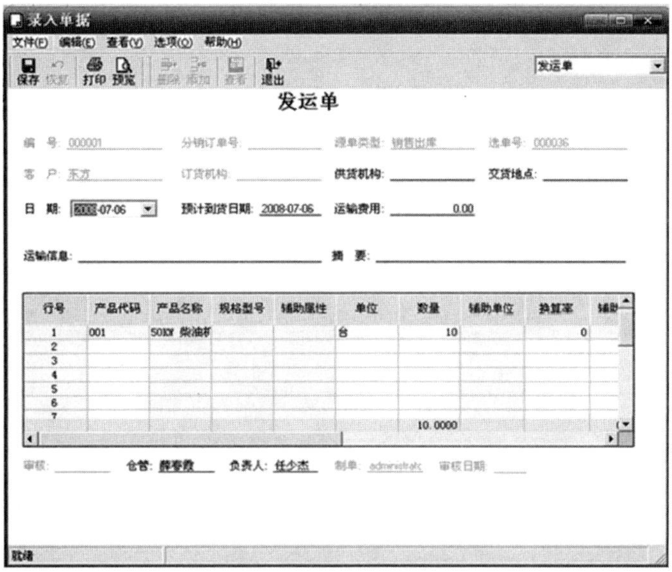


图 10-23　发运单录入界面

审核发运单：在刚才保存后的界面单击“审核”按钮。

（5）报表分析。

单击“仓存管理”“报表分析”，物料收发汇总表界面如图 10-24 所示。

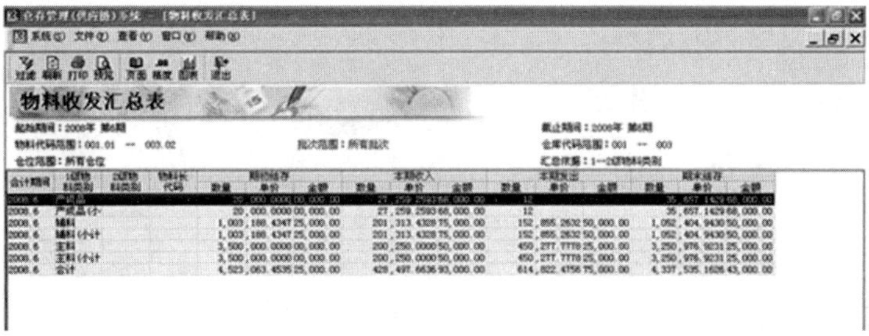


图 10-24　物料收发汇总表界面

单击“仓存管理”“报表分析”，物流收发明细表界面如图 10-25 所示。

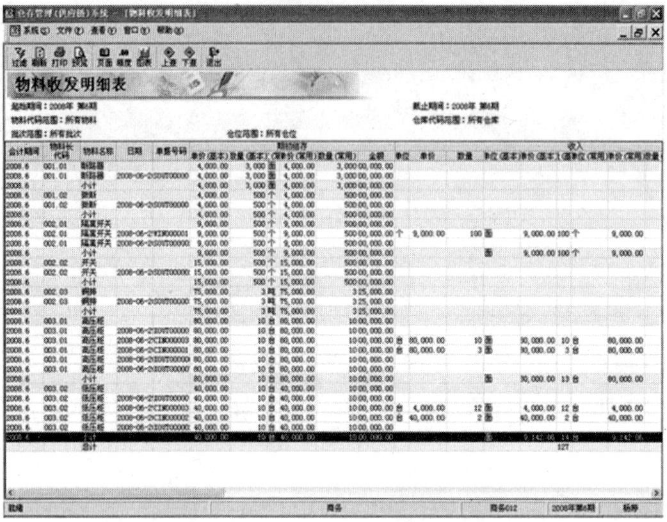


图 10-25　物料收发明细表界面

# 10.2　SAP 软件操作

## 10.2.1　实验名称

SAP Business One 软件操作。

## 10.2.2　实验目的

通过实验操作熟悉 SAP 系统的业务操作流程，理解 ERP 系统支持企业经营管理的整体流程观；比较不同系统的功能差异和流程相似性。

## 10.2.3　操作内容

采用面向订单的生产模式，以销售管理作为业务操作的起点。

### 1．模块一：销售管理

（1）销售报价单。
（2）销售订单。
（3）交货。
（4）退货。
（5）销售报表，包括未清物料清单和销售分析报表。

### 2．模块二：生产计划

（1）物料清单。
（2）生产订单。
（3）采购确认。
（4）生产收货。
（5）生产发料。
（6）生产报表，包括物料清单报表和未清物料清单。

### 3．模块三：采购管理

（1）采购申请。
（2）采购报价单。
（3）采购订单。
（4）采购收货。
（5）采购退货。

### 4．模块四：库存管理

（1）物料主数据。
（2）批次管理。
（3）库存交易：收货、发货、库存转储。
（4）物料清单查看。

## 10.2.4 实验操作举例

### 1．模块一：销售管理

操作路径："主菜单—模块—销售-应收账款"。

（1）销售报价单。

主界面左侧单击"销售-应收账款"，进入销售管理界面，单击"销售报价单"，输入信息，添加销售报价单，销售报价单界面如图 10-26 所示。

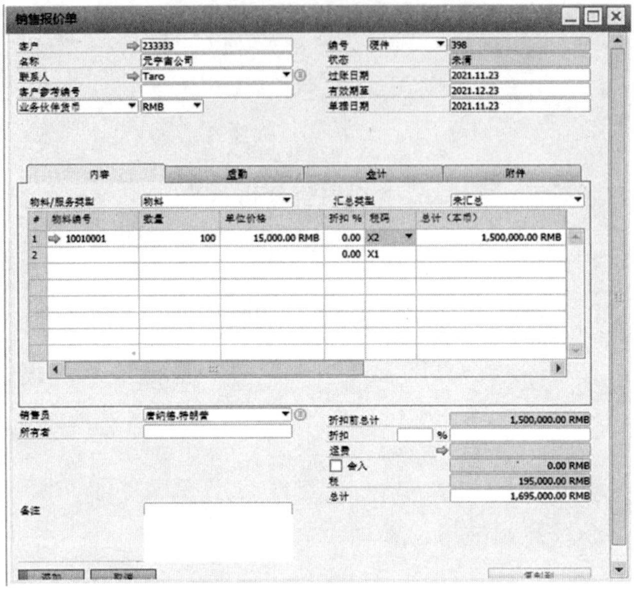

图 10-26 销售报价单界面

（2）销售订单。

在“销售-应收账款”模块下，单击“销售订单”，输入相关信息，单击“添加”，销售订单界面如图 10-27 所示。

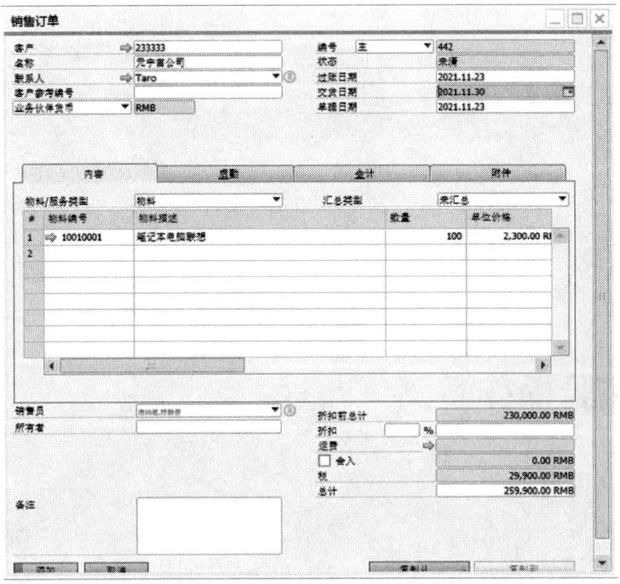

图 10-27 销售订单界面

（3）交货。

待生产车间生产完成后，或库存有存货可供销售交货时，单击“交货”，核对数量、金额及交货日期，单击“添加”进行交货登记，交货界面如图 10-28 所示。

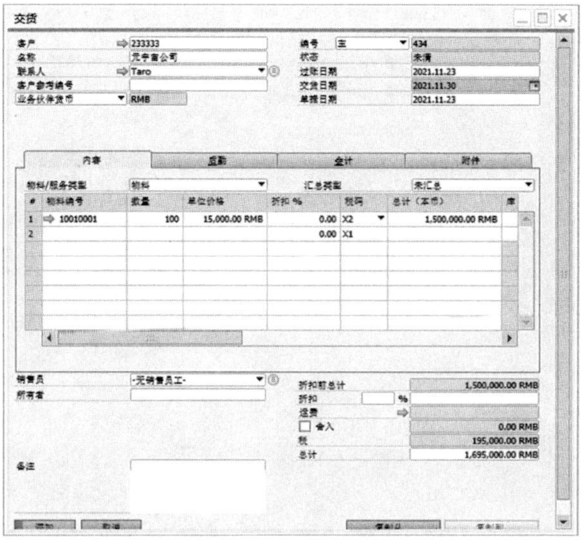

图 10-28　交货界面

（4）退货。

当发生退货业务时，单击“退货”，核对物料信息，确认销售员，单击“添加”，退货界面如图 10-29 所示。

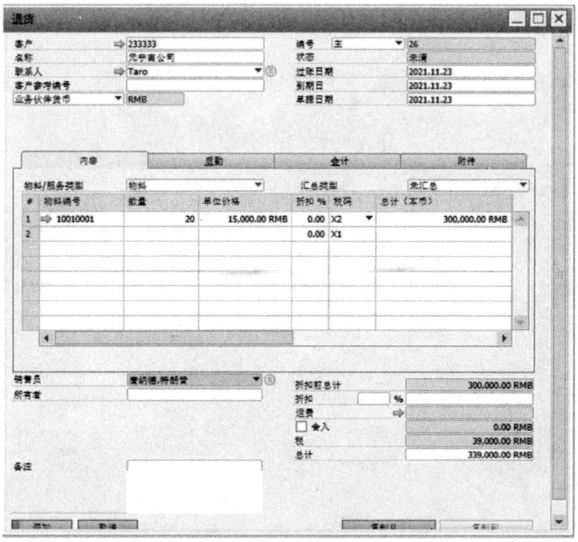

图 10-29　退货界面

（5）销售报表。

① 未清物料清单。

主界面左侧单击“销售-应收账款”，进入销售管理界面，单击“销售报表”“未清物料清单”，未清物料清单界面如图 10-30 所示。

图 10-30　未清物料清单界面

② 销售分析报表。

单击“销售报表”“销售分析”，选择筛选条件，如过账日期区间等，即可查询销售统计报表，按客户分类的年度销售分析报表界面如图 10-31 所示。

图 10-31　销售分析报表界面

## 2. 模块二：生产计划

操作路径：“主菜单—模块—生产”。

（1）物料清单。

单击“物料清单”，选择产品编号，查询物料清单，物料清单界面如图 10-32 所示。

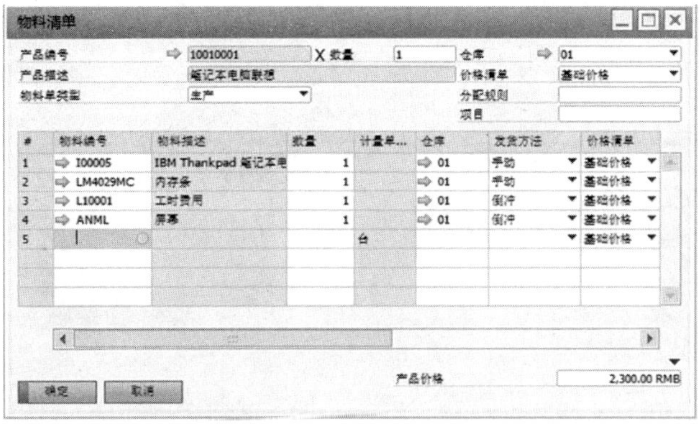


图 10-32　物料清单界面

（2）生产订单。

单击“生产订单”，根据销售订单和物料清单，分解物料，下达生产订单，生产订单界面如图 10-33 所示。

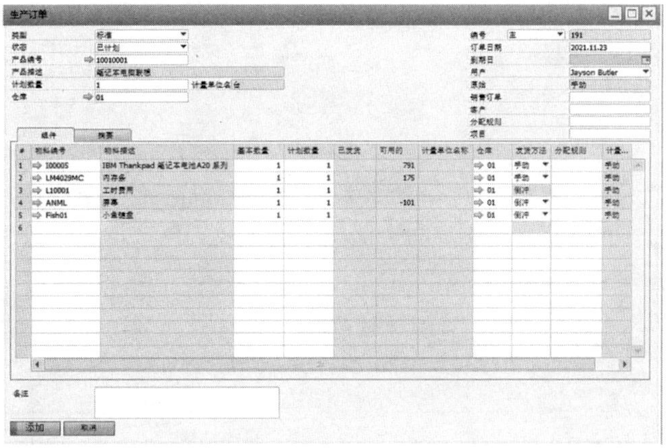

图 10-33　生产订单界面

（3）采购确认。

单击“采购确认向导”，完成向导中的操作步骤。根据销售订单需求、下达生产订单的物料需求及库存物料明细，确认需要采购的原材料采购计划，采购确认向导界面如图 10-34 所示。使用采购向导可以根据一个或多个销售订单为一位客户直接创建采购申请、采购报价、采购订单或生产订单。

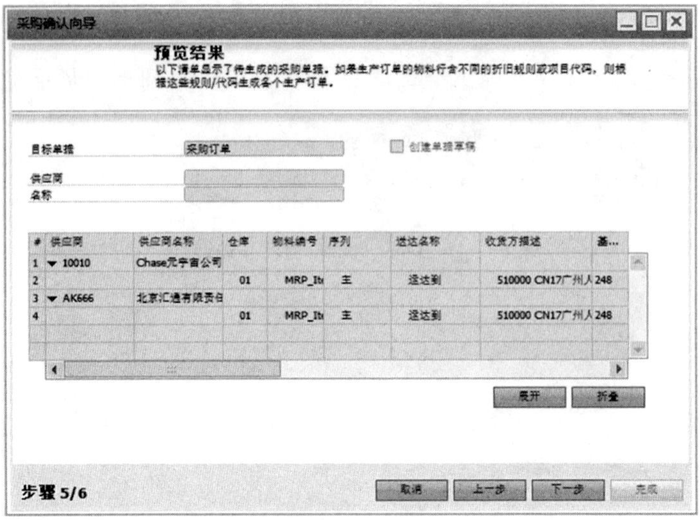

图 10-34　采购确认向导界面

（4）生产收货。

单击“生产收货”，进行生产收货，生产收货界面如图 10-35 所示。

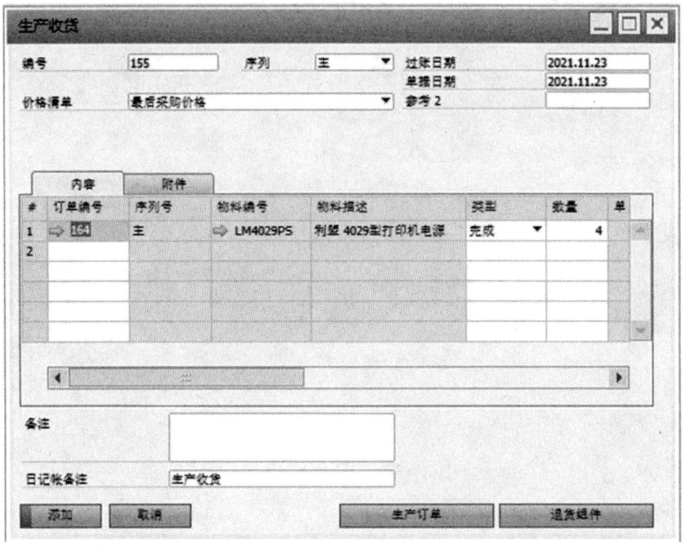

图 10-35　生产收货界面

（5）生产发料。

单击“生产发料”，确认数量和仓库，进行生产发料，生产发料界面如图 10-36 所示。

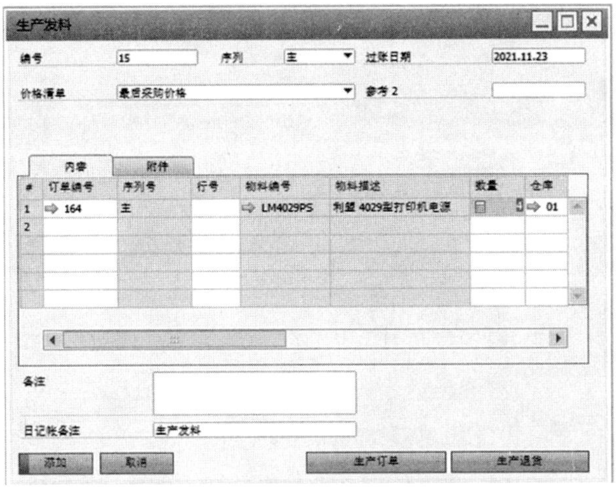


图 10-36 生产发料界面

（6）生产报表。

单击“生产报表”，下拉选择物料清单报表或未清物料清单。

① 物料清单报表。

单击“物料清单报表”，查询生产计划执行后的物料清单报表，物料清单报表界面如图 10-37 所示。

图 10-37 物料清单报表界面

② 未清物料清单。

单击“未清物料清单”，查询未清物料清单报表，“未清单据”选择“生产订单”，未清物料清单界面如图 10-38 所示。

图 10-38　未清物料清单界面

### 3．模块三：采购管理

路径：“主菜单—模块—采购—应付账款”。

（1）采购申请。

根据生产计划模块的采购确认计划进行采购申请，单击“采购申请”，录入采购数量、价格及供应商等信息，采购申请界面如图 10-39 所示。

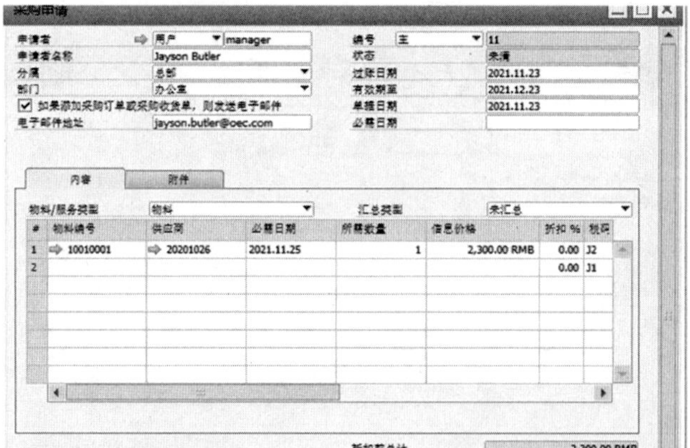


图 10-39　采购申请界面

（2）采购报价单。

单击“采购报价单”，添加采购报价单，可以单击“复制从”，从采购申请单中复制相关信息，进行信息补充和调整，确认数据和价格等关键信息后，单击“添加”，采购报价单界面如图 10-40 所示。

图 10-40　采购报价单界面

（3）采购订单。

单击“采购订单”，手动录入信息或单击“复制从”，从采购报价单中复制信息，核对数量和价格等关键信息后，单击“添加”，采购订单界面如图 10-41 所示。

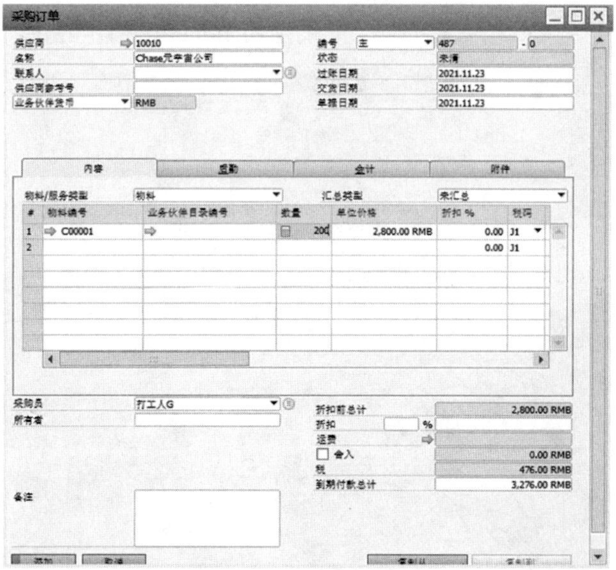

图 10-41　采购订单界面

（4）采购收货单。

单击“采购收货单”，单击“复制从”，从采购订单下推采购收货单，采购收货单界面如图 10-42 所示。

图 10-42 采购收货单界面

（5）采购退货。

当发生采购退货时，单击“采购退货”，可以单击“复制从”，找到相应的采购收货单，核对数量和单价后，单击“添加”，采购退货界面如图 10-43 所示。

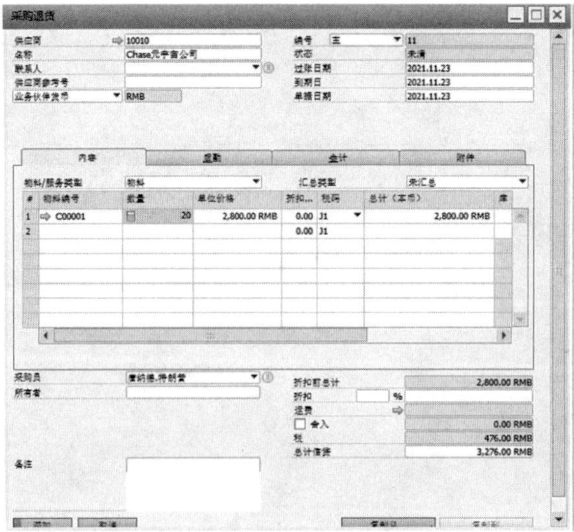


图 10-43 采购退货界面

### 4. 模块四：库存管理

操作路径：“主菜单—模块—库存”。

（1）物料主数据查询。

单击“物料主数据”，输入物料编号，可以查询物料的常规数据、采购数据、销售数据、库存数据、计划数据及物料属性等物料主数据信息，物料主数据界面如图 10-44 所示。

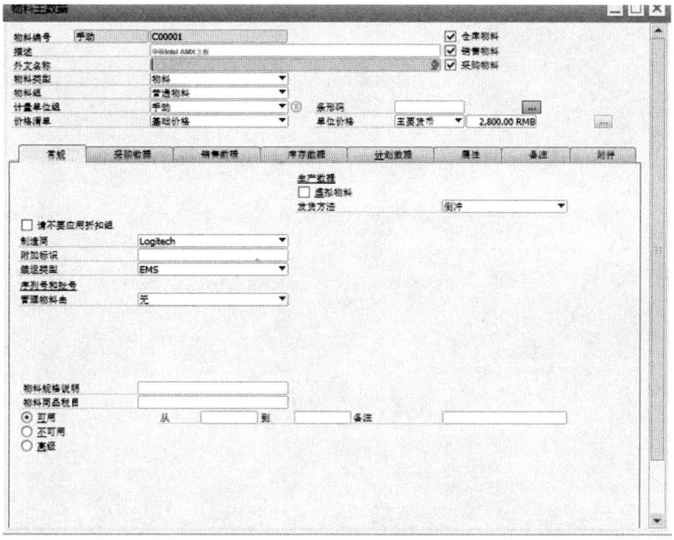

图 10-44　物料主数据界面

（2）批次管理。

单击“物料管理”“批次”“批次管理”，选择物料编号区间，选择采购销售单据，更新批次，批次管理界面如图 10-45 所示。

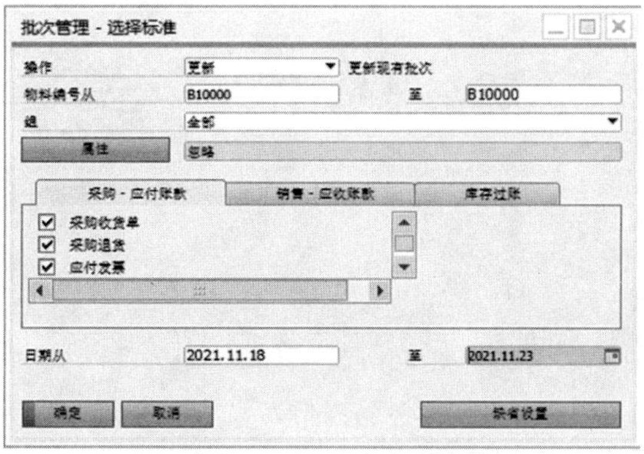


图 10-45　批次管理界面

（3）库存交易。

操作路径：“库存—库存交易”。

① 库存收货。

单击“收货”“添加”，以添加收货信息，库存收货界面如图 10-46 所示。

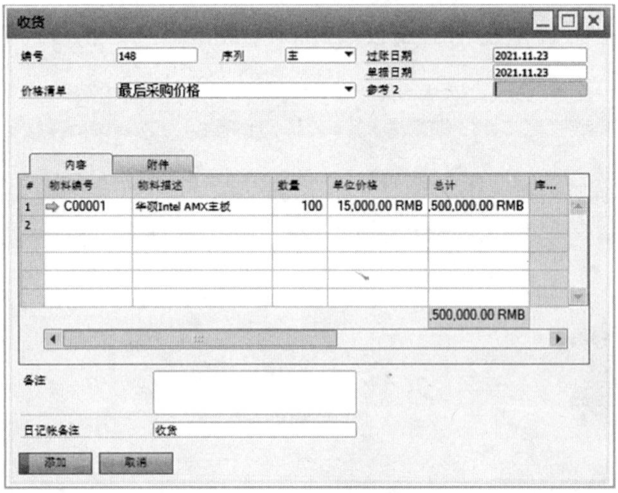


图 10-46　库存收货界面

② 发货。

单击“发货”，核对物料编号和数量后，单击“添加”，库存发货界面如图 10-47 所示。

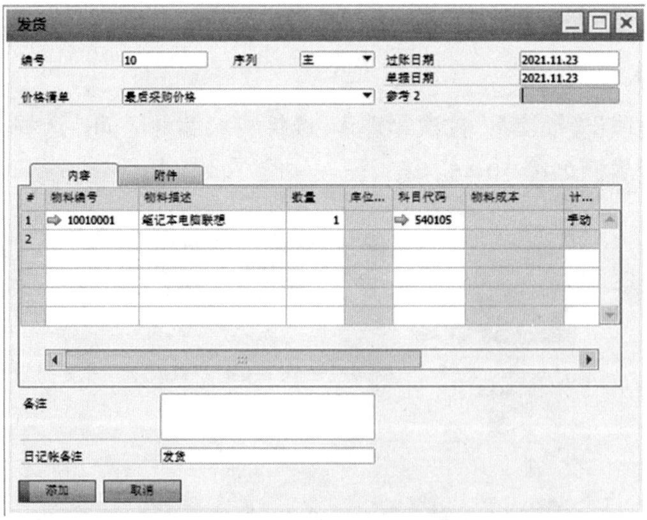


图 10-47　库存发货界面

③ 库存转储。

当发生库存转储业务时，单击“库存转储”，选择转出仓库和转入仓库，核对物料编号和转储数量后，单击“添加”，库存转储界面如图 10-48 所示。

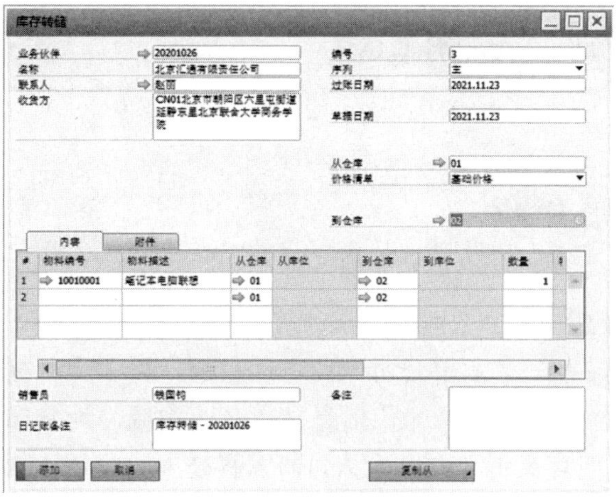

图 10-48　库存转储界面

（4）物料清单查看。

单击“库存报表”“物料清单”，选择物料编号区间，查看物料清单，物料清单界面如图 10-49 所示。

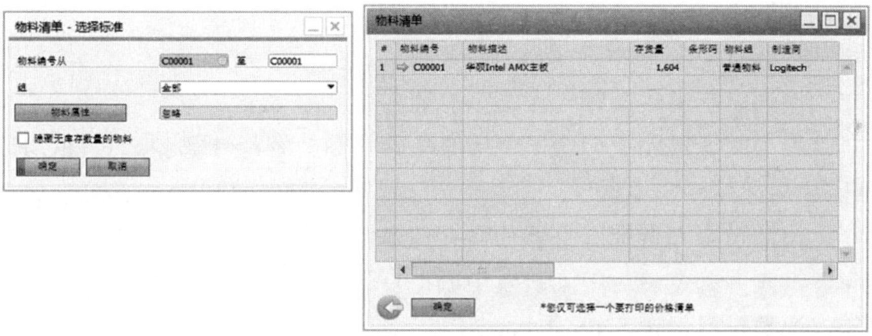

图 10-49　物料清单界面

# 实验思考题

1. 如何理解 ERP 系统的整体流程观？
2. 比较面向库存的生产和面向订单的生产，在业务操作流程上有何区别？
3. 比较不同的 ERP 业务系统，识别基本功能模块和业务流程的共性与差异。
4. 结合人工智能发展的现状，思考未来 ERP 系统会增加哪些功能？

# 10.3 章节案例：浪潮 ERP

## 10.3.1 背景介绍

浪潮是中国本土的大型 IT 企业，是云计算、大数据的服务商。集团旗下拥有浪潮信息、浪潮软件、浪潮国际三家上市公司，业务涵盖云计算、大数据、人工智能、工业互联网、应用软件、新一代通信等新一代信息技术产业领域，为全球 120 多个国家和地区提供 IT 产品和服务。现有员工 35000 余人，研发科技人员占比 61%以上，拥有多个创新平台，在北京、上海、深圳、济南、西安、苏州等地拥有多个研发基地、制造基地。浪潮服务器市场占有率为全球第二、中国第一，大型集团管理软件市场占有率为全国第一，储存装机容量为全球第三、中国第一。

企业愿景：科技浪潮、智造未来。即专注用科技赋能千行百业，用智慧点亮美好生活，勇当数字经济的领跑者。浪潮集团发展历程如下。

1989 年，浪潮成立；

1990 年，浪潮研制出全球第一台中文寻呼机；

1993 年，浪潮研制出中国第一台小型机服务器；

2004 年，浪潮服务器团队创造了中国服务器在商业智能计算测试（TPC-H）中的第一个世界纪录；

2007 年，浪潮设立高效能服务器和储存技术国家重点实验室；

2009 年，浪潮并购奇梦达中国研发中心；

2011 年，浪潮投资建设 SaaS 平台；

2013 年，浪潮发布关键应用主机浪潮天梭 K1 系统；

2015 年，浪潮成立主机系统国家工程实验室；

2017 年，浪潮成立大数据流通与交易技术国家工程实验室；

2020 年，浪潮发布浪潮云洲工业互联网平台；

2023 年，浪潮入选《2023 胡润中国产业互联网 30 强》智能制造 10 强，排名第 9 位。

## 10.3.2 浪潮新一代企业智能 ERP

浪潮企业软件产品主要有：海岳 PaaS 平台和海岳智能 ERP，前者包括低代码平台

（inBuilder）、数据中台（inDataX）、物联网平台（inIoT）；后者包括大型企业智能 ERP（浪潮海岳 GS Cloud）、云端专业人力资源平台（HCM Cloud）、成长型企业智能 ERP（浪潮海岳 inSuite）和小微企业财税金融服务平台（易云在线）。

### 1．浪潮海岳 GS Cloud

定位于新一代大型企业智能 ERP 的浪潮海岳 GS Cloud，基于微服务、DevOps、容器化等云原生技术研发，支持私有云、公有云、混合云部署，全面适配国内外环境，提供完整国际化组件和全新用户体验，浪潮海岳 GS Cloud 平台架构如图 10-50 所示。在业务领域包含智造云、供应链云、采购云、营销云、投资云、资产云、项目云和协同云等；具备敏捷业务响应和高配置中台能力，支撑企业持续规模化创新和商业模式变革。浪潮海岳 GS Cloud 为大型集团企业提供主干统一、末端灵活的数字化平台，满足多业态、多组织、多层级的集团管控需求，具有规范化集团管控、开放协同及端到端全业务数字化的特性，即提供端到端数字化流程，实现全要素链、全价值链、全产业链连接，为员工、客户、供应商提供全新体验，构建企业协同生态体系，支撑企业业务创新和商业模式变革。

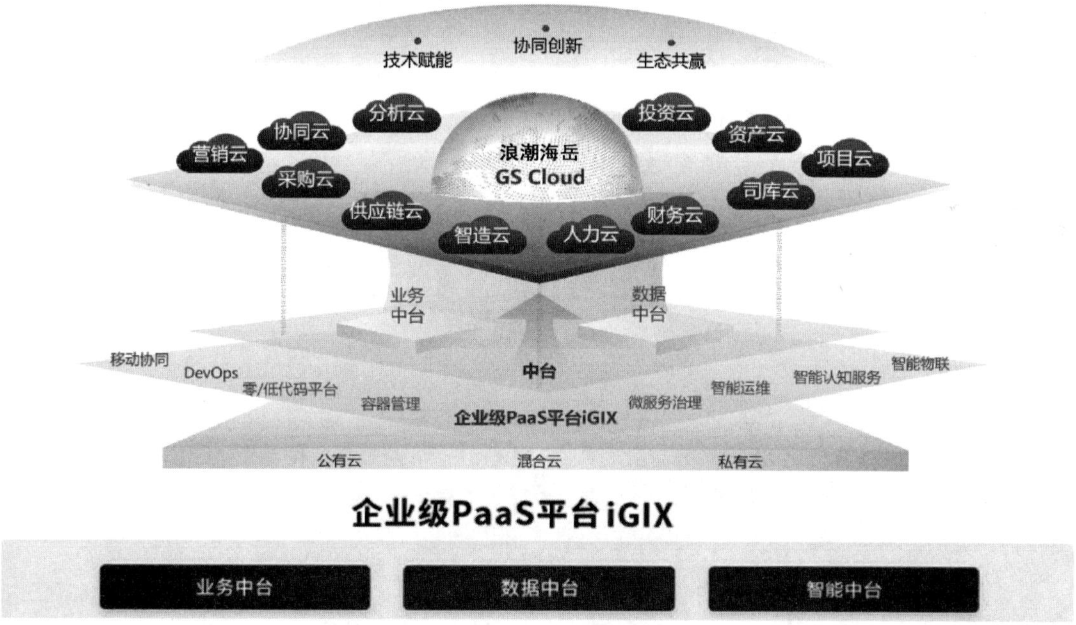


图 10-50　浪潮海岳 GS Cloud 平台架构

### 2．浪潮海岳 inSuite

浪潮海岳 inSuite 是面向成长型企业的智能 ERP，基于开源云原生技术底座和 Fabric “业务经纬”一体化架构，涵盖从采购到支付、从需求到制造、从订单到收款、从库存到履约的全业务流程数字化应用。以财务云、供应链云、制造云、开发云等标准化应用为核心，面向机械加工、食品加工、项目型制造、化纤及新能源类化工等行业提供行业化应用，以及云分销、云报价等场景化应用，采用 SaaS 模式支持企业上云，以全连接、可配置、智能化的数字化能力，助力中小企业“专精特新”发展，浪潮海岳 inSuite 产品方案如图 10-51 所示。

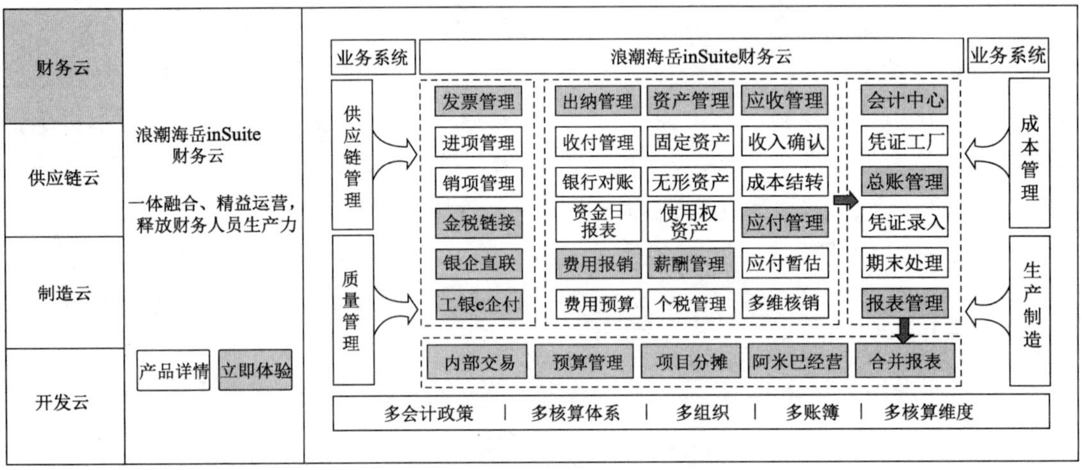


图 10-51 浪潮海岳 inSuite 产品方案

# 案例思考题

1. 大型企业和中小型企业对 ERP 的需求有何差异？
2. 浪潮海岳 GS Cloud 产品和浪潮海岳 inSuite 产品的定位和特性有何差异？

# 10.4 本章小结

本章通过两个 ERP 软件系统的操作，帮助学生建立 ERP 系统支撑企业云供应管理的整体流程观。其中，金蝶 K/3 系统操作，设定面向库存生产的场景，先进行采购管理模块的业务操作，再进行销售管理、仓库管理等业务操作；而 SAP 软件系统的操作，假定是面向订单的生产逻辑，将销售管理模块中的销售报价、销售订单作为起点，先完成销售管理模块的业务操作，再制订生产计划，然后根据生产计划进行生产领料、采购管理业务操作，最后进行仓库业务操作。在实际业务中，这些模块的操作是根据业务需求交叉进行的。

# 第 11 章 ERP 沙盘模拟实验

**内容导览**：本章为 ERP 沙盘模拟实验。以 iBizSim 企业竞争模拟软件为竞赛平台，组织学生开展人机对战、网络对抗的比赛。内容主要包括实验介绍、人机对战，以及网络对抗的比赛规则、赛区设置和模拟实战。

## 章节案例导读：ERP+大模型

随着通用大语言模型进入普及应用阶段，商业领域的创新也进入了以 AI 为中心的新阶段，AI 大模型成为赋能千行百业的利器，为企业服务市场带来新机遇。

ERP 企业开始借助“AI+软件”重塑行业，基于 ERP 行业大数据训练、开发垂直领域大模型，发布“ERP+大模型”商业产品。用友发布企业服务大模型 YonGPT 产品；金蝶发布金蝶云·苍穹 GPT；浪潮海岳发布智慧粮储大模型；浪潮信息发布“源 2.0”基础大模型等。

# 11.1　准备工作

## 11.1.1　沙盘模拟实验介绍

**教学平台：** iBizSim 企业竞争模拟竞赛平台。iBizSim 是由来自北京大学光华管理学院的教授带领专业团队开发的一款企业竞争模拟软件。学员组成虚拟公司的高层管理团队，在模拟的市场环境里展开竞争，进行多期经营决策的演练，通过竞赛对抗的手段，锻炼学员正确制订企业的经营决策，并培养其宏观企业管理的能力。主要用于 MBA 教学、大学生创业教育、企业管理层培训等。

**实验目的：** 一方面是培养学生学会计算机模拟的基本原理和方法，掌握运用计算机模拟方法解决风险决策问题的技能；另一方面是通过在虚拟经营环境中的竞争性决策演练，培养学生对管理学知识的综合运用能力、对经营环境进行分析判断并做出决策的能力、竞争意识、组织协调能力和团队合作精神。

本实验教学的指导思想是“教师为主导，学生为主体；理论联系实际，在模拟实践中学知识、用知识、长本领”。

**具体做法：** 将对学生进行分组，每组 2～3 人，每组各代表一个虚拟公司。在实验中，每个小组的成员将分别担任公司中的重要职位（CEO、CFO、市场总监、生产总监等），每组模拟经营一家公司，完成基于 iBizSim 电子沙盘的操作，开展企业经营模拟竞赛。

实验中，各公司在期初要制订本期的决策，包括生产、运输、市场营销、财务管理、人力资源管理、研究开发、战略发展等方面，并在规定时间内按要求输入计算机。软件根据各公司的决策，模拟市场需求决定各公司的销售量，各公司可以即时看到模拟结果，然后再制订并提交下一期的决策。“决策—模拟—决策—模拟”逐期完成所有决策，直到模拟结束，最后，软件平台会根据多种经营指标对各公司进行打分排序。

**实验内容：** 企业经营模拟实战实验内容包括基础理论学习、赛区设置与规则学习、试运行模拟、实战模拟和决策分析 5 个阶段，如图 11-1 所示。

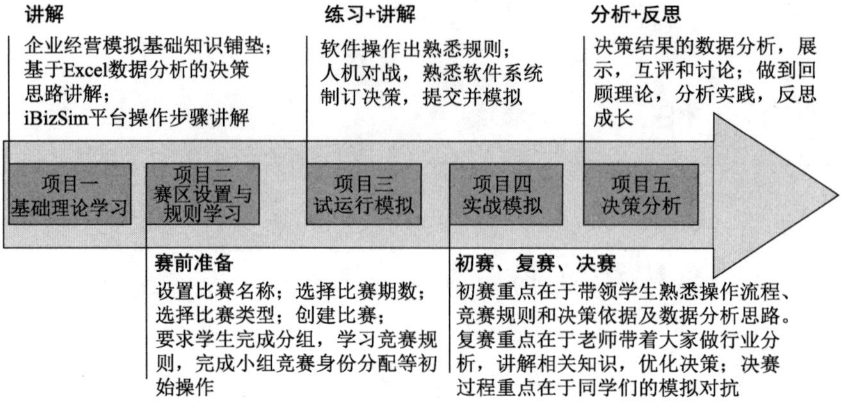


图 11-1　企业经营模拟实战实验内容

## 11.1.2　分组与人机对战

首先，学生自由分组，明确职责，建立虚拟企业，为后续网络对抗提供基础。然后，平台引导学生，通过人机对战练习来熟悉平台规则。操作步骤如下。

（1）注册账号，登录系统，iBizSim 主页如图 11-2 所示。

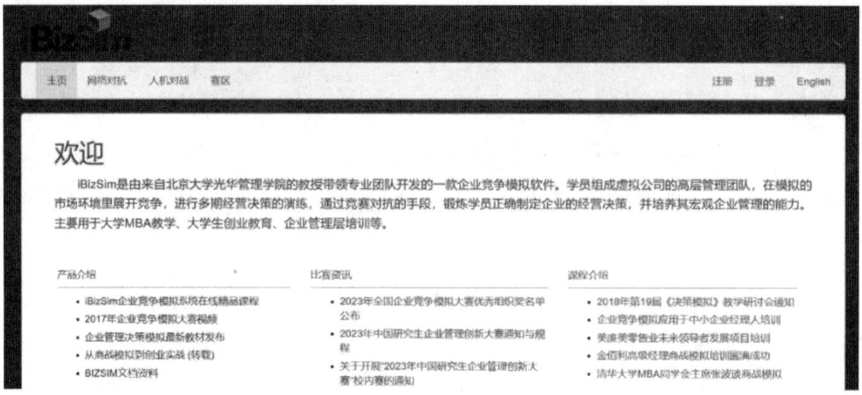


图 11-2　iBizSim 主页

（2）单击“人机对战”，建立新的人机对战，选择场景和难度等级，如图 11-3 所示。

（3）进入人机对战界面，查看规则，开始制订决策，人机对战主界面如图 11-4 所示。

制订决策操作流程如图 11-5 所示。第一阶段，查看公共报表，获取市场信息，制订总体战略，人机对战制订战略界面如图 11-6 所示；第二阶段，小组分工协作制订市场营销决策（定价、促销和广告等）、生产安排决策（生产、排产、运输）、人力资源和融资投资决策（机器、人力、原材料采购等）。

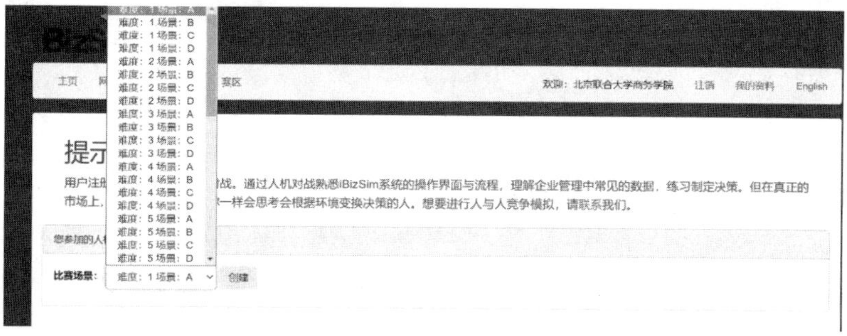


图 11-3 建立人机对战

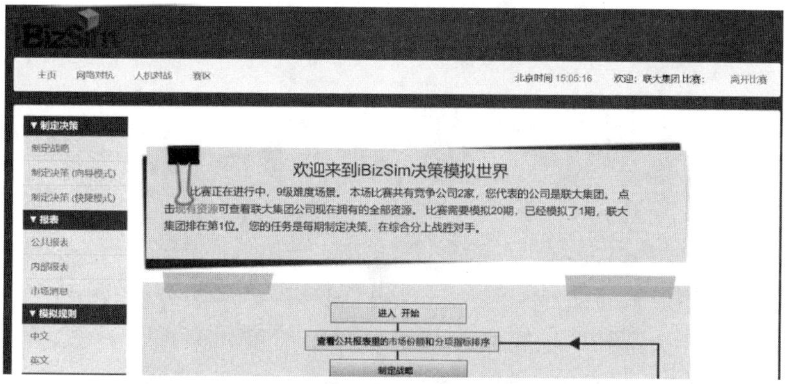


图 11-4 人机对战主界面

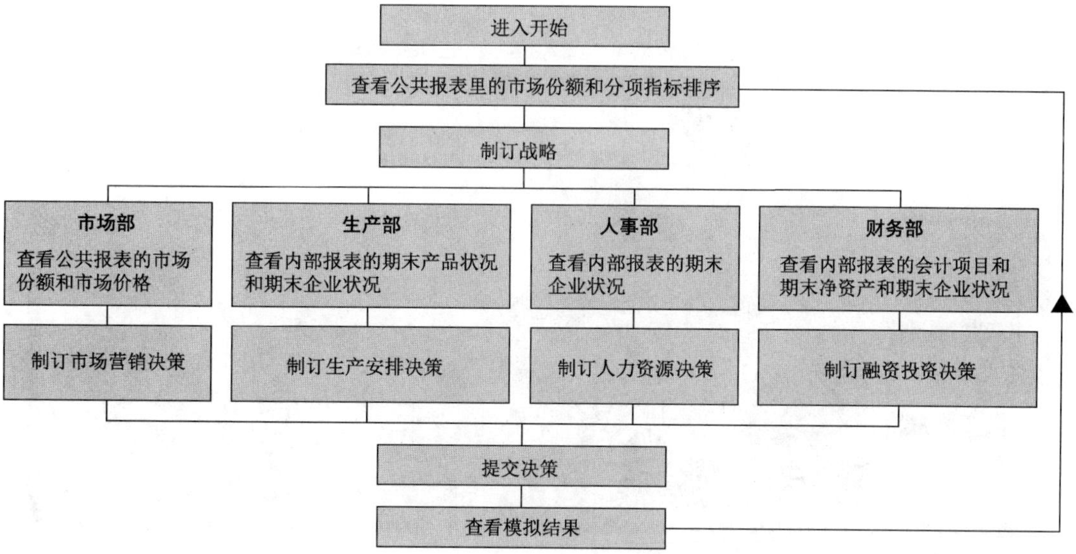


图 11-5 制订决策操作流程

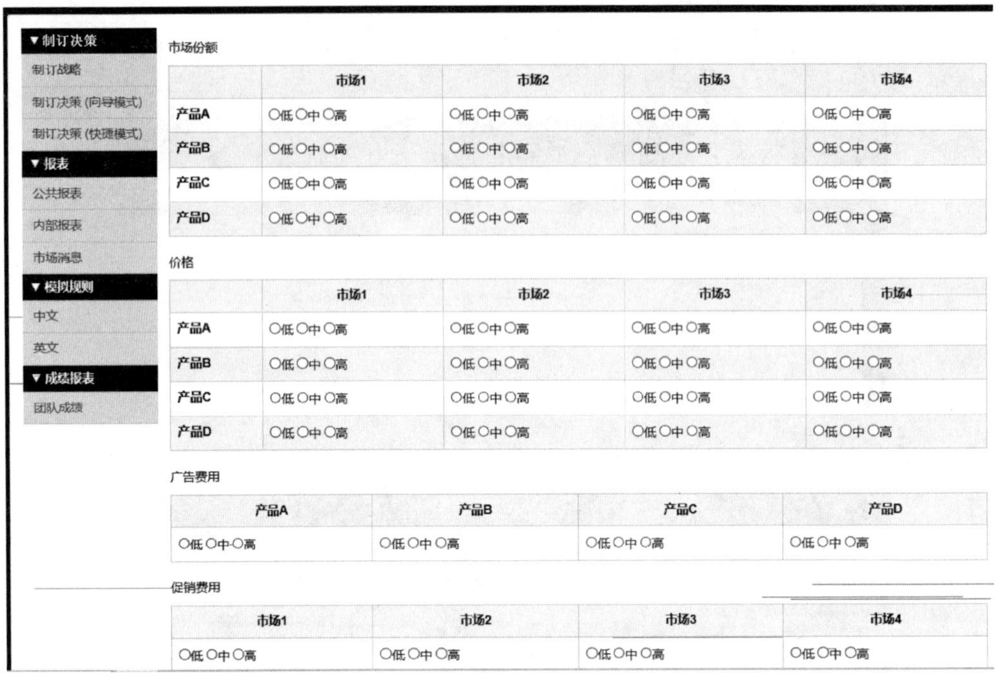


图 11-6　人机对战制订战略界面

制订决策的操作模式有两种：第一种是制订决策向导模式，如图 11-7 所示；另一种是快捷模式，即制订决策表单填写模式，如图 11-8 所示。

图 11-7　制订决策向导模式

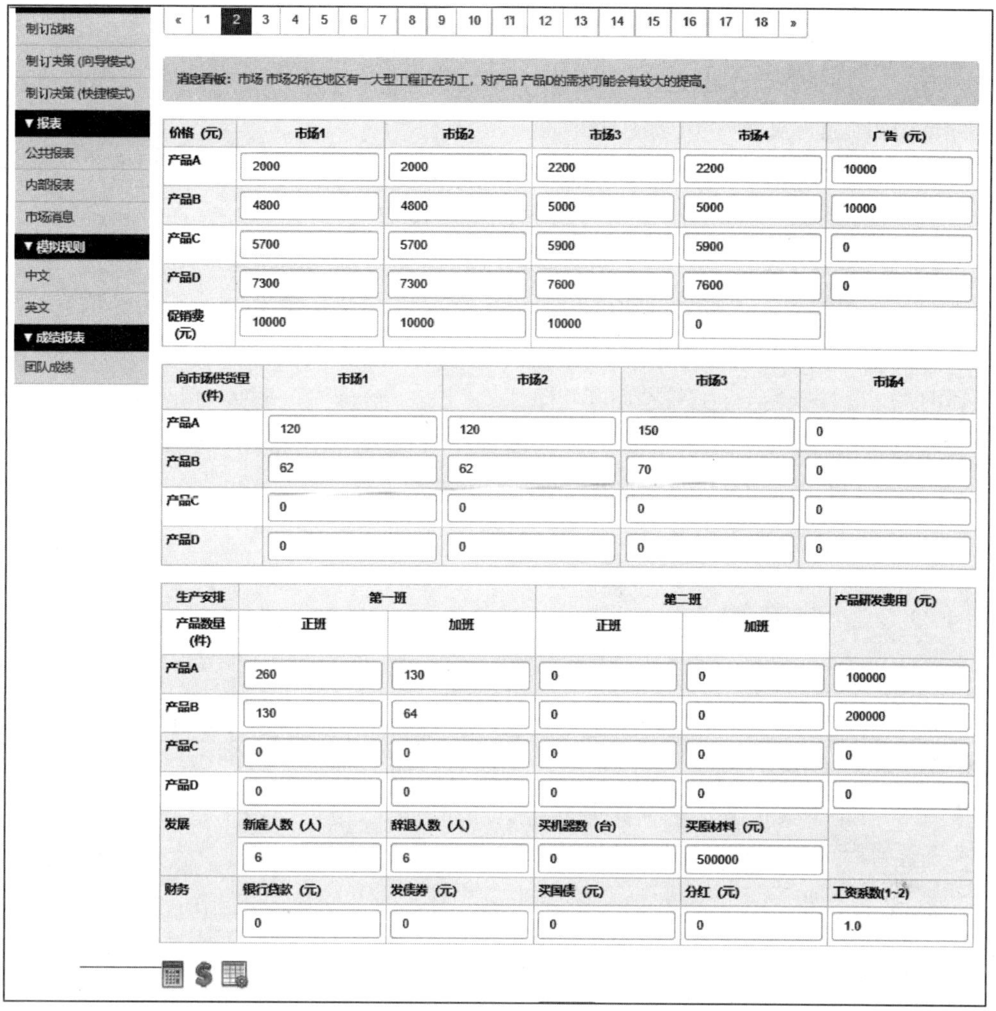

制订战略
制订决策 (向导模式)
制订决策 (快捷模式)
▼报表
公共报表
内部报表
市场消息
▼模拟规则
中文
英文
▼成绩报表
团队成绩

« 1 2 3 4 5 6 7 8 9 10 11 12 13 14 15 16 17 18 »

消息看板：市场 市场2所在地区有一大型工程正在动工，对产品 产品D的需求可能会有较大的提高。

| 价格 (元) | 市场1 | 市场2 | 市场3 | 市场4 | 广告 (元) |
|---|---|---|---|---|---|
| 产品A | 2000 | 2000 | 2200 | 2200 | 10000 |
| 产品B | 4800 | 4800 | 5000 | 5000 | 10000 |
| 产品C | 5700 | 5700 | 5900 | 5900 | 0 |
| 产品D | 7300 | 7300 | 7600 | 7600 | 0 |
| 促销费 (元) | 10000 | 10000 | 10000 | 0 | |

| 向市场供货量 (件) | 市场1 | 市场2 | 市场3 | 市场4 |
|---|---|---|---|---|
| 产品A | 120 | 120 | 150 | 0 |
| 产品B | 62 | 62 | 70 | 0 |
| 产品C | 0 | 0 | 0 | 0 |
| 产品D | 0 | 0 | 0 | 0 |

| 生产安排 | 第一班 | | 第二班 | | 产品研发费用 (元) |
|---|---|---|---|---|---|
| 产品数量 (件) | 正班 | 加班 | 正班 | 加班 | |
| 产品A | 260 | 130 | 0 | 0 | 100000 |
| 产品B | 130 | 64 | 0 | 0 | 200000 |
| 产品C | 0 | 0 | 0 | 0 | 0 |
| 产品D | 0 | 0 | 0 | 0 | 0 |
| 发展 | 新雇人数 (人) | 辞退人数 (人) | 买机器数 (台) | 买原材料 (元) | |
| | 6 | 6 | 0 | 500000 | |
| 财务 | 银行贷款 (元) | 发债券 (元) | 买国债 (元) | 分红 (元) | 工资系数(1~2) |
| | 0 | 0 | 0 | 0 | 1.0 |

图 11-8　制订决策表单填写模式

# 11.2　规则介绍

## 11.2.1　一般规则

以模拟难度 9，场景 A（模拟难度共 9 级，A、B、C、D4 个场景）为例，假设参赛队伍共 11 组。模拟参加者要服从比赛管理者的领导和指挥，按时、按规定的方式提交决策。

人机对战比赛无须管理员参与，用户提交经营决策后系统自动进行模拟。

参加本次模拟的有 11 个组，代表 11 个相同类型、相同规模的企业（或称公司），其可以生产 4 种产品，在 4 个市场上销售。

各公司每期（假定一期为一个季度）做出一个决策。各公司要在管理者指定的时间以前将决策输入计算机（在网络上运行时），或将决策交给模拟管理者（在单机上运行时）。否则，模拟管理者可以将该公司上期的决策作为该公司本期的决策。

公司做决策时应考虑本公司的现状、历史状况、经营环境及其他公司的信息，综合运用学过的管理学知识，发挥集体智慧与创造精神，追求成功的目标。

公司做决策时一定要注意决策的可行性。例如，安排生产时要有足够的机时、人力和原材料，购买机器要有足够的资金。当决策不可行时，模拟软件将改变公司的决策。这种改变有一定的随意性，并不遵循优化原则。

## 11.2.2 市场机制

市场对各种产品的需求与多种因素有关，符合基本的经济规律。市场对某公司产品的需求量既依赖于该公司的决策及状况（包括对产品的定价、广告费、促销费用及市场份额等），也依赖于其他公司的决策及状况。同时，需求量也与整个市场的容量、经济发展水平、季节变动等因素有关。

价格、广告和促销费的绝对值会影响需求，与其他公司比较的相对值也会影响需求。企业对产品的广告会影响该产品在各个市场上的需求，广告可能有滞后作用。促销费包括营销人员费用等，企业在各市场的促销费影响它在该市场的各种产品的需求。

企业的研发费、工人工资会影响产品的等级，等级高的产品可以较高的价格出售。

模拟中发布的动态消息是对下期的经济环境、社会变革、自然现象等突发事件的预测，事件是否真正发生以及将造成多大影响都具有随机性，决策者要有风险意识。

## 11.2.3 产品分销

本期产品的 75.0%和在工厂的全部库存可以运往各市场，市场之间不转运，产品运输固定费用如表 11-1 所示，产品运输变动费用如表 11-2 所示。

### 表 11-1　产品运输固定费用（单位：元）

| | 产品 A | | | | 产品 B | | | |
|---|---|---|---|---|---|---|---|---|
| 公司 | 市场 1 | 市场 2 | 市场 3 | 市场 4 | 市场 1 | 市场 2 | 市场 3 | 市场 4 |
| 1@258155 | 2000 | 500 | 4000 | 5000 | 10000 | 6000 | 12000 | 13000 |
| 2@258155 | 1850 | 650 | 4000 | 5000 | 9600 | 6400 | 12000 | 13000 |
| 3@258155 | 1700 | 800 | 4000 | 5000 | 9200 | 6800 | 12000 | 13000 |
| 4@258155 | 1550 | 950 | 4000 | 5000 | 8800 | 7200 | 12000 | 13000 |
| 5@258155 | 1400 | 1100 | 4000 | 5000 | 8400 | 7600 | 12000 | 13000 |
| 6@258155 | 1250 | 1250 | 4000 | 5000 | 8000 | 8000 | 12000 | 13000 |
| 7@258155 | 1100 | 1400 | 4000 | 5000 | 7600 | 8400 | 12000 | 13000 |
| 8@258155 | 950 | 1550 | 4000 | 5000 | 7200 | 8800 | 12000 | 13000 |
| 9@258155 | 800 | 1700 | 4000 | 5000 | 6800 | 9200 | 12000 | 13000 |
| 10@258155 | 650 | 1850 | 4000 | 5000 | 6400 | 9600 | 12000 | 13000 |
| 11@258155 | 500 | 2000 | 4000 | 5000 | 6000 | 10000 | 12000 | 13000 |
| | 产品 C | | | | 产品 D | | | |
| 公司 | 市场 1 | 市场 2 | 市场 3 | 市场 4 | 市场 1 | 市场 2 | 市场 3 | 市场 4 |
| 1@258155 | 14000 | 10000 | 16000 | 17000 | 16000 | 12000 | 18000 | 19000 |
| 2@258155 | 13600 | 10400 | 16000 | 17000 | 15600 | 12400 | 18000 | 19000 |
| 3@258155 | 13200 | 10800 | 16000 | 17000 | 15200 | 12800 | 18000 | 19000 |
| 4@258155 | 12800 | 11200 | 16000 | 17000 | 14800 | 13200 | 18000 | 19000 |
| 5@258155 | 12400 | 11600 | 16000 | 17000 | 14400 | 13600 | 18000 | 19000 |
| 6@258155 | 12000 | 12000 | 16000 | 17000 | 14000 | 14000 | 18000 | 19000 |
| 7@258155 | 11600 | 12400 | 16000 | 17000 | 13600 | 14400 | 18000 | 19000 |
| 8@258155 | 11200 | 12800 | 16000 | 17000 | 13200 | 14800 | 18000 | 19000 |
| 9@258155 | 10800 | 13200 | 16000 | 17000 | 12800 | 15200 | 18000 | 19000 |
| 10@258155 | 10400 | 13600 | 16000 | 17000 | 12400 | 15600 | 18000 | 19000 |
| 11@258155 | 10000 | 14000 | 16000 | 17000 | 12000 | 16000 | 18000 | 19000 |

注意：只要有产品运往市场，就要支付固定运输费用。

### 表 11-2　产品运输变动费用（单位：元）

| | 产品 A | | | | 产品 B | | | |
|---|---|---|---|---|---|---|---|---|
| 公司 | 市场 1 | 市场 2 | 市场 3 | 市场 4 | 市场 1 | 市场 2 | 市场 3 | 市场 4 |
| 1@258155 | 100 | 25 | 200 | 250 | 500 | 300 | 600 | 650 |
| 2@258155 | 93 | 32 | 200 | 250 | 480 | 320 | 600 | 650 |
| 3@258155 | 85 | 40 | 200 | 250 | 460 | 340 | 600 | 650 |
| 4@258155 | 78 | 47 | 200 | 250 | 440 | 360 | 600 | 650 |
| 5@258155 | 70 | 55 | 200 | 250 | 420 | 380 | 600 | 650 |

续表

| | 产品 A | | | | 产品 B | | | |
|---|---|---|---|---|---|---|---|---|
| 公司 | 市场 1 | 市场 2 | 市场 3 | 市场 4 | 市场 1 | 市场 2 | 市场 3 | 市场 4 |
| 6@258155 | 63 | 62 | 200 | 250 | 400 | 400 | 600 | 650 |
| 7@258155 | 55 | 70 | 200 | 250 | 380 | 420 | 600 | 650 |
| 8@258155 | 48 | 77 | 200 | 250 | 360 | 440 | 600 | 650 |
| 9@258155 | 40 | 85 | 200 | 250 | 340 | 460 | 600 | 650 |
| 10@258155 | 33 | 92 | 200 | 250 | 320 | 480 | 600 | 650 |
| 11@258155 | 25 | 100 | 200 | 250 | 300 | 500 | 600 | 650 |
| | 产品 C | | | | 产品 D | | | |
| 公司 | 市场 1 | 市场 2 | 市场 3 | 市场 4 | 市场 1 | 市场 2 | 市场 3 | 市场 4 |
| 1@258155 | 700 | 500 | 800 | 850 | 800 | 600 | 1000 | 1050 |
| 2@258155 | 680 | 520 | 800 | 850 | 780 | 620 | 1000 | 1050 |
| 3@258155 | 660 | 540 | 800 | 850 | 760 | 640 | 1000 | 1050 |
| 4@258155 | 640 | 560 | 800 | 850 | 740 | 660 | 1000 | 1050 |
| 5@258155 | 620 | 580 | 800 | 850 | 720 | 680 | 1000 | 1050 |
| 6@258155 | 600 | 600 | 800 | 850 | 700 | 700 | 1000 | 1050 |
| 7@258155 | 580 | 620 | 800 | 850 | 680 | 720 | 1000 | 1050 |
| 8@258155 | 560 | 640 | 800 | 850 | 660 | 740 | 1000 | 1050 |
| 9@258155 | 540 | 660 | 800 | 850 | 640 | 760 | 1000 | 1050 |
| 10@258155 | 520 | 680 | 800 | 850 | 620 | 780 | 1000 | 1050 |
| 11@258155 | 500 | 700 | 800 | 850 | 600 | 800 | 1000 | 1050 |

注意：变动运输费用是每个产品的运输费用。

### 11.2.4 库存与预订

#### 1．库存

剩余原材料可存放在企业的仓库中，库存维持费用为每单位原材料每期 0.05 元。成品可存放于工厂的仓库或各市场的仓库中，单位成品每期库存维持费用如表 11-3 所示。

表 11-3 单位成品每期库存维持费用（单位：元）

| | |
|---|---|
| 产品 A | 20.00 |
| 产品 B | 80.00 |
| 产品 C | 100.00 |
| 产品 D | 120.00 |

库存维持费用在每期期末支付，库存量按每期期初和期末的平均数计算。

### 2. 预订

当市场对某公司的产品需求多于公司在该市场的库存加本期运去的总量时，本期多余的需求转为下期订货的比例如表 11-4 所示，到时以本期价格与下期价格较低者付款。公司下期的运到该市场的产品优先满足上期订货。若上期订货不能被满足，剩余的需求不再转为下期订货。

表 11-4　本期多余需求转为下期订货的比例

| | 产品 A | 产品 B | 产品 C | 产品 D |
|---|---|---|---|---|
| 市场 1 | 30.0% | 35.0% | 40.0% | 40.0% |
| 市场 2 | 30.0% | 35.0% | 40.0% | 40.0% |
| 市场 3 | 20.0% | 25.0% | 30.0% | 30.0% |
| 市场 4 | 22.0% | 28.0% | 25.0% | 25.0% |

注意：某公司不能满足的需求，除了转为下期订货，其余的可能变为对其他公司的需求。

## 11.2.5　生产作业

### 1. 资源

不同产品对人力、机器和原材料的资源需求如表 11-5 所示。

表 11-5　不同产品对人力、机器和原材料的资源需求

| | 产品 A | 产品 B | 产品 C | 产品 D |
|---|---|---|---|---|
| 机器（小时） | 100.0 | 200.0 | 400.0 | 500.0 |
| 人力（小时） | 150.0 | 250.0 | 180.0 | 160.0 |
| 原材料（单位） | 300.0 | 1500.0 | 2000.0 | 3000.0 |

### 2. 班次

生产排班的各班次时间如下。

第一班正班：6:00—14:00；

第一班加班：14:00—18:00；

第二班正班：14:00—22:00；

第二班加班：22:00—次日 2:00。

一期正班为 520 小时（一季度 13 周，每周 40 小时），加班为 260 小时。

### 3. 机器

机器可在两班使用，但第一班加班和第二班加班用的机器总数不能多于公司机器

总数。

第一班加班用的机器在完工后的 4 小时内也不能用于第二班正班。

机器价格为 60000.00 元，折旧期为 5 年，每期（季度）折旧为 5.0%，无论使用与否。

若购买新机器，本期末付款，下期运输安装，再下期才能投入使用，新机器投入使用后才计算折旧。

每台机器每期的维修费为 200 元，无论使用与否。

### 4. 材料采购

（1）原材料价格。

原材料的标价为 1 元，但可以根据订货量得到批量价格优惠。原材料价格如表 11-6 所示。

**表 11-6　原材料价格**

| 定购量≥（单位） | 单价（元） |
| --- | --- |
| 2000000 | 0.93 |
| 1500000 | 0.95 |
| 1000000 | 0.97 |
| 0 | 1.00 |

（2）原材料的运输费用。

原材料的运输费用分固定费用（按是否订货）和变动费用（按订货量）。原材料的运输费固定费用为 5000 元，变动费用为每单位订货量 0.02 元。采购原材料的运输费用计为本期成本，批量优惠计为本期收入。

考虑原材料的运输时间，即由于运输的原因，本期决策订购的原材料最多有 50.0% 可以用于本期使用。

### 5. 管理成本

公司每期的管理成本固定费用与生产的产品和班次有关，管理成本如表 11-7 所示。

**表 11-7　管理成本（单位：元）**

| | 第一班 | 第二班 |
| --- | --- | --- |
| 产品 A | 4000 | 5000 |
| 产品 B | 6000 | 7000 |
| 产品 C | 8000 | 9000 |
| 产品 D | 8000 | 9000 |

## 11.2.6　产品研发

### 1．产品研发的作用

企业要生产某种产品，需先投入基本的研发费用，其金额相当于等级 1 产品需要的研发费用。研发费用包括产品专利投入费用、设施购置费用和技术培训费用等。

为了提高该产品的等级，企业还需要进一步加大产品研发投入。例如，为提高产品质量的技术革新和生产工艺的改进等。更高的产品等级可以增加客户的需求。在计算成本时，将本期的研发费用平均分摊在本期和下一期。

### 2．产品研发费用

不同等级产品所需的研发费用（简单加总）如表 11-8 所示。

表 11-8　不同等级产品所需的研发费用（单位：元）

| | 等级 1 | 等级 2 | 等级 3 | 等级 4 | 等级 5 |
|---|---|---|---|---|---|
| 产品 A | 100000.0 | 200000.0 | 300000.0 | 400000.0 | 500000.0 |
| 产品 B | 200000.0 | 350000.0 | 480000.0 | 600000.0 | 700000.0 |
| 产品 C | 300000.0 | 450000.0 | 580000.0 | 700000.0 | 800000.0 |
| 产品 D | 500000.0 | 600000.0 | 700000.0 | 850000.0 | 1000000.0 |

工人工资系数对产品等级的影响是在研发费用基础上的进一步调整。例如，由研发费用决定的产品等级为 3，考虑工资系数后，产品等级调节后的区间为（3.0，3.9）。

由研发费用决定的产品等级的提高要循序渐进，每期最多提高一级。

## 11.2.7　人员招聘、退休与解聘

### 1．新工人招聘与培训

企业可以在每期期初招聘工人，但招收人数不得超过当期期初工人总数的 50.0%。本期决策招收的新工人在本期为培训期。每个新工人的培训费为 500.0 元。培训期间新工人的生产力和工资相当于正式工人的 25.0%。经过一期培训后，新工人成为正式工人。

### 2．工人退休或解聘

企业每期有 3.0%的工人正常退休。企业决策时，可以根据情况解聘工人。决策单中

的解聘工人数是退休人数和解聘人数之和。根据政府规定，退休人数和解聘人数之和不能多于期初工人数的 10%。本期退休或解聘的工人不再参加本期的工作，企业要发给退休和解聘的工人每人一次性生活安置费 1000.0 元。

### 3．员工待遇与激励

（1）工作小时基本工资。

第一班正班：3.0 元。

第一班加班：4.5 元。

第二班正班：4.0 元。

第二班加班：6.0 元。

每个工人只能上一种班，加班人数不能多于本班正班人数。未值班的工人按第一班正班付工资。

（2）员工激励。

工作小时基本工资是本行业的基本工资，也是各企业确定工资的最低线。

企业可以用提高工资系数的办法激励员工。假设基本工资对应的工资系数为 1.0，若工资系数为 1.2，则实际工资为基本工资乘以 1.2。提高工资系数有助于提高企业的产品质量，减少废品率，也可以提高产品的级别。当然，提高工资系数会增加成本，废品会浪费企业的资源、运费，还会因为顾客退换产品造成折价 40%的经济损失。

工资系数变化只适用于模拟难度 5 以上的场景。当模拟难度等级小于 5 时，工资系数设为 1.0，在决策单上不包括工资系数和废品率。

## 11.2.8　资金筹措

### 1．银行贷款

模拟开始时各公司有现金 3000000 元。

为了保证公司的运营，每期期末公司至少应有现金 2500000 元，若不足，在该公司信用额度的范围内，银行将在下期期初自动给予贷款补足。

公司也可以在决策时向银行提出贷款。但是，整个模拟期间贷款的总数不得超过现金 8000000 元的信用总额。

银行贷款的本息在本期期末偿还，年利率为 8.0%（每期的利率为年利率的 1/4）。

### 2. 国债

公司每期都可以购买国债，年利率为 6.0%。若本期购买国债，本息在下期期末兑现。

### 3. 发行债券

公司为了筹集发展资金或应对财政困难，可以发行债券。本期发行的债券可以在期初得到现金。公司某期发行的债券数额与尚未归还的债券之和不得超过公司该期初净资产的 50.0%。各期要按 5.0%的比例偿还债券的本金，并付利息。债券的年利率为 12.0%。公司模拟初期，可能已经发行了债券。未偿还的债券总量可在公司信息里查看。本期发行的债券本息的偿还从下一期开始。债券不能提前偿付或延迟偿付。

## 11.2.9　纳税与分红

### 1. 纳税

公司纳税是公司对国家应尽的义务，也是评价公司经营绩效的一项重要指标。税金为本期净收益的 30.0%，在本期期末缴纳。当本期净收益为负值时，可按该亏损额的 30.0%为下一期（或以后几期）减税。

### 2. 分红

公司分红的条件：

（1）应优先保证期末剩余的现金数量超过 2500000 元。

（2）分红数量不能超过公司该期末的税后利润。

注意：考虑到资金的时效性，公司累计纳税和累计分红按 7.00%的年利率计算。

## 11.2.10　现金收支次序

根据模拟软件运行规则，当模拟企业出现现金短缺时，软件将按以下顺序安排支出。如若需要削减支出，则优先削减排序靠后的各项支出。例如，先削减促销费，再削减广告费；如果现金还不够，则要削减运输费，这可能导致生产出来的产品运不出去；如果削减管理费和特殊班工资，那生产方案也要修改，这会造成机器、人工等生产资源的闲置。因此，模拟经营时一定要避免现金断流。

现金收支顺序如下。

期初现金（+）、银行贷款（+）、发行债券（+）、部分债券本（–）、债券息（–）、培训费（–）、退休费（–）、基本工资（–，工人至少得到第一班正班的工资）、机器维护费（–）、紧急救援贷款（–）、研发费（–）、购买原材料（–）、管理费（–）、特殊班工资（–，第二班差额及加班）、运输费（–）、广告费（–）、促销费（–）、销售收入（+）、储存费（–）、上期国债本息（+）、本期银行贷款本息（–）、上期紧急救援贷款本息（–）、纳税（–）、购买机器（–）、分红（–）、购买国债（–）。

警告：当现金不足时，将按以上次序支出，并修改决策。如果现金不够支付机器维护费以前的项目，会得到紧急救援贷款。此贷款年利率为 40%，本息需在下期期末偿还。

公司发生紧急救援贷款，即为破产。

## 11.2.11　评判标准

每期模拟结束后，平台根据各公司的经营业绩评定一个综合成绩。评判的标准包含 7 项指标：本期利润、市场份额、累计分红、累计缴税、净资产、人均利润率、资本利润率。其中，计算人均利润率的人数包括本期解聘的和本期新雇的工人人数，计算资本利润率的资本等于净资产加未偿还的债券。

评定的方法是先按这些指标分别计算标准分，再按设定的权重计算出综合评分。

各项指标的权重分别为 0.2，0.15，0.1，0.1，0.2，0.1，0.15，其中，市场份额是按各个产品在各个市场的销售数量的占有率，分别计算标准分后再求平均的。

标准分的算法是先求全部公司某项指标的均值和标准差，用公司的指标减去均值，再除以该指标的标准差。标准分为 0 意味着公司的该项指标等于各公司的均值；标准分为正，表示该指标较好；若为负，表示该指标不佳。

在计算标准分时，会考虑上期综合评分的影响，也会根据公司的发展潜力进行调整。如果公司所留现金小于本期期初现金或本期成本，这意味着经营的连续性不佳，其标准分将适当下调。

平台将公布各公司 7 项指标各自的名次与综合评分。

# 11.3　赛区设置与实战模拟

## 11.3.1　赛区初始设置

在学生分组结束以后，老师进行赛区设置。

### 1. 赛区设置流程

（1）设置比赛名称，如“某教学赛区一”。

（2）选择比赛期数，最多可模拟 20 期，实际比赛时可选择在 20 期以内结束。

（3）选择比赛类型，四产品四市场为 9 级难度，可在 9 级难度下 A、B、C、D 4 种场景中任选一种场景，如 9A 场景。

（4）添加比赛，比赛创建完成。

（5）添加学生，可以先由学生登录报名，老师进行确认，也可以在团队注册之后，老师直接添加学生团队，如图 11-9 所示。

报名团队：共有23个团队报名, 10个团队已审核通过

| 团队 | 成员 | 状态 | ☐全选 同意 拒绝 |
| --- | --- | --- | --- |
| 1@324374<br>2023-11-16 05:43:43 | 队长：1@1@324374<br>首席执行官 CEO: 1@1@324374 1@1@324374 修改密码<br>首席财务官 CFO: 2@1@324374 2@1@324374 修改密码<br>首席运营官 COO: 3@1@324374 3@1@324374 修改密码<br>首席市场官 CMO: 4@1@324374 4@1@324374 修改密码<br>首席人事官 CHO: 5@1@324374 5@1@324374 修改密码 | 已同意 | |
| 2@324374<br>2023-11-16 05:43:43 | 队长：1@2@324374<br>首席执行官 CEO: 1@2@324374 1@2@324374 修改密码<br>首席财务官 CFO: 2@2@324374 2@2@324374 修改密码<br>首席运营官 COO: 3@2@324374 3@2@324374 修改密码<br>首席市场官 CMO: 4@2@324374 4@2@324374 修改密码<br>首席人事官 CHO: 5@2@324374 5@2@324374 修改密码 | 已同意 | |
| 3@324374<br>2023-11-16 05:43:43 | 队长：1@3@324374<br>首席执行官 CEO: 1@3@324374 1@3@324374 修改密码 | 已同意 | |

图 11-9　添加学生团队

（6）报名结束后，即可开始初始模拟，比赛管理界面如图 11-10 所示。比赛开始后不能再添加学生团队。

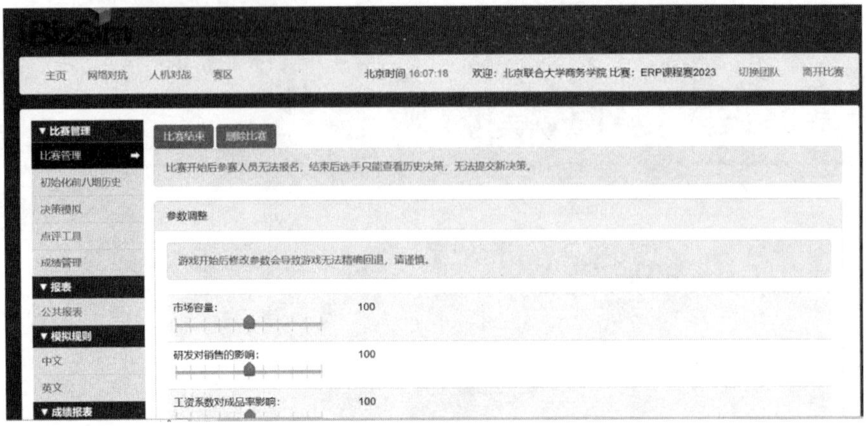


图 11-10　比赛管理界面

### 2. 初始模拟

初始设置 8 期历史数据，目的是让学生在赛前有足够的数据可以分析。

第一期是模拟原始数据，第二期取消产品 1、2 的研发费用。

以后各期的模拟需要在当期更改某一项数据，例如，某一期只更改广告费，某一期只更改促销费，某一期只更改工资系数，某一期数据不变，到第 8 期综合改动，恢复到初始设置。

这些操作有助于学生分析研究价格、广告、促销、产品等级与需求的关系，以及市场的自然变化、工资系数和正品率之间的关系。

## 11.3.2　试运行模拟

试运行模拟的目的是让学生熟悉软件系统操作及基本规则。老师带领学生快速制订第 9 期决策，提交并进行模拟，解答学生的问题；然后回退系统，再次制订第 9 期决策，解答学生的问题；然后再回退，再制订决策再解答……

试运行模拟 2～3 次以后就开始正式比赛。

系统具有人机对抗功能，学生可以在其他时间进行人机对战以熟悉系统，了解规则。

## 11.3.3　实战模拟

实战模拟可以分为初赛、复赛和决赛多轮比赛，可以采用课上比赛模式，也可以采用课上课下相结合的模式。每轮比赛 6～8 期。学生填报和提交决策的界面与人机对战决策界面相同，有向导模式和表单模式两种。

学生提交每期决策后，老师需要进行“检查决策”和“模拟”操作，单击“模拟”后，系统自动进入下一期的决策，学生可查询公共报表和私人报表分析前一期市场情况和决策情况，决策模拟界面如图 11-11 所示。此外，每期决策模拟结束后，老师均可以单击“点评工具”对每个团队的决策情况进行点评，点评工具如图 11-12 所示，点评工具-销售需求比如图 11-13 所示，点评工具-机器利用率如图 11-14 所示，工人利用率、库存发展趋势、运输与产量对比等。除了点评工具，还可以利用公共报表数据如图 11-15 所示进行整体点评和个别辅导，公共报表数据包括各团队分项指标排序、价格、市场份额、收入发展趋势、成本发展趋势、利润发展趋势等。

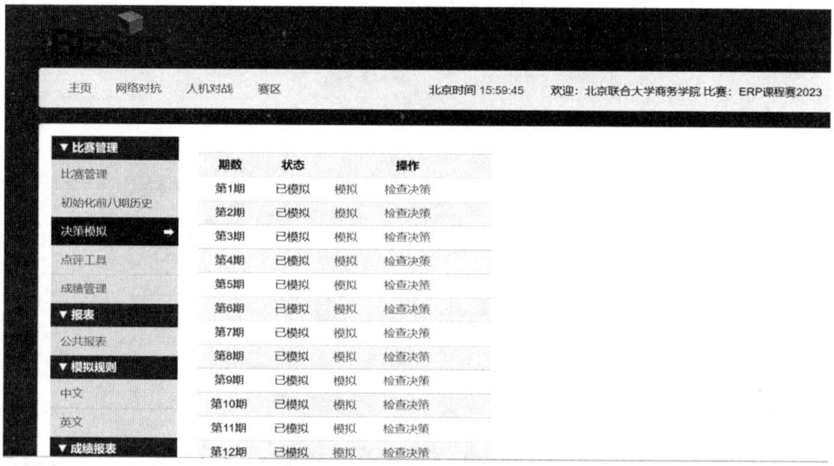


图 11-11　决策模拟界面

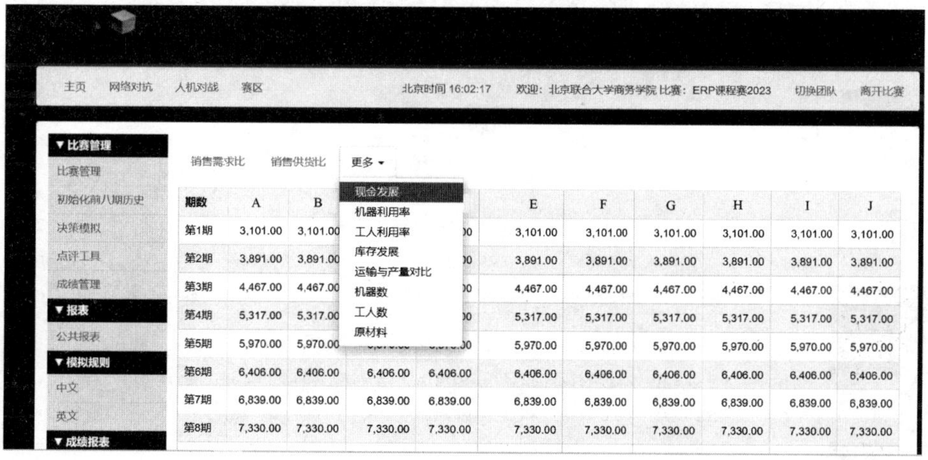


图 11-12　点评工具

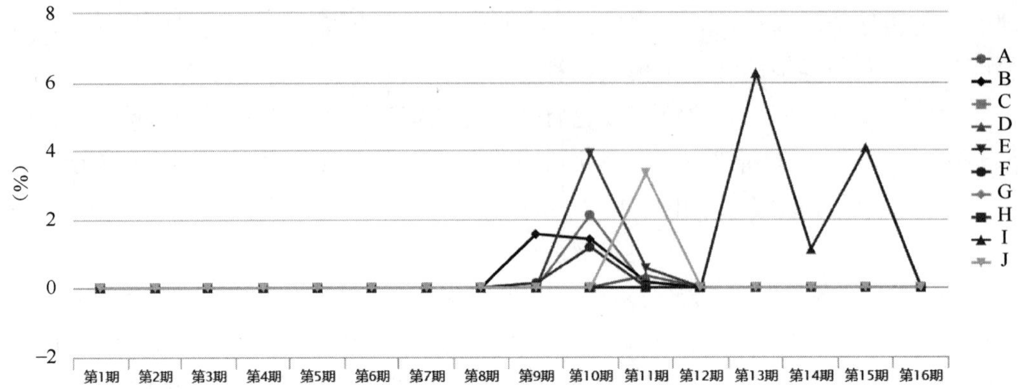


图 11-13　点评工具-销售需求比

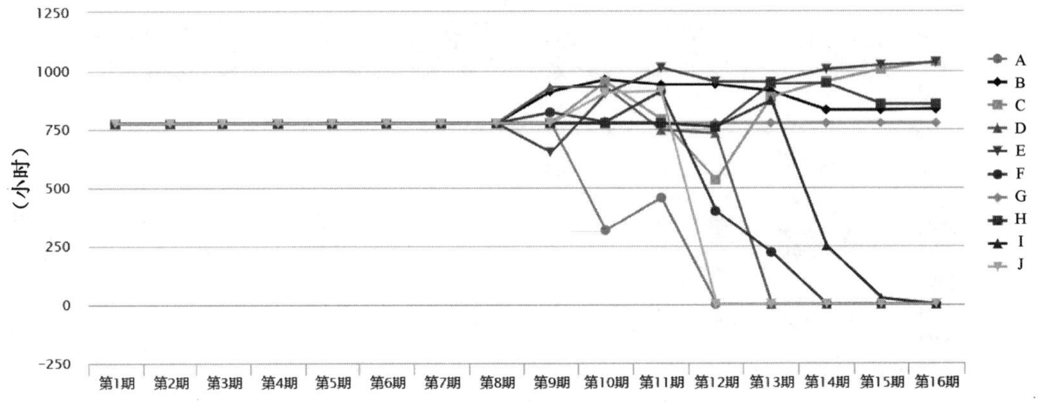

| 公司 | 产品A | | | | 产品B | | | | 产品C | | | | 产品D | | | |
|---|---|---|---|---|---|---|---|---|---|---|---|---|---|---|---|---|
| | 市场1 | 市场2 | 市场3 | 市场4 | 市场1 | 市场2 | 市场3 | 市场4 | 市场1 | 市场2 | 市场3 | 市场4 | 市场1 | 市场2 | 市场3 | 市场4 |
| A | 4,200 | 4,200 | 4,600 | 4,600 | 6,300 | 6,400 | 6,800 | 6,000 | 8,700 | 8,700 | 8,900 | 8,900 | 12,000 | 12,000 | 12,300 | 7,000 |
| B | 4,235 | 4,235 | 4,635 | 4,635 | 6,435 | 6,435 | 6,835 | 6,835 | 8,735 | 8,735 | 8,935 | 8,960 | 11,845 | 11,845 | 12,045 | 12,055 |
| C | 4,200 | 4,200 | 4,600 | 4,600 | 6,400 | 6,400 | 6,800 | 6,800 | 8,700 | 8,700 | 8,900 | 8,900 | 11,800 | 11,800 | 12,000 | 12,000 |

图 11-15　公共报表数据

### 1．初赛

初赛重点在于带领学生熟悉操作流程、竞赛规则、决策依据和数据分析思路。

每期决策模拟后，引导学生根据决策结果分析数据预测值与实际值的偏差；并对决策有失误的团队重新进行点评，提醒学生寻找失误原因。

初赛全部结束后，分析综合评分标准及各组得分点。

### 2．复赛

复赛重点在于老师带领学生做行业分析，讲解相关知识，优化决策，让学生掌握行业分析的基本思路，以及决策优化的方法等。

每轮比赛结束后，老师将对公共信息进行点评分析，对一些普遍问题进行讲解，并提供理论分析。对于出现严重问题的公司，老师将帮助分析其具体情况并提供单独指导。

复赛全部结束后，老师做重点点评，包括公司内部信息的分析，并随机抽取学生做自我分析和对手点评。

复赛结束后，学生对系统环境有了更深入的认识和了解，可以结合指导教材嵌入相关理论知识做系统讲解，以提升学生将理论应用于实践的能力，以及决策优化能力。如产品组合优化分析；生产结构优化分析；市场规律分析（包括营销策略、定价理论等）；财务指标及规划分析；经济学中的边际效益、机会成本等理念；竞争策略分析、建模方法等。

### 3．决赛

决赛过程重点在于学生之间的模拟对抗。

初赛结束后，学生已经比较了解系统，知道行业分析的基本思路及原理，并掌握决策优化的方法等。

老师可在每期比赛结束时做点评及讲解，决赛结束后做行业综合分析，随机抽取部分学生做本公司及其他公司的点评分析。

被随机抽到点评的学生，其点评效果适当折算进课程成绩。

### 4．完成实验报告

竞赛全部结束后，回顾前期理论知识，通过数据分析和展示，以互评和讨论的方式对各组决策进行点评；每个团队完成一份报告，对三轮竞赛的决策结果进行分析，从中总结经验，并梳理相关理论知识的应用感悟。

总体要求：以团队为单位提交一份竞赛总结报告。总结可以在详细分析自己经营公司业绩的基础上提出改进思路与方案，还可以包括自己的心得、体会、收获、不足等。

业绩分析可参考以下思路。

（1）收入业绩的分析。

（2）费用情况及其分析。

（3）利润发展及其分析。

（4）投资情况及其分析。

（5）筹资情况及其分析。

（6）产品配送方案及其分析。

（7）广告促销方案及其分析。

（8）价格策略及其效果分析。

（9）产品结构及其效果分析。

（10）感想及个人总结。

# 实验思考题

1. 在决策模拟过程中，如何才能做到库存既没有积压也不会出现缺货风险？

2. 本实验决策中，你们都考虑了哪些提前期？你如何理解精准管理提前期对企业经营决策的重要性？

3. 通过本实验，你是如何理解企业经营战略规划和具体的销售规划、生产规划、物料需求计划，以及能力需求计划之间的关系的？

4. 在企业经营决策过程中，ERP 是如何帮助企业追求供需平衡的？你如何理解“供需平衡”的动态性？

# 11.4　章节案例：ERP+大模型

## 11.4.1　背景介绍

2022 年 11 月 30 日，OpenAI 发布了基于 GPT-3.5 的聊天机器人模型 ChatGPT。这款聊天机器人模型在发布后迅速走红，仅在上线 5 天后就吸引了超过 100 万的用户。2023 年 1 月末，ChatGPT 的月活跃用户已经突破 1 亿。2023 年 2 月 7 日，微软宣布将

ChatGPT 技术整合到最新版本的必应搜索引擎和 Edge 浏览器中，进一步推动了 ChatGPT 的应用范围。2023 年 3 月，OpenAI 发布了 GPT-4 模型，并将其整合到 ChatGPT Plus 高级服务中。2023 年 3 月 16 日，百度发布文心一言大模型，支持文学创作、商业文案创作、数理推算、中文理解、多模态生成 5 个使用场景。自此，AI 应用走进大众视野，越来越多的企业开始关注并思考如何应用生成式 AI 大模型，提升业务绩效。商业领域的创新也进入了以 AI 为中心的新阶段，数字化和智能化并重的全面数智商业创新成为主要趋势。

AI 大模型成为赋能千行百业的利器，从“互联网+”到“AI+”，AIGC 引领的数字变革开启了 AI 新范式，这迫使企业开始思考如何使用大模型重塑自己的数字能力。当然，大模型热的发展也为企业服务市场带来了新的机遇，作为企业级服务软件的提供商，众多 ERP 企业也开始思考，如何借助“AI+软件”重塑 ERP 行业，垂直领域的大模型建设走进了他们的视野。垂直而具象的企业级服务市场具备天然的场景优势，各 ERP 企业在企业服务实践中积累了大量的行业经验与数据沉淀，切入大模型，能够促进行业知识的深度应用和软件产品的持续优化与迭代。因此，与 ChatGPT 和文心一言等通用大语言模型不同，ERP 企业家开始探索构建面向自己垂直领域的企业服务大模型。

## 11.4.2　基于 ERP 的企业服务大模型

### 1．用友 YonGPT

2023 年 7 月 27 日，用友发布企业服务大模型产品 YonGPT，提供包括企业经营洞察、智能订单生成、供应商风控、动态库存优化、智能人才发现、智能招聘、智能预算分析、智能商旅费控、代码生成等在内的数十种基于企业服务大模型赋能的智能应用。YonGPT 是用友 BIP 的重要组成部分，从底层上适配业界主流的通用语言大模型，以提供通用能力服务、领域服务及行业服务。

YonGPT 的智能化服务场景主要包括 4 个方向：智能化的业务运营、自然化的人机交互、智慧化的知识生成、语义化的应用生成。在智能化业务运营方面：YonGPT 通过数据分析和预测能力，深入洞察企业运营、识别潜在的业务风险和机会，提供智能化的解决方案；在自然化人机交互方面：YonGPT 通过自然语言处理技术和理解能力，实现企业应用服务与用户之间自然而流畅的对话交流；在智慧化知识生成方面：YonGPT 通过从海量数据和信息中提取、整合知识，生成新的、有价值的知识内容，涵盖了行业解决方案、专业领域知识分享，助力企业和用户全面利用自身知识的储备和积累，促进知识的传播和应用；在语义化应用生成方面：YonGPT 通过对用户需求、企业业务和数据特征的理解，可以自动生成具有语义化能力的应用程序，全方位提升企业个性化应用服务的创建效率。

### 2. 金蝶云·苍穹 GPT

2023 年 8 月 8 日，金蝶发布金蝶云·苍穹 GPT，其定位为懂管理的企业级大模型平台。金蝶云·苍穹 GPT 是金蝶云 EBC 的智能新引擎，作为金蝶云·苍穹 PaaS 平台的一部分，为企业提供完整的工程技术方案，广泛接入百度文心一言、阿里通义、华为盘古、腾讯混元、智谱 ChatGLM、Llama 等通用大模型，形成包含技术层、模型层、服务层、能力层及安全治理在内的“四横一纵”架构体系；同时提供专业垂直领域大模型和企业级服务，将场景装进模型内，实现跨模型开发，推出了财务大模型、人力资源大模型、供应链大模型、开发大模型等，帮助企业构建 AI 大模型时代的新数字竞争力。

财务大模型是金蝶云·苍穹 GPT 企业级大模型平台的重要组成部分，基于通用大模型训练，集金蝶的财务知识积累和客户实践，凭借财务垂直领域训练、财务提示工程、财务知识库等，为用户提供财务分析、审核、预测、专家支持、报告生成、解读等服务；人力资源大模型、供应链大模型和开发大模型，“由虚向实”打造适配业务场景的企业级大模型，以开放合作的态度与客户伙伴共商共建，共同推动数字化产业的智能化升级。

### 3. 浪潮大模型

2023 年 8 月 26 日，浪潮海岳在第五届中国粮食交易大会上发布智慧粮储大模型。基于其在粮食行业的数字化实践经验和大量的粮食行业数据积淀、训练，结合购销监管信息化、技防技控等粮食信息化要求，助力粮企实现上下一体化管理、购销监管预警、自助化作业、经营数据推演和数据分析预测，开启粮食行业精细化、自助化、智慧化运营管理新篇章。该模型可提供轮换测算、经营数据推演、购销监管预警、账卡簿生成、粮情预测、智能数据搜索等服务，全面覆盖粮食业务及管理应用需求。

2023 年 11 月 27 日，浪潮信息正式发布“源 2.0”基础大模型，并宣布全面开源。该大模型包含 3 种参数规模：1026 亿、518 亿和 21 亿。作为新一代基础语言大模型，该大模型提供了预训练、微调、推理服务的相关脚本，利用更多样的高质量预训练数据和指令微调数据集，使得模型在语义、数学、推理、代码、知识等方面具备更强的理解能力。

尽管众多 ERP 企业已经发布了各自垂直领域的大模型，但从目前 ERP 行业大模型赋能的发展现状来看，未来面向企业级服务的大模型仍然存在非常巨大的发展空间。随着商业应用从云原生进入 AI 原生时代，AI 正在引发 ERP 行业新一轮的管理变革。

## 案例思考题

1. 生成式 AI、大语言模型等为 ERP 行业带来了哪些改变？
2. ERP 企业发布的大模型与通用语言模型有何不同？为何称其为垂直领域大模型？
3. 请思考未来 ERP 行业还会有哪些发展变化？

## 11.5　本章小结

本章通过企业沙盘模拟决策的方式，借助虚拟仿真教学平台，为学生提供模拟的企业经营场景和市场环境，促进学生在实践中思考和反思前序章节所学理论知识的现实应用，使学生达到知识转化为能力的目标。

实验内容主要包括：人机对战和网络对抗。在网络对抗环节，学生可以选择不同的场景和不同的难度等级，参加初赛、复赛和决赛等多轮次竞赛。最后通过赛后总结、反思和交流，提升知识内化的转化率。

# 参 考 文 献


[1] Orlicky J. Material Requirements Planning: The New Way of Life in Production and Inventory Management[M]. McGraw-Hill Book Company, 1975.

[2] 陈建斌，郭彦丽. 锐视敏思：生活中的数据思维[M]. 北京：经济管理出版社，2023.

[3] 周玉清，刘伯莹，周强. ERP 原理与应用教程（第 4 版）[M]. 北京：清华大学出版社，2021.

[4] 李健，董错，王颖纯. 企业资源计划（ERP）及其应用（第 5 版）[M]. 北京：电子工业出版社，2021.

[5] 罗鸿. ERP 原理 • 设计 • 实施（第 5 版）[M]. 北京：电子工业出版社，2020.

[6] 吴迪. 企业资源规划（ERP）实训教程（第 4 版）[M]. 大连：东软电子出版社，2020.

[7] 水藏玺. 业务流程再造（第 5 版）[M]. 北京：中国经济出版社，2019.

[8] 金国华，余雅丽. 人人都要懂流程：全员流程文化导入手册[M]. 昆明：云南科技出版社，2019.

[9] 迈克尔 • 哈默，丽莎 • 赫什曼. 端到端流程：为客户创造真正的价值[M]. 北京：机械工业出版社，2019.

[10] 周玉清，刘伯莹，周强. ERP 原理与应用教程（第 3 版）[M]. 北京：清华大学出版社，2018.

[11] 中国信息化百人会课题组. 数字经济：迈向从量变到质变的新阶段[M]. 北京：电子工业出版社，2018.

[12] 闪四清. ERP 系统原理与实施（第 5 版）[M]. 北京：清华大学出版社，2017.

[13] 杰弗瑞 •莱克. 丰田模式：精益制造的 14 项管理原则[M]. 北京：机械工业出版社，2016.

[14] 张涛. 企业资源计划（ERP）原理与实践（第 2 版）[M]. 北京：机械工业出版社，2015.

[15] 马士华. 生产运作管理[M]. 北京：清华大学出版社，2015.

[16] 程国卿，吉国力. 企业资源计划（ERP）教程（第 2 版）[M]. 北京：清华大学出版社，2013.

[17] 王其文. 决策模拟[M]. 北京：北京大学出版社，2012.

[18] 朱江，陈小鹏，韦海英. 企业资源计划（ERP）[M]. 北京：电子工业出版社，2012.

[19] 王玉荣. 流程革命 2.0：让战略落地的流程管理[M]. 北京：北京大学出版社，2011.

[20] 刘爱国. ERP 生产制造管理[M]. 北京：电子工业出版社，2008.

[21] Guo J, Guo Y. Optimal Coordination and Service Level of the Supply Chain in the Sharing Economy: The Perspective of Social Responsibility[J]. Complex & Intelligent System, 2023, 9(3):2429-2445.

[22] 吕梓薇，张宁，程馨. 工业互联网平台数字化赋能过程研究——以海尔卡奥斯为例[J]. 管理案例研究与评论，2023，16(3):353-362.

[23] 王海军，赵惠妍，金姝彤. 模块化如何赋能企业智能制造升级？一个探索性案例研究[J]. 科技进步与对策，2024，41(1):149-160.

[24] 王能民，王梦丹，任贺松，等. 海尔人单合一模式：基于数据驱动的大规模定制[J]. 工业工程，2022，25(1):1-10,27.

[25] 文婧. 家族企业数智化转型趋势发布《2022 第七届中国新生代企业家组织暨中国新生代企业家调研》报告发布[J]. 家族企业，2022(12):1.

[26] Guo Y, Zhu Y, Chen J. Business Model Innovation of IT-Enabled Customer Participating in Value Co-Creation Based on the Affordance Theory: A Case Study[J]. Sustainability, 2021,13(10),1-22.

[27] 晓苗，彭剑锋. 海尔“人单合一”管理模式的演化路径及其价值实现机理——基于波粒二象性的理论视域[J]. 现代管理科学，2021(1):35-43.

[28] 刘剑锋. 从信息化到数智化，从 ERP 到 BIP 用友 BIP 使能数字经济发展[J].数字经济，2021(8):31-35.

[29] 王文京，王立彦，陈磊. 信息技术、数智化与商业创新——对话用友网络科技股份有限公司董事长王文京[J]. 中国管理会计，2021(4):5-14.

[30] 郭彦丽，陈建斌. 共享经济的发展历程、分类及商业模式研究[J]. 科技促进发展，2020(9):8.

[31] 用友发布 YonBIP|AIoT 智能物联网平台[J]. 智能制造，2020(9):6.

[32] 管荣伟. 传统服装企业基于互联网的大规模个性化定制研究——以青岛红领集团为例[J]. 纺织导报，2017(6):44.

[33] 周婷，于萍萍，孔岚. 企业数字化转型的路径研究[J]. 中国电信业，2021(5):22-25.

[34] 陈晓珊，周裕淳，余雨亭，等. 制造企业如何实现数字化转型？——以美的集团为例[J]. 金融理论与教学，2023(4):51-59,74.

[35] 黄益品. 服装智能制造红领大规模定制模式解析[J]. 轻工标准与质量，2018(3):76-77.

[36] 倪雨晴. 华为布局软件领域突围巨头垄断，用友金蝶大可不慌[N]. 21 世纪经济报道，2023-03-21(2).

[37] 李娜. 华为加速进军软件赛道，两大 ERP 龙头公司紧急回应[N]. 第一财经日报，2023-03-21(9).

[38] 秦枭. 华为软件替代再进一步，MetaERP 即将公开亮相[N].中国经营报，2023-03-27(4).

[39] 陈姝. 华为宣布实现 MetaERP 研发和替换[N]. 深圳商报，2023-04-21(3).

[40] 北京国信数字化转型技术研究院. 数字化转型参考架构：T/AIITRE10001-2020[S/OL]. 北京：清华大学出版社，2020.

[41] 金蝶，中国信息通信研究院. 2022 企业业务能力（EBC）白皮书[R/OL].（2022-11-11）.

[42] 金蝶，中国信息通信研究院. 2023 企业业务能力（EBC）白皮书[R/OL].（2023-8-8）.